아동복지론

CHILD WELFARE

이봉주 김선숙 김세원 안재진 임세희 공저

신정

| 머리말 |

현재 한국의 아동들이 과거 세대에 비해서 경제적인 풍요와 더 건강한 삶의 혜택을 누리고 있는 것은 틀림없는 사실이다. 그러나 이러한 긍정적인 변화와 함께 다른 측면에서 더 많은 불확실성과 위험요인도 증가했다. 현재 아동들은 다양한 사회적, 경제적 변화에 노출되어 있으며, 그들의 삶은 이전 세대에 비해 복잡하고 다양한 도전에 직면하고 있다. 아동복지는 아동과 관련된 이러한 사회적 도전에 대응함으로써 아동의 안녕과 발달을 증진하려는 모든 형태의 사회적 노력이다.

이 책의 목적은 아동복지의 핵심 개념, 이론, 정책, 실천, 서비스 체계 등을 종합적으로 다루어 아동복지에 대한 포괄적인 이해의 증진을 돕는 것이다. 이 책에서는 아동복지를 현대 아동의 대표적인 욕구와 그러한 욕구에 대응하기 위한 정책, 실천, 제도, 서비스 체계의 관점에서 살펴본다. 이 책의 집필에 있어 저자들은 다음과 같은 원칙을 세웠다. 첫째는 아동을 도움이 필요한 수동적인 서비스의 수혜자로 보지 않고 하나의 존엄한 인격체로서 능동적인 권리의 주체로 본다는 것이다. 둘째는 아동복지의 목적을 문제해결의 소극적 차원을 넘어 문제를 예방하고 아동발달을 증진하는 적극적 차원으로 파악한다는 것이다. 셋째는 아동복지는 보호를 필요로 하는 아동만을 대상으로 하는 것이 아니라 전체 아동의 안녕과 발달 증진을 목표로 한다는 것이다. 넷째는 다른 어느 영역보다도 아동복지는 통합적 접근이 중요하다는 점이다. 다섯째는 아동복지에 대한 사회적 책임성을 대폭 강화해야 한다는 원칙이다.

아동복지는 사회복지학, 아동학, 유아교육학, 유아보육학 등의 학문 분야와 관련된 대표적인 학제적 분야이다. 따라서 아동복지의 개념은 매우 광범위하고 다양한 요소를 포함하고 있다. 이 책에서 저자들은 통합적 관점에서 아동복지의 이해를 돕고자 하였다.

이 책은 모두 15개의 장으로 구성되어 있다. 1장은 아동복지의 개념, 유형과 아동의 현황을 다룬다. 2장은 아동발달의 원칙과 발달 단계 및 이론을 살펴본다. 3장에서는 아동의 권리에 대해 학습한다. 4장에서는 아동복지의 역사를 크게 서구의 역사와 우리나라의 역사로 나누어 살펴본다. 5장에서는 아동복지의 실천원리에 대해 학습한다. 6장은 아동복지실천의 과정과 방법을 살펴본다. 7장에서는 아동복지정책과 제도를 관련 법률과 전달체계를 통해 살펴본다. 8장에서 14장까지는 현재 아동이 당면한 대표적인 사회적 욕구와 그에 대한 아동복지의 대응체계에 대해 알아본다. 8장은 아동의 건강과 안전을 다룬다. 9장에서는 보육과 돌봄서비스에 대해 학습한다. 10장은 빈곤, 한부모가족, 조손가족, 다문화가족 등에 대한 지역사회 지원체계를 살펴본다. 11장은 아동학대와 아동보호서비스를 다룬다. 12장에서는 가정위탁보호체계와 입양에 대해 학습한다. 13장은 시설보호와 탈시설의 문제를 다룬다. 14장에서는 소년사법과 아동복지의 대응을 학습한다. 마지막 15장은 결론 형식으로 아동복지의 과제와 전망을 제시한다.

이 책의 가장 기본적인 활용 방안은 대학 학부과정 교육에서 아동복지론 교과목의 교재로 사용하는 것이다. 이 책의 15개의 장은 전체 내용을 통상 15~16주의 한 학기 과정의 강의에서 소화할 수 있게 구성하였다. 두 번째 활용 방안은 현장의 실천가와 아동복지에 관심 있는 일반인의 아동복지에 대한 통합적 이해를 돕는 용도로 활용하는 것이다. 저자들의 의도는 이 책을 대학 신입생 정도의 수준이면 누구나 이해할 수 있도록 쉽게 쓰려는 것이었다. 번역체의 문장이나 딱딱한 문체에서 탈피해서 알기 쉽게 풀어쓰려고 노력했다.

최근의 심각한 저출산 문제는 오히려 아동복지의 중요성을 더욱 부각시키고 있다. 저출산 사회는 아동 하나하나의 가치가 더 높아지는 사회이다. 이 책이 우리

사회의 아동이 더욱 안전하고 건강하게 성장할 수 있는 사회적 지원체계를 강화하는 데 도움이 되었으면 하는 것이 저자들의 바람이다.

끝으로 이 책의 기획 의도를 이해하시고 흔쾌히 출판을 결정해 주신 도서출판 신정의 최용구 사장님과 장만동 전무님에게 깊은 감사를 드린다. 책이 나오는 과정에서 꼼꼼히 편집을 챙겨주신 직원들에게도 감사를 드린다.

2023년 12월 1일

저자를 대표하여 이봉주 씀

| 차례 |

Chapter 02 아동발달의 이해

Chapter 03 아동의 권리

Chapter 04 아동복지의 역사

Chapter 05 아동복지의 실천원리

Chapter 06 아동복지의 실천적 접근

Chapter 07 아동복지정책과 전달체계

Chapter 08 아동건강과 안전

Chapter 09 아동보육

Chapter 10 위기, 다양성과 지역사회 보호

Chapter 11 아동학대와 아동보호서비스

Chapter 12

가정보호

Chapter 13

시설보호

Chapter 14 소년사법과 아동복지

Chapter 15 아동복지의 과제와 전망

01
CHAPTER

아동복지의 이해

CHILD WELFARE

1. 아동복지의 개념
2. 아동복지의 유형
3. 한국 아동의 현황

CHILD WELFARE

CHAPTER

01

아동복지의 이해

이 장에서는 아동복지와 관련된 기초적인 개념을 소개한다. 아동의 개념을 이해하고 연령에 따른 다양한 아동의 정의에 대해 알아보며 왜 아동복지가 필요한지도 알아본다. 다양한 유형의 아동복지에 대해 살펴봄으로써 아동복지의 개념을 보다 포괄적으로 파악한다. 마지막으로는 한국 아동의 현황을 살펴본다.

1. 아동복지의 개념

1) 아동의 개념

생애주기에서 아동으로 존재하는 시기를 아동기라 부른다. 아동기를 정의하는 방법은 크게 자연적인 발달 시기와 사회적 구성으로의 아동기로 나누어 살펴볼 수 있다.

(1) 자연적인 발달 시기로의 아동기

아동기를 생애주기의 앞부분의 일부로 정의하는 시각이다. 아동기는 생애주기에서 발달하고 하나의 인격체로 형성해 가는 시기이다. 이 시기는 아직 발달하는 과정이어서 하나의 인격체로 완결된 상태가 아니라 유연하고 수용적인 시기이다. 이 시기는 마치 도예 점토와 같이 말랑말랑해서, 굳어지기 전에 하나의 인격체로 잘 다듬어지고 만들어져야 한다.

자연적인 발달 시기로 정의하는 아동기는 출생에서부터 성인기에 도달하기까지의 상태와 상황이다. 보통 이 시기에 아동은 보호받고 교육받으며 성장해 나간다. 이 시기에 아동은 주로 학교에 다니며, 가족과 지역사회로부터 사랑과 격려를 받으며 성장한다.

자연적인 발달 시기에 따른 아동기의 정의는 통상적으로 연령에 의해 구분하는데, 문제는 상황과 문화에 따라 언제를 성인기에 도달하는 시점으로 볼 것인가에 대해 서로 다른 의견이 있다는 점이다. 우리나라의 경우는 「아동복지법」에서 아동을 18세 미만의 사람으로 규정하고 있다. 하지만 다른 영역에서의 법률들은 아동의 연령을 다르게 규정하고 있다. 〈표 1-1〉은 우리나라의 각 법률에서 사용하고 있는 아동기와 관련된 다양한 연령기준을 보여준다.

각 법률에서 규정하는 아동기와 관련된 연령기준은 해당 법률의 목적과 취지에 따라 달라질 수밖에 없는 측면이 있는 것도 사실이다. 하지만 호칭과 연령대가 중복되거나 너무 달라지면 아동기를 정의하는 데 혼란이 있을 수 있다. 통상 우리나라에서는 아동기를 국제적인 기준으로는 '유엔아동권리협약', 그리고 국내적으로는 「아동복지법」이 제시하고 있는 '18세 미만인 사람'으로 정의하고 있다.

▶ 표 1-1 | 아동과 관련된 다양한 연령의 법적 정의

법령	호칭	연령 정의
아동복지법	아동	18세 미만
입양촉진 및 절차에 관한 특례법	아동	18세 미만
한부모가족지원법	아동	18세 미만
실종아동 등의 보호 및 지원에 관한 법률	아동 등	14세 미만
영유아보육법	영유아	6세 미만
민법	미성년	20세 미만
소년법	소년	19세 미만
청소년보호법	청소년	19세 미만
청소년성보호법	청소년	19세 미만
청소년기본법	청소년	9세 이상 24세 이하
청소년복지지원법	청소년	9세 이상 24세 이하
청소년활동진흥법	청소년	9세 이상 24세 이하
청년기본법	청년	19세 이상 34세 미만

(2) 사회적 구성으로의 아동기

사회구성주의적 시각에서 정의하는 아동기는 자연적인 발달과정이 아니라 어느 때가 아동기이고 언제 아동이 성인이 되는지에 대한 사회적 정의에 따라 규정된다. 이때 아동기는 어떤 객관적인 연령이나 상태가 아니라 사회적으로 정의되고 받아들여지는 시기이다. 사회적 구성(construct)으로의 아동기는 역사적 · 문화적으로 결정되기 때문에 시대나 문화에 따라 다르게 정의될 수 있다.

역사적으로 살펴보면 아동기가 특별한 시기라는 관념은 서구의 경우 20세기에 들어오면서 생겨난 것을 알 수 있다. 그 이전에는 아동은 단순히 열등한 성인 혹은 작은 성인의 형태로만 인식되었을 뿐 특별한 관심을 받지 못했다. 그런 이유로 17~18세기의 산업혁명 기간에는 아동이 값싼 노동력으로만 여겨져 낮은 임금에 가혹한 근로조건에서 일하는 아동노동 착취 현상이 횡횡했었다. 근대 이전의 성인중심주의

사회에서 아동은 하나의 주체적인 존재로의 인격체가 아니라 성인의 소유물이거나 지시를 따라야 하는 종속적인 존재로 여겨진 것이다(김민, 2022).

아동기에 대한 인식이 획기적으로 변한 것은 20세기에 들어서이다. 이 시기가 되면서 아동발달에 관한 다양한 연구를 통해 아동기에 대한 이해가 높아졌고, 아동기가 교육받고 보호받아야 하는 특별한 기간으로 정의되었다(Boocook, 1975). 전통적인 성인중심주의적인 시각에서 더 아동중심주의적인 시각(child-centered)으로 아동기가 정의되기 시작한 것이다. 특히 아동에 대한 의무교육제도의 도입을 통해 아동기가 발달과 준비를 위한 특별한 시기로 자리매김했다. 20세기에는 대부분 국가에서 아동의 노동을 금지하게 된다.

우리 사회는 아동을 온전한 인간으로 이해하려는 경향이 있었으나, 현대적 의미의 아동관은 역시 20세기에 들어서면서 성립됐다(김민, 2022). 이 중 가장 극적인 발전은 소파 방정환이 1923년 5월 1일에 어린이날을 기념하여 발표한 '어린이날 기념선전문'이다. 이 선전문에는 지금 보아도 혁신적인 아동 중심적인 시각이 잘 드러나 있다. 선전문에서는 당시 소년운동의 세 가지 조건을 제시하고 있는데, '재래의 윤리적 압박으로부터 해방하여 어린이에게 완전한 인격적 예우를 하고', '어린이를 재래의 경제적 압박으로부터 해방하여 아동노동을 금지하며', '어린이가 배우고 즐겁게 놀 수 있는 가정과 사회적 시설을 보장할 것'과 같은 아동존중사상이 잘 표현되어 있다(한국방정환재단, 2023).

2) 아동과 복지

(1) 아동복지의 정의

아동복지는 아동과 복지의 합성어이다. 아동복지를 이해하기 위해서는 아동과 복지를 이해한 후 두 가지 개념을 연결하면 된다. 아동의 개념은 앞에서 설명하였다.

사회복지는 사회적 위험에 대응함으로써 개인과 사회 전체의 안녕을 증진하려는 모든 형태의 사회적 노력이다(이봉주 외, 2023). 아동복지는 아동을 대상으로 한 사회복지로 정의된다. 즉 아동복지는 아동과 관련된 사회적 위험에 대응함으로써 아동과 사회 전체의 안녕을 증진하려는 모든 형태의 사회적 노력으로 정의한다.

이렇게 아동복지를 정의하면 일단은 어느 정도 아동복지의 실체를 가늠할 수 있다. 하지만 이 정의의 문제는 너무 포괄적이고 일반적이어서 아동복지의 영역이 너무 커져 그 정체성을 규명하기가 쉽지 않다는 데 있다. 예를 들어 질병도 아동에게 중요한 사회적 위험이다. 그런 위험에 대응하기 위해 의료서비스가 필요하다. 하지만 우리는 의료서비스까지를 아동복지로 파악하지는 않는다.

이런 문제를 해결하기 위해서는 조금 더 범위를 좁힌 정의가 필요하다. 사회복지는 협의로 정의하면 사회문제의 예방과 해결을 위한 사회적 노력으로 정의할 수 있다. 즉 모든 문제에 대한 대응이 아니라 사회문제에 대한 대응이라는 개념이 필수적이다. 사회문제는 개인적 문제와는 차원이 다르다. 사회문제는 사회적 원인으로 생겨나고 그래서 사회적 차원에서 해법이 필요한 문제이다.

아동의 질병이 사회적 원인과는 무관하게 무작위로 발생한다면 그 질병의 치료는 의료 차원에서 해결될 문제이다. 하지만 그 아동의 질병 원인에 사회적으로 파생된 빈곤과 열악한 주거환경이 관여되어 있다면 그 질병의 치료는 의료 차원에서뿐만 아니라 사회복지 차원에서 대응해야 하는 문제가 되는 것이다. 아동복지는 아동과 관련된 사회문제의 해결을 통해 아동과 사회 전체의 안녕을 증진하려는 모든 형태의 사회적 노력으로 정의할 수 있다.

사회제도로서의 아동복지는 아동의 기본적인 욕구를 충족하기 위한 공적인 방법과 절차를 의미한다. 아동복지는 전체 인구를 대상으로 하는 사회복지의 하위 체계로 특정한 인구집단인 아동을 대상으로 한다. 사회복지실천현장에서의 아동복지는 아동을 대상으로 하는 사회복지 프로그램 또는 서비스 분야로 파악할 수 있다.

지금까지 살펴본 아동복지의 개념은 광의의 아동복지 개념이다. 협의의 아동복지는 주로 아동학대와 빈곤 등의 이유로 가정 밖에서 도움이 필요한 경우를 지칭한다. 주로 미국과 영국의 경우가 이에 해당하는데, 아동복지(child welfare)라는 용어를 학대와 방임으로부터 아동을 보호하는 서비스로 국한해서 사용하기도 한다.

(2) 아동복지의 필요성

아동복지가 하나의 사회제도로써 필요한 이유는 아동기의 특성에서 찾아볼 수 있다. 생애주기의 여러 단계에서 아동기가 가장 기초적이고 이후의 발달에 지대한 영향을 미친다는 아동의 발달 특성을 고려하면 아동기에 대한 사회적 지원의 필요성을 알 수 있다.

아동복지가 필요한 이유는 인권 차원에서도 살펴볼 수 있다. 모든 인간은 인간다운 생활을 영위할 권리를 가진다. 인간다운 생활을 위해서는 기본적인 욕구 충족이 이루어져야 한다. 인간으로서의 아동도 당연히 인권을 가진다. 하지만 문제는 아동기는 그러한 인권을 스스로 쟁취하거나 방어할 역량이 없거나 약한 기간이라는 점이다. 그래서 아동복지라는 사회제도를 통해 아동의 인권을 보호할 필요가 있는 것이다. '유엔아동권리협약'은 특별히 가정과 정부가 아동의 생존권, 보호권, 발달권, 참여권을 보장할 것을 규정하고 있다.

아동복지의 필요성을 이해하고 나면 그다음 질문은 아동을 출산하고 양육하는 가정이 있는데 왜 사회가 아동복지의 기능을 수행해야 하느냐는 것이다. 우선 모든 가정이 아동복지의 기능을 충실히 수행할 수 없는 경우에 사회제도로서 가정의 기능을 보충하거나 대신할 필요가 있다. 인구적인 측면에서는 아동은 한 사회의 미래를 책임질 인구집단이다. 한 사회가 지속 가능하기 위해서는 건강하고 생산적인 미래세대가 필수이다. 미래세대인 아동에 대한 대표적인 사회적 투자가 아동복지이다.

아동복지의 필요성은 외부효과의 개념으로도 살펴볼 수 있다. 과거에는 노인세대에 대한 부양이 주로 가족 내에서 이루어졌다. 하지만 현대 복지국가에서는 노인세대에 대한 부양은 사회보험이라는 사회제도로 이루어진다. 사회보험제도가 지속 가능하기 위해서는 미래세대의 기여가 필수적이다. 미래세대를 맡게 될 아동이 제공하는 효용은 아동을 양육하는 가족뿐 아니라 전 사회 구성원이 누리게 된다. 아동에 대한 투자는 외부효과를 가지는 것이다. 아동복지는 외부효과를 가지는 아동에 대한 투자를 담당한다.

2. 아동복지의 유형

아동복지는 여러 기준을 통해 유형화해 볼 수 있다. 아동복지의 유형화 작업은 아동복지의 개념과 기능을 보다 체계적으로 파악할 수 있게 해준다.

1) 가정과의 관계에 따른 분류

아동의 보호와 양육에 대한 기본적인 권리와 의무를 진 가정과의 관계에 따라 아동복지의 기능을 살펴볼 수 있다. 카두신(Kadushin, 1980)은 아동복지의 유형을 크게 지지적 서비스, 보충적 서비스, 대체적 서비스로 구분하였다.

지지적(supportive) 서비스는 아동의 보호와 양육을 담당하는 기능이 약화한 경우 가정과 아동을 지원함으로써 가정이 그 기능을 더 충실히 수행할 수 있도록 돕는 것이다. 이 경우 아동은 가정에 머물며 서비스를 받게 되는데, 상담서비스, 학교사회복지서비스 등이 이에 해당한다.

보충적(supplement) 서비스는 가정의 기능이 더욱 약화되어 아동의 기초적인 욕구를 충족하는 데 어려움을 겪을 때 가정의 기능을 부분적으로 보충하는 역할을 한다. 빈곤가구에 대한 공공부조서비스, 돌봄이 필요할 때의 보육서비스 등이 이에 해당한다. 이 경우도 아동은 가정에 머물며 서비스를 받는다. 아동학대 사례에서도 아동에 대한 위험의 정도가 높지 않으면 제공되는 원가정보호서비스 등이 보충적 서비스의 예이다.

대체적(substitute) 서비스는 가정의 기능이 너무 약화되어 이제 더 이상 아동을 가정에 남겨 놓을 수가 없을 때 제공하는 서비스이다. 가정이 아동을 제대로 양육할 역량이나 의지가 없다고 판단될 때 아동의 생존과 안전을 위해 아동을 가정 밖에서 보호해야 하는 경우가 이에 해당한다. 아동학대 사례에서 아동에 대한 위험의 정도가 높을 때 아동을 가정으로부터 분리해 위탁가정에서 보호하거나 입양을 통해 새로운 가정을 찾는 경우가 이에 해당한다.

2) 대상에 따른 분류

사회복지 개념에서 중요한 요소 중 하나는 사회복지의 대상을 누구로 하는가이다. 선별적 복지는 도움이 필요한 사람들을 따로 선정해 사회복지의 수혜 대상자로 정하는 방식이다. 아동복지에서 이런 방식의 대표적인 예는 수급자격 심사를 통해 지원대상을 정하는 한부모가정지원, 빈곤아동지원제도 등이다.

보편적 복지는 모든 사람을 수혜 대상자로 보며 사회복지의 수혜를 시민권의 하나로 인정한다. 즉 시민이면 모두 공평하게 받을 수 있는 권리로서의 사회복지를 강조한다. 아동복지에서 보편적 복지의 예는 0~5세 아동을 대상으로 하는 무상보육제도와 2018년부터 시행된 아동수당정책이다. 아동수당은 2022년 기준으로 소득이나 가구 특성과 상관없이 만 7세까지의 모든 아동에게 월 10만 원씩을 지급하여 아동의 건강한 성장을 돕는 정책이다. 아동수당은 대부분의 OECD 국가들이 운용하고 있는 대표적인 보편적 아동복지정책이다.

3) 기능에 따른 분류

아동복지는 잔여적 기능 혹은 제도적 기능으로 파악할 수 있다. 잔여적 개념은 "사회복지는 사회기능의 정상적인 공급원으로서의 가족이나 시장경제가 제 기능을 원활히 수행치 못할 때 파생되는 문제를 보완 내지는 해소하기 위한 제도로써 필요하다"라고 본다(이봉주 외, 2023). 아동복지에서의 잔여적 기능은 주로 가정이 제 기능을 수행하지 못할 때 아동복지가 부분적으로 기능하는 경우를 말한다.

제도적 개념은 현대 산업사회에서 사회복지가 사회를 유지하는 데 필수적인 기능을 수행할 수밖에 없다고 주장한다. 현대 산업사회에서는 가족기능의 약화로 아동의 양육, 보호, 사회화 등의 기능을 가족이 전적으로 책임지는 것은 불가능하다. 이런 상황 속에서 아동의 보호와 양육을 위해 아동복지제도는 매우 중요한 기능을 할 수밖에 없다는 것이다.

잔여적 기능은 대상 면에서는 선별적 아동복지와, 제도적 기능은 보편적 아동복지와 밀접한 관계가 있음을 알 수 있다.

4) 치료적 접근과 예방적 접근

아동복지의 접근은 크게 치료적 접근과 예방적 접근으로 나눌 수 있다. 치료적 접근은 문제가 발생한 후에 그 문제를 치료(문제에 대한 개입)하는 것이 목적이다. 예를 들면 성학대 피해아동에 대한 개입을 목적으로 하는 성학대 치료서비스, 가족해체로 인한 아동에 대한 보호를 목적으로 하는 아동양육시설 사업, 아동의 비행행동 등이 있을 때 개입하는 아동보호치료시설 사업 등이 이에 포함된다. 이러한 방식은 위험이 일어난 후에 사후적으로 대처한다는 뜻에서 수동적(passive) 복지체제로 불린다(Esping-Anderson 외, 2002).

예방적 접근은 아동의 전반적인 발달을 지원하기 위한 서비스이며 문제의 발생 위험 자체를 낮추는 방식이다. 예를 들면 영유아기의 아동과 주양육자의 애착관계 형성을 지원하는 서비스는 아동의 정서적 발달을 지원한다. 영아기의 부정적인 애착관계는 낮은 사회성 발달로 연결되고 이는 청소년기의 비행으로 연결될 수 있다. 즉, 영아기의 애착관계 형성 지원은 청소년기의 비행 예방 효과를 가질 수 있다는 것이다. 위험이 일어나기 전에 더 적극적으로 위험에 대처할 수 있는 역량을 예방적으로 키운다는 관점에서 이러한 방식의 복지체제는 능동적(active)인 체제로 불린다(Esping-Anderson 외, 2002).

5) 준비하는 삶과 행복한 삶

아동복지의 관점은 준비하는 삶(well-becoming)과 행복한 삶(well-being)의 두 유형으로 살펴볼 수 있다. 준비하는 삶의 관점은 아동기의 초점을 건강하고 생산적인 성인기를 준비하는 기간으로 본다는 것이다. 아동기를 주로 준비의 기간으로 보기 때문에 그 기간 자체에 가치를 두기보다는 무언가가 되기 위한 노력의 기간에 가치를 둔다. 그래서 준비하는 삶의 관점은 아동의 학업성취, 건강한 사회성 발달, 건강한 신체 등 객관적인 발달 결과에 주목한다.

행복한 삶의 관점은 아동기 자체의 가치에 초점을 둔다. 아동기는 단순히 다음 생애주기를 위한 준비의 기간이 아니라 그 자체에서 즐거움과 가치를 찾아야 한다는 것이 행복한 삶 관점의 초점이다. 아동의 주관적인 행복감, 만족감 등의 향상에 주목한다. 준비하는 삶 위주의 전통적인 아동복지의 관점에서 최근에는 행복한 삶의 관점의 중요성이 강조되고 있다(Ben-Arieh, 2008).

3. 한국 아동의 현황

지난 세대에 비해서 현재 한국 아동들의 삶은 종래에는 볼 수 없었던 큰 변화를 겪고 있다. 과거 세대와 비교하면 현재 한국의 아동들은 경제적 번영과 더욱 건강한 삶의 혜택을 누리고 있다. 그러한 변화 속에서 더욱 나은 삶에 대한 기회를 제공받고 있는 것도 틀림이 없다. 하지만 다른 한편으로는 더욱 많은 불확실성과 위험요인에 노출되어 있기도 하다.

전체적인 교육 수준은 향상되었지만, 아동기 교육의 장에서의 경쟁은 더욱 치열해지고 있다. 아동을 양육하는 데 일차적인 책임을 져왔던 가족은 빠른 속도로 변하고 있다. 이혼율의 증가와 더불어 가족해체현상이 심화하고 있고, 여성의 경제참여율 증가로 가족의 기능 또한 변화하고 있다. 이러한 변화는 가족생활을 아동의 입장에서는 더욱 복잡하게 만들게 되고, 때에 따라서는 아동기를 더욱 불안정하게 만들었다.

1) 아동 인구의 감소

한국의 아동 · 청소년 인구는 1975년까지만 해도 전체 인구 중 절반의 비율을 차지하였다. 그러나 정부의 인구증가억제정책에 따라 이미 1983년도 합계출산율은 인구대체수준(2.1)보다 낮아졌고, 감소 추세는 계속 이어지고 있다. 우리나라는 2022년 기준으로 합계출산율이 세계 최저수준인 0.78명 대에 머물고 있다. 출생아수도 26만 명대로 떨어져 이미 2020년부터는 총인구감소의 시기로 접어들었다. 전체 인구 중 0~18세 인구의 비율은 15%대로 감소하였고 장래인구추계에 의하면 인구감소 추세는 계속될 것으로 전망되고 있다. 출산율 저하가 안보, 경제, 사회보장을 포함한 사회 제반 영역에 미치는 막대한 파장을 고려할 때 아동인구감소 추세를 반전시키기 위한 보다 획기적이고 적극적인 범사회적 대책의 실행이 필요하다.

2) 아동과 사회문제

한국 아동의 현황을 이해하기 위해서는 아동복지가 대응하는 사회문제에 대한 이해가 필수적이다. 아래에서는 한국의 아동들이 직면하고 있는 사회문제를 고질적인 문제와 새롭게 주목받는 문제에 대한 시각으로 살펴보고자 한다.

우리나라는 그간 빈곤, 범죄, 학대, 안전, 건강 등 다양한 분야에서 아동의 생존과 안전을 위협하는 문제들을 중심으로 정책을 입안하고 공공과 민간의 자원들을 투입하여 왔다. 하지만 여전히 절대적 빈곤과 아동학대 등의 고질적인 문제들이 상존하고 있다. 나아가 최근 상황은 아동복지 분야에서 기존의 패러다임에 의한 접근 방법만으로는 해결하기 어려운 새로운 위협들이 떠오르고 있음도 보여준다. 따라서 기존의 고질적 · 만성적인 문제뿐만 아니라 새롭게 등장하고 있는 문제에 대한 대응이 더욱 필요해지고 있다.

(1) 아동빈곤

우리나라 아동과 관련된 대표적인 사회문제의 하나로 빈곤문제를 들 수 있다. 특히 절대적 빈곤과 물리적 결핍은 가장 문제시되고 관심을 받아온 고질적인 문제이다. 이에 정부는 '빈곤선'을 기준으로 빈곤가구와 비빈곤가구를 구분하였고, 정부와 민간단체들은 빈곤한 가구라고 인정된 가구를 중심으로 각종 사회복지급여와 서비스를 집중적으로 제공하여 왔다. 하지만 절대적 빈곤뿐 아니라 상대적인 빈곤문제도 심각해지고 있다. 2020년 통계를 보면 중위소득 60%를 기준으로 한 빈곤아동은 18.2%로 아동 5명 중 1명은 상대적 빈곤을 겪고 있다(한국보건사회연구원, 2022).

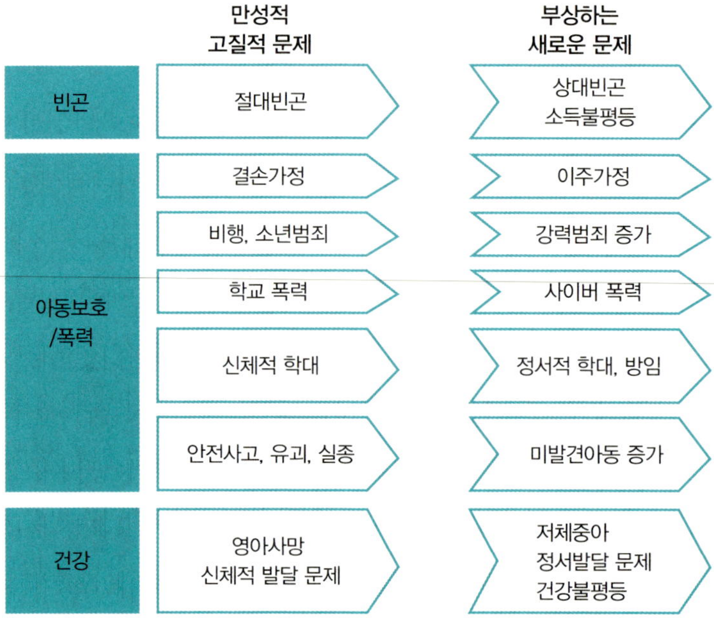

▌그림 1-1▐ 우리나라 아동 사회문제 현황 분석: 만성적 문제와 새로운 문제의 시각에서

출처: 양후영 외 (2014).

빈곤아동을 위한 정부와 민간부문의 지속적인 지원에도 불구하고 빈곤문제는 여전히 많은 아동에게 영향을 미치고 있는 것이 사실이다. 게다가 빈곤가구의 아동이 겪는 사회적 이동 기회의 제약, 상대적 박탈감 그리고 소득불평등의 심화가 야기하는 경제의 효율성과 생산성 및 사회연대의식의 약화 등을 고려할 때 빈곤아동에 대한 지속적인 관심과 지원이 필요하다고 볼 수 있다.

(2) 아동보호와 폭력

취약계층 분야에서는 한부모가족과 같은 결손가정에 대한 기존의 문제에서 다문화가정이나 북한이탈주민가정과 같은 이주가정에게로 관심이 전환되고 있다. 또한 비행/소년범죄는 여전히 다수의 아동에게 있어 심각한 문제이나, 소년범죄의 추세를 볼 때 형 집행이 비교적 가벼운 범죄보다 형 집행이 무거운 강력범죄가 증가하고 있는 것에 주의를 기울여야 한다. 학교폭력 역시 아직도 많은 피해자와 그로 인한 정서적 문제, 자살과 같은 문제들이 양산되고 있어 이에 대한 대책과 함께 새롭게 대두되고 있는 사이버 공간상에서의 폭력에도 대처해야 할 필요가 있다.

아동학대와 보호 분야와 관련해서는 과거 신체적/성적 학대 등 가시적인 학대가 신고되는 경우가 대부분이었다면, 최근에는 정서적 학대와 방임 등 비가시적인 학대의 증가율이 높아지고 있다. 또한 안전과 관련된 분야에서는 다양하고 적극적인 정책으로 안전사고, 유괴, 실종 등의 사건 건수가 과거에 비해 많이 감소하였다고 볼 수 있겠으나, 유괴 후 미발견 아동은 계속 증가하고 있어 아동이 범죄 피해자가 되는 사례에 더 적극적인 대책이 필요하다.

적극적인 지원이 필요한 분야로 아동학대를 들 수 있다. 아동학대는 2000년 아동보호전문기관이 설립된 이후 공식적으로 집계되는 발생 건수가 급격하게 증가하였고 2021년 기준 약 40,000건에 달하는 아동학대 사례가 발생하였다(보건복지부, 2022). 그러나 아동학대는 범죄라는 인식과 신고의무자 규정이 아직까지 뿌리내리지 못한 점은 여전히 문제로 남아 있다. 학대발생률이 학대신고 공식통계와 매우 큰 차이를 보인다는 아동학대 실태조사 결과 등을 고려할 때 실제 아동학대의 규모는 공식통계의 수십 배에서 수백 배에 이를 수도 있는 것으로 추정된다.

전통적으로 신체학대나 성학대와 같이 물리적이고 가시적인 학대가 많은 관심을 받아 왔으나 최근에는 정서적 학대와 방임과 같은 상대적으로 비가시적인 학대의 신고 사례도 증가하고 있다. 학대와 방임이 아동과 청소년에게 미치는 영향이 치명적이기까지 한 부정적 후유증과 현재 매우 취약한 정부의 개입 수준과 의지, 학대아동에 대한 체계적인 치료와 지원의 부재, 전근대적 수준에 머물고 있는 아동학대에 대한 사회적 인식을 고려할 때 아동학대의 예방과 체계적인 대응을 위한 공공과 민간부문 모두의 적극적인 개입과 민관협력체계의 강화가 매우 절실하다.

(3) 아동건강

건강 분야에서는 과거에는 영아사망이나 신체발달의 결함 등이 문제시되어 왔으나, 최근에는 저체중아, 심리 · 정서발달 문제, 소득격차로 인한 건강불평등의 문제가 새롭게 대두되고 있어 이에 대한 관심이 요구된다. 한 사회의 건강 수준을 측정하는 주요 지표의 하나인 영아사망률이 과거에 비해 많이 낮아졌으나, 한편으로는 아동발달에 부정적 영향을 미치는 저체중 출생, 각종 질병의 위험요인인 비만, 그리고 우울증 · 스트레스 · 인터넷 및 스마트폰 중독 · ADHD 등 정서 및 행동발달상의 문제를 갖고 있는 아동 · 청소년이 증가하고 있는 추세이다.

과거에는 '불건강'의 상태가 영양결핍, 신체적 장애와 질병, 죽음과 주로 관련되었다면, 최근에는 상대적으로 덜 가시적인 정신건강과 건강과 발달의 큰 위험요인인 저체중 출생과 비만 등이 점차 많은 주목을 받고 있다. 또한, 최근에는 취약계층과 저소득계층 아동 · 청소년이 경제적 지표뿐만 아니라 건강 및 발달상의 문제를 겪을 위험이 더욱 높다는 건강 불평등의 이슈도 중요하게 제기되고 있다.

토론해 봅시다

01 아동복지가 필요한 이유를 생애주기적 관점과 인권의 관점에서 논의해 보시오.

02 잔여적 기능과 제도적 기능의 아동복지의 예를 들어보고, 이 두 차원의 기능이 선별적 · 보편적 아동복지와는 어떻게 연결되는지 알아보시오.

03 우리나라에서 현재 대표적으로 새롭게 대두되는 아동과 관련된 사회문제는 무엇이고, 그에 대한 필요한 대응은 무엇인가?

참고문헌

김민 (2022). **대한민국 아동권리 100년사: 교육 영역**. 아동권리보장원.

보건복지부 (2022). **아동학대주요통계**.

양후영 · 이봉주 · 박정민 · 유조안 (2014). **사회적 임팩트 향상을 위한 배분 분야별 연구(아동 · 청소년)**. 사회복지공동모금회.

한국방정환재단 (2023). https://children365.or.kr/domestic-announcement.

한국보건사회연구원 (2022). **2022 빈곤통계연보**.

Ben-Arieh, A. (2008). The child indicators movement: past, present, and future. *Child Indicators Research*, 1, 3-16.

Boocock, S. S. (1975). The social context of childhood. *Proceedings of the American Philosophical Society*, 119(6), 419-429.

Esping-Andersen, G. Gallie, D., & Hemerijck, A. (2002). *Why we need a new welfare state*. Oxford University Press.

Kadushin, A. (1980). *Child welfare services*. Macmillan.

CHILD WELFARE

02
CHAPTER

아동발달의 이해

1. 아동발달의 원칙
2. 아동발달의 단계
3. 아동발달이론

CHAPTER

02 아동발달의 이해

아동복지의 증진을 위해서 우선적으로 고려해야 할 사항은 아동발달이다. 아동을 이해하기 위해서는 발달을 이해하는 것이 첫 번째 과제이기 때문이다. 이 장에서는 아동발달과 관련된 개념들을 소개한다. 아동발달의 원칙을 살펴보고 연령대별 아동발달의 특성을 알아본다. 다양한 아동발달이론을 살펴봄으로써 아동발달에 대한 이해를 높인다.

1. 아동발달의 원칙

아동은 타고난 성숙과 환경과의 상호작용에 따른 학습을 통해 발달해 간다. 발달이 순조롭게 이행되기 위해서는 반드시 이루어야 할 발달과업을 획득해야 하고, 이를 위해 아동의 발달단계에 부응하는 환경의 제공이 매우 중요하다.

1) 아동발달의 원칙

인간발달에는 몇 가지 기본적인 원칙이 있다. 첫째, 발달은 전 인생을 통해 일어나고 생애주기에 따라 특징을 보이며, 앞 단계의 경험은 다음 단계의 발달에 영향을 미친다. 둘째, 발달은 다방향으로 일어난다. 어떤 영역에서는 증진이 일어날 때 다른 영역에서는 감소가 일어난다. 셋째, 발달은 다면적이다. 발달은 크게 신체, 인지, 사회 · 정서 영역 간에 상호작용을 하며 일어난다.

발달 영역은 크게 세 가지로 나누어 볼 수 있다. 신체 영역은 키와 체중의 변화, 대근육과 소근육 운동기술, 감각기능, 신경체계, 질병 정도 등을 포함한다. 인지 영역은 지능, 지혜, 인식, 문제해결능력, 기억, 언어능력 등의 변화를 포함한다. 사회 · 정서 영역은 감정, 자아인식, 가족 · 동료 · 친구들 간의 인간관계 등의 변화를 포함한다. 중요한 점은 이 세 영역이 서로 영향을 미친다는 것이다. 즉 한 영역에서의 변화는 다른 영역의 발달에 영향을 준다는 것이다.

발달은 변화성과 적응성이 높다는 특성을 가진다. 앞 발달단계에서의 경험이 중요하지만, 아동은 회복탄력성이 높다는 특성이 있다. 즉 부정적인 환경은 아동의 발달에 악영향을 미칠 수 있으나, 다른 한편으로는 아동은 부정적인 환경의 역경을 극복하고 발달할 수 있는 존재이기도 하다. 발달은 복합적인 요소에 영향을 받으며, 유전적 기질과 환경에 영향을 받는다.

다음은 중요한 아동발달의 원칙이다.

- 발달은 변화의 과정이다. 발달은 멈추지 않는다. 임신에서부터 사망까지 인간은 계속적이고 점진적인 변화의 과정을 겪는다.
- 발달은 연속적이다. 한 단계에서의 발달은 다음 단계 발달의 초석이 된다. 예를 들면 영아는 팔과 발을 움직일 수 있어야 그다음에 물건을 집을 수 있다.
- 초기의 발달이 후기 발달보다 중요하다. 아동기 초기의 발달은 나중의 발달에

지대한 영향을 미친다.

- 발달은 성숙과 학습의 결과이다. 성숙은 순차적인 생물학적 성장과 발달을 의미한다. 성숙은 뇌와 신경체계의 변화로 나타난다. 뇌와 신경체계의 변화는 아동의 인지와 신체 기능을 증진하는 데 도움이 된다.
- 발달은 예측 가능하다. 발달은 위에서 아래로, 그리고 중심부에서 바깥 방향으로 이루어진다. 아동은 먼저 머리를 가눌 수 있게 되고 그 후 팔, 다리 순으로 발달한다. 또 바깥쪽의 장기들이 발달하기 전에 척수가 먼저 발달한다. 팔이 발달한 후에 손이 발달하고 손과 발이 발달한 후에 손가락과 발가락이 발달한다.
- 발달은 일반적인 것에서 구체적인 것의 순서로 일어난다. 운동능력 발달을 보면 먼저 아동은 손 전체를 써서 물건을 집을 수 있게 된 다음에 엄지와 집게만을 써서 물건을 집을 수 있다.
- 발달에는 개인차가 있다. 발달의 패턴과 순서는 보통 모든 아동에게 공통으로 적용되지만, 아동 개인들이 특정한 발달단계에 이르는 속도는 다르다.
- 아동은 통합된 전인체로 발달한다. 발달영역은 상호작용한다. 인지능력은 신체발달과 관련되고, 신체발달은 정서발달에 영향을 받으며 정서발달은 가정과 학교 환경에 영향을 받는다.
- 발달은 질서 있는 과정을 따른다. 아동의 발달은 질서 있는 순서에 따라 일어난다. 아동은 앉는 법을 배운 후에 서고, 그 후에 걸을 수 있게 된다.
- 발달은 단계에 따라 나타난다. 전체 발달과정은 몇 개의 단계로 나눌 수 있고, 각 단계는 독특한 특징을 가진다. 보통 아동발달단계는 영유아기-아동기-청소년기로 나눈다.
- 발달이 가속하는 기간이 있는가 하면 둔화하는 기간도 있다. 영아기의 발달 속도는 매우 빠르다. 그 후 발달 속도가 조금 늦추어지다가 청소년기에 이르면 다시 빠른 속도의 발달을 보인다. 성인기에 도달하면 다시 발달 속도는 느려

진다.

- 발달은 유전자와 환경에 영향을 받는다. 아동이 물려받은 유전자는 신체적 · 성격적 특성의 기초를 제공하지만, 발달은 사회 · 문화 · 가정 등 환경의 영향을 받는다.

2) 아동발달의 쟁점

(1) 본성 대 양육

키, 몸무게, 성격 등 개인의 특성은 유전에 의해 결정되는가 혹은 환경의 영향인가 혹은 둘 다 영향을 미치는가? 이 문제는 지난 수십 년간 학자들 간 논쟁의 대상이었다. 이것이 소위 본성(nature) 대 양육(nurture) 논쟁이다. 본성 쪽의 학자는 유전이 인간의 특성 발현에 가장 큰 영향을 미친다고 주장한다. 반대로 양육 쪽의 학자는 환경이 가장 중요하다고 주장한다. 이 논쟁은 인간발달의 모든 영역에서 진행되고 있으며 대부분 학자는 두 요소가 끊임없이 상호작용한다는 점에 동의한다. 어떤 특성의 근원이 전적으로 본성인지 혹은 양육인지를 결정하기는 쉽지 않다. 한 가지 분명한 사실은 여러 연구결과가 아동발달은 아동과 부모, 그리고 생의 다른 중요한 사람과의 관계에 많은 영향을 받는다는 것을 보여주고 있다는 것이다(Davies, 1999).

(2) 연속성 대 비연속성

인간의 발달은 점진적으로 일어나는가 혹은 몇 개의 급작스러운 단계로 구분해서 일어나는가? 이 질문에 대한 답은 발달에 대해 어떤 시각을 가졌는지에 따라 달라진다. 단계적 발달이론 혹은 비연속적 발달이론은 발달적 변화는 몇 개의 독특한 단계에 따라 이루어진다고 주장한다. 프로이트, 에릭슨, 피아제 등의 이론이 이에 속한다. 단계적 발달이론은 이런 단계들은 서로 구별되는 고유한 특성이 있다고 설명한다. 반면 행동주의자들은 발달은 점진적이고 연속적인 과정이라고 주장한다. 발달은 학습을 통해 계속 일어난다는 주장이다. 가령 성인이라고 해서 새로운 기술을 가지게 된 것이 아니라, 아동기에 있었던 기술이 학습을 통해 더욱 향상된 기술로 발전한 것이라는 것이다.

(3) 능동적 대 수동적

인간은 자신의 발달에 어느 정도의 역할을 하는가? 능동적 역할을 주장하는 이론은 인간이 자기 자신의 발달에 상당히 능동적인 역할을 한다고 주장한다. 대표적인 학자가 피아제인데, 그에 따르면 아동은 능동적으로 세상을 탐색하고 그들이 경험하는 것을 설명하기 위해 새로운 방식의 사고체계를 생성한다는 것이다. 반대로 많은 행동주의이론가들은 인간은 자신의 발달에 수동적인 역할을 한다고 본다.

2. 아동발달의 단계

아동발달을 고려한 연령대별 구분은 크게 3가지 범주로 나뉠 수 있다. 0~5세(초등학교 학령 전), 6~11세(중학교 입학 전), 12~17세(고등학교 졸업까지)이다.

1) 0~5세 기간

아동발달에 있어 아동기 초기는 매우 중요한 시기이다. 이 시기는 발달의 기초를 형성하게 되는 시기이자 변화에 민감한 시기이므로 그 중요성이 강조된다. 0~5세는 임신의 순간부터 취학 전 연령을 말한다. 이 시기는 성장급등기로 신체, 인지, 정서와 사회성 영역에서 놀랄만한 변화를 경험하게 된다. 그러나 초기 아동기 특성상 주 양육자에 의존하여 보호받아야 하는 시기이므로 양육자와 주변 환경은 아동발달에 지대한 영향을 미치게 된다. 또한 0~5세 시기는 학교 갈 준비(school readiness)를 해야 하는 시기이다. 교육적 측면에서 보면 준비(readiness)와 학습의 관계가 매우 밀접하다는 것(이소희, 2005)을 알 수 있으므로 매우 중요한 시기이다.

(1) 신체 영역

임신 기간 중 모성건강과 영양은 아동의 건강한 출생을 결정짓는 주요한 요인이다. 출생 이후 최적의 신체발달을 형성해 나가기 위해 아동은 균형 잡힌 영양이 공급되어야 한다. 특히 12개월 후면 대부분의 영아는 적극적으로 환경을 탐색하기 시작하고 24개월 후에는 걷고, 달릴 수 있는 운동능력을 갖추기 때문에 이 시기 아동들은 운동능력의 향상을 위한 적절한 활동이 제공되어야 한다.

2~5세까지 신체와 운동발달은 이전 시기보다 크기, 비율, 형태의 측면에서 급변하게 된다. 동시에 급격한 뇌 발달이 아동의 근육발달을 돕게 된다. 운동능력이 극대화되면서 이 시기 아동은 위험한 환경(사고, 유해물질 등)으로부터 안전하게 보호되어야 한다.

(2) 인지 영역

생의 첫 2년간의 인지발달은 매우 중요한 시기이다. 아동기 초기를 강조하고 있는 연구들은 적절한 양육과 자극은 아동의 뇌의 발달을 장려하지만 자극이 부족하고 열악한 양육이 제공될 경우 아동의 뇌 발달이 지체된다고 보고하고 있다(Davies, 1999).

아동기 초기에 외부에서 제공되는 풍부하고 다양한 자극과 놀이는 아동의 뇌의 발달에도 도움이 될 뿐만 아니라 학습에 대한 흥미를 갖게 하는 데도 중요하다. 특히 풍부한 환경자극은 영아의 인지발달뿐만 아니라 언어발달에도 도움이 되기 때문에 주 양육자가 적극적으로 자극을 제공해 주는 경우와 그렇지 않은 경우는 언어발달에도 큰 차이를 가져오게 된다(Craig, 1996).

놀이는 2~5세 아동의 인지와 언어발달에 매우 중요하다. 긴밀히 연결된 두 영역은 서로 상생적인 발달을 이뤄나가게 되는데, 놀이를 통해 아동은 인지와 언어능력을 개발하고 연습할 기회를 얻게 된다.

(3) 사회 · 정서 영역

출생 후 1년간 아동의 정서는 극적으로 분화된다. 이 시기 아동은 사랑받는 것에 대한 욕구와 의도적인 의사소통으로 다른 사람과 관계를 맺으려 하고 감정을 발달시켜 나간다. 특히, 2~5세경 아동들은 놀이를 통해 긍정적인 정서를 경험하는 것을 선호한다. 이 시기 아동들은 자율성을 추구하려 하기도 하지만 부모 혹은 주양육자로부터 사랑받고 있다는 감정을 경험하려 하고 양육자에게 의존감을 느끼려는 욕구가 있다.

출생 후 아동은 서서히 주 양육자와의 정서적 유대감을 형성해 나가는데 이는 6개월경에 보다 두드러진 애착의 양상으로 나타나게 된다. 따라서 이 시기 아동은 주 양육자와의 관계가 매우 중요하고 영아와 부모의 건강한 상호작용 증진이 아동의 발달에 도움이 된다. 초기의 아동과 부모의 관계 형성은 아동의 인성발달에 영향을 미치기 때문이다.

안정된 애착을 형성한 아동의 경우 2~5세경에는 친사회적 행동들이 나타나게 된다. 친사회적 행동은 다른 사람을 위해 돕고, 공유하고 협동하는 행동을 말한다. 또한 이 시기 아동들은 자율성과 주도성을 획득하여 스스로 하려고 시도하게 되는데 발달수준을 고려하여 이러한 부분이 기본 생활습관을 형성하는 데 도움이 되도록 장려하는 것이 효과적이다.

2) 6~11세 기간

(1) 신체 영역

이 시기는 또래들과의 신체활동량이 증가하고, 지속적인 성장을 이루는 시기로 충분한 영양공급이 필요하다. 영양실조는 아동의 신체발달, 인지발달, 사회 · 정서 발달에 치명적 손상을 입힌다. 아동의 성장속도와 신체의 크기는 개인차가 크다. 이러한 개인차에는 유전적 요인뿐만 아니라 환경적 요인의 영향도 작용하므로 환경적 요인에 의한 신체발달 결함을 갖지 않도록 사회적 지원이 필요하다. 이 시기의 신체발달은 사회적 관계 및 인지발달의 근간이 될 수 있다.

이 시기는 신체활동량이 많아지고 호기심이 왕성해지는 시기이다. 특히 이때 습득하는 대근육운동 기술은 아동들의 또래관계를 형성하고, 게임의 규칙을 준수하며, 팀의 구성원들과 협동하는 법을 배우게 해 준다. 이외에도 운동기능의 발달은 아동의 자아 개념에 영향을 미친다.

(2) 인지 영역

이 시기에는 가장 기본적인 학습 기술인 읽기, 쓰기, 셈하기 등을 배운다. 이를 토대로 자신 주변의 세계를 인식하기 시작하며, 사회적 관계를 형성해 나갈 수 있다. 아동이 기초학습능력을 배양하여 세상에 대한 이해의 폭을 넓혀갈 수 있는 역량을 갖출 수 있도록 도와야 한다.

창의성은 색다른 방법으로 사고하고, 독특한 해결책을 생각해 낼 수 있는 능력이다. 아동기 다양한 경험들이 창의적 사고의 기반인 확산적 사고와 수렴적 사고를 발달시키는 데 도움이 된다.

(3) 사회 · 정서 영역

이 시기에는 신체적 특징, 개인적 기술, 가치관 역할, 사회적 신분 등을 포함한 '나'는 누구이며 무엇인가를 깨닫는 자아 개념을 발달시킨다. 자아 개념은 자신이 독특하고 타인과 구별되는 분리된 실체라고 인식하는 데서 발달하기 시작한다. 연령이 증가할수록 신체적 자아와 활동적 자아보다는 사회적 자아와 심리적 측면의 자기를 이해한다.

자신의 존재에 대한 긍정적 또는 부정적 견해로서 자아존중감은 자기 존재에 대한 느낌이다. 자존감은 인간의 정신건강에 결정적인 역할을 하는 것으로 알려져 있다. 아동 적응력의 한 요인으로서 자존감은 중요하다. 이 시기에는 유아기 동안 터무니없이 높던 자존감을 보다 현실적인 수준으로 조정한다.

아동이 성장함에 따라 또래집단은 공식적이고 조직적으로 변하며 아동의 성장과정에 여러 가지 기능을 한다. 또래관계에서는 또래집단의 규칙을 준수해야 하고 협동심이나 타협을 필요로 한다. 또래를 통해 자기중심적 사고나 행동이 줄고 사회구성원으로서 성공적인 사회적 상호작용을 위해 필요한 기술이나 규범을 배워 나가게 된다.

이 시기에 아동은 자신이 속한 사회의 문화규범에 따라 행동하도록 배우고 이를 자신의 것으로 받아들인다. 규칙과 질서를 준수하기 위해서는 다른 사람이 견해와 입장을 이해할 수 있어야 한다. 규칙과 질서를 지키기 위해서는 자신의 충동적인 욕구나 행동을 억제할 수 있는 능력을 필요로 한다.

3) 12~17세 기간

(1) 신체 영역

이 시기는 성장조절 내분비선인 뇌하수체의 활동이 증가하면서 신체 및 생리의 변화가 뚜렷하여 신체적으로는 성인과 다름없는 외모, 근육발달, 성적 성숙을 하게 된다. 급격한 신체적 · 생리적 변화를 경험하게 되는 이 시기에는 최적의 신체적 발달을 이룰 수 있도록 돕기 위하여 발달단계에 적합한 영양적 욕구, 규칙적인 운동, 건강의 증진과 보호, 신체적 · 성적 성숙에 따른 바른 성 지식 습득, 안전에 대한 욕구 등의 충족이 중요하다.

(2) 인지 영역

인지 영역에서의 발달 목표는 자기주도적인 심화학습능력, 복합적인 개념과 과업 수행을 위한 언어능력, 성공감, 성취에 대한 기대 습득에 있다. 아동은 이 시기를 거치면서 보다 추상적이고 가설적인 사고를 하게 되고, 더욱 세련되고 공교한 정보처리 전략을 사용하여 복잡한 문제를 다루게 되는 높은 수준의 인지능력을 획득하게 된다. 더불어 가치관 형성과 관련된 도덕적 사고의 발달과 자신과 사회적 관계를 고려할 수 있는 사회인지능력이 현저하게 발달하게 된다. 이 시기에는 심화학습 수행을 위한 인지적 능력을 향상시키고 더욱 향상된 언어능력을 촉진시킬 수 있어야 한다. 특히 아동이 속한 지역사회 내의 인적 · 물적 자원과의 지속적인 교류의 기회는 아동의 긍정적 발달뿐 아니라 그들의 미래를 설계하는 중요한 자극이 된다.

(3) 사회 · 정서 영역

청소년기의 정서는 희로애락의 극단으로 오가며 급속한 감정 변화가 일어난다. 자신의 가치, 사회적 관계, 인생의 의미, 목표, 본능적 쾌락추구와 자아 사이의 갈등에서 불안해하면서도 승인, 성취나 우정의 형성과정을 통해 안정감을 얻기도 한다. 청소년의 정서 및 사회성 발달은 서로 불가분의 관계로서 정서발달은 사회성 발달을 위한 다양한 활동을 통해 더욱 비례하여 증진될 수 있다.

사회성 영역에서의 발달 목표는 건강한 친구관계 형성, 타인에 대한 배려, 사회적 관계형성, 성정체감 형성, 세계관의 확대 등을 들 수 있다. 이 시기의 사회성 발달은 가족, 친구, 이성 및 다른 성인들과의 관계를 통해 더욱 촉진된다. 안정적이고 생산적인 친구관계의 형성은 부모로부터 얻을 수 없는 또래 간의 동질성과 유대감을 통해 대인관계 및 사회성 발달에 더욱 큰 영향을 미친다. 그뿐만 아니라 청소년은 성적 성숙과 생리적인 변화를 경험하면서 성과 이성에 관한 관심을 두게 되므로 여성과 남성으로서 자신의 성정체감을 형성하게 된다.

3. 아동발달이론

이곳에서는 아동발달의 과정과 원인을 설명하는 대표적인 이론을 살펴본다.

1) 프로이트(Freud)의 성심리(Psychosexual)이론

프로이트(1856~1939)의 발달과 정신병리에 관한 이론은 1950년대에 행동주의 이론이 대두되기 전까지는 정신의학 분야를 주도했다. 프로이트는 성격은 생의 첫 몇 년에 결정되고 아동과 부모의 상호작용방식이 아동의 정서적 상태에 오래 지속되는 강력한 영향을 미친다고 설명한다. 이런 프로이트의 이론은 현재에 와서 많은 반론에 부딪치고 있다. 우선 아동기 초기의 경험이 어떤 성격이나 정서적 상태를 항상 결정하지는 않는다는 것이다. 또 아동은 회복탄력성을 가지고 있어 부정적인 충격이 있었어도 별 심리적 상처 없이 성장하는 경우도 있다는 것이다(Davies, 1999). 이러한 문제에도 불구하고 프로이트의 이론은 초기 아동기의 발달이 지속적인 영향을 미친다는 점을 제시했다는 점에서 아동발달이론에 지대한 기여를 했다고 평가할 수 있다.

프로이트는 인간의 심성이 원초아(id), 자아(ego), 초자아(superego)의 세 부분으로 이루어진다고 보았다. 원초아는 타고난 생물학적 욕구로 쾌락의 원칙에 지배받는다. 신생아의 심성은 모두 원초아이다. 신생아는 배고프면 울고 신호가 오면 배변을 본다. 자아는 다른 사람과의 상호작용을 통해 발달하고 논리와 현실 원칙에 따른다. 자아는 욕구를 관리해서 욕구 충족을 지연시킬 수 있다. 초자아는 사회구성원에 대한 사회의 요구를 제시한다. 가치, 도덕, 윤리, 양심, 죄의식 등이 모두 초자아를 이루는 것이다.

프로이트의 이론에 의하면 성격은 아동이 생물적인 욕구를 어떻게 관리하는가를 학습하는 능력에 따라 발달한다. 여기서 부모의 양육방식은 중요한 역할을 한다. 부모가 너무 엄격하거나 허용적인 경우는 아동의 발달이 순조롭게 이루어지지 않을 수 있다. 프로이트는 발달단계를 크게 구강기(출생에서 1세), 항문기(1~3세), 성기기(3~5세), 잠복기(5~12세), 성욕기(12세 이후 사춘기)의 다섯 단계로 나누어 설명한다. 구강기는 모두 원초아가 지배하는 시기이고, 항문기에 자아를 형성하게 되고 성기기에 초자아의 형성이 시작된다.

2) 에릭슨(Erikson)의 심리사회이론

에릭슨(1902~1994)의 심리사회이론은 우리들의 관계와 사회의 기대가 우리 행동의 많은 부분의 원동력이 된다고 설명한다. 에릭슨은 프로이트의 제자였지만, 자아와 의식적인 생각이 행동에 미치는 영향의 중요성을 강조했다. 에릭슨은 인간의 행동은 무의식적인 욕구에 따라 좌우되는 것이 아니라 의식적인 자아의 통제를 받는다고 믿었다. 이런 이유로 그는 발달심리학의 아버지라 불린다. 에릭슨은 양육행동에서의 문화와 동기부여를 강조함으로써 프로이트의 이론을 확장했다. 프로이트의 5단계에 더해 성인기까지를 아우르는 발달의 3단계를 추가해 인간발달을 8단계로 제시했다.

3) 피아제(Piaget)의 인지발달이론

피아제(1896~1980)의 인지발달이론은 우리가 세상을 이해하려는 욕구는 인지적 균형의 필요 때문에 생겨난다고 설명한다. 이해는 우리가 세상에서 느끼는 것과 우리 마음으로 아는 것 간의 균형을 이루려는 것에서 비롯한다는 것이다. 이해는 지식 범주의 생성을 통해 조직화된다. 새로운 지식을 접하면 우리는 기존에 가지고 있던 도식(schema)을 변경하거나 새로운 도식을 추가한다. 피아제는 아동의 인지기술은 감각운동기(출생~2세), 전조작기(2~7세), 구체적 조작기(7~11세), 형식적 조작기(11세 이후)의 4단계를 거쳐 성숙한다고 보았다.

4) 행동주의이론

프로이트와 에릭슨이 주로 우리 마음에서 일어나는 일에 관심을 두었다면, 행동주의는 마음이 아니라 명백하고 관찰 가능한 행동이 심리학의 초점이어야 한다고 주장한다. 행동에 관한 과학적인 연구를 통해 행동의 예측과 통제를 할 수 있는 학습의 법칙을 제시하는 것이 행동주의이론의 핵심이다.

행동주의이론가로는 조건반사이론을 제시한 파블로프(Pavlov, 1880~1937), 조작적 조건형성이론을 제시한 스키너(Skinner, 1904~1990), 사회학습이론을 제시한 반두라(Bandura, 1925~2021) 등을 들 수 있다. 이 중 반두라는 행동주의이론을 확대해 우리 행동의 대부분은 조건에 의해 학습되는 것이 아니라, 다른 사람들의 행동을 관찰함으로써 학습한다고 주장하였다.

5) 브론펜브레너(Bronfenbrenner)의 생태체계 모형

브론펜브레너(1917~2005)의 생태체계 모형은 인간발달이론 중에서 가장 종합적인 이론 중의 하나이다. 브론펜브레너는 프로이트, 에릭슨, 피아제, 행동주의이론 등을 검토한 후에 이런 이론들에 환경의 차원을 추가한 발달이론을 정립했다. 생태체계 모형은 아동의 삶에 관여하는 사람들과 아동이 사는 시간과 장소가 발달에 중요한 영향을 미친다고 주장한다.

생태체계 모형은 아동발달을 이해하기 위해서는 개인의 범위를 넘어 아동을 둘러싼 체계에 대한 관심이 필요한 것을 보여준다. 생태체계 모형은 인간발달에 미치는 직접적 · 간접적 영향을 설명해 준다. 생태체계 모형은 다음의 5가지 체계로 이루어진다.

- **미시체계(Microsystem)**: 아동에 직접적인 영향을 주는 체계로, 부모, 친구, 교사 등을 포함한다. 개인들 간의 관계와 그런 관계를 둘러싸고 있는 것들이 이에 해당한다. 예를 들어 아동의 학교생활을 이해하려면 아동과 교사 간의 관계에 대해서 이해해야 한다.
- **중간체계(Mesosystem)**: 상호작용체계이다. 아동을 둘러싼 사람들 간의 상호작용이다. 예를 들면, 부모와 학교 간의 관계는 아동에게 간접적인 영향을 미친다.
- **외체계(Exosystem)**: 대중매체 혹은 의료체계와 같은 대형기관들이 이에 해당한다. 외체계인 거대기관들의 정책과 규정은 아동의 삶과 밀접한 관계를 가지는 가족과 친구들에게 영향을 준다.
- **거시체계(Macrosystem)**: 문화와 신념 등이 이에 해당한다. 이러한 거대 담론은 외체계에 영향을 주고 궁극적으로는 개인에게 영향을 준다.
- **시간체계(Chronosystem)**: 시간적 차원의 변화이다. 문화 가치는 시간에 따라 변

하고, 교육정책도 변하고, 정치적 환경도 시간에 따라 변한다. 인간의 발달은 그런 시간의 변화 과정 속의 하나의 시점에 일어난다.

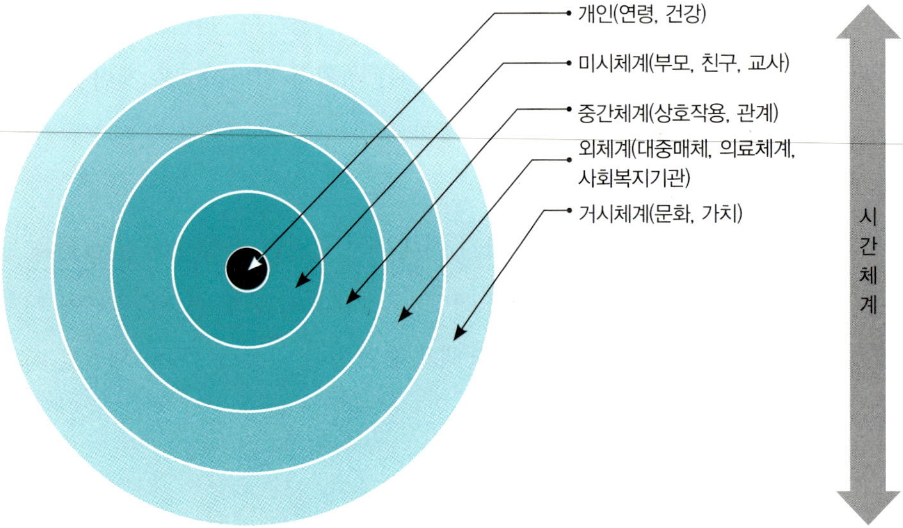

그림 2-1 브론펜브레너의 생태체계 모형

토론해 봅시다

01 아동발달의 주요한 원칙 3개를 제시해 보고 그것이 아동복지정책에 주는 함의에 대해 논의해 보시오.

02 아동발달의 본성 대 양육의 논쟁에서 어느 한쪽의 의견을 선택하고 그 입장을 근거로 들어 옹호해 보시오.

03 브론펜브레너의 생태체계 모형과 프로이트의 성심리이론을 비교하고 그 차이점을 논의해 보시오.

참 고 문 헌

이소희 (2005). **아동복지론**. 학현사.

Craig, G. J. (1996). *Human development*. Prentice-Hall.

Davies, D. (1999). *Child development: a practitioner's guide*. The Guilford Press.

03

CHAPTER

아동의 권리

1. 아동의 권리와 아동복지
2. 유엔아동권리협약
3. 한국의 아동권리

CHAPTER 03 아동의 권리

1. 아동의 권리와 아동복지

18세 미만의 아동은 전체 인류의 3분의 1을 차지하지만, 이들은 약 200년 전만 해도 사실상 아무런 권리를 갖지 못했다. 그러나 오늘날 아동은 독립된 인격을 가진 권리의 주체로 인식되며, 아동의 권리보장은 아동복지 실현의 전제가 되는 핵심과제이다. 또한 아동복지의 주요 목표는 아동권리 실현에 있다고 해도 과언이 아니다.

아동의 권리는 이미 전 세계적으로 아동의 삶에서 중요한 이슈이며, 국제연합(이하 유엔)이 1989년 아동권리협약을 제정한 이후로 아동권리는 아동문제를 다루는 데 있어 전 세계적인 규준이 되었다. 1989년 이후 '아동권리'는 국제조직과 정부, 시민사회에 의해 상당히 많은 관심을 받게 되었다. 1990년대를 지나면서 아동권리에 대한 관심이 계속되었고 이는 오늘날까지도 지속되고 있다. 아동권리협약은 아동권리를 증진시키는 것을 목적으로 하는 국가의 법적 · 제도적 개혁을 촉진하는 과정을 시작되게 했다(Liebel, 2012).

그렇다면 우리는 왜 특별히 아동의 권리에 관심을 기울여야 할까? 최소 세 가지의 기본적인 이유가 있다(Wall, 2017).

첫 번째이자 가장 광범위하게 받아들여지는 이유는 오늘날 아동이 세계에서 가장 취약한 집단이라는 것이다. 전 세계적으로 아동은 성인보다 빈곤하고, 영양결핍 상태이고, 안전을 위협받고 있으며, 자유를 누리는 데 제한을 받고, 목소리를 내지 못하며, 폭력 · 학대 · 착취 · 차별의 대상이 되기 쉽다. 모든 아동들이 그런 상황에 처해 있는 것은 아니지만, 평균적인 처우를 보면 아동들은 깊은 구조적 불평등을 경험한다. 이처럼 성인보다 일반적으로 불리한 환경에 처해 있기 때문에 아동의 권리에 대해 더 큰 관심을 기울여야 한다.

둘째, 아동의 권리에 특별히 관심을 기울여야 하는 이유는 아동의 삶의 영역이 지난 수십 년 간 공적 영역에서 학교와 가정이라는 사적 영역으로 급격히 이동했기 때문이다. 공적 영역에 비해 사적 영역에서는 권리를 도전받기 쉽다. 이러한 사적 영역으로의 이동은 역사적으로 볼 때 다른 소수집단들(여성이나 소수인종집단 등)이 사적으로 격리된 공간에서 벗어나 공적 영역으로 이동한 것과는 반대이다. 아동은 우리 사회에서 '사적 영역에 격리된' 가장 큰 집단이다. 아동은 공적인 지위가 없고, 눈에 띄지 않으며, 따라서 공적인 권리도 거부되기 쉽다.

셋째, 아동의 권리는 오늘날과 같은 급격한 세계화의 시대에 특히 문제가 되고 있다. 세계화로 인해 인권을 보호하고 발전시키는 국가의 역할은 약화되고, 다국적 기업이나 대중매체와 같은 초국가적 권력의 힘은 강화된다. 세계화 시대에 아동들은 훨씬 더 체계적으로 불이익을 받게 된다. 이들은 세계시장과 과학기술에 의해 착취당할 가능성이 성인보다 높으며, 세계의 통치질서에 의해 무력화되기 쉽다. 노예제도가 모든 나라에서 불법임에도 불구하고, 국제적인 행위자들은 여전히 다른 국가로 착취적인 작업장을 옮겨가며 사람들(특히 아동들)을 착취할 수 있다.

이러한 이유로 우리는 아동권리의 향상에 더 많은 관심을 기울여야 하며, 앞으로 가야 할 길 또한 여전히 멀다는 것을 알 수 있다.

이 장에서는 전 세계적으로 지난 200년 동안 아동권리사상이 어떻게 발전되어 왔는지 살펴보고, 아동권리협약의 내용과 이를 토대로 한국아동의 인권 실태에 대해 살펴본다.

1) 아동권리사상의 발전[01]

역사적으로 보면, 아동권리는 20세기에 들어와 확립된 비교적 새로운 개념이다. 근대 이전 아동은 부모의 소유물로 인식되어 매매의 대상이 되기도 하였으며, 주로 군사력과 노동력의 확보 수단으로 이용되었다.

산업혁명으로 인해 촉발된 근대화는 봉건제도의 붕괴와 자본주의의 발달을 가져왔으며, 산업 자본가는 이윤추구를 위해 임금이 저렴한 아동들을 고용하여 노동력을 착취하기에 이르렀다. 이에 대한 대응으로 점차 많은 수의 자선단체와 기관, 정부에서 공장의 착취적 노동과 악화되는 도시빈곤으로부터 아동을 구하기 위한 싸움을 벌이게 된다.

아동권리운동은 근대 성인의 권리처럼 계몽주의의 민주화로부터 비롯된 것이 아니라, 빠르게 이루어진 산업화의 결과로 아동이 처한 위험에 대한 인식으로부터 시작되었다.

아동권리운동은 단순화시켜 보면 약 세 단계로 발전해왔다고 할 수 있다. '아동구제(child saving)'에서 '아동보호(child protection)'의 단계로, 그리고 다시 '아동 역량강화(child empowerment)'의 단계로 발전해 온 것이다(Wall, 2017). 이것은 아동권리의 기본요소인 '3P 개념', 즉, 제공(Provision), 보호(Protection), 참여(Participation)의 발전과정이라고도 볼 수 있다.

01 이 절은 John Wall(2017)의 「Children's Rights」의 내용을 기반으로 작성하였음.

(1) 아동구제의 단계

아동권리운동의 첫 단계인 아동구제의 단계는 19세기 초중반 유럽에서 시작되었다. 물론, 이전에도 아동은 기본적인 상식선에서 '권리'를 가지고 있었지만 19세기에 새롭게 등장한 것은 공적 영역이 개입하여 착취적이고 비참한 삶에서 구제받을 권리를 아동에게 제공해야 하는지, 그리고 개입한다면 어느 정도까지 해야 하는지에 대한 논의가 점점 커져갔다는 것이다.

산업 자본가들은 아동이 값싸고 마음대로 부릴 수 있는 노동력이라는 것을 알게 되었고 산업화는 광범위한 도시의 빈민지역을 만들어냈다. 이와 동시에, 산업화는 보다 높은 교육수준을 요구하게 되는데, 많은 아동들은 이러한 교육에 대한 접근성이 결여되어 있었다.

사회참여 지식인들과 사회개혁가들은 노동자로서의 삶이 많은 아동들로부터 아동기를 누릴 수 있는 권리를 빼앗고 있다고 주장했다. 공장에서의 장시간 노동과 빈곤은 아동이 지지적이고 양육적인 환경에서 성장하지 못하게 만들었다.

아동의 법적 권리를 보장하기 위한 최초의 시도는 산업혁명이 시작된 영국에서 시작되었다. 1802년 제정된 공장법은 아동권리에 관한 역사상 최초의 문서일 것이다.

이 법은 효과적으로 실행되지는 못했지만 이후 점차 시행가능한 일련의 법적 기틀이 마련되어 1833년 영국의 공장법이 제정되었다. 이 법에 의해 9세 미만 아동은 공장노동이 완전히 금지되고, 9세부터 13세 아동은 주당 48시간으로 노동시간이 제한되었으며, 14세부터 17세 아동은 주당 69시간으로 노동시간이 제한되었다. 뿐만 아니라, 공장에서 일하는 아동들은 적어도 하루 2시간의 교육을 제공받아야 했다. 무엇보다 중요한 것은 정부가 공장 감독관을 지정하여 법의 성공적인 시행을 보장했다는 점이다. 더 나아가 1842년과 1947년의 영국 법안에서는 각각 아동의 최소 노동연령을 10세로 하고, 하루 10시간 이상 일하지 못하도록 함으로써 아동권리를 보장했다.

이와 유사한 아동의 법적 권리가 19세기 전반에 걸쳐 유럽, 북아메리카 등지에서 채택되었으며, 19세기 말에 이르면 아동구제의 개념은 다른 종류의 권리까지 포함하는 것으로 확대되었다. 아동들은 기본적인 교육과 부모가 없는 아동을 위한 양육시설, 별도의 소년사법제도 등에 대한 권리를 얻기 시작했다. 19세기 후반, 보편적 무상교육이 미국, 일본, 뉴질랜드, 프랑스, 인도 등에서 시작되었고, 유럽과 북아메리카에서는 최초의 소년사법제도를 도입했으며, 1889년 영국에서는 아동학대예방센터(National Society for the Prevention of Cruelty to Children)가 설립되었다.

첫 단계의 아동권리운동은 국제연맹(League of Nations)의 역사적인 1924년 아동권리선언(Declaration of the Rights of the Child)으로 정점에 이르렀다고 할 수 있다. 제네바선언이라고도 알려진 이 선언은 역사상 최초의 진정한 국제적 인권 협정이다. 1924년 선언은 주로 '제공권'과 관련된다. 이는 선언의 주요한 목적이 성장과 발달에 필요한 기본 필수품을 아동에게 적극적으로 제공하는 것이라는 의미이다. 오늘날의 기준에서 보면 여전히 제한적인 권리이기는 하지만, 불과 한 세기만에 아동권리운동은 아무것도 없는 상태에서 광범위한 지지를 받는 국제적 캠페인으로 발전했다. 그러나 이 시기의 아동권리는 아동을 스스로의 권리를 위해 투쟁할 수 있는 인권의 주체로 여기기보다는 성인들의 온정주의적 관심의 대상으로 보고 있다.

(2) 아동보호의 단계

아동구제의 문제는 제2차 세계대전이 발발하면서 위기에 이른다. 전쟁기간에는 아동이 안전하고 사적인 영역 안에 격리될 수 없다는 것이 너무나 명백했다. 아동들은 성인과 마찬가지로 인종 청소, 식민지 공격, 전체주의의 탄압으로 인한 고통을 겪었다. 제2차 세계대전 이후에는 인간의 엄청난 비인간성에 종말을 고하기 위한 최선의 방법으로 인권운동이 부활했고, 이에 따라 1945년 유엔(UN)이 설립되었다.

또한 제2차 세계대전 이후 제도적이고 광범위한 불평등에 반대하는 시민권 운동이 폭발적으로 일어나기 시작했다.

이러한 일련의 운동들은 아동권리에 제공권뿐 아니라 보호권이라는 새로운 범주를 추가했다. 이것은 성인과 사회의 적극적인 폭력과 학대로부터 아동이 보호받을 권리를 의미한다. 이러한 변화는 적극적 권리에서 소극적 권리로의 변화로 설명할 수 있다. 즉 풍요로운 아동기를 위한 제공권으로부터 타인의 폭력과 해로부터 보호받을 권리로의 변화이다.

아동에게 보호권을 주려는 새로운 움직임은 유엔이 1948년 채택한 세계인권선언(Universal Declaration of Human Rights)에서 처음 구체적으로 나타났는데, 이 선언에서 아동을 언급한 것은 단 두 번이며, 두 번 모두 지나가는 말로 언급했을 뿐이다(제25조와 제26조의 하위조항). 유엔이 아동권리를 특별히 다루게 된 것은 1946년 유엔아동기금(이하 유니세프)을 창설하면서부터이다. 유니세프는 현재까지 수십 년간 아동에게 생존, 건강, 기본적인 교육의 수단을 제공할 뿐 아니라 성별과 장애로 인한 차별, 전쟁과 폭동, 성적 착취 및 노동 착취로부터 아동을 보호하는 데 앞장서 왔다. 이러한 새로운 아동권리운동의 단계는 기세를 몰아 유엔의 1959년 아동권리선언(Declaration of Rights of the Child)을 이끌어낸다. 이 선언은 1924년의 제네바 선언을 확장한 것으로 아동의 기본적인 권리 10가지를 제시하였는데, 이 중 4가지는 1924년과 동일한 형태인 제공권을, 6가지는 새로운 형태인 보호권을 나타낸다. 이로써 보호권은 아동권리의 다수를 구성하게 되었다.

아동권리에서 이러한 강조점의 변화는 국가 차원에서도 나타났으며, 20세기 들어 폭발적으로 성장한 비정부기관(NGO)들도 아동의 보호권 문제를 다루고 있다.

아동보호의 문제가 가장 영향력 있게 표현된 것은 1990년 뉴욕 시의 유엔 본부에서 개최된 세계아동정상회담(World Summit for Children)일 것이다. 총 159개국이 "아동의 생존 · 보호 · 발달에 관한 세계선언"에 공동서명하고, 이에 따라 향후 10년간 27개의 아동권리 목표를 발전시키기로 서약했다. 이와 유사하게 유엔의 2000년

새천년개발목표(Millenium Development Goals: MDGs)도 아동에게만 초점을 맞춘 것은 아니지만 아동권리와 관련된 많은 문제를 포함하고 있다.

전반적으로, 아동권리운동의 두 번째 단계에서는 제공권과 보호권이 서로를 강화한다는 데 동의한다. 그렇지만 다시 한 번 되돌아보면 여전히 모호하고, 심지어 모순적인 부분들이 남아 있다. 이 시기 동안, 그리고 심지어 오늘날에도 아동은 여전히 이류시민으로 남아 있다. 그들은 세계에서 가장 빈곤한 연령집단이며, 일부 국가의 교육과 사법체계에서는 여전히 인종적 차별을 경험한다.

이러한 상황에 대해 아동권리운동이 아직까지 비교적 새로운 현상이므로 성공하려면 더 많은 시간이 필요하다고 주장하는 사람들이 있는 반면, 사람들이 아동권리운동을 이해하는 방식에 문제가 있다고 주장하는 이들도 있다. 즉, 아동이 스스로 권리를 창출하고 실행하는 참여자로 그려지지 않고, 아동 스스로는 공적 주체가 될 수 없고 목소리를 낼 수 없다는 역사적으로 뿌리 깊은 가정이 지속되고 있다는 것이다. 그리고 이러한 측면에서, 이 시기 동안 아동권리는 엄청난 진전을 이루었음에도 불구하고, 성인으로부터 아동을 보호한다는 명목으로 성인의 역량을 강화하고 아동의 역량을 약화하는 방식으로 모순적으로 기능해왔다.

(3) 아동역량강화의 단계

아동역량강화의 문제는 1970년대와 1980년대 학계와 아동권리 옹호자들의 의해 인식되기 시작했다. 아동권리의 세 번째 단계는 아동과 청소년이 궁극적으로 행동하고, 자유롭게 의견을 표현하고, 공적 영역에서 영향력을 발휘할 수 있어야 하는가에 대한 질문이다. 이러한 권리는 일반적으로 세 번째 ‘P’, 즉 참여권으로 여겨진다. 참여권은 공적 생활에서 적극적인 역할을 할 수 있는 권리이다. 이제는 아동 스스로 일정 수준의 공적 영향력을 갖지 않으면, 아동들은 언제까지나 이류시민으로 머물러 있을 것이라는 점이 아동권리 영역의 많은 이들에게 명백해졌다. 아동권리의 세 번째 단계는 성인들의 시민권 운동에서 처음 시작되었다. 다른 모든 집단들이 시민 참여의 권리를 얻는 것과 마찬가지로 아동들도 공적 영역에서 직접 행동하고 목소리를 낼 수 있는 능력을 갖지 못한다면, 사회의 어떠한 영역에서도 진정한, 지속적인 권리를 얻지 못할 것이라는 논리이다. 이러한 생각은 1980년대 초 영국과 스칸디나비아, 북유럽에서 시작된 초기 '아동학' 또는 '아동기의 신사회학' 운동에서도 구체화되기 시작했다. 아동은 단지 성인 사회화의 수동적 대상이 아니라 다양한 방식으로 그들 스스로 자신의 삶의 의미를 구성한다는 것이다.

아동에 대한 이러한 새로운 학문적 접근은 아동권리에 두 가지 중요한 결과를 가져왔다. 첫째, 아동권리는 성인의 시각에서뿐 아니라 아동들 자신의 시각에서도 연구될 수 있다. 둘째, 아동이 사회적 행위자라는 개념은 아동의 참여권을 가장 중요하게 강조한다.

공적 영역에서 아동들이 참여권을 얻을 수 있는 방법은 아동의회와 아동노조를 포함하여 여러 가지가 있다. 그러나 지금까지 아동의 참여권에서 가장 귀중한 성취이자 아동권리운동 전체의 가장 중요한 성취는 유엔이 1989년 제정한 아동권리협약(UN Convention on the Rights of the Child)이다. 아동권리협약에 아동의 공적 참여권이 처음으로 포함됨으로써 아동권리의 세 번째 단계는 진정한 동력을 얻기 시작했다.

제공권과 보호권에 비해 참여권은 아직 상대적으로 새롭고, 논쟁의 여지가 있는 권리이다. 점점 더 많은 아동들과 아동옹호자들이 공적 영역에서 아동의 자유권, 행동권, 발언권, 시민권을 받아들이고 있지만 여전히 성인의 권리보다는 제한적이며, 아동의 공적 참여는 단지 형식주의에 불과한 경우가 많다.

그러나 200년이 채 안 되는 시간 동안 아동권리는 전혀 알려지지 않은 상태에서 전 세계적인 지지를 받는 개념으로 발전하였다. 아직도 가야 할 길이 멀지만 다른 소외집단들의 권리와 마찬가지로 아동권리도 우리 모두의 권리와 삶을 새롭게 바꾸어 놓을 것이다.

2) 아동권리의 기본요소와 아동복지제도

아동의 권리는 인간으로서 누려야 하는 보편적 권리와 아동이라는 생애주기상 갖는 특별한 권리를 모두 포함한다. 어떤 경우 성인의 권리는 동일한 방법으로 아동에게 적용될 수 있지만, 어떤 경우에는 아동의 욕구와 상황에 맞게 수정되어야 하는 경우도 있다. 따라서 아동의 권리는 연령에 따른 차별 없이 기본적으로 주어지는 '평등한 권리'와 아동의 취약성으로 인해 갖는 부가적인 '특별한 권리'를 포함한다(Hanson, 2012).

이러한 맥락에서 아동권리의 기본요소는 아동권리의 발달과정에서 나타난 바와 같이 '3P', 즉, 제공(Provision), 보호(Protection), 참여(Participation)로 요약할 수 있다.

① 제공(Provision)

제공의 권리는 아동의 생존에 필요한 인적 · 물적 자원을 제공받고 사용할 수 있는 권리를 말한다. 예를 들면, 이름과 국적을 가질 권리, 교육 및 보건서비스에 대한 권리, 여가 및 문화생활을 누릴 수 있는 권리, 장애아동과 난민아동의 보호 등이 포함된다(공계순 외, 2019).

② 보호(Protection)

보호의 권리는 아동이 열악하고 유해한 환경으로부터 보호받아야 하는 권리로 폭력, 착취 등으로부터 보호받을 권리가 대표적이다.

③ 참여(Participation)

참여의 권리는 표현의 자유, 알 권리 등이 대표적이며, 아동이 자신의 삶에 영향을 미치는 결정에 주체적으로 참여할 수 있는 권리를 말한다.

한편, 유엔의 아동권리협약에서는 아동권리의 기본요소로 생존권, 보호권, 발달권, 참여권을 명시하고 있는데, 이는 앞선 3P의 개념에서 제공의 개념을 생존권과 발달권으로 세분화시킨 것이라고 볼 수 있다.

① 생존권

생존권은 가장 기본적인 권리로, 적절한 생활수준을 누릴 권리, 안전한 주거지에서 살 권리, 충분한 영양을 섭취하고 기본적인 보건서비스를 받을 권리 등, 기본적인 삶을 살아가는 데 필요한 권리가 여기에 해당한다.

② 보호권

보호의 권리는 아동이 모든 형태의 학대와 방임, 차별, 폭력, 고문, 징집, 부당한 형사처벌, 과도한 노동, 약물과 성폭력 등 아동에게 해로운 상황으로부터 안전하게 보호를 받을 권리로 특별조치 상황에 놓인 아동을 보호하는 권리를 포함한다.

③ 발달권

발달의 권리는 아동이 잠재능력을 최대한 계발하기 위한 권리를 말하며, 교육받을 권리, 여가를 즐길 권리, 문화생활을 하고 정보를 얻을 권리, 생각과 양심과 종교의 자유를 누릴 수 있는 권리 등이 포함된다.

④ 참여권

참여의 권리는 자신의 생활에 영향을 주는 일에 대해 자유롭게 의견을 말하고 존중받을 권리를 말하며, 표현의 자유, 양심과 종교의 자유, 평화로운 방법으로 모임을 자유롭게 열 수 있는 권리, 사생활을 보호받을 권리, 유익한 정보를 얻을 권리 등이 여기에 해당된다.

2. 유엔아동권리협약

유엔이 1989년 11월 유엔총회에서 만장일치로 채택한 '유엔아동권리협약'은 역사상 가장 중요한 인권 관련 문서 중 하나로 아동의 권리에 관한 체계적이고 종합적인 권리 규범이다.

유엔아동권리협약은 역사상 가장 많은 국가가 비준한 인권 조약으로 전 세계 196개국(2021년 1월 기준)이 비준하였다. 1924년과 1959년의 아동권리선언과 달리, 아동권리협약은 '협약'으로서 강제력을 지닌다. 협약의 규정에 따라 협약 당사국은 자국의 아동권리 실천현황과 개선 내용에 대한 국가보고서를 5년마다 유엔에 제출하도록 되어 있으며, 유엔아동권리위원회는 국가보고서를 토대로 아동의 권리상황을 심사하고 정부가 아동권리증진을 위한 노력을 강화해야 할 부분을 권고사항으로 제시한다.

정부뿐 아니라 아동의 부모와 사회의 모든 구성원은 아동의 권리를 존중하고 지켜주어야 할 의무가 있으며, 아동 자신도 다른 아동의 권리를 지켜줄 책임이 있다.

1) 유엔아동권리협약의 구성

유엔아동권리협약은 전문과 54개 조항으로 구성되며 모든 권리들은 서로 연관되어 있으며 모두 똑같이 중요하다. 유엔아동권리협약을 보완하는 3개의 선택의정서도 있다.

(1) 전문

전문에서는 아동권리협약의 권리 조항들의 전제가 되는 인권, 아동권리, 그 외 중요한 가치에 대해 언급하며 협약 당사국들은 이러한 인권과 아동의 특별한 보호에 대해 동의한다는 전제하에 협약을 지키기로 약속한다는 점을 명시한다(국가인권위원회, 2018). 또한 가정은 아동의 발달과 웰빙(well-being)을 위한 가장 기본적인 사회집단으로, 가정이 공동체 안에서 본연의 책임을 다할 수 있도록 필요한 보호와 도움을 받아야 한다는 점을 강조하고, 세계의 모든 국가에는 특히 더 어려운 상황에서 생활하는 아동이 있으며, 국제사회가 이 아동들을 특별히 고려할 필요가 있음을 인정하고, 모든 국가, 특히 개발도상국 아동의 생활여건 향상을 위해 협력해야 할 필요성이 있음을 명시하였다.

(2) 54개 조항

54개의 조항은 총 3부로 구성된다. 제1부는 실질적 규정으로 제1조부터 제41조까지이다. 제1조부터 제40조까지는 실제적인 아동의 권리를 소개하고 있고, 제41조는 협약의 법적인 효력을 설명하고 있다. 제2부는 협약의 이행과 모니터링에 관한 조항으로 제42조부터 제45조까지이며, 제3부는 제46조부터 제54조까지로 협약의 비준과 관련된 정보(부칙)를 담고 있다.

아동권리협약의 내용을 구체적으로 살펴보면 〈표 3-1〉과 같다.[02]

표 3-1 | 유엔아동권리협약의 주요 내용

구분	내용
제1부 실질적 규정	제1조 아동의 정의 제2조 비차별 제3조 아동 최상의 이익 제4조 권리이행을 위한 국가의 의무 제5조 아동의 진화하는 능력에 따른 보호자의 적절한 지도

02 국제아동인권센터에서 번역한 유엔아동권리협약 국문본을 활용하였음 (http://incrc.org/uncrc/)

제1부 실질적 규정	제6조 생명 · 생존 · 발달 제7조 출생등록 · 성명 · 국적 및 부모에 대해 아는 것 제8조 신분의 보존 제9조 부모로부터의 분리 제10조 가족과의 재결합 제11조 아동의 불법 해외 이송 금지 제12조 아동의 견해 존중 제13조 표현의 자유 제14조 사상 양심 및 종교의 자유 제15조 결사 및 집회의 자유 제16조 사생활 보호 제17조 정보 접근 제18조 자녀 돌봄에 대한 부모 공동의 책임 제19조 모든 형태의 폭력 및 학대로부터의 보호 제20조 가정환경을 박탈당한 아동의 보호 제21조 입양 제22조 난민아동 제23조 장애아동 제24조 아동의 건강을 보장할 국가의 의무 제25조 시설 및 서비스에 대한 정기적인 심사를 해야 할 국가의 의무 제26조 사회보장제도 제27조 발달에 맞는 생활수준 제28조 교육제29조 교육의 목적 제30조 선주민 및 소수인종 아동의 고유문화 향유 제31조 휴식 · 놀이 및 여가 제32조 아동노동 제33조 약물남용 제34조 성 착취로부터의 보호 제35조 아동 유괴 · 매매 및 거래로부터 보호할 국가의 의무 제36조 모든 형태의 착취로부터의 보호 제37조 범죄에 연루된 아동에 대한 국가의 조치 제38조 무력충돌에서의 아동 보호 제39조 피해 아동의 신체적 · 심리적 회복을 지원할 국가의 의무 제40조 소년사법 제41조 아동권리실현을 위한 규정

제2부 이행과 모니터링	제42조 협약을 널리 알릴 국가의 의무 제43조 아동권리위원회 제44조 국가의 아동권리이행 보고 의무 제45조 협약이행을 위한 국제협력
제3부 협약과 관련된 기타 정보 (부칙)	제46조 서명 제47조 비준 제48조 가입 제49조 발효 제50조 개정 제51조 유보조항 제52조 탈퇴 제53조 수탁자 제54조 기탁

(3) 선택의정서

유엔아동권리협약의 3개 선택의정서는 '아동매매 · 아동성매매 · 아동포르노그라피에 관한 선택의정서', '아동의 무력분쟁 관여에 관한 선택의정서', '아동의 개인청원권에 관한 선택의정서'이다.

'아동매매 · 아동성매매 · 아동포르노그라피에 관한 선택의정서'는 점차 증가하는 아동 대상 인신매매와 성매매, 아동음란물로부터 아동을 보호하기 위해서 협약 당사국의 조처를 확대해야 한다는 인식에서 만든 것으로 2002년 1월 18일부터 국제법으로 효력이 발생했다. 선택의정서에 따르면 협약 당사국은 아동 인신매매, 성매매, 아동음란물을 금지해야 하며, 행위자를 처벌하고, 피해 아동을 보호하기 위한 적절한 조처를 취해야 한다. 또한, 아동 인신매매, 성매매, 아동음란물을 예방하기 위한 법률의 제 · 개정과 필요한 행정적 조처를 취하고 사회정책과 제도를 마련하도록 규정하고 있다.

'아동의 무력분쟁 관여에 관한 선택의정서'는 2002년 2월 12일부터 국제법으로서 효력이 발생했으며, 전쟁이나 군사 무력분쟁에 아동이 참여하지 못하도록 보호해야 함을 명시하고 있다. 협약 당사국은 18세 미만 아동이 군대에 의무적으로 징집되지 않도록 해야 하며, 18세 미만의 군인은 어떤 경우에도 적군과의 전투에 직접 참여하지 않도록 해야 한다.

개인청원권은 아동이 심각한 권리를 침해받았을 때 당사국의 국내법에 따라 권리를 보호받지 못하는 경우, 아동이 직접 유엔아동권리위원회에 자신의 권리 보호를 요청할 수 있는 제도로, 2014년 4월 14일부터 효력이 발생했다.

2) 유엔아동권리협약의 원칙

유엔아동권리협약의 주요 원칙은 다음과 같다(www.unicef.or.kr/crc).

(1) 비차별(Non-Discrimination)

비차별의 원칙은 모든 아동이 본인과 부모, 법정대리인의 인종, 피부색, 성별, 언어, 종교, 정치적 의견, 출신, 재산, 장애 여부, 태생, 신분 등과 관계없이 동등한 권리를 누려야 한다는 것이다. 아동권리협약 제2조에서는 국가가 아동이나 그 부모, 또는 법정대리인의 생물학적, 사회적, 문화적, 정치적 배경 등을 이유로 아동을 차별하거나 처벌해서는 안 되며 모든 아동에게 차별 없이 아동권리협약에서 규정된 권리를 보장해야 함을 명시하고 있다.

(2) 아동 최선의 이익(Best Interest of the Child)

아동 최선의 이익 원칙은 아동에게 영향을 미치는 모든 것을 결정할 때는 아동의 이익을 최우선으로 고려해야 한다는 것이다. 아동권리협약 제3조에 따르면 사회복지기관, 법원, 행정당국, 입법기관 등은 아동에 관한 모든 활동에 있어, 아동 최선의 이익을 최우선적으로 고려하도록 규정하고 있으며(제1항), 당사국은 아동이 보호자로부터 아동의 복지에 필요한 보호와 보살핌을 받을 수 있도록 보장하고, 이를 위해 모든 적절한 입법적 행정적 조처를 해야 하며(제2항), 또한 당사국은 아동 보호나 돌봄에 책임이 있는 기관과 시설이 주무관청이 정한 적정 직원 수 및 숙련된 관리, 관련 기준을 준수하도록 보장하고 특히 안전과 보건 분야에서 이를 지키도록 보장해야 한다(제3항).

(3) 생명, 생존과 발달의 권리(The Right to Life, Survival, and Development)

생명, 생존과 발달의 권리는 아동권리협약 제6조에 명시되어 있으며, 모든 아동은 생명에 관한 고유의 권리를 가지며(제1항), 당사국은 아동의 생존과 발달을 최대한 보장해야 한다는 것이다(제2항). 실제로 아동의 생명, 생존과 발달의 권리를 보장하기 위한 여러 조항들을 아동권리협약에서 찾아볼 수 있는데, 예를 들면 제24조(아동의 건강을 보장할 국가의 의무), 제27조(발달에 맞는 생활수준), 제29조(교육의 목적) 및 아동을 폭력, 학대, 착취로부터 보호하기 위한 조항들(제19조, 제32조, 제34조, 제35조, 제36조, 제38조 등)이 모두 여기에 해당한다.

(4) 아동의 견해 존중(Respect for the Views of the Child)

유엔아동권리협약 제12조에 따르면 당사국은 자신의 견해를 형성할 능력이 있는 아동에 대하여 아동 자신에게 영향을 미치는 모든 문제에 있어 자신의 견해를 자유롭게 표현할 권리를 보장해야 하며, 아동의 연령과 성숙도에 따라 아동의 견해에 정당한 비중이 부여되어야 한다(제1항). 이를 위해 당사국은 아동에게 영향을 미치는 사법적, 행정적 절차를 시행함에 있어 아동이 직접적으로, 또는 대리인이나 적절한 기관을 통해 의견을 표현할 수 있도록 보장해야 한다(제2항).

3. 한국의 아동권리

1) 한국의 아동권리 발달과정

우리나라에서 아동권리에 본격적으로 관심을 갖고 옹호운동을 펼친 최초의 인물은 소파 방정환이다. 그는 1920년대 초 유럽에서 아동권리에 대한 인식이 생겨나기 시작한 시기에 우리나라에서 아동권리운동을 실천하고, 아동권리에 대한 자신의 신념을 구체화하기 위해 어린이날을 제정하였다. 이후 우리나라는 어린이헌장에서 최초로 아동권리를 명시하였으며, 청소년헌장, 아동권리헌장, 아동복지법 제정 등을 통해 아동권리가 발전해왔다.

(1) 아동권리옹호운동과 어린이날 제정

소파 방정환은 독립운동의 일환으로 아동권리운동을 전개하였는데, 우리 민족이 곤경에 처해 있을 때 우리의 희망은 어린이를 잘 키우는 데 있다고 역설하였으며, 민족 독립과 번영을 위한 수단으로 소년운동, 즉 아동권리실현운동을 펴나갔다(이재연, 1999).

소파는 어른 중심의 전통사회와 유교적 장유유서(長幼有序) 문화의 실태를 한탄하고, 자녀는 부모의 예속물이 아니고 독자적인 인격체로서 권리를 가진 존재라고 생각하였다(우남희, 1999). 아동에 대한 이러한 생각은 당시로서는 도전적이자 선구자적인 것이었다.

천도교청년회 회원이었던 소파는 천도교소년회를 만들고, 이 단체의 1주년 기념일인 1922년 5월 1일을 최초의 '어린이날'로 정하여 아동의 지위 향상을 위한 여러 운동을 벌였으며, 1923년 3월에 소파가 중심이 되어 근대 아동잡지의 효시인 「어린이』를 창간하게 된다(이재연, 1999).

이후 천도교소년회 주최의 어린이날 행사나 아동권리운동을 전국적이고 통합적인 것으로 하기 위해 소파는 색동회와 천도교의 협력으로 1923년 4월 조선소년운동협회를 창립하여, 5월 1일을 전국적인 '어린이날'로 선포하고 그 기념식에서 역사적인 아동권리선언을 선포하였다.

'어린이 권리공약 3장'으로도 알려진 이 선언의 내용은 다음과 같다.

어린이 권리공약 3장

1. 어린이를 재래의 윤리적 압박으로부터 해방하여 그들에 대한 완전한 인격적 대우를 허하라.
2. 어린이를 재래의 경제적 압박으로부터 해방하여 만 14세 이하의 그들에 대한 무상 또는 유상의 노동을 폐하라.
3. 어린이에게 그들이 고요히 배우고 즐거이 놀 만한 각양의 가정 또는 사회적 시설을 행하라.

1924년에 국제연맹 총회에서 채택된 '아동의 권리에 관한 제네바선언'보다 1년 앞서 발표된 우리의 아동권리선언은 내용이 3개 항에 불과하지만 제네바선언보다 아동권리를 더 포괄적으로 천명하고 있다(이재연, 1999). 첫째 조항은 아동의 인격적인 독립을 선언하고 있으며, 둘째 조항은 아동의 노동금지를 담고 있고, 셋째 조항은 문화적인 권리를 표방하여 가정이나 사회에서 아동에게 놀 권리와 배울 권리를 보장해줄 것을 선언하고 있다.

어린이날 기념식에서는 이외에도 '어른에게 드리는 글' 9항목과 '어린 동무들에게' 주는 당부 7항목, 그리고 '어린이날의 약속'이 담긴 전단지 12만장이 배포되었다.

소파는 1925년 어린이날에 〈어린이날〉 노래를 지어 부르기 시작하였다. 어린이날은 처음에 5월 1일을 기념일로 하였으나 노동절과 날짜가 겹쳐 일제의 탄압을 받게 되자 경찰의 탄압을 피하기 위해 1928년부터 5월 첫째 주 일요일로 변경되었다(신재흡, 2018)

소파에 의해 시작된 우리나라의 아동권리운동은 그 시작은 세계적으로 뒤지지 않을 만큼 빨랐으나, 그 이후 계승이 미비했다는 점에서 아쉬움이 있다(이재연, 1999). 1922년 최초 제정된 어린이날은 1937년까지 유지되다가 일제의 소년단체 해산명령으로 중단되어 1946년에 이르러서야 다시 시작되었다. 이때 첫째 주 일요일이 5월 5일이었는데 이때부터 해마다 날짜가 달라지는 불편을 막기 위해 5월 5일을 기념일로 하였다. 이후 1957년 어린이헌장 등이 제정되었으나 주로 선언적 의미에 그치고 있어 실천면에서 뒤져 있었다고 볼 수 있다.

(2) 어린이헌장과 청소년헌장

우리나라에서 아동권리를 본격적으로 명시한 것은 어린이헌장이 최초라고 할 수 있다. '대한민국어린이헌장'은 1957년 2월 한국동화작가협회의 마해송과 방기환, 강소천 등 7명이 문서화하여 발표한 초안을 토대로 보건사회부의 심의를 거쳐 1957년 제33회 어린이날을 맞아 내무부 · 법무부 · 문교부 · 보건사회부장관 명의로 공포되었다.

보건사회부가 국무회의에 상정한 '대한민국 어린이헌장'의 제정배경을 살펴보면 국제연맹의 '아동권리선언' 이래 우리나라는 어린이보호와 관련한 구체적 법률, 기본강령이 될 어린이헌장조차 없는 상황에서 법적 효력은 없다 하더라도 어린이 육성의 기본정신을 밝히고 어린이의 천부인권을 존중해 주기 위해서라고 설명하고 있다(http://theme.archives.go.kr).

최초 제정된 어린이헌장은 9개 조항이었으나 이후 1988년 제66회 어린이날을 맞이하여 시대적 변화에 맞게 11개 문항으로 재개정하여 발표하였다.

전문과 11개 조항으로 구성된 대한민국 어린이헌장은 전문에서 아동에 대한 무차별 원칙과 인간으로서의 존엄성에 대한 존중을 강조하고 있으며, 11개 조항에서는 건전한 가정에서의 보호, 영양과 질병치료, 교육, 문화, 놀이와 오락, 위험으로부터의 보호, 학대와 노동으로부터의 보호, 장애아동에 대한 교육과 치료 등에 대한 권리가 명시되어 있다.

대한민국 어린이헌장

대한민국 어린이헌장은 어린이날의 참뜻을 바탕으로 하여, 모든 어린이가 차별 없이 인간으로서의 존엄성을 지니고, 나라의 앞날을 이어나갈 새사람으로 존중되며, 아름답고 씩씩하게 자라도록 함을 길잡이로 삼는다.

- 어린이는 건전하게 태어나 따뜻한 가정에서 사랑 속에 자라야 한다
- 어린이는 고른 영양을 섭취하고, 질병의 예방과 치료를 받으며, 맑고 깨끗한 환경에서 살아야 한다.
- 어린이는 좋은 교육시설에서 개인의 능력과 소질에 따라 교육을 받아야 한다.
- 어린이는 빛나는 우리 문화를 이어받아, 새롭게 창조하고 널리 펴 나가는 힘을 길러야 한다.
- 어린이는 즐겁고 유익한 놀이와 오락을 위한 시설과 공간을 제공받아야 한다.
- 어린이는 예절과 질서를 지키며, 한겨레로서 서로 돕고, 스스로를 이기며 책임을 다하는 민주시민으로 자라야 한다.
- 어린이는 자연과 예술을 사랑하고 과학을 탐구하는 마음과 태도를 길러야 한다.
- 어린이는 해로운 사회환경과 위험으로부터 먼저 보호되어야 한다.
- 어린이는 학대를 받거나 버림을 당해서는 안 되고, 나쁜 일과 힘겨운 노동에 이용되지 말아야 한다.
- 몸이나 마음에 장애가 있는 어린이는 필요한 교육과 치료를 받아야 하고, 빗나간 어린이는 선도되어야 한다.
- 어린이는 우리의 내일이며 소망이다. 나라의 앞날을 짊어질 한국인으로, 인류의 평화에 이바지할 수 있는 세계인으로 자라야 한다.

한편, 1985년은 유엔이 정한 '국제 청소년의 해(International Youth Year)'로 21세기의 주역이 되는 청소년이 사회의 발전과 평화의 실현에 보다 적극적으로 참여할 수 있게 하자는 것이 '국제 청소년의 해' 지정의 목적이었다. 우리나라에서도 '국제 청소년의 해'를 맞아 청소년의 건전한 육성을 목적으로, 청소년 이용시설의 확충, 청소년 단체 및 지도자 육성, 청소년 문화 및 체육의 진흥, 청소년 국제교류의 확대 등과 관련된 행사를 벌였으며, 이와 더불어 '청소년헌장'의 필요성에 대한 논의가

있었다. 이에 1987년「청소년 육성법」제정 시 '청소년헌장'에 대한 구체화 작업이 이루어지게 되었다. 한국청소년단체협의회는 각 청소년 단체, 교사, 학생, 근로청소년 등의 의견을 모아 청소년헌장 초안을 마련하였고 이후 세 차례의 공청회와 여러 차례의 수정과정을 거쳐 최종안이 마련되었다. 이는 다시 청소년육성위원회의 심의와 국무회의 의결을 거쳐 최종 확정되었다. 헌장은 법적 효력이 없는 것으로 선언적 의미가 강하지만, 청소년헌장의 이념과 내용은 후에 제정되는 청소년 관련법에 그대로 반영됨으로써 청소년 정책의 기본 이념과 방향을 제시하는 데 큰 역할을 했다(http://theme.archives.go.kr).

미래사회의 주역인 청소년을 건전하게 육성하기 위한 정부의 강력한 의지를 천명한 이 헌장은 서문에서 청소년의 이상과 포부를 제시하고 있고 본문에서는 청소년의 권리와 의무, 가정의 기능 및 역할, 학교의 사명과 교육의 내용 등 국가와 사회의 역할과 의무를 각각 강조하고 있다(http://theme.archives.go.kr).

청소년헌장은 1990년 5월 12일에 최초로 선포되었으며, 이후 시대의 변화에 맞춰 새로운 청소년헌장으로 개정할 필요성에 따라 1998년 10월에 개정, 공포되었다. 개정된 청소년헌장은 전문과 청소년의 권리에 관한 12개 조항, 그리고 청소년의 책임에 관한 9개 조항으로 구성되어 있다.

새로 개정된 '청소년헌장'은 청소년을 독립된 인격체로 격상시키고 자율과 참여, 공동체 성원으로서의 책임성을 강조하고 있다. 이는 그간 우리 사회에서 청소년 인권의 성장과 의식 전환이 이루어졌음을 의미한다. 헌장에 포함된 청소년의 권리는 생존권, 평등권, 보호권, 신체활동권 등 천부적 권리뿐 아니라 학습권, 근로권, 문화향유권, 여가권과 함께 의사표현의 권리, 정책에 참여할 수 있는 권리 등 사회적 권리를 포함하고 있다. 또한, 청소년이 자유롭게 모임을 만들고 신념에 따라 행동할 권리와 다양한 문화, 예술활동에 참가하고 창조할 권리를 보장하고 있다(http://theme.archives.go.kr). 한편 청소년의 책임으로는 자신이 선택한 삶에 대한 책임, 앞 세대의 지혜를 다음 세대에 물려줄 책임, 자기와 다른 삶의 방식도 존중할 책임,

생명을 소중히 여기며 평화 공존할 책임, 남녀평등의 가치를 실천할 책임, 가정에서의 책임, 서로에게 폭력을 행사하지 않고 소외받는 사람들과 더불어 살아갈 책임 등을 명시하였다.

청소년헌장의 내용은 다음과 같다.

청소년헌장

청소년은 자기 삶의 주인이다. 청소년은 인격체로서 존중받을 권리와 시민으로서 미래를 열어갈 권리를 갖는다. 청소년은 스스로 생각하고 선택하며 활동하는 삶의 주체로서 자율과 참여의 기회를 누린다. 청소년은 생명의 가치를 존중하며 정의로운 공동체의 성원으로 책임 있는 삶을 살아간다.

가정, 학교, 사회 그리고 국가는 위의 정신에 따라 청소년의 인간다운 삶을 보장하고 청소년 스스로 행복을 가꾸며 살아갈 수 있도록 여건과 환경을 조성한다.

청소년의 권리

1. 청소년은 생존에 필요한 기본적인 영양, 주거, 의료, 교육 등을 보장받아 정신적 · 신체적으로 균형 있게 성장할 권리를 가진다.
2. 청소년은 출신, 성별, 종교, 학력, 연령, 지역 등의 차이와 신체적 · 정신적 장애 등을 이유로 차별받지 않을 권리를 가진다.
3. 청소년은 물리적 폭력뿐만 아니라 공포와 억압을 포함하는 정신적인 폭력으로부터 보호받을 권리를 가진다.
4. 청소년은 사적인 삶의 영역을 침해받지 않을 권리를 가진다.
5. 청소년은 자신의 생각과 느낌을 자유롭게 펼칠 권리를 가진다.
6. 청소년은 자유로운 의사에 따라 건전한 모임을 만들고 올바른 신념에 따라 활동할 권리를 갖는다.
7. 청소년은 배움을 통해 진리를 추구하고 자아를 실현해 갈 권리를 가진다.
8. 청소년은 일할 권리와 직업을 선택할 권리를 가진다.
9. 청소년은 여가를 누릴 권리를 가진다.
10. 청소년은 건전하고 다양한 문화, 예술활동에 자유롭게 참여할 권리를 가진다.
11. 청소년은 다양한 매체를 통하여 자신의 삶에 필요한 정보에 접근할 권리를 가진다.
12. 청소년은 자신의 삶과 관련된 정책결정과정에 민주적 절차에 따라 참여할 권리를 가진다.

청소년의 책임

1. 청소년은 자신의 삶을 소중히 여기며 자신이 선택한 삶에 책임을 진다.
2. 청소년은 앞 세대가 물려준 지혜를 시대에 맞게 되살려 다음 세대에 물려줄 책임이 있다.
3. 청소년은 가정 · 학교 · 사회 · 국가 · 인류공동체의 성원으로서 자기와 다른 삶의 방식도 존중할 줄 알아야 한다.
4. 청소년은 삶의 터전인 자연을 소중히 여기고 모든 생명들과 더불어 살아간다.
5. 청소년은 통일시대의 주역으로서 평화롭게 공존하는 방법을 익힌다.
6. 청소년은 남녀평등의 가치를 배우고 이를 모든 생활에서 실천한다.
7. 청소년은 가정에서 책임을 다하며 조화롭고 평등한 가족문화를 만들어 간다.
8. 청소년은 서로에게 정신적 · 신체적 폭력을 행사하지 않는다.
9. 청소년은 장애인을 비롯한 소외받기 쉬운 사람들과 더불어 살아간다.

어린이헌장과 청소년헌장은 우리 사회의 아동에 대한 다짐과 약속을 나타내고 있으나 선언적 의미가 강하며(공계순 외, 2019) 이러한 헌장을 선포하는 것만으로 아동과 청소년의 권리가 보장되는 것은 아니다. 어린이헌장과 청소년헌장에 담긴 내용이 실현될 수 있도록 구체적인 실천이 필요하며, 이러한 노력을 꾸준히 지속해야만 우리 사회에서 아동과 청소년의 권리가 보장될 수 있다.

(3) 아동복지법

헌장이 선언적 의미에서 아동권리를 보장한다면 「아동복지법」은 아동에 대한 복지제공을 통해 아동권리를 보장하고자 한다는 점에서 실천적 차원의 노력이라고 할 수 있다.

아동복지에 관한 최초의 법으로서 「아동복리법」은 1961년 12월 30일에 제정되었다. 아동복리법은 아동복지에 대한 국가 책임을 최초로 규정하였다는 점에서 의의가 있지만 법의 내용은 전쟁 후 발생한 보호대상아동을 구제하기 위한 선별적인 아동복지사업 위주로 구성되었고, 아동의 생존권 보장이 우선적인 목표였다(신재흡,

2018). 아동복리법 제1조에서는 법률의 목적을 "본법은 아동이 그 보호자로부터 유실, 유기 또는 이탈되었을 경우, 그 보호자가 아동을 육성하기에 부적당하거나 양육할 수 없는 경우, 아동의 건전한 출생을 기할 수 없는 경우 또는 기타의 경우에 아동이 건전하고 행복하게 육성되도록 그 복리를 보장함을 목적으로 한다"라고 명시하고 있어, 법의 적용대상이 보호대상아동에 국한되어 있음을 알 수 있다.

이후 1981년 전부개정된 「아동복지법」은 "아동이 건전하게 출생하여 행복하고 건강하게 육성되도록 그 복지를 보장함을 목적으로 한다"고 명시하고 있어, 보호대상아동에서 한 걸음 나아가 일반아동도 포함하는 보편적인 복지를 지향하는 것을 알 수 있다. 또한 아동의 보호와 건전한 육성의 책임을 보호자뿐 아니라 국가와 지방자치단체, 모든 국민에게까지 확대하고 있다. 이 법은 보호대상아동의 구제라는 기존의 사후 대책적인 틀에서 벗어나, 다양하고 전문적인 복지서비스를 제공함으로써 모든 아동의 건강한 발달을 보장함과 동시에 아동의 권리보호를 위한 법적 기초를 마련하였다는 점에서 의의를 찾을 수 있으나(신재흡, 2018), 법령의 내용은 여전히 시설보호를 중심으로 한 선별적인 아동복지사업에 대한 내용을 규정한 것이 대다수이다. 이후 아동복지법이 우리 사회의 아동복지 수요와 여건의 변화에 능동적으로 대응해야 한다는 요구가 있었는데, 특히 아동복지시설은 단순 수용 위주의 보호에서 보다 전문화된 서비스를 제공할 수 있는 제도적 근거를 필요로 하고 있으며, 당시 심각한 사회문제로 지적된 바 있는 학대아동에 대한 보호 및 아동안전에 대한 제도적 지원을 공고히 할 필요가 있다는 사회적 배경하에 2000년 아동복지법이 전부개정되었다. 전부개정된 아동복지법의 주요 내용은 첫째 아동이 차별받지 않고 가족적 환경에서 성장하도록 하며 아동의 이익을 최우선으로 고려할 것 등을 기본이념(제3조)에서 명시하였고, 둘째 대통령령이 정하는 바에 따라 아동복지시설과 아동용품에 대한 안전기준을 정하고 안전교육을 실시하도록 근거규정을 마련하였으며, 셋째 아동학대에 대한 정의와 금지 유형을 명확히 하고, 넷째 아동학대에 대한 신고를 의무화하고 긴급전화를 설치하며 아동보호전문기관을 설치하도록 하였으며 학대아동에 대한 보호체계를 갖추는 한편 아동보호전문기관에 대한 비용보조 근거를 마련한 것 등이다(http://likms.assembly.go.kr/record/mhs-10-030.do?conferNum=023723). 이처럼 전부개정된 「아동복지법」의 기본 이념은 아동권리협약의 주요 원칙을 반영하면서 아동의 생존권, 발달권, 보호권 등을 명시하고 있다. 아동복지법 전부개정으로 아동학대에 대한 공적 개입의 기초가 마련되면서, 정부에서는 2000년 10월, 16개 시 · 도에 아동보호전문기관(아동학대예방센터)을 민간기관에 지정 · 위탁하여 운영을 시작하였으며, 2001년 10월부터는 중앙아동보호전문기관을 굿네이버스에 위탁운영하였다.

이후 「아동복지법」은 2011년 한 차례 더 전부개정되었는데, 전부개정의 배경을 살펴보면 보호대상아동 중심의 보호서비스에 치중해 온 과거 아동복지정책의 한계를 극복하기 위해 최근 아동의 빈곤, 결식, 학대 등의 문제를 해결하기 위한 새로운 아동복지서비스가 도입되어 시행되고 있으나 이에 대한 법적 근거가 미약하고, 관련 정책을 총괄 조정 · 심의하기 위한 정책 추진체계가 미흡하다는 점, 그리고 기존의 시설아동보호, 아동학대 예방 등의 아동보호서비스의 경우에도 사회적 여건 변화에 따라 아동의 원가정 복귀 지원, 아동학대 사전예방 및 학대 방지를 위한 서비스의 강화가 필요한 상황이라는 점을 개정의 필요성으로 제시하였다. 이러한 기존 법령과 제도의 한계점을 극복하고자 전부개정한 법률의 주요 내용은 첫째, 아동종합실태조사를 시행하여 이에 기반한 아동정책 기본계획을 수립 · 시행토록 하고, 둘째, 아동복지정책 추진체계를 강화하는 한편, 아동복지시설 관련 전달체계 및 아동복지시설 유형 개편을 통해 보다 효율적이며 수요자 중심적인 아동복지서비스 제공이 가능하도록 하였다. 셋째, 아동에 대한 금지행위를 명확히 하고, 아동학대의 예방과 방지, 아동학대행위자의 계도를 위한 교육 등에 관한 홍보영상을 제작하여 지상파방송 사업자에게 홍보영상을 채널별로 송출하도록 요청할 수 있도록 하며, 넷째, 기존에 명시적인 법적 근거 없이 시행되고 있었던 각종 아동복지서비스를 법제화함으로써 아동정책을 효과적으로 수행하기 위한 정책적 기반을 마련하였다

(http://likms.assembly.go.kr/record/mhs-10-030.do?conferNum=040731#none).

이렇듯 「아동복지법」은 아동의 복지증진을 통해 아동이 건강하고 행복하게 성장하도록 하기 위한 목적으로 복지의 대상 및 서비스의 범위를 지속적으로 확대해왔으며, 이를 통해 모든 아동의 권리를 폭넓게 보장하고자 한다.

(4) 아동권리헌장

아동권리헌장은 유엔아동권리협약의 주요 원칙을 충실히 이행하기 위해 제정되었다. 우리나라는 1991년 협약을 비준하였고, 아동권리증진을 위해 많은 노력을 하였으나 아동 삶의 만족도와 아동권리에 대한 인식 수준이 낮은 상황이었다(보건복지부 · 한국아동단체협의회, 2016).

보건복지부는 2016년 5월 2일 어린이날을 맞이하여 '아동의 권리와 어른들의 책임'을 규정한 '아동권리헌장'을 제정하였다. 아동권리헌장의 내용을 소개하면 다음과 같다.

아동권리헌장

모든 아동은 독립된 인격체로 존중받고 차별받지 않아야 한다. 또한 생명을 존중받고, 보호받으며, 발달하고 참여할 수 있는 고유한 권리가 있다. 부모와 사회, 국가와 지방자치단체는 아동의 이익을 최우선적으로 고려해야 하며, 다음과 같은 아동의 권리를 확인하고 실현할 책임이 있다.

① 아동은 생명을 존중받아야 하며 부모와 가족의 보살핌을 받을 권리가 있다.
② 아동은 모든 형태의 학대와 방임, 폭력과 착취로부터 보호받을 권리가 있다.
③ 아동은 출신, 성별, 언어, 인종, 종교, 사회 · 경제적 배경, 학력, 연령, 장애 등의 이유로 차별받지 않을 권리가 있다.
④ 아동은 개인적인 생활이 부당하게 공개되지 않고 보호받을 권리가 있다.
⑤ 아동은 신체적 · 정신적 · 사회적으로 건강하게 성장하고 발달하는 데 필요한 기본적인 영양, 주거, 의료 등을 지원받을 권리가 있다.
⑥ 아동은 자신이 살아가는 데 필요한 지식과 정보를 알 권리가 있다.

⑦ 아동은 자유롭게 상상하고 도전하며 창의적으로 활동하고 자신의 능력과 소질에 따라 교육받을 권리가 있다.
⑧ 아동은 휴식과 여가를 누리며 다양한 놀이와 오락, 문화 · 예술활동에 자유롭고 즐겁게 참여할 권리가 있다.
⑨ 아동은 자신의 생각이나 느낌을 자유롭게 표현할 수 있으며, 자신에게 영향을 주는 결정에 대해 의견을 말하고 이를 존중받을 권리가 있다.

아동권리헌장은 전문과 9개 조항으로 이루어져 있으며, 유엔아동권리협약의 조항들을 함축적으로 모아 간결하게 정리한 것이다. 협약의 원칙을 기반으로 우리 아동들이 겪고 있는 위기에 주목해 학대로부터 보호받을 권리, 놀 권리, 표현의 자유와 참여, 상상과 도전, 창의적 활동 등을 비중 있게 다루었다. 아동권리헌장은 아동 스스로 자신의 권리를 알고 지킬 수 있고, 어른도 아동의 권리를 이해하고 존중하여야 한다는 약속을 담고 있다.

2) 유엔아동권리협약의 이행현황

우리나라의 아동권리 발전에 핵심적인 계기가 된 사건은 '유엔아동권리협약(UN Convention on the Rights of the Child)'을 비준한 것이다. 우리나라는 1990년 협약에 서명하고, 1991년 11월 20일 54개 조항 중 국내법과 충돌하는 3개 조항을 유보하는 형태로 비준하여 협약 실행의 당사국이 되었다. 유보된 세 가지 조항은 제9조 제3항 아동의 부모면접권 보장에 대한 권리(이혼 가정의 자녀가 부모를 만날 권리가 법적으로 보장되지 않음)와 제21조(a)항 입양절차에 관한 협약(입양이 사실상 관계당국의 허가에 의해 이루어지지 않음), 그리고 제40조 제2항(b)(v)호 아동의 상소권 보장(비상계엄하의 재판이 단심제여서 아동의 권리를 보호하기 어려움)에 관한 것이었다.

우리나라가 협약을 비준함으로써 아동권리협약은 국내법과 동일한 효력을 지니게 되었으며, 우리나라 아동의 권리실현 정도를 국제 아동권리협약의 실행 정도에 대비하여 파악할 수 있게 되었다. 협약의 규정에 따라, 우리나라도 정기적으로 국제협약에 대한 이행보고서를 유엔에 제출하고 평가를 받아왔다. 이행보고서는 유엔아동권리위원회의 지침에 따라, 1) 협약 이행을 위한 일반조치, 2) 아동의 정의, 3) 일반원칙, 4) 시민적 권리와 자유, 5) 아동에 대한 폭력, 6) 가정환경 및 대안 양육, 7) 장애, 기초보건 및 복지, 8) 교육, 여가 및 문화활동, 9) 특별보호조치 등 9개 주제로 나누어 작성된다. 유엔아동권리위원회는 한국에서 제출한 이행보고서를 심의한 후, 한국의 협약 이행상황에 대한 우려와 제안을 담은 최종 견해(권고사항)를 한국정부에 전달한다(http://unicef.or.kr).

협약비준 이후 우리나라의 연도별 아동권리보고서 제출현황은 〈표 3-2〉와 같다.

표 3-2 | 우리나라의 아동권리보고서 제출현황

구분	1차	2차	3 · 4차	5 · 6차
국가보고서	1994	2000	2009	2017
민간보고서	1995	2002	2010	2018
유엔아동권리위원회 최종 견해	1996	2003	2011	2019

출처: UNICEF KOREA (unicef.or.kr)

(1) 제1 · 2차 국가보고서 및 유엔아동권리위원회의 최종 견해

우리나라 정부는 1994년 11월 제1차 국가보고서를 제출하였고, 2000년 6월 2차 보고서를 제출하였다. 유엔아동권리위원회는 제2차 국가보고서에 대한 심의결과 2003년 한국정부에 대해 2차 권고사항을 제시하고, 그 이행 상황에 대한 제3 · 4차 통합보고서를 제출하도록 하였다.

2차 권고사항에서는 1997년 「가정폭력특별법」, 2000년 「청소년의 성보호에 관한 법률」 등 아동권리이행 진전을 위한 입법 및 2001년 국가인권위원회의 설립을 환영하였으며, 1999년 ILO 협약 138호(취업최저연령에 관한 협약) 및 2001년 ILO 협약 182호(가혹한 형태의 아동노동금지와 근절을 위한 즉각적인 조치에 관한 협약)의 비준을 환영하였다.

한편, 주요 우려사항으로 최초 보고서에 대한 권고의견에 포함된 권고사항 중 아직 이행되지 않은 부분과 우리나라에서 유보하고 있는 아동권리협약의 조항들(제9조 제3항, 제21조(a)항, 제40조 제2항(b)(v)호)에 대한 유보 철회를 권고하였다. 또한 국가인권위원회의 설립을 환영하지만 이 위원회가 아동권리에 관한 전문성을 갖고 있지 않음을 우려하였으며, 중앙정부의 아동관련 예산이 비슷한 경제수준에 있는 다른 나라들에 비해 낮은 수준인 점, 아동에 대한 통계수집이 체계적으로 이루어지고 있지 못한 점, 민간부문과의 협력이 제한되어 있는 점 등을 우려하였다.

이 밖에 가정, 학교, 기타 기관 및 사회 일반에서 아동의 견해 존중이 이루어지고 있지 않은 점, 표현과 결사의 자유가 제한된 점, 체벌이 학교에서 공식적으로 허용되어 있는 점, 대안양육이 시설양육 중심으로 이루어지고 있는 점, 국내입양이 당국의 허가나 개입 없이 주선될 수 있으며, 국가 간 입양에 관한 헤이그협약을 비준하고 있지 않은 점, 아동학대에 대처하기 위한 국가차원의 제도가 없는 점, 법적으로 보장된 양육비를 받지 못하는 한부모가정이 많은 점, 장애아동에 대한 사회적 편견으로 장애아동의 권리를 침해하는 점, 경쟁이 심한 교육제도 등에 대한 우려를 표현하였다.

또한 2004년 9월 24일, 우리나라는 아동권리협약의 3개 선택의정서 중 2개를 비준하였는데, 비준한 아동권리협약 선택의정서는 아동의 무력분쟁 관여에 관한 선택의정서와 아동매매 · 아동성매매 · 아동포르노그래피에 관한 선택의정서이고, 비준 예정인 선택의정서는 개인청원절차에 관한 선택의정서이다.

(2) 제3 · 4차 통합보고서 및 유엔아동권리위원회의 최종 견해

2008년 한국정부는 유엔아동권리협약 이행에 관한 제3 · 4차 통합보고서를 유엔아동권리위원회에 제출하였다. 제3 · 4차 보고서를 통해 나타난 협약 이행을 위한 일반 조치를 살펴보면, 먼저 정부는 협약 비준 당시 유보하였던 세 가지 유보조항 중 아동의 부모면접교섭권에 대해 2007년에 「민법」을 개정하여 아동에게도 부모면접교섭권을 인정하고, 아동의 부모면접교섭권을 실질적으로 보장하기 위하여 부부가 협의이혼할 경우에는 면접교섭권의 행사 여부 및 그 방법을 담은 협의서 제출을 의무화함으로써 유보를 철회하였다. 또한 2003년 이후 협약의 이념이 국내법에 반영되도록 지속적으로 관련법을 제 · 개정하여 협약에서 규정하고 있는 아동의 권리가 보장될 수 있도록 노력하였으며[03], 아동정책조정을 위한 공적 기구로 2004년 아동복지법을 개정하여 '아동정책조정위원회'의 설치 근거를 마련하고, 아동의 권리증진 및 유엔아동권리협약 이행 모니터링을 실시하기 위하여 2006년 10월 '아동권리모니터링센터'를 설치하였다. 이밖에 아동관련 통계수집과 권리지표 개발을 위해 노력하였으며, 2006년에는 '40개 주요 아동지표'를 만들어 중장기 아동정책 수립과 각종 아동복지사업의 기초자료로 활용하는 등 아동권리증진을 위한 노력을 다방면으로 실시하였다.

유엔아동권리위원회는 한국정부가 제출한 제3 · 4차 통합보고서를 심사하여 2011년 최종 견해를 제시하였다. 최종 견해에서는 그동안 아동권리 영역에서 이루어진 성과에 대해 환영하는 한편 우리나라 아동권리의 문제점을 지적하고 필요한 조치를 권고하고, 최종 견해의 이행에 관한 정보를 포함하는 제5 · 6차 통합정기보고서를 2017년까지 제출할 것을 권고하였다.

제3 · 4차 통합보고서에 대한 최종 견해에서는 일반이행조치로 우리나라가 제출

03 아동관련 법령의 구체적인 제 · 개정 현황은 「유엔아동권리협약 제3 · 4차 국가보고서 및 권고사항 자료집」을 참고할 것

한 2차 정기보고서에 관한 위원회의 최종 견해 중 아직 이행되지 않은 권고사항, 특히 국가인권위원회 내 아동권리 분과위원회의 설립, 체벌의 전면적인 금지, 그리고 아동이 겪는 고도의 스트레스를 줄이기 위한 교육정책의 검토와 관련된 사항을 처리하기 위해 필요한 모든 조치를 취할 것을 촉구하였다. 또한 협약이행업무의 효과적 조정을 위한 기구를 수립하도록 권고하고 있다. 그 밖에 아동관련 국가행동계획을 채택하고 시행할 것과, 이를 위해 충분한 자원 및 감시체제를 제공할 것을 권고하고, 아동권리모니터링센터의 법적 지위를 명확히 규정할 것과 충분한 독립적 자원을 제공할 것, 그리고 국가인권위원회의 독립성, 지속성 및 아동권리 관련 전문성을 위한 적절한 환경을 제공할 것을 촉구하였다. 이외에도 협약이행을 위해 배정된 재원 수준을 검토하고 증가시킬 것, 아동관련 자료를 종합적으로 수집할 수 있는 일관성 있는 체계의 설립, 아동권리 및 인권에 대한 교육과 인식 제고를 위한 노력, 국제협력의 강화, 기업의 해외활동이 아동권리에 미치는 부정적 영향을 규제하는 포괄적 법체계의 마련 등을 권고하고 있다.

(3) 제5 · 6차 통합보고서 및 유엔아동권리위원회의 최종 견해

2017년 12월 제출된 제5 · 6차 통합보고서에서는 2011년 이후 이루어진 협약이행을 위한 노력을 제시하였는데, 2011년 8월 「입양특례법」을 전부 개정하여 입양허가제를 도입함으로써 협약 제21조(a)항에 대한 유보조항을 철회하였고, 아동 이익 최우선의 원칙을 반영한 제1차 아동정책기본계획 수립, 국가인권위원회 내 아동 · 청소년 전담조직 및 아동권리위원회 설치로 독립적 모니터링 체계 구축 등의 성과를 이루었다. 또한 정부는 영유아 무상보육 실시, 「학교폭력예방 및 대책에 관한 법률」 및 「아동학대범죄의 처벌 등에 관한 특례법」 제정을 통한 폭력과 학대 방지대책 강화, 드림스타트 · 청소년 방과후 아카데미 · 지역아동센터 등 취약아동 지원 인프라 확대, 다문화 및 학교 밖 아동 · 청소년 등 취약집단 지원 · 보호 강화 등을 위해 노력하였다. 자유학기제 운영과 진로교육 활성화, 그리고 지방자치단체와 시 · 도교육청의 아동 · 청소년 관련 인권조례 제정 등도 의미 있는 정책 성과라 할 수 있다.

유엔아동권리위원회에서는 우리나라의 제5 · 6차 국가보고서에 대한 심의결과, 2019년 최종 견해를 채택하였는데, 유엔아동권리위원회에서는 2014년 「아동학대범죄의 처벌 등에 관한 특례법」, 「공교육 정상화 촉진 및 선행교육 규제에 관한 특별법」, 「학교 밖 청소년 지원에 관한 법률」의 제정과 아동권리보장원 설립, 아동영향평가제도, 온라인 출생신고제도, 만 7세 미만 아동에 대한 아동수당지급제도 도입에 대해 감사의 뜻을 표시하였으며, 협약 제21조(a)항에 대한 유보조항 철회를 환영하였다. 그럼에도 3개의 유보조항 가운데 마지막 남은 제40조 제(2)항(b)(v)[04]호의 신속한 유보철회를 촉구하고 있으며, 아동정책조정위원회의 권한 강화, 아동 관련 예산의 증가, 세분화된 자료수집을 위한 중앙시스템의 구축, 아동권리위원회의 법적 지위 강화 및 국가인권위원회의 역량 강화, 아동권리교육과 인권교육의 강화, 국제협력을 위한 노력, 기업들을 위한 아동보호 프레임워크 수립 등을 권고하였다. 이외에도 비차별(para. 17), 생명 · 생존 및 발달의 권리(para. 20), 체벌을 포함하는 아동에 대한 폭력(para. 27), 성적 착취 및 학대(para. 29), 교육 및 교육의 목표(para. 42), 그리고 소년사법 운영(para. 47) 등의 분야에서 시급한 조치가 필요하다고 판단하여 권고하고 있다.

유엔아동권리위원회는 제5 · 6차 국가보고서에 대한 최종 견해에 포함된 권고들이 완전히 이행될 수 있도록 모든 적절한 조치를 취할 것을 당사국에 권고하였으며, 후속조치 관련 정보를 포함하는 제7차 국가보고서를 2024년 12월 19일까지 제출할 것을 요청하였다. 이에 따라 마지막 유보조항의 철회를 포함, 지금까지 유엔아동권리위원회의 최종 견해에 포함된 권고사항들을 이행하기 위한 국가차원의 노력은 지속될 것이다.

---

04 아동의 상소권 보장(비상계엄하의 재판이 단심제여서 아동의 권리를 보호하기 어려움) 조항임

토론해 봅시다

01 우리나라에서 아동의 4대 권리(생존권, 보호권, 발달권, 참여권)가 각각 어느 정도로 발전되었다고 생각하며, 그렇게 생각하는 이유는 무엇인지 이야기해 보시오.

02 지금까지 살면서 아동기에 권리가 침해당했던 경험이 있는가? 그러한 권리침해를 예방하기 위해서는 사회적으로 어떤 조치를 취해야 할 것인가?

03 아동의 권리침해가 발생하는 대표적인 사례는 무엇인지 이야기해 보시오.

참고문헌

공계순 · 박현선 · 오승환 · 이상균 · 이현주 (2019). **아동복지론 제5판**. 서울: 학지사.

보건복지부 · 한국아동단체협의회(2016). 아동권리헌장.

신재흡 (2018). **사례중심의 아동권리와 복지**. 서울: 동문사.

우남희 (1999). 어린이의 삶의 질적 향상을 추구한 소파 방정환에 대한 다각적 분석. **아동과 권리**, 3(2), 101–106.

이재연 (1999). 소파 방정환과 한국아동의 권리. **아동과 권리**, 3(2), 107–119.

보건복지부 · 한국아동권리모니터링센터 (2011). **유엔아동권리협약 제3 · 4차 국가보고서 및 권고사항 자료집**.

한국아동권리학회 (2021). 아동권리협약 이행에 관한 제2차 보고서에 대한 아동권리위원회의 권고의견. http://www.kccr.or.kr/bbs/board.php?bo_table=info (2021.7.20. 인출)

Wall, John (2017). *Children's Rights: Today's Global Challenge*. Maryland, USA: The Rowman & Littlefield Publishing Group, Inc.

Liebel, Manfred (2012). *Children's Rights from Below: Cross-Cultural Perspectives*. Hampshire, UK: Palgrave Macmillan.

국가기록원 – 나라정보포털 (http://theme.archives.go.kr)

국제아동인권센터 (http://incrc.org/uncrc)

국회정보시스템 (http://likms.assembly.go.kr)

UNICEF KOREA (www.unicef.or.kr)

CHILD WELFARE

04 CHAPTER

아동복지의 역사

1. 외국의 아동복지 발달과정
2. 한국의 아동복지 발달과정

CHAPTER

04

아동복지의 역사

이 장에서는 서구국가와 우리나라 아동복지의 발달과정을 시대별로 살펴보고자 한다. 아동복지의 발달은 그 시대의 아동을 바라보는 관점을 반영하며, 또한 각 시대의 사회 · 경제적 상황 및 가치관과 밀접하게 관련되어 있다. 그러한 측면에서 아동복지의 발달과정은 역사적 맥락에서 이해될 수 있다. 이에 따라 전통적인 아동관에 입각한 근대 이전의 아동복지부터 아동을 권리의 주체로 인정하는 현재에 이르기까지 주요 서구국가들과 우리나라의 아동복지정책과 제도의 발달과정을 고찰하고자 한다.

1. 외국의 아동복지 발달과정

이 절에서는 서구사회를 중심으로 근대 이전 시기인 고대 및 중세사회, 그리고 근대 산업사회와 현대사회에 이르기까지 아동복지의 발달과정을 고찰해 보고자 한다.

특히 근대 산업사회 이후 영국, 미국, 스웨덴의 주요 아동복지정책과 제도의 도입과정을 살펴보고, 아동복지의 발달에 영향을 미친 각국의 사회적 배경에 대해서도 논의하고자 한다.

1) 근대 이전의 아동복지

전통적 아동관에서는 아동을 별도의 욕구와 특성을 지닌 존재로 여기지 않고, 부모의 소유물로 취급하였다. 또한 아동의 욕구와 능력이 성인과 다를 바 없다고 여겼기 때문에 아동문제에 대한 사회적 인식이 다른 인구대상층과 구분되어 존재하지 않았다(공계순 외, 2019).

고대사회에서 아동은 인간으로서의 존엄성과 가치를 인정받지 못했고, 아동의 존재는 종족 보존을 위한 수단에 불과하였다. 아동이 장차 종족 보존에 기여할 수 있을지 여부가 생존의 중요한 판단기준이 되었으므로 부모나 사회의 부담이 되는 병약한 유아들이나 장애아들은 유기나 살해의 대상이 되었다.

이처럼 영아살해, 유기, 낙태 등의 행위는 부족한 자원과 인구 간의 평형을 유지하기 위한 수단으로 오랫동안 여러 지역에서 행해져 왔으며, 아동 매매 또한 성행하였는데, 유스티니아(Justinia) 법전에는 아버지가 자녀를 팔 권리를 갖는다는 조항을 명시함으로써 아동매매가 합법화되었다(도미향 외, 2018).

아동을 독립된 인격체가 아닌 종족 보존의 수단으로 간주하는 이러한 관점은 이후 서구의 중세사회에도 이어졌는데, 중세시대는 장원제도로 대표되는 엄격한 신분계급사회로, 영주들은 장원제도 유지에 필요한 노동력과 군사력의 차원에서 아동의 가치를 평가하였다. 따라서 아동의 사회적 지위는 성인에 비해 낮을 수밖에 없었고, 아동은 신분이 높은 가정의 가계계승자를 제외하고는 대부분 열악한 처우에 시달렸다. 그러나 중세사회에는 인간 생명을 중시하는 기독교정신이 서구사회의 기본

가치로 자리잡으면서 아동의 생명을 빼앗는 행위를 죄악시하여 금지하였으며, 보호가 필요한 아동은 공동체 안에서 보살피거나 공동체가 보살피지 못하는 아동은 각 교구의 종교기관 및 자선기관(교회, 수도원, 구빈원 등)에서 양육되었다.

이처럼 근대 이전의 사회에서 대부분의 아동은 가족과 장원의 소유물로 취급되었으며, 낮은 사회적 지위와 열악한 처우의 대상이었으나 중세사회로 넘어오면서 종교기관을 중심으로 최소한의 아동보호가 이루어지기 시작하였다.

이 시기 아동보호활동은 '보호대상아동에 대한 최소한의 구제'를 위한 것으로 아동의 고유한 욕구와 권리에 기반한 근대적인 의미의 아동복지라고 보기에는 어려움이 있다.

2) 근대 이후의 아동복지

근대 산업사회에 접어들면서 이전의 봉건제도는 점차 붕괴되고 상공업의 발달 및 산업혁명의 시작과 더불어 자본주의제도가 탄생하였다. 또한 자본가계급과 노동자계급이 출현하면서, 아동 및 기타 사회적 약자에 대한 보호가 중요한 사회문제로 등장하게 되었다(도미향 외, 2018). 이에 근대적인 의미의 아동복지가 발달하기 시작하였고, 국가별로 아동복지 관련 제도와 법령이 발달하기 시작하였다. 이 절에서는 서구의 아동복지발달을 주도한 주요 국가인 영국과 미국, 스웨덴을 중심으로 아동복지의 발달과정을 고찰해 보도록 한다.

(1) 영국

영국에서는 중세 봉건제도의 몰락으로 영주와 농노 간의 기본적인 종속관계가 변화하면서 공동체로부터 유리되어 토지 및 생계수단을 상실한 집단이 걸식자 및 유랑자로 등장하기 시작하였다. 이들이 법과 질서의 문제로 대두되자, 이 집단에 대한 조처에서 구빈법의 역사가 시작되었다(김연희, 1985).

1601년 제정된 엘리자베스 구빈법(Elizabeth Poor Law) 이전의 입법들은 주로 구걸 및 유랑을 금지하고, 구제보다는 잔혹한 처벌을 가하는 내용으로, 빈민에 대한 공적 구호의 체계를 마련한 것은 엘리자베스 구빈법이 최초라고 할 수 있다. 엘리자베스 구빈법은 구빈기금을 위해 구빈세를 징수하는 원칙을 확립했고, 이를 위한 효과적인 행정단위로 교구를 지정하였다. 또한 빈민을 세 가지 범주로 구분하고, 유형별로 각기 다른 구제방법을 채택하였다.

엘리자베스 구빈법에서는 빈민의 유형을 ① 노동 가능한 빈민(able-bodied poor), ② 노동 불가능한 빈민(the impotent poor), ③ 보호대상아동(dependent children)으로 구분하여 노동 가능한 빈민에게는 작업장(workhouse) 또는 교정의 집(house of correction)에서 강제노동을 하거나 거절 시에는 형벌과 투옥을 하도록 규정했고, 노동 불가능한 빈민에게는 구빈원(Almshouse)에서의 원내구호를, 마지막으로 보호대상아동에게는 도제살이를 규정하였다(김연희, 1985). 부모 또는 조부모의 보호를 받지 못하는 아동 중 남자는 24세까지, 여자는 21세까지 또는 결혼할 때까지 도제로 양육되었는데, 이는 아동의 자립을 위한 것이었으나 노동력 착취 등의 문제점이 적지 않았다(도미향 외, 2018). 또한 이 시기에는 빈민, 노인, 장애인과 구분되는 집단으로서 아동에 대한 인식은 없었고, 근로능력이 없는 자는 대상 구분 없이 구빈원에 수용되었다.

엘리자베스 구빈법은 구빈에 대한 국가의 책임을 인식했다는 점에서 의의를 찾을 수 있으며, 성인 빈민뿐 아니라 보호대상아동에 대한 규정도 포함하고 있어 아동복지의 기원으로 평가받는다(장인협 · 오정수, 1999). 그러나 그 기본방침이 작업장 및 구빈원을 통한 원내구호의 원칙에 입각하고 있고, 노동 불가능한 빈민에 대한 구제보다도 노동 가능한 빈민의 조처를 주된 내용으로 하고 있는데, 이는 빈곤의 궁극적 원인은 개인의 도덕적 결함과 게으른 생활태도에 있다고 보고, 그 결함을 지도, 감독할 책임은 국가의 의무라고 생각하였던 당시의 중상주의자들의 가치관을 반영한다(김연희, 1985). 따라서 구빈원에서의 생활은 매우 열악했으며, 도제제도는 복지 차원이 아닌 노동력 부족 현상을 해소하기 위한 수단으로 이용되었다고 할 수 있다(도미향 외, 2018).

산업혁명 이후 기계제 생산양식의 도입으로 도제제도는 사라지게 되었으나, 전국적으로 수 천 개의 공장들이 생겨나면서 아동은 값싼 노동력을 제공하는 원천이 되었고, 아동에 대한 노동착취가 성행하였다. 이에 영국 정부는 1833년 면직공장의 노동조건과 노동시간을 규정한 공장법(Factory Act)을 통과시켰는데, 이 법에서는 9세 미만 아동의 노동을 금지하고, 9~13세 아동은 노동시간을 단축하는 한편 매일 2시간의 교육을 받도록 규정하고 이 법의 시행을 위해 4명의 공장감독관(factory inspector)을 지명하여 법률 준수 여부를 감독하도록 하였다. 이전에 제정된 공장법들은 시행이 지역의 치안판사에게 맡겨져, 면직공장들의 법 준수 여부가 사실상 자발적으로 이루어진 반면, 1833년의 공장법은 공장감독관이 시행을 감독함으로써 면직공장의 아동들을 장시간 노동과 상해로부터 보호할 수 있었다. 이후 공장법은 여러 차례 개정되면서 1844년에는 노동시간 규제가 여성노동자에게도 적용되었으며, '10시간 법(Ten Hour Act)'으로 알려진 1847년의 공장법은 여성과 18세 미만 아동의 노동시간이 하루 10시간을 넘지 못하도록 규정하였다. 이후 1867년 개정된 공장법에서는 이전에 면직산업에만 적용되던 규제를 모든 산업군의 5인 이상 고용 작업장으로 확대하였고, 1901년에는 노동 가능한 최소연령이 12세로 상향되었다(www.nationalarchives.gov.uk/education/resources/1833-factory-act/).

한편, 영국의 법과 복지국가정책에서 아동보호는 오랜 역사를 지니고 있는데, 1884년 런던에 아동학대예방협회(Society for the Prevention of Cruelty to Children)가 설립되고, 5년 동안 캠페인을 벌인 후, 의회는 1889년 아동학대예방 및 아동보호법(Prevention of Cruelty to and Protection of Children Act)을 통과시켰다. 흔히 아동헌장(Children's Charter)으로 알려진 이 법은 아동학대와 관련된 최초의 의회제정법으로 국가가 부모자녀 관계에 개입할 수 있도록 처음으로 규정하였으며, 아동고용에 관한 지침과 아동대상 범죄를 저지른 사람에 대한 경찰 체포에 관한 규정도 포함되어 있다(The British Academy, 2019).

20세기에 들어와 아동복지는 아동의 권리를 보다 강조하는 방향으로 발전하였다. 1918년 제정된 모성아동복지법(Maternity and Child Welfare Act)에서는 지방정부로 하여금 임산부와 5세 미만 아동을 위한 보건서비스를 제공하도록 하였으며, 제2차 세계대전을 겪으면서 정상적인 가정에서 보호를 받을 수 없게 된 아동들이 속출하자 1945년 가족수당법(Family Allowances Act)을 제정하여 부모의 사회경제적 지위에 무관하게 한 가정에 자녀가 둘 이상인 경우 둘째 아동부터 16세가 될 때까지 매주 수당을 지급하도록 하였다. 이후 1975년 제정된 아동수당법(Child Benefit Act)이 가족수당법을 대체하여, 모든 아동을 대상으로 한 최초의 보편적 아동수당제도가 도입된다.

1946년의 커티스 위원회(The Curtis Committee) 보고서는 전후 영국의 아동정책에 중요한 영향을 미쳤는데, 이 보고서에서는 집단양육시설에서 성장한 아동들이 여러 발달상의 문제를 보일 가능성이 높고, 성인이 되어서도 대인관계 문제나 알코올의존증, 범죄에 노출될 위험이 높다는 사실을 지적하면서 가정위탁보호가 시설보다 우월하다고 주장하였다. 커티스 위원회의 보고서가 발표되면서 정부 차원에서 현대적 의미의 가정위탁사업을 제도화하기 시작하였다(신재흡, 2018).

또한 이 보고서를 기초로 1948년 아동법(Children Act 1948)이 제정되고 각 지방정부에 아동위원회와 아동사무관이 배치되었다. 이 법은 통합적 아동보호서비스(comprehensive childcare service)를 확립하고 보호대상아동에 대한 사회적 보호를 개선하였으며, 아동의 원가정보호를 강조하였다.

1989년에 개정된 아동법(Children Act 1989)은 가족에 대한 국가의 책임을 명확히 하였는데, 특히 복지 및 보호의 욕구가 있는 아동 및 가족에 대한 국가의 책임을 강조하였다. 이에 따라, 아동이 학대 위험에 처해 있다고 의심할 만한 타당한 이유가 있다면 지방정부는 이와 관련한 조사를 해야 할 의무가 있으며, 법은 임시로 또는 장기적으로 아동을 분리할 수 있는 권한과 기준을 명확히 하였다(The British Academy, 2019).

1998년에는 취약계층의 5세 미만 아동과 그 가족들에게 통합적인 서비스를 제공하기 위한 목적으로 슈어스타트(Sure Start) 프로그램이 시작되었다. 슈어스타트는 영국 내 모든 아동이 보육시설을 이용할 수 있도록 함으로써, 취약계층 아동들의 '확실한 출발'을 보장하기 위한 것으로 영국의 보육상황을 개선하는 데 큰 기여를 하였다(신재흡, 2018).

한편, 2000년 빅토리아 클림비(Victoria Climbie) 아동의 학대사망사건이 발생하자, 영국 정부는 기존 아동보호제도의 한계를 인식하고 '모든 아동은 중요하다(Every Child Matters)'는 녹서를 출간하여 아동보호체계를 본격적으로 개편하였다.

녹서의 내용은 2004년 개정 아동법(Children Act 2004)에 반영되었는데 그 내용을 살펴보면 다음과 같다(서영민 · 김승영, 2019). 첫째, 2006년까지 아동을 위한 보건, 교육, 사회서비스를 제공할 자선 비영리단체(Trust)를 150개 설립할 것, 둘째, 지방정부를 관리할 수 있는 아동감독관(Children's Director)을 임명할 것, 셋째, 각 지방정부 산하에 아동보호 단일기구인 지역아동안전이사회(LSCB: Local Safeguarding Children Board)를 설치할 것, 아동위원장(Children's Commissioner)을 임명하여 아동의 소리를 대변할 것 등이다.

2014년 제정된 아동가족법(Children and Families Act)에서는 입양의 장애물을 제거하는 등 보호대상아동을 위한 서비스 제공을 개선하고, 가정법원 및 특수교육체계를 개혁하고, 아동과 청소년을 중심에 두고 서비스에 관한 의사결정 및 지원을 하고, 25세까지 서비스를 연장하는 등의 내용을 담고 있다.

2017년 아동 및 사회복지법(The Children and Social Work Act 2017)은 보호대상아동 및 보호종료 청소년들에 대한 지원을 개선하고, 지역 수준에서 아동의 복지와 안전보장(safeguarding)을 증진하기 위한 목적으로 제정되었다. 이 법은 또한 '공동부모역할의 원칙(Corporate Parenting Principle)'을 도입하였는데, 이는 지방정부가 공동의 부모로서 보호대상아동 및 보호종료 청소년들에 대한 집단적인 책임을 갖고 있음을 의미하는 것이다. 따라서 관련 업무를 수행하는 실무자들은 자신들의 업무가 보호대상아동 및 보호종료 청소년들에게 미칠 영향에 대해 신중하게 고려해야 한다.

(2) 미국

미국의 경우, 20세기 초까지만 해도 보호대상아동에 대한 구제는 주로 지역 차원에서 사적으로 이루어졌다. 식민지 시기 동안 아동에 대한 공적 책임은 주로 고아들에게만 국한되었다. 그러나 이들 아동은 최소한 한 명의 부모–거의 모–가 살아 있는 경우가 대부분으로 현대적 의미에서의 고아는 아니었다. 이들 아동은 어렸을 때에는 교구 민생위원들의 지원을 받아 친척들이 돌보다가 나이가 들면 다른 가족에게 도제로 고용되었다. 이러한 도제제도는 17세기와 18세기에는 아무런 낙인을 수반하지 않았으며, 부유한 가족의 자녀들도 기술을 배우기 위해 도제로 고용되는 경우가 많았다.

도제제도가 점차 쇠퇴하면서 고아원이 발달하기 시작했다. 1727년 뉴올리언스의 우슬린(Ursuline) 수도원에 인디언에게 부모를 잃은 아동을 위한 보호시설이 최초로 설립되었으며, 1740년 조지 화이트필드(George Whitefield)는 최초의 영구적인 보호시설인 베데스다 고아원을 조지아 주에 설립하였다. 1800년까지 미국에는 약 7개의 고아원이 있었는데, 그 수는 1830년대에는 23개, 1850년대에는 70개 이상으로 증가하였다. 대부분의 고아원은 종교기관이나 자선가들에 의해 사적으로 운영되었으나 지자체가 비용을 지원하는 경우가 많았으며, 나이 든 고아들은 노동을 통해 비용을 지불하는 경우가 자주 있었다. 남북전쟁으로 인해 고아원에 대한 수요가 크게 확대되면서, 1880년까지 고아원의 수는 600개 이상으로 급증했다. 고아원은 점차 최소한의 의식주 제공에 그치지 않고 신실함, 검약, 자립, 금주, 근면함 등을 가르침으로써 좋은 품성을 주입하는 역할까지 할 것으로 기대되었다. 이를 위해 엄격한 일과와 엄한 규율이 강조되었으며, 체벌도 광범위하게 이루어졌다.

한편, 도시화의 영향으로 19세기 중반까지 빈곤아동의 욕구는 이전보다 더 뚜렷하게 드러났다. 1870년대에는 매월 150명의 아동들이 버려졌으며, 수천 명의 아동들이 헐벗고 굶주린 상태로 난방도 되지 않는 집에 방치되거나, 거리에서 혼자 살아가곤 했다. 이와 동시에 고아원의 불결하고 폭력적인 상태는 개혁가들의 주의를 끌었는데, 부모와 함께 구빈원에서 생활하는 아동의 상황은 아마도 더 열악했을 것이다. 따라서 아동복지 전문가들은 집단보호시설을 반대하며, 아동을 다시 가정에 배치할 것을 권고하기 시작했다.

19세기 중반, 고아원들은 일반 가정에 아동을 배치하는 제도를 시작하였는데, 그것이 오늘날 우리가 위탁가정보호(foster care)라고 부르는 것의 시작이다. 1853년에 뉴욕 아동구호협회(New York Children's Aid Society)를 설립한 찰스 로링 브레이스(Charles Loring Brace)는 이러한 개혁의 선구자로 알려져 있는데, 그는 미국 동부의 도시에 사는 고아들을 서부의 가정으로 실어 나르는 '고아 열차(orphan trains)'를 운행하기 시작하였다. 이들은 대개 비공식적 도제로 고용되었으며 새로운 후견인에 의해 노동력을 착취당하는 경우가 많았다. 1853년부터 1929년까지 무려 15만 명이 넘는 아동이 고아 열차를 타고 서부지역으로 이동하였으며, 고아 열차는 1930년까지 지속되다가 아동을 보호하기 위한 감독 결여에 대한 비난으로 마침내 중단되었다.

아동을 위한 또 다른 사적인 운동은 1870년대의 아동보호운동(child-protection movement)이다. 학대로부터 동물을 보호하기 위해 설립된 동물애호협회(Humane Societies)로부터 시작된 아동보호협회(Societies for the Prevention of Cruelty to Children)가 미국의 전 지역에 설립되었다. 법원은 아동보호협회의 직원들에게 준사법적인 권한을 부여하여 적절하지 않다고 여겨지는 가정으로부터 아동을 분리하여 위탁가정이나 양육시설에 배치할 수 있도록 하였다(Courtney, 2013).

한편, 미국에서도 산업화시기(1820~1870)를 거치면서 아동노동이 급격히 증가하였는데, 아동노동을 최초로 집계한 1870년의 인구조사에 따르면, 15세 미만 노동아동은 가족농장이나 사업장에서 일하는 아동의 수를 제외하고도 75만명에 이르렀다. 1911년에는 2백만 명의 16세 미만 아동들이 하루 12시간 이상, 주 6일 동안 일을 하고 있었다. 그들은 불결하고 위험한 환경에서 일하는 경우가 많았고 매우 적은 임금을 받았다

19세기 후반부에 많은 노동조합들과 사회개혁가들이 극심한 아동노동을 금지할 것을 주 정부 및 지방정부에 강하게 요구하였고, 1900년까지 이러한 노력은 극심한 아동노동을 금지하는 일련의 입법으로 이어진다. 그러나 주에 따라 상황은 큰 차이가 있었고, 극심한 아동노동은 1930년대까지 지속되었다. 1900년 이후 아동노동을 규제하거나 근절하기 위한 여러 노력들이 이루어졌는데, 이 중 하나가 1904년 결성된 전국아동노동위원회(National Child Labor Committee)의 아동노동 착취금지 입법 캠페인이다. 이러한 노력의 결과, 아동노동을 금지하는 많은 법들이 통과되었으나 여전히 주마다 편차가 있었고, 특히 남부지역에서는 아동노동이 지속되었다. 이에 따라 연방아동노동법 제정의 필요성이 요구되었고, 1916년과 1918년 연방의회에서 아동노동법을 통과시켰으나 이후 대법원에 의해 위헌판결을 받았다. 아동노동 반대자들은 헌법 개정을 촉구하여 1924년 헌법 개정이 이루어졌으나 많은 주들이 당시의 보수적인 정치적 분위기와 일부 교회 및 농장조직들의 반대로 헌법 개정안을 비준하지 않았다. 이후 미국의 대공황으로 인해 아동노동을 둘러싼 정치적 분위기가 급변하였고 루즈벨트 대통령의 뉴딜정책은 극심한 아동노동을 금지하고자 하였다. 이후 관련 입법들이 연달아 이루어지면서 아동노동은 근절되었고, 아동들의 일자리는 실업 상태의 성인들에게 돌아갔다(Hansan, 2011).

20세기에 들어서면서, 아동에 대한 국가의 책임이 강조되기 시작하였는데, 대표적인 것이 1909년 열린 제1차 백악관회의(White House Conference)이다. 제1차 백악관회의에서 루즈벨트 대통령은 '구호대상아동'을 주제로 아동복지에 대한 정부의

책임을 처음으로 공식화하였다(도미향 외, 2018). 제1차 백악관회의를 계기로 1912년에는 연방아동국(Children's Bureau)이 최초로 설치되었다.

제2차 백악관회의는 1919년에 윌슨 대통령에 의해 '아동복지의 최저기준, 모자보건, 보호대상아동의 보호'를 주제로 소집되었으며, 제3차 회의는 1930년 '아동보건 및 보호'를 주제로 「아동헌장」을 채택했다(도미향 외, 2018).

보호대상아동에 대한 최초의 공공부조 사례는 '모성연금'법의 형태로 1910~1920년에 도입되었다. 여성운동가 단체들은 고아원이나 위탁가정에 있는 아동의 대다수가 고아가 아니라 빈곤한 여성 한부모가 양육을 포기한 아동들임을 알고 여성 한부모를 돕기 위한 주 정부의 프로그램을 요구하였다. 1920년까지 40개의 주에서 모성연금제도를 도입하였으나 연금의 수혜대상 범위나 금액의 수준은 턱없이 부족했다. 그럼에도 불구하고 모성연금제도는 아동을 대상으로 한 최초의 공공부조제도라는 점에서 의의가 있다.

1930년대의 대공황으로 많은 주 정부들이 파산하면서 모성연금을 지급하지 못하게 되자, 이들 아동에 대한 도움의 필요성은 급증했다. 그 결과, 모성연금제도는 1935년 제정된 사회보장법(Social Security Act)에 의해 연방정부의 프로그램인 보호대상아동부조(Aid to Dependent Children: 이하 ADC)로 제도화되었다. ADC라는 이름은 1962년 가정이라는 단위를 강조하기 위해 AFDC 프로그램으로 바뀌었다. AFDC는 1996년 폐지될 때까지 60년 간 빈곤아동을 위한 주요 프로그램으로 남아 있었는데, 수혜자의 수가 증가할수록 급여액은 감소하였다. 1996년 폐지된 AFDC는 빈곤가정일시부조(Temporary Assistance to Needy Families: 이하 TANF) 입법에 의해 대체되었다. TANF는 시간제한적인 급여를 제공하면서 한부모들의 근로를 의무화했다. 한부모들은 노동시장에서 직업을 얻었지만 대부분 최저수준 급여의 불안정한 일자리에 머물러 있었기 때문에 고용 이후에 오히려 더 빈곤해졌다.

1965년부터 연방정부 프로그램으로 저소득가정의 아동을 위한 헤드스타트(Head Start)를 시행하였다. 헤드스타트는 5세 미만 아동과 그 가족을 대상으로 하는 포괄적 아동발달 프로그램으로 식품권(food stamp), 의료부조(Medicaid), 학교급식(school lunch and breakfast program) 등과 함께 저소득가정의 아동에게 제공되는 대표적인 현물급여이다. 헤드스타트 프로그램의 주요 목표는 저소득가정 아동의 사회성, 학습능력, 건강 및 영양수준을 개선하여 일반가정 아동들과 동일한 선상에서 출발할 수 있도록 지원하자는 것이며, 따라서 저소득가정의 아동에게 다양한 서비스를 제공하는 것을 골자로 하고 있다(김미숙 · 배화옥, 2006).

한편, 1960년대가 되어서야 비로소 정부기관들이 아동학대와 방임에 대한 책임을 받아들이기 시작했는데, 1974년 제정된 아동학대 관련 최초의 연방법인 아동학대방지법(Child Abuse Prevention and Treatment Act: CAPTA)은 아동학대 예방 및 치료를 위한 연방기금을 제공하는 대신 주정부로 하여금 아동학대 신고절차 및 조사체계를 확립하도록 요구하였다.

1980년 입양지원 및 아동복지법(Adoption Assistance and Child Welfare Act)이 연방정부에서 제정되어 입양에 대한 보조금을 지급하였는데, 이 법은 아동복지서비스에서 연방의 역할을 규정한 최초의 입법이라는 점에서 의의가 있다.

20세기 말의 수십 년 동안 미국의 아동복지정책은 아동보호와 가족보존이라는 두 가지 갈등적인 목표 사이를 오갔다(Gordon, 2011). 1970년대와 1980년대에는 빈곤한 부모의 권리를 강조하여 가족을 유지하기 위한 도움을 제공하는 것을 권고했다. 이를 위해 1990년에는 저소득층 가정의 재정지원을 위한 가족지원법(Family Support Act)이 제정되었으며, 1993년에는 원가족의 보존을 위해 가족 유지 및 지원서비스법(Family Preservation and Supporting Service Act)이 제정되었다. 그러나 1990년대 중반 이후에는 아동의 안전과 양육자로부터의 분리가 아동복지정책의 주된 담론이었으며, 이러한 방침은 동시에 비용이 더 적게 소요되는 것으로 판명되었다. 1997년에는 입양 및 안전가족법(Adoption and Safe Families Act: ASFA)이 제정되었는데, 이 법의 주요 내용은 아동의 안전을 가장 우선적으로 보장하고, 가정으로 안전하게 돌아갈 수 없는 아동에게는 영구적인 가정을 제공하기 위하여 입양을 촉진하기 위한 것이었다. 이후 1999년 제정된 위탁양육독립법(Foster Care Independence Law)은 위탁가정으로부터 독립하는 청소년을 지원하고 의료보호를 확대하기 위해 제정된 것이다.

2000년 이후에는 다시 원가족을 지원하기 위한 여러 조치들이 이루어졌는데, 2003년 아동 및 가족안전법(Keeping Children and Families Safe Act)이 제정되어 가족지지와 강화를 위한 지역사회기반 프로그램 등 아동학대와 방임의 예방 및 치료를 위한 다양한 서비스를 지원하였으며, 2011년에는 아동 및 가족서비스 개선 및 혁신법(Child and Family Service Improvement and Innovation Act)이 제정되어 2016년까지 아동 및 가족 서비스 프로그램을 확장하도록 하였다(신재흡, 2018). 또한 2018년에는 양당예산법(Bipartisan Budget Act)의 일부로 가족우선예방서비스법(Family First Prevention Services Act)이 제정되었는데 이 법의 목적은 아동이 가정 외 보호에 배치되었을 때 발생할 수 있는 트라우마를 피하기 위해 아동이 그들의 가정에서 안전하게 보호되도록 아동복지체계를 원가정보호로 재초점화하는 것이었다(www.childwelfare.gov). 이 법에서는 아동의 원가정보호 비율을 높이기 위해 정신건강서비스, 약물남용치료, 양육기술훈련 등의 서비스에 대한 이들 가족의 접근성을 강화하였으며, 또한 예방서비스 정보센터(Title IV-E Prevention Services Clearinghouse)를 설립하여 예방서비스와 프로그램의 통합목록을 지속적으로 평가하고 검증하도록 하였다. 주정부들은 가족해체를 예방하기 위해 기존의 위탁보호 관련 예산(title IV-E funds)을 예방서비스에 사용할 수 있다.

이처럼 미국의 아동복지제도는 민간의 자발적인 아동구호 노력에서 시작하여, 아동복지에 대한 국가의 책임을 강화하는 방향으로 발전해왔다. 1970년대 이후 미국은 학대로부터 아동을 보호하고, 원가정을 보전하며, 가정 내에서 안전하게 지낼 수 없는 아동에게는 영구적인 가정을 찾아주는 것을 목표로 연방정부가 대규모로 재정지원을 하는 개입체계를 마련해왔으며, 이를 통해 아동복지실천의 정책적인 틀을 마련하는 데 연방정부의 역할을 강화해왔다(Courtney, 2013).

(3) 스웨덴

스웨덴은 대표적인 북유럽의 복지국가 중 하나로 복지서비스 제공에 있어 '잔여적 접근'이 아닌 '보편적 접근' 방식을 취하는 국가이다. 다만 지역사회서비스 기관에서 제공하는 자산조사에 기반한 재정적 원조는 예외인데, 이는 빈곤구제에 뿌리를 둔 잔여적 형태의 서비스에 해당하는 것으로, 스웨덴의 아동복지는 복지국가의 잔여적 영역과 밀접하게 관련되어 있다(Hessle & Vinnerljuing, 1999). 복지국가로 발전해오는 과정에서 스웨덴의 가족정책은 가족과 부모, 아동을 위한 안전망을 점차 구축해 왔으며, 만약 아동과 부모, 가족이 이러한 안전망에서 벗어날 경우, 아동복지의 공적 차원을 통한 개입이 이루어진다(Hessel, 2013). 따라서 모든 가족에게 보편적으로 제공되는 보육 및 보건서비스는 아동복지의 범위에 포함되지 않으며, 취약계층 가족과 보호대상아동에게 제공되는 자산조사에 기반한 지원과 아동보호서비스가 아동 및 가족복지의 영역에 포함된다(Andersson, 2002).

스웨덴 사회복지의 역사는 다른 유럽 국가들과 유사하다. 19세기에 이르기까지 종교기관 및 민간단체에서 제공한 자선활동이 빈곤에 맞서는 전형적인 방법이었다. 산업화 과정은 도시로의 대규모 이동을 불러왔는데 도시의 노동조건은 매우 끔찍했으며, 범죄 또한 만연했다. 이로 인해 19세기 후반부에는 스웨덴의 가난한 농부들이 미국으로 대규모 이주하는 사태가 발생하기도 했다(Hessel, 2013).

스웨덴 최초의 체계화된 구빈법은 1847년에 제정되었으며 1871년 개정되었다. 구빈법은 빈민, 특히 지역 내 거주하는 아동과 노인의 돌봄책임을 지역사회에 부여했다. 중세 이후 빈민구제는 교회의 영역이었으나, 이후의 개혁을 통해 세속적인 서비스 제공자들이 교회를 점차 대체하게 되었다(Hessel, 2013). 스웨덴의 구빈법은 영국으로부터 많은 영향을 받았는데, 영국의 구빈법과 유사하게 원칙적인 구빈 대상을 15세 이하 아동과 병자, 폐질환자인 노동 무능력자로 규정하였다(도미향 외, 2018).

또한 산업화에 따른 사회구조 변화, 노동조건의 악화, 여성과 연소 노동자의 증가, 도시인구의 급증, 청소년 비행 등이 사회문제로 대두됨에 따라 1881년 연소자의 공장노동금지법을 제정하여 아동을 저임금과 장시간 노동으로부터 보호하고자 하였다(김성이, 1995).

스웨덴에서 보다 발전된 형태의 사회정책은 20세기 초반, 주요 자선단체들의 노력에 의해 등장했는데, 이 단체들은 도시빈곤에 대응하기 위하여 중산층 여성 활동가들을 모집하여 현장의 최일선에 배치하는 한편, 의회에 새로운 입법을 요구하여 1903년 아동복지법과 1918년의 구빈법 제정을 이끌어냈다(Hessel, 1993). 1902년 통과된 아동복지법은 당시 유럽 사회정책의 사회통제 경향에 영향을 받아, 젊은이들을 미래의 범죄 가능성으로부터 보호하기 위한 목적으로 제정되었다. 이 법은 고위험 아동 및 청소년에 대한 공공의 책임을 명확히 하였고, 아동 및 청소년에 대한 결정을 다른 영미권 국가들처럼 법원에서 하는 것이 아니라 지자체의 행정명령으로 결정하는 것이 특징이다. 이후 수십 년 동안 아동복지 영역에서 스웨덴 정부의 가장 큰 관심사는 버려진 아동들을 보호하는 것이었는데, 미혼부모가 출산한 아이들의 합법적인 입양과 사후관리를 통해 입양 후 정상적인 성장을 지원하였으며(신재흡, 2018), 자녀를 직접 양육하는 미혼모들은 일하는 동안 아동을 양육시설(children's home)이나 위탁가정에 맡길 수 있었는데, 이러한 혼외출산 아동들이 1950년대 후반까지 위탁보호의 대부분을 차지하였다(Hessle & Vinnerljuing, 1999). 1970년대 이후로는 아동을 입양 보내려는 부모나 미혼모가 거의 없었기 때문에 아동복지체계 내에서 입양은 가정보호의 대안으로 활용되지 않았으며, 스웨덴에서 입양을 원하는 부모들은 국제입양을 해야 한다(Andersson, 2002).

1924년 제정된 아동복지법은 1902년의 법을 대체하였는데, 이 법에 따라 지방자치단체는 가정 내 아동학대나 방임사건을 조사하고 결정을 내릴 권한을 갖게 되었다. 또한 지역아동복지기관들의 학대가정에 대한 개입이 의무화되고, 부모의 의사에 반하여 아동들을 강제보호조치할 수 있게 되었다(Hessle & Vinnerljuing, 1999).

스웨덴 가족정책의 근대적인 사회정책적 프레임과 보편적 접근은 1930년대 초반으로 거슬러 올라가는데, 1930년대 초, 세계경제 대공황을 전후하여 출산율이 급격히 저하됨에 따라 근대적인 가족정책이 도입되었으며, 1930년대 사회민주당이 집권한 이후 현재와 같은 복지국가 모형이 지속적으로 발전해왔다(Hessel, 2013). 출산율 증가를 위하여 1938년에는 임신부 보호제도를 실시하고, 신혼가정 대부금제를 통해 넉넉한 대출이 신혼부부들에게 제공되었다.

부모와 아동을 위한 사회적 지원 및 의료지원제도는 제2차 세계대전 이후 수십년에 걸쳐 급격히 확대되었다(Hessel, 2013). 1947년에는 아동수당이 도입되었는데 아동수당은 장애인과 연금지급자의 자녀, 한부모 자녀에 한하여 지급되었으며, 1955년부터 모든 임산부에게 출산수당이 지급되었다(김성이, 1995; 도미향 외, 2018).

1960년 아동 및 청소년법(Child and Young Persons Act of 1960)이 통과되면서, 스웨덴은 극적인 변화를 경험했고, 성공적으로 사회개혁정책을 수행한 국가가 되었다. 1960년 아동 및 청소년법은 1924년의 아동복지법과 크게 다른 점은 없었으나 아동복지사업에 있어 예방적인 부분을 강조했고, 아동복지에서 사례기록의 법적 절차와 규칙을 규정하였다(Hessle & Vinnerljuing, 1999).

1980년 사회서비스법(Social Service Act of 1980)이 아동복지법을 대체하면서 아동복지는 다른 사회서비스, 즉 보육, 노인돌봄, 사회부조, 알코올 및 약물중독자의 치료 등과 같은 서비스의 일부가 되었다. 또한 이 법에 따라 각 지방자치단체의 사회복지위원회가 아동 및 청소년들이 안전하고 우호적인 환경에서 성장할 수 있도록 보장하기 위해 노력할 책임을 지게 되었다(Andersson, 2002). 사회서비스법은 아동 및 가족을 지원하는 방법에 대한 지침을 제공하고, 지방자치단체가 자유롭게 다양한 활동과 프로그램들을 계획하는데, 대개 취약계층이거나 양육 역량이 부족한 부모들을 지원하는 프로그램들이다. 스웨덴의 아동 및 가족복지는 아동보호보다는 가족지원을 지향하고 있는데, 가족지원 또는 가정 외 보호서비스 제공에 있어 시간제한이 없고 6개월마다 지역의 사회복지위원회에서 서비스에 대한 검토가 이루어진다

(Andersson, 2002). 1980년대 이후 취약계층의 고위험아동들을 대상으로 하는 다양한 지역사회기반 예방적 서비스들이 발달하였는데, 여기에는 가족상담, 미취학아동 돌봄서비스, 돌봄휴가 프로그램(Contact Family/Person Program) 등이 포함된다(Hessel, 2013),[01] 이러한 예방적 조치는 모두 지역의 가족센터를 통해 이루어진다.

한편, 1980년 사회서비스법에서 위탁보호와 시설보호의 개념이 변화한 이후 스웨덴에서는 둘 간의 구분이 명확하지 않은데, 만약 위탁가정에 4명 이상의 아동이 있고, 위탁부모의 주된 소득이 가정위탁으로부터 발생하면 그 가정은 시설로 규정된다. 이러한 소규모 가정형 시설 외에 공공시설도 존재하는데, 공공시설들도 대부분 소규모로 이들 중 73%가 9명 이하의 아동들을 보호하고 있으며, 13세 미만의 아동들은 대부분 부모와 함께 시설에 거주한다(Hessel, 2013).

한편, 사회서비스법은 1990년 청소년돌봄법(1990 Care of Young Persons Act)에 의해 보완되는데, 청소년돌봄법은 당국이 부모(또는 15세 이상 아동 본인)의 동의 없이도 개입이 필요하다고 판단되는 아동을 강제적으로 보호조치할 수 있는 조건을 규정하고 있다. 강제적 보호가 요구되는 경우, 지방자치단체는 지방법원에 그 결정을 의뢰해야 한다.

1989년 유엔아동권리협약이 제정된 이후, 스웨덴의 아동 및 청소년 관련 입법의 많은 부분에서 아동과 관련된 모든 상황에서 당사자의 목소리를 반영할 수 있는 권리가 명시되었는데, 청소년돌봄법에도 아동의 견해를 가급적 많이 반영해야 한다는 전제가 내포되어 있다(Hessel, 2013).

1993년에는 국가기구인 아동 옴부즈맨을 설립하여 스웨덴 사회의 모든 아동의 이익을 대변하고, 아동의 욕구와 권리에 대한 지식을 축적하고, 입법과 규제에 있어 아동의 관점을 보장하기 위해 노력하고 있다. 아동 옴부즈맨에서는 매년 스웨덴 아동의 현황을 정부에 보고하고, 유엔아동권리협약의 의도를 실현하기 위해 어떠한

01 돌봄휴가 프로그램(Contact Family/Person Program)은 지역사회의 개인이나 가족이 자발적으로 취약계층 아동을 주말마다 자신의 집으로 데려가 함께 시간을 보내는 프로그램이다(Hessel, 2013).

제도적 변화가 필요한지를 제안한다(Anderson, 2002).

현재 스웨덴 아동복지가 직면한 도전은 다문화사회로의 진행이다. 스웨덴은 제2차 세계대전 이후에도 유럽에서 인종적으로 동질적인 국가였으나 1960년대 이후 증가한 대규모 이민과 난민들로 인해 스웨덴의 대도시 지역 아동의 43%가 외국에서 태어났거나 한 명 이상의 외국 출신 부모를 가지고 있고, 국가 전체적으로 보면 이 비율은 24%에 달한다(Hessle & Vinnerljuing, 1999; Andersson, 2002). 이러한 배경을 가진 아동과 가족들은 스웨덴 지방자치단체의 사회복지서비스업무를 가중시키고 있다.

요약하면, 스웨덴의 아동복지는 보편적인 가족정책(아동수당, 보건서비스, 높은 수준의 보육 및 교육서비스 등)과 아동권리 실현을 위한 사회적 노력을 기반으로 취약계층 가정 및 고위험아동들을 위한 예방적 조치와 가정 외 보호제도를 발전시켜왔으며, 스웨덴 아동의 삶이 질은 매우 높은 수준으로 평가된다.

2. 한국의 아동복지 발달과정

아동복지는 우리나라 사회복지 발달과정에서 가장 오랜 역사와 전통을 가진 분야이다. 고대사회에서부터 보호대상아동은 국가 시책의 일환으로 우선적인 구호의 대상이었으며, 민간차원에서도 민가수양 등의 형태로 구제 및 보호가 이루어졌다(이명홍, 1994).

이 절에서는 우리나라의 아동복지 발달과정을 조선시대 이전 전통사회와 구한말에서 해방 이전까지의 근대사회, 해방 이후 현대사회의 아동복지로 구분하여 살펴보았다.

1) 전통사회의 아동보호

씨족사회인 고대사회에서는 모든 사람이 씨족이라는 혈연관계로 결합되어 상부상조가 이루어졌으므로 제3자에 의한 구호는 필요치 않았으나, 점차 인구가 증가하고 씨족의 유대가 약화되면서 아무도 돌보지 않는 빈민이 발생함에 따라 그 구제가 필요해졌다. 또한 아동의 신분이나 계급과는 관계없이 보호대상아동(고아, 기아, 부랑아)은 관 · 민에 의한 구제가 이루어졌다(이명흥, 1994).

「삼국사기」에 따르면 신라 제3대 유리왕(서기 28년) 때에 왕이 담당관리에게 명하여 환과고독(鰥寡孤獨: 홀아비, 과부, 고아, 자식이 없는 노인)과 늙고 병들어서 자활할 수 없는 이를 위문하고 식량을 주어 부양하도록 하였으며, 또한 백제 온조왕 33년(서기 15년), 고구려 태조왕 56년(서기 198년)에는 아동을 포함하여 재해를 당한 사람들에게 관곡을 배급하였다고 기록하고 있다(구자헌, 1972; 도미향 외, 2018에서 재인용). 또한 「삼국사기」에 고아의 민가수양의 사례가 나타나고 있는 것으로 미루어 수양제도는 우리나라에서 가장 보편적으로 사용되어온 아동보호의 형태로 보인다(이명흥, 1994).

고려시대의 제6대 왕인 성종 13년(서기 994년)에는 고아에게 10세까지 식량을 지급하였고, 그 후에는 원하는 곳에 거주할 수 있도록 하였으며(표갑수, 2000) 이후 충목왕 3년(서기 1347년)에는 관립 영아원인 해아도감(孩兒都監)을 설치하여 유아들을 보호, 양육하였다(공계순 외, 2019). 한편, 고려시대에는 불교의 영향으로 사찰 위주의 위탁 형태의 보호가 이루어짐에 따라, 전쟁과 흉년으로 인해 발생한 기아 · 고아 · 빈곤아동 등을 사찰에서 수용, 양육하여 승려 또는 사역승으로 양성하는 일이 성행하였으며, 민가에서도 이러한 아동을 양육한 후에 양자녀 또는 노비로 삼는 민가수양이 행해졌다.

조선시대에 이르러서는 아동복지에 대한 법령을 제정하였는데, 아동복지에 관한 사항이 나온 법령으로는 성종 원년(1470년)에 편찬된 경국대전 혜휼조(經國大典 惠恤

條)와 숙종 21년(1696년)의 수양임시사목(收養臨時事目), 그리고 정조 7년(1783년)에 제정된 자휼전칙(字恤典則)이다(곽효문, 2001).

경국대전 혜휼조에 나타난 아동구휼과 관련된 규정을 살펴보면 다음과 같다(곽효문, 2001). "길을 잃은 어린이들은 한성부 또는 본읍에서 양육하기를 원하는 사람에게 맡기되 관청에서 의복과 식료를 지급해 주며, 10세가 지나도 돌려달라고 신고하는 사람이 없을 경우에는 양육한 사람이 부리는 것을 허락한다". 이와 같은 법령을 근거로 중종 이후 현종에 이르기까지 버려진 아이들을 거두어 기르도록 하였다. 그러나 이러한 유기아나 부랑아의 수양이 대개 민가노비로 삼는 방편으로 이용되고 고아의 민가수양을 빙자하여 인신매매나 유괴, 약탈 등이 성행하는 폐단도 많았다(곽효문, 2001; 공계순 외, 2019).

19대 숙종 21년(1695년)에는 진휼청에서 그동안 흉년에 피해 정도에 따라 몇몇 도에서 시도해 오던 진휼사업(3호사업)을 전국에 선포하여 시행토록 하였는데, 이것이 진휼청 임시사목이며 이 사목은 유기아 수양 대책을 규정한 법령이었으므로 '수양임시사목(收養臨時事目)'이라고 부른다. 이 사목은 후에 제21대 영조 20년(1744년) 편찬된 속대전에 편입 확정되었다(이명홍, 1994). 임시수양사목은 전 7조로 되어 있으며, 보호대상아동에 대한 보호조치로서 12세 이하 유리걸식(遊離乞食) 아동을 영구노비로 한다는 것과 13세 이상의 유리걸식 아동을 고공(雇工)[02]으로 삼는다는 것, 그리고 수양을 둘러싼 비리들에 대한 벌칙을 강화했다는 것이 주요 내용이다(곽효문, 2001).

이후 22대 정조 7년(1783)에는 이러한 일련의 제도를 집대성한 '자휼전칙(字恤典則)'을 제정하여 유기 및 부랑걸식 아동을 보호하였는데, 이전의 구휼법령들이 민간수양을 원칙으로 했던 것에 비해 부분적이기는 하나 국가의 보호책임을 강조하고

02 조선시대 끼니를 이을 수 없어 남의 집에 기식(寄食)하며 그 집주인의 부림을 받던 사람으로 경제적으로는 노예와 다를 바 없는 처지이나, 신분상으로는 양민으로 자유인이었다(한국민족문화대백과사전).

있다는 것이 주요한 특징이다.

'자휼전칙'은 흉년이 들어 기근이 심할 때 유기를 당한 아이나 극빈아동 및 부랑아동을 진휼청의 사업으로서 수양보호하도록 법으로 정한 것이다. 이것은 9개 조로 되어 있으며 대상아동의 연령, 수용기한, 부모의 유무조사, 수용시설, 식량지급기준, 접수방법, 영아보육방법, 수양의 허가제, 급식과 시유의 절차에 관한 지도 감독, 의류, 의료혜택, 재정에 관한 규정 등으로 되어 있다(구자헌, 1968; 이영홍, 1994에서 재인용). 이 사업을 총괄관리하는 행정기구로는 진휼청이 있었고 의료행위는 혜민국에서 관장하였다(이명홍, 1994).

경국대전의 혜휼조가 유기아 또는 부랑아동의 구휼에 관한 사항을 법적으로 규정했다면 수양임시사목은 유리걸식 아동의 사회적 처우를 규정한 신분법의 성격을 지니며, 자휼전칙은 아동구제사업에 대한 급여와 재정의 측면에서 국가 개입이 두드러져 아동법 내지는 구빈법의 성격을 띠었다고 할 수 있다(곽효문, 2001).

이처럼 전통사회에서의 아동은 가계계승을 위한 수단으로, 국가는 고아와 기아 및 빈곤아동을 국가에서 수용보호하거나 민가에서 수양하여 양자녀 또는 노비로 삼는 것을 허가하는 등 수양제도를 통해 아동보호에 개입하였다(도미향 외, 2018). 이러한 제도는 보호대상아동의 보호에 대한 국가의 책임과 역할을 일정부분 인정하였다는 점에서 의의가 있다.

2) 근대사회의 아동복지

조선시대 말부터 대한제국기까지의 기간은 정치적 격동기와 맞물리면서 정부가 주도하는 구제사업이 거의 공백기였다고 할 수 있다(공계순 외, 2019). 이 시기, 근대적 의미의 서양 사회복지제도 도입은 선교사들을 통해 이루어졌으며, 우리나라에서 근대적 의미의 사회복지사업과 사회복지시설의 도입은 아동복지 분야를 중심으로 시작되었다(오승환 · 김광혁 · 좌현숙, 2016).

우리나라의 근대적 아동복지사업은 1854년 파리외방전교회 소속 신부인 매스트르(Maistre)가 설립한 조선영해회(La Sainte Enfance)가 고아들을 구제하기 위해 실시한 위탁가정보호사업에서 비롯되었다고 할 수 있다(오승환 · 김광혁 · 좌현숙, 2016). 이 사업은 고아 또는 부양능력이 없는 부모에게 위탁받은 아이들을 신자 가정에 분산 · 양육하는 위탁보호방식으로 이루어졌는데, 이는 당시 종교적 박해로 인해 아이들을 집단으로 수용보호하는 것이 불가능했기 때문이다. 영해회를 통한 이러한 아동보호사업은 1866년 천주교에 대한 병인박해로 베르뇌 주교가 순교한 후 중단되었다.

한편 근대화시기에 외국선교사, 조선인, 일본인 등에 의해 많은 아동복지시설이 설치되었는데, 공식적인 문서[03]의 기록에 따르면 가장 먼저 설치된 아동복지시설은 고종 25년(서기 1888년) 3월에 가톨릭 조선교구가 서울 명동에 설치한 천주교회 영아원(고아원)이다. 그러나 천주교회 영아원의 연혁을 살펴보면 이미 고종 22년(서기 1885년) 천주교 신부에 의해 수용소가 설립되어 고아와 빈아를 모집양육하였다고 나와 있어, 개설일에 앞서 고아 및 기아의 구제사업이 시작되고 있음을 보여준다(조산사회사업요람, 1933: 2; 오승환 · 김광혁 · 좌현숙, 2016에서 재인용). 두 번째로 오래된 아동복지시설은 고종 31년(서기 1894년) 8월 제물포(현 인천시)에 설립한 천주당 부속 고아원으로 1896년 원사를 신축하며 '해성보육원'으로 명명하였다. 1905년 3월에는 독지가인 이필화가 황실하사금과 정부보조금, 기부금으로 경성고아원을 설립하는 등 근대적 성격의 아동복지사업이 시작되었다.

일제강점기 이후 조선총독부는 1911년 제생원을 설립하였는데, 제생원은 고아를 보육하는 양육부와 시각장애인과 청각장애인을 교육하는 맹아부로 구성되었다. 양육부는 이필화가 설립한 경성고아원을 인수하여 운영한 것으로 1912년 4월에 사업

03 조선총독부가 발행한 「조선사회사업요람」과 해방 이후 보건사회부가 발간한 「보건복지통계연보」 등

을 개시하였고, 맹아부는 1914년 3월에 처음으로 원아를 모집하였는데(조명근, 2018), 제생원의 양육부는 광복 후 국립육아원의 전신이 되었고, 맹아부는 현 국립서울맹학교의 전신이다(공계순 외, 2019).

일제강점기에 고아원의 수는 지속적으로 증가하여 「조선사회사업요람」에 따르면 1936년에는 23개소의 시설이 육아사업을 실시한 것으로 나타나고 있다. 아동복지시설에서는 원내보호와 원외보호가 병행하여 이루어졌으며, 보호 외에도 일반적인 교육 및 퇴소 후 자립을 위한 취업관련 교육이 동시에 진행되었다. 또한 일제강점기에 조선감화령에 의해 감화원이 설치되었는데, 이는 공적 비행청소년 감화구제시설로 최초의 감화원은 함경남도 영흥에 설치된 조선총독부 직속 영흥학교이다.

해방 이후 조선통신사의 조선연감(1947: 286–287)에 따르면 1945년을 기준으로 고아구호시설은 36개소, 감화원은 15개소로 나타나고 있어 「조선사회사업요람」에 나타나지 않은 민간시설들이 운영되고 있음을 보여준다(오승환 · 김광혁 · 좌현숙, 2016).

아동복지시설 외에 1921년 미국의 감리교 선교사들이 설립한 서울의 태화여자관[04]에서는 초기 교육사업에 치중했으나 점차 태화진료소를 중심으로 아동대상 보건 및 사회사업을 시행하였다. 태화여자관은 아동건강진단의 실시와 가정방문을 통한 위생교육, 육아법 등을 보급하였고, 빈곤아동을 위한 탁아사업, 무료목욕사업, 우유급식사업 등을 실시하였다. 태화여자관의 사업이 사회적으로 알려지고 자리를 잡으면서 1929년 세브란스병원, 동대문부인병원, 태화여자관 등 3개 선교회기관이 합동으로 '경성연합아동건강회'를 조직하여 "어린이에게 안전한 한국"을 목적으로 보건사회사업을 실시하였다(이꽃메 · 김화중, 1999). 태화사회관(태화여자관의 후신)은 이후 일제의 종교 탄압으로 인한 선교사 추방, 재산 몰수 등의 시련을 겪게 되었고,

04 이후 1933년 태화사회관, 1953 태화기독교사회관으로 개칭하였으며, 사회복지법인 인가를 받은 후 1981년 1월부터 "태화기독교사회복지관"이란 명칭을 사용하고 있음.

태화사회관의 사회사업은 결국 시국에 맞지 않는다는 이유로 일제에 의해 중단되었다.

한편, 일제강점기에도 민간차원의 아동권리 옹호운동이 활발하게 일어났는데, 그 대표적인 운동이 천도교에서 펼친 소년운동이었다. 1909년 미국에서 열린 제1차 백악관회의의 영향으로 우리나라에서도 소파 방정환을 주축으로 '조선소년운동협회'를 조직하여 아동의 권리행사를 전개하였으며(신재흡, 2018), 1923년 5월 1일 제1회 어린이날을 기념하여 우리나라 최초의 아동권리선언이라고 할 수 있는 '소년운동선언'을 발표하였다.

이러한 천도교의 소년운동은 구시대적 아동관을 떨쳐버리고, 새로운 아동관을 널리 알리고자 하였으며, '어린이'라는 순 한글말을 만들어 보급하고, '어린이날'을 제정하는 등 아동문화를 확산시키는 일에 앞장섰다. 소년운동은 민족독립운동의 성격을 지닌 사회운동으로 일제의 끊임없는 탄압을 받았으며, 어용소년단체의 출현과 내부적으로는 사회주의계열과 민족주의계열 간의 분열 등으로 1930년대 들어 급격히 축소되어 소멸하였다(공계순 외, 2019).

3) 현대사회의 아동복지

우리나라에서 현대적인 의미의 아동복지는 일반적으로 1945년 광복 이후 시작되었다고 보며, 다양한 관련법과 제도가 만들어지면서 아동복지에 대한 국가책임이 강조되는 방향으로 발전하였다(노혜련 · 김미원 · 조소연, 2016). 현대사회의 아동복지 발달은 대체로 1961년 「아동복리법」 제정과 1981년과 2000년 두 차례에 걸쳐 전면 개정된 「아동복지법」을 기준으로 삼아 구분되며, 각 시기별 특징에 따라 사회구호적 아동복지, 선별적 아동복지, 통합적 아동복지, 보편적 아동복지 및 공공성 강화시기로 구분할 수 있다.

(1) 사회구호적 아동복지(1945~1960년)

광복 이후 1961년의 아동복리법 제정 이전까지는 사회구호적 아동복지사업이 이루어진 시기이다. 이 기간 동안 해방과 한국전쟁을 거치면서 수많은 전쟁고아와 기아와 부랑아가 발생하였고, 이들을 수용·보호하는 응급구호가 이루어졌다. 당시는 아동복지에 대한 국가책임의 인식이 형성되기 전이었을 뿐 아니라 사회적 자원과 정부의 재정적 능력도 부족한 상황이어서, 보호대상아동에 대한 응급구호를 민간에 의존할 수밖에 없었고, 기독교 아동복리회(C.C.F.: 이후 한국어린이재단, 한국복지재단으로 명칭 변경), 선명회세계본부(이후 월드비전으로 명칭 변경) 등 다수의 외국 민간원조기관이 국내에 들어와 활동하였다(공계순 외, 2019).

이러한 수용시설 중심의 아동보호사업은 한국전쟁 이후 급증한 고아, 미아, 기아를 수용하기 위하여 1950년대에 급속하게 증가하였는데, 1960년 아동복지시설의 수는 472개로 전체 사회복지시설 592개소의 약 80%에 달했으며(도미향 외, 2018), 외원기관이 운영하는 곳이 대부분이었다. 이외에도 '홀트아동복지회'나 '국제사회봉사회' 등을 중심으로 전쟁고아에 대한 국외입양사업이 활발히 이루어졌다(신재흡, 2018).

1960년대에도 민간 사회복지법인으로 형식이 바뀌었을 뿐 사실상 외원기관이 계속하여 정부의 역할을 대신하였다(노혜련·김미원·조소연, 2016). 따라서 이 시기의 아동복지사업은 국가책임의 원칙이나 전문화된 서비스에 기반하여 이루어진 것이 아니라, 민간과 해외원조에 의존하여 보호대상아동 및 빈곤아동을 대상으로 한 사회구호적 형태로 운영되었다.

한편, 광복 이후 이루어진 아동복지관련 입법을 살펴보면, 미군정은 1946년 법령 112호로 아동노동법규를 제정하여 14세 미만 아동의 상공업체 고용금지 및 학교수업시간 중 노동금지, 16세 미만 아동의 중공업체 또는 유해업체 종사금지, 18세 미만 아동의 위험직종 또는 유해직종 종사금지를 규정하였으며, 16세 미만 아동의 일일 노동시간은 8시간 이내, 18세 미만 아동은 10시간 이내로 제한하였다.

또한 1958년 20세 미만 비행소년의 보호를 위한 법률로 「소년법」이 제정되었다. 「소년법」은 반사회성이 있는 소년의 생활환경 조정과 품행의 교정에 관한 보호처분을 행하고 형사처분에 관한 특별조치를 행함으로써 소년의 건전한 육성을 기함을 목적으로 한다.

(2) 선별적 아동복지(1961~1980년)

선별적 아동보호의 단계는 1961년 아동복리법 제정 이후부터 1981년 아동복지법으로 개정되기 이전까지의 시기에 해당된다. 새로 집권한 군사정부는 정권의 정당성 확보를 위해 복지 관련 법률을 대량 제정하였는데, 1962년까지 1년여 동안 새로 제정된 545건의 법률 중 복지관련 법률로는 「아동복리법」, 「생활보호법」, 「고아입양특례법」, 「사회보장에 관한 법률」, 「산업재해보상보험법」, 「사회복지사업법」 등이 있다(노혜련 · 김미원 · 조소연, 2016).

이 중 1961년 제정된 「아동복리법」은 최초로 아동복지에 대한 국가책임을 법적으로 명시하고, 아동복지사업을 정부 차원에서 제도화하려 했다는 점에서 그 의의를 찾을 수 있다. 그러나 「아동복리법」에서는 보호대상을 '보호자로부터 유실, 유기 또는 이탈되었을 경우, 보호자가 아동을 양육하기에 부적당하거나 양육할 수 없는 경우'로 명시하고 있어 이 법에 따른 아동복지제도는 보호대상아동을 대상으로 한 사후적, 잔여적인 조치임을 알 수 있다(공계순 외, 2019).

아동복지시설의 수와 수용아동은 1960년대에도 계속 증가하여 1967년의 568개 시설, 수용인원 65,212명에 달했으나, 1970년대 이후 외국의 원조기관들이 철수함에 따라 아동수용시설이 점차 감소하는 추세를 보였다(공계순 외, 2019). 외원기관의 철수 및 사업축소로 인해 외국의 원조기관이 국가의 보조로 대체됨에 따라 아동보호에 대한 국가개입이 점차 늘어나게 되었다.

한편, 이 시기에는 사회적으로 수용되지 못하는 미혼모의 아동을 대상으로 한 입양사업이 확대되었는데, 1961년에는 국외입양절차의 간소화를 위해 「고아입양특례법」을 제정하였고, 이후 보호대상아동의 시설보호를 억제하고 국내 가정에 입양하여 건전하게 양육되도록 하기 위한 「입양특례법」(1976년)이 제정되었다. 그러나 국내입양의 어려움으로 인해 해외입양아동의 수가 지속적으로 증가하였다.

또한 산업화와 경제성장에 따른 여성 취업인구의 증가로 인해 보육서비스에 대한 욕구가 증가함에 따라, 1961년 제정된 「아동복리법」에서는 탁아시설의 설치기준 등을 구체적으로 규정하고, 1968년 3월 14일 '미인가 탁아시설 임시조치요령'을 공포하여 탁아소의 이름을 '어린이집'으로 변경하는 등 탁아소의 질적 수준 향상을 도모하였다. 보건사회부는 1977년 2월 24일 「사회복지사업법 시행규칙」을 개정하여 탁아시설의 사회복지법인 설립에 대한 편익을 도모하면서 모든 시설의 법인화를 권장하는 동시에 '미인가 탁아시설 임시조치요령'을 폐지하였다. 이후 1978년 4월 23일에는 탁아시설 본래의 설립취지인 도시빈곤계층 아동과 농어촌 아동을 수용하는 대신, 이를 일반가정 아동에게도 개방하여 수탁료를 받을 수 있도록 조치하는 '탁아시설 운영개선방안'을 발표했다(www.archives.go.kr). 그러나 보육서비스는 1970년대까지는 일반아동을 대상으로 한 보편적 서비스로 발전하지 못하고 잔여적 형태의 서비스에 머물렀다(공계순 외, 2019).

1960년대와 1970년대에는 비록 아동복리법 제정과 국가보조의 증가 등 아동복지에 대한 국가책임의 원칙이 명시되기 시작하였으나, 여전히 보호대상아동을 주요 대상으로 한 선별적 아동복지의 시기였다고 평가된다(김형모, 2016).

(3) 통합적 아동복지(1981~1999년)

이 시기는 「아동복리법」이 「아동복지법」으로 개정된 1981년 이후부터 2000년 「아동복지법」이 전부개정되기 이전까지의 기간이다. 1960~1970년대의 산업화와 경제성장의 결과로 1970년대 후반부터 광범위하고 다양한 아동문제가 등장하기 시작하였고, 여성의 사회참여 증가와 전 국민 의료보장과 소득보장이 제도화되면서 아동복지의 대상도 보호대상아동뿐 아니라 일반가정 아동에게까지 보편화되어야 한다는 새로운 아동복지관이 대두되었다(공계순 외, 2019). 이에 1981년 전부개정된 「아동복지법」에서는 아동복지의 대상을 '보호대상아동'에서 '18세 미만 전체 아동'으로 확대하였다. 그러나 법률상으로는 모든 아동을 대상으로 한 보편주의적 아동복지를 지향하였지만, 실제 사업에서는 여전히 보호대상아동 중심의 사업이 주를 이루었다는 한계가 있다(노혜련 · 김미원 · 조소연, 2016).

다만, 보육사업의 경우 일반아동을 대상으로 점차 확대되는 양상을 보였는데, 1980년대 중반 이후 기혼여성의 취업 확대에 따른 탁아수요 증가에 대응하기 위하여 1989년 9월 「아동복지법 시행령」 중 일부를 개정하여 아동복지시설의 종류에 탁아시설을 추가하였고, 가정탁아제도를 신설하여 주민의 탁아시설 이용편의를 증진하였다. 또한 1990년 1월 제정된 「아동복지법 시행규칙」에서는 시설탁아 및 가정탁아시설의 시설기준을 규정하였다. 그러나 1991년 1월 「영유아보육법」의 제정으로 탁아 관련 내용은 「아동복지법」에서 분리되고, 탁아시설은 아동복지시설에서 제외되었으며, 보육서비스의 대상이 일반아동으로 확대되었다(공계순 외, 2019).

보호대상아동을 위한 사업은 가정양육의 중요성이 강조됨에 따라 집단수용시설보호 중심에서 가정위탁과 입양 등 가정 내 보호로 점차 확대되었다. 1985년 정부 차원의 가정위탁사업이 시작되었으나 시범사업 이후 중단되었다가 민간기관인 한국복지재단(현 어린이재단)이 1990년부터 서울, 부산, 대전의 지역사회복지관에서 가정위탁보호사업을 시범사업으로 시작하였고, 1990년대 후반에 수양부모협회가 가정위탁사업을 운영하였다(오정수 · 정익중, 2017). 또한 정부는 국내입양을 활성화하고 국외입양을 중지하고자 1989년 '입양사업 개선지침'을 마련하였으며, 1995년에는 국내입양 활성화 및 입양아동의 권익보호를 위하여 「입양특례법」을 「입양촉진 및 절차에 관한 특례법」으로 전면 개정하였다.

한편, 이 시기에는 다양한 사회적 욕구에 대응하여 전문화되고 세분화된 아동복지서비스가 등장하기 시작하였다. 1979년 한국사회복지협의회가 서울에 '아동학대 고발센터'를 개설하면서 아동보호서비스(Child Protective Service)가 처음으로 등장하였으며, 이후 1985년 서울시립아동상담소가 '아동권익보호신고소'를 개설하고, 1989년에는 '한국아동학대예방협회'가 발족되어 전국 9개 시 · 도 지역사회복지관 내에 '아동학대신고센터'를 개설하여 아동학대에 대한 예방활동을 펼쳐 나가면서 아동학대에 대한 사회적 관심을 촉구하였다.

또한 1997년 IMF 경제위기 이후 실직과 경제적 어려움 등으로 인한 가정해체가 다수 발생함에 따라 국가는 빈곤가정에 결식아동 지원과 학자금 지원 등의 경제적 원조를 제공하였으며, 빈곤아동을 위한 방과후교실을 운영하였다(도미향 외, 2018).

1980년대는 국내외적으로 아동복지 발전의 발판이 마련된 시기라고 할 수 있는데, 유엔은 1979년을 '세계 어린이 해'로 선정하고 '아동권리협약'의 초안을 마련하여 아동권리에 대한 국제적 관심을 증가시켰으며, 우리나라도 1990년 9월 25일에 유엔아동권리협약에 서명하고 11월 20일 이를 비준함으로써, 1991년부터 유엔아동권리협약의 당사국이 되었다. 이후 국제협약의 기준에 맞게 「아동복지법」을 개정해 나가려는 노력이 지속됨으로써, 국내 아동복지정책이 발전하는 계기가 되었다고 할 수 있다.

요약하면 1980년대 이후의 아동복지는 외원의 감소와 국가의 지원강화로 아동복지에 대한 국가책임이 강화되고, 기존의 보호대상아동에서 일반아동을 포함하는 모든 아동으로 대상을 확대함으로써, 보편적 아동복지로의 변모를 시도한 시기라고 정리할 수 있다. 이 과정에서 과거 아동복지의 주를 이루었던 시설수용보호가 점차 퇴조하고 가정과 지역사회를 중심으로 한 보육서비스, 가정위탁, 입양 등으로 아동복지 서비스의 형태가 다양화됨에 따라 아동복지의 영역이 확대되었으며 서비스 전문화를 지향하게 된 것으로 평가된다(김형모, 2016).

(4) 보편적 아동복지 및 공공성 강화(2000년~현재)

보편적 아동복지 및 공공성 강화 단계는 2000년의 「아동복지법」 전부개정 이후의 시기로 구분할 수 있다. 정부는 1991년 '아동권리협약'의 당사국이 됨에 따라 국제협약의 기준을 반영한 「아동복지법」 개정 작업을 시작하였고, 그러한 노력의 결과 2000년에 「아동복지법」을 전면 개정하였다. 개정 「아동복지법」에서는 아동을 단순한 보호의 대상이 아닌 권리의 주체로 보고 '무차별 원칙', '아동 이익 최우선 원칙', '안정된 가정환경에서 양육할 필요성' 등 '아동권리협약'의 주요 원칙을 반영하였다(노혜련 · 김미원 · 조소연, 2016).

2000년 전부개정된 아동복지법에서는 아동학대와 아동 안전에 관한 규정을 대폭 확대하였다. 아동학대의 정의, 아동보호전문기관 설치에 관한 규정, 아동학대 신고 의무와 절차 등을 마련하였고 아동복지시설과 아동용품에 대한 안전기준을 규정하였다.

한편, 소년소녀가장제도와 시설보호사업에 대한 비판이 거세짐에 따라, 정부에서는 시설보호 및 소년소녀가장세대를 그룹홈이나 가정위탁보호서비스로 전환하는 정책을 추진하였는데, 2004년 「아동복지법」을 개정하면서 공동생활가정과 지역아동센터를 새로운 아동복지시설로 규정하고, 2005년 개정된 「아동복지법」에서는 가정위탁 관련 규정을 신설, 가정위탁지원센터의 설치 · 운영에 관한 법적 근거를 마련하였다. 또한 2004년 「아동복지법」 개정을 통해 아동정책수립 및 관계부처의 의견조정, 정책의 이행감독, 평가를 수행하는 아동정책조정위원회를 국무총리 소속하에 설치하였다.

2011년에는 「아동복지법」이 11년 만에 전부개정되면서 5년 주기의 아동종합기본계획 수립과 아동종합실태조사 실시 등의 근거를 마련하였고, 이를 통해 아동복지 증진을 위한 정책수립의 기초가 강화되었다(신재흡, 2018). 또한 지방자치단체 내에 아동복지심의위원회를 설치해서 보호대상아동의 보호조치, 서비스 지원대상자의 선정 등이 이루어지도록 하여 아동보호에 대한 공적 책임성을 강화하고, 드림스타트, 디딤씨앗통장, 보호종료아동 자립지원 등의 법적 근거를 마련함으로써 취약계층아동에 대한 복지제도와 서비스를 강화하였다.

「입양촉진 및 절차에 관한 특례법」은 이후 2011년 「입양특례법」으로 전면 개정되면서 법원의 입양허가제도 도입, 친생부모의 직접 양육 지원, 입양숙려제도 도입, 입양정보에 대한 입양인의 접근권 부여, 국내입양 우선추진 의무화 등 정부의 공적 책임과 아동권리를 강화하는 방향으로 변화하였다. 이를 계기로 우리나라는 2013년 5월 24일, 입양아동 안전 및 권익보호를 위해 '헤이그국제아동입양협약'에 서명하였으며, 이를 비준하기 위한 이행입법으로 '국내입양에 관한 특별법 개정안'과 '국제입양에 관한 법률안 제정안'이 2023년 7월 18일에 공포되어 2025년 7월 19일부터 시행예정이다. 새로 제 · 개정된 법률안은 입양절차에서 입양아동의 권익을 보호하고 입양아동에 대한 국가책임을 강화하기 위한 것으로 국내 및 국외 입양절차의 공공성을 강화했다는 점에서 큰 의의를 갖는다.

한편, 이 시기에는 모든 아동을 대상으로 하는 보편적 아동복지를 지향하는 것에서 그치는 것이 아니라, 실제적으로 아동복지의 각 영역에서 보편적 아동복지를 실시하기 시작한 것으로 평가할 수 있는데(김형모, 2016), 대표적인 보편적 서비스로 무상보육서비스와 아동수당제도의 도입을 들 수 있다.

2000년대 들어 출산율이 급격히 저하하고 여성의 노동시장 참여가 확대되자, 정부는 2004년 「영유아보육법」을 전면 개정하여 보육시설의 종류와 종사자 자격기준을 명시하는 등 보육사업에 대한 기본 틀을 마련하고, 2013년에는 0~5세 아동에 대한 무상보육지원을 도입, 전 계층을 대상으로 보육료 및 양육수당 지원제도를 실시하였고, 3~5세 영유아에게 공통의 보육교육과정을 제공하는 '누리과정'을 도입하였다.

이와 함께 보편적 아동복지정책의 대표적 형태라 할 수 있는 아동수당제도가 2018년 도입되었다. 아동수당제도는 도입 당시 소득 · 재산 기준 하위 90% 가구의

6세 미만 아동을 대상으로 지급되다가 2019년부터는 만 6세 미만의 모든 아동에게 지급하도록 개편하였고, 2019년 9월부터는 만 7세 미만으로 연령을 확대하여 운영되고 있으나 여전히 지급대상 연령이 한정되어 있어 완전한 보편적 지급방식이라고 보기 어렵다. 그럼에도 아동수당의 도입은 아동복지예산이 상당한 규모로 확장되는 데 크게 기여하였으며, 우리나라가 본격적으로 보편적 아동복지의 시대로 접어들었음을 의미한다(공계순 외, 2019).

한편, 최근 들어 아동복지정책의 가장 큰 기조는 아동복지의 공공성 강화이다. 정부는 2019년 5월 23일 발표한 '포용국가 아동정책'을 통해 '아동에 대한 국가책임 확대'를 아동정책의 추진방향으로 설정하고, ① 보호가 필요한 아동에 대한 공적 책임 강화, ② 아동권리보장 및 안전한 돌봄 강화, ③ 생애초기부터 꼼꼼하게 돌보는 아동건강, ④ 창의성 · 사회성 계발을 위한 놀이혁신의 4개 분야에서 10대 핵심과제를 제시한 바 있다. 여기에는 보호대상아동 발생 시 지자체가 보호결정 수행, 보호종료 아동에 대한 자립수당 및 주거지원, 아동학대 대응체계 전면개편을 통한 공무원의 아동학대 조사 수행, 입양에 대한 국가의 공적 책임 강화, 전문가정위탁 도입 및 가정위탁 지원 강화 등 아동복지서비스에 대한 국가책임을 강화하는 내용이 포함되어 있다.

또한 정부는 아동복지의 공공성 강화와 효율적인 아동복지서비스의 제공을 위하여 2018년 「아동복지법」 개정을 통해 2019년 7월 16일 아동권리보장원을 신설하였다. 그동안 아동복지에 대한 정부의 책임성 강화는 주로 재정적 지원을 중심으로 이루어졌으며, 서비스 제공은 여전히 민간기관 위탁을 통해 이루어졌는데, 이로 인한 서비스 간 연계 · 협력의 부족으로 인한 분절적 서비스 제공 등이 문제로 제기되어 왔다. 아동권리보장원은 공공기관의 성격을 가지는 법정기관으로 아동분야 주요 사업의 중앙지원조직인 중앙입양원, 중앙아동보호전문기관, 중앙가정위탁지원센터, 지역아동센터중앙지원단, 드림스타트 사업지원단, 디딤씨앗사업지원단, 실종아동전문기관 등을 통합한 것이다. 아동권리보장원의 출범은 민간위탁으로 운영해온

중앙지원조직을 하나의 공공기관으로 통합해 운영함으로써 보호가 필요한 아동에 대한 국가 책임을 강화하고, 체계적이고 효율적인 아동복지서비스의 제공이 가능하도록 하였다는 점에서 큰 의미가 있다.

요약하면, 2000년 「아동복지법」 개정 이후의 시기는 아동학대, 아동안전, 보육, 아동수당 제도 등 모든 아동을 대상으로 하는 보편적 아동복지를 실시하기 시작한 것으로 평가되며(김형모, 2016), 아동복지에 대한 재정적 지원뿐 아니라 서비스의 공공성 강화를 통해 국가책임을 강화해 온 시기라고 볼 수 있다. 그러나 우리나라의 아동복지는 여전히 보호대상아동의 문제에 대응하는 사후적이고 잔여적인 성격의 사업을 중심으로 이루어져 있으며, 아동복지와 관련한 국가책임성과 공공성의 강화는 완료형이 아니라 여전히 진행형이다(공계순 외, 2019). 앞으로도 아동권리의 관점에서 아동 중심의 정책 및 서비스가 제공될 수 있도록 지속적인 노력이 필요하다.

토론해 봅시다

01 우리나라에서 과거 아동복지의 발전방향은 어떠했고, 향후 어떻게 진행되어야 한다고 생각하는지 토의해 보시오.

02 서구와 우리나라의 아동복지 발전과정에 있어 공통점과 차이점은 무엇인가?

03 우리나라 아동복지의 발전과정에서 중요한 계기가 되었던 사건들을 찾아보고 함께 토론해 보시오.

참고문헌

공계순 · 박현선 · 오승환 · 이상균 · 이현주 (2019). **아동복지론(제5판)**. 서울: 학지사.

곽효문 (2001). 조선조 자휼전칙의 복지행정사적 의의. **행정논총, 39**(3), 53-70.

김미숙 · 배화옥 (2006). 빈곤아동을 위한 미국 Head Start와 영국 Sure Start 고찰. **국제사회보장동향, 1**(4), 129-137.

김연희 (1985). 영국 구빈법의 사상적 배경. **한국사회복지학, 6**, 23-44.

김형모 (2006). 한국 아동복지의 현황 및 발전방안. **임상사회사업연구, 3**(2), 5-23.

노혜련 · 김미원 · 조소연 (2016). **예방과 통합의 관점에서 본 아동복지론**. 서울: 학지사.

도미향 · 남연희 · 이무영 · 변미희 (2018). **아동복지론**. 경기: 공동체.

신재흡 (2018). **사례중심의 아동권리와 복지**. 서울: 동문사.

오승환 · 김광혁 · 좌현숙 (2016). 근대적 아동복지사업의 도입과 전개에 관한 연구. **동광, 111**, 52-81.

이꽃메 · 김화중 (1999). 일제 강점기 선교회의 보건간호사업에 대한 역사적 연구. **지역사회간호학회지, 10**(2), 455-466.

조명근 (2018). 조선총독부 제생원의 운영과 실태. **전북사학, 54**, 223-256.

Andersson, G. (2002). Child and family welfare in Sweden. Paper presented at the Positive Systems of Child Welfare Conference, Waterloo, Ontario.

Courtney, M. E. (2013). Child Welfare: History and Policy Framework. Encyclopedia of Social Work, Retrieved from https://doi.org/10.1093/acrefore/9780199975839.013.530

Gordon, L. (2011). Child welfare: A brief history. Social Welfare History Project. Retrieved from http://socialwelfare.library.vcu.edu/programs/child-welfare-overview/

Hansan, J. (2011). The American era of child labor. Social Welfare History Project. Retrieved from http://

socialwelfare.library.vcu.edu/programs/child-welfarechild-labor/child-labor/

Hessle, S., & Vinnerljung, B. (1999). *Child Welfare in Sweden-An Overview*. Stockholm Studies of Social Work (15), Stockholm University Department of Social Work, Stockholm.

Hessle, S. (2013). Sweden. In P. Welbourne & J. Dixon (Eds.), *Child Protection and Child Welfare: A Global Appraisal of Cultures, Policy and Practice* (1st ed., pp. 31-54). Jessical Kinsgley Publishers: London and Philadelphia.

05
CHAPTER

CHILD WELFARE

아동복지의 실천원리

1. 아동복지의 기본전제

2. 아동복지의 실천원칙

CHAPTER

05

아동복지의 실천원리

유엔아동권리협약(UNCRC) 제3조에서는 “공공 또는 민간 사회복지기관, 법원, 행정당국, 또는 입법기관 등에 의해 실시되는 아동에 관한 모든 활동에 있어서 ‘아동 최상의 이익 또는 아동 최선의 이익(the best interests of the child)[01]’이 ‘최우선적으로 고려(a primary consideration)’되어야 한다”고 규정하고 있다. 여기서 ‘아동의 이익’이란 아동의 권리보호와 복지증진을 의미하는 것이며, ‘최상 또는 최선(the best)’의 의미는 아동의 권리보호와 복지증진에 있어서 논란이 될 수 있는 다른 요소들을 배제하는 것이다. 다시 말해 원칙적으로 국가 또는 부모의 이익이 아닌 아동 자신의 판단에 의한 이익을 의미한다. 유엔아동권리협약 제정에 따른 가장 중요한 변화는 아동을 권리의 주체로서 인정하는 것이다. 그러므로 아동이 권리를 갖고 있는 이상 그 이익을 추구하는 것은 아동 그 자신이어야 하고, 이익을 판단하는 아동의 능력은

01 ‘The best interest of the child’라는 용어는 일반적으로 ‘아동 최선의 이익’ 혹은 ‘아동 최상의 이익’의 두 가지로 번역된다. 전자로 번역되는 경우 그것은 자원할당에서 우선순위를 갖는다는 뉘앙스가 좀 더 강하며 그런 점에서 정부문건에서 많이 사용되는 경향이 있다. 또한, 후자로 번역되는 경우 그것은 다른 어떤 것보다 더 풍부하고 질적으로 좋은 것으로서의 아동의 이익이라는 보다 적극적인 뉘앙스가 좀 더 강하며 아동권리 관련 자료에서 많이 사용되는 경향이 있다. 이 장에서는 문맥에 따라 이 두 번역용어를 혼용한다.

잠재적이든 현재 그대로의 능력이든 모두 존중되어야 한다. 이때 부모 · 국가 등의 역할은 자신들의 이익을 임의대로 아동의 이익으로 판단하는 일이 있어서는 안 되고, 아동 자신이 최선의 이익을 판단하고 이에 따라 행동할 수 있도록 조건과 자원을 충분히 제공하여야 한다는 것이다(법무법인 태평양 · 재단법인 동천, 2020). 따라서 아동복지의 실천원리를 살펴봄에 있어 가장 중요하게 기억해야 할 것은 바로 '아동 최상의 이익'이라 할 수 있다. 이를 실현하기 위한 전제조건으로 유엔아동권리협약에서는 아동의사 존중에 대해 언급하고 있다. 유엔아동권리협약 제12조는 자신의 의견을 형성할 능력을 갖춘 아동에게 영향을 미치는 모든 문제에 대하여 자유롭게 의견을 표현할 권리를 보장하고, 아동의 나이와 성숙도에 따라 그의 의견에 적절한 비중을 부여해야 한다고 설명하고 있다. 이와 함께 이러한 목적을 달성하기 위하여 당사국은 아동에게 영향을 미치는 사법적 · 행정적 절차를 시행함에 있어 아동이 직접 또는 대리인이나 적절한 기관을 통하여 의견을 진술할 기회를 국내법을 준수하는 범위 안에서 갖도록 할 것을 규정하고 있다. 다시 말해 유엔아동권리협약 제12조에서는 아동의 의사표현뿐 아니라 아동 자신의 삶에 영향을 미치는 문제에 있어서 아동들에게 더 많은 발언권이 주어져야 함을 강조하고 있다.

1. 아동복지의 기본전제

아동의 권리적 관점에서 아동복지가 실현되기 위해서는 기본적으로 아동의 건전한 성장과 발달에 필요한 욕구가 충족되어 아동이 지니고 있는 잠재능력을 최대한 발휘할 수 있어야 한다는 것을 전제하며, 이를 위한 기본요소에 대해 여러 학자들이 제시하고 있다(표 5-1 참조).

표 5-1 | 아동복지의 전제

구분	전제	
사회사업백과사전 (1965)	• 가족생활 • 부모의 보호 • 적절한 가정경제 및 주거 • 건강과 의료보호 • 교육	• 유희나 교우 • 윤리적 표준 • 이념과 가치 • 교육적 · 직업적 지도 • 법적보호
Federicksen & Mulligan (1972)	• 부모역할이 준비된 부모 • 경제적 안정 • 보건 • 교육	• 종교 • 놀이 • 유해한 노동에서의 보호 • 특수욕구 아동에 대한 서비스
아동권리협약 (1989)	• 시민권과 자유권 • 가정환경 및 대리보호에 대한 권리 • 기초보건 및 복지에 대한 권리	• 교육, 여가, 문화활동에 대한 권리 • 특별보호조치에 대한 권리
장인협 · 오정수 (2001)	• 안정된 가정생활 • 경제적 안정 • 보건 및 의료보호 • 교육	• 노동 • 오락 • 특수보호
공계순 외 (2010)	• 안정된 가정과 부모 • 경제적 안정 • 교육	• 보건과 의료 • 놀이와 여가 • 유해노동으로부터의 보호 • 특별보호
오정수 · 정익중 (2018)	• 안정된 가정환경 • 소득과 주거의 보장 • 건강과 의료보호	• 교육기회와 복지서비스의 제공 • 유해노동과 환경으로부터의 보호 • 건전한 놀이의 제공

사회사업백과사전과 아동권리협약을 비롯하여 국내 · 외 학자들이 제시하고 있는 아동복지의 전제는 표현상의 차이는 있으나 그 내용은 유사한 것을 확인할 수 있다. 즉, 안정된 가정환경, 소득과 주거환경을 포함하는 경제적 안정, 건강과 의료보호, 교육, 놀이와 여가, 노동, 특수욕구로 구분하여 설명하고 있다. 최근에 들어서는 아동복지의 전제를 설명하는 데 있어서 아동 삶의 질(Well-being)이라는 개념을 사용하여 아동 삶의 질의 전반적인 영역이 어느 정도 충족되어야 함을 강조하는 연구들

이 진행되고 있다. 이봉주 외(2013)는 한국아동의 삶의 질을 건강, 사회 · 정서 · 인지적 발달, 바람직한 인성의 아동 개인의 발달결과(outcome)와 관련된 영역과 가족환경, 학교환경, 지역사회환경, 아동권리의 아동의 환경과 관련된 영역(context)으로 구분하여 측정하였다. 아동 삶의 질에 대한 사회적 관심은 아동의 주관적 행복감에 영향을 미치는 절대적 또는 상대적 요인에 대한 구체적인 원인을 발견하고, 이를 아동의 관점에서 개선해 나가기 위한 새로운 방식의 접근방법을 제시하였다.

아동의 삶은 다양한 영역 속에서 이루어지며, 이러한 다양한 영역들은 아동의 삶의 질(well-being)에 제각각 혹은 누적적으로 영향을 미친다(Bradshaw & Mayhew, 2005; Hanafin & Brooks, 2005; Land, 2007). 따라서 아동 삶의 질은 영향을 미치는 여러 가지 영역을 고려해야 하며, 가장 대표적인 예로 브래드쇼와 리처드슨(Bradshaw & Richardson, 2009)의 지표체계를 꼽을 수 있다.

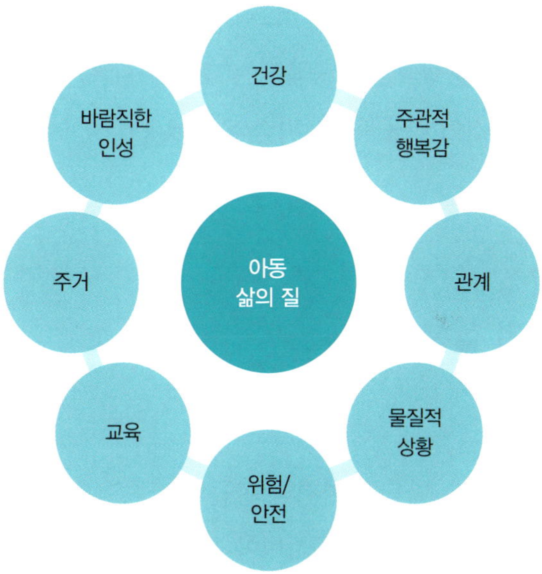

그림 5-1 아동 삶의 질

출처: 이봉주 외 (2013).

이들이 제안한 7가지 아동 삶의 영역에는 지금까지 아동복지와 관련된 연구에서는 잘 다루어지지 않았던 바람직한 인성 영역을 추가하여 총 8개 영역을 도출하였으며, 이봉주 외(2013)의 연구에서도 이를 포함하여 한국 아동의 삶의 질을 측정하였다.

구체적으로 아동의 건강, 주관적 행복감, 가족, 또래 등과의 관계, 물질적 결핍정도, 위험 및 안전, 교육, 주거환경으로 이러한 8가지 영역이 골고루 충족되어야 아동이 건강하게 발달할 수 있음을 의미한다. 특히 아동의 주관적 행복감은 아동복지의 전제라기보다는 아동복지의 결과로 생각할 수도 있으나 최근 들어 아동의 주관적 행복감에 대한 많은 연구들에서 아동의 행복감이 물질적 결핍이나 주거, 교육 등 다른 영역의 조건들의 결과로만 보기보다는 이 또한 아동 삶의 영역을 구성하는 하나의 영역으로 정의하고 있다. 즉, 빈곤이 아동의 주관적 행복감에 영향을 미칠 수는 있으나, 물질적 결핍 정도만으로 아동의 행복 또는 불행을 설명할 수는 없다는 것이다. 따라서 아동복지의 기본전제는 [그림 5 -1]의 8개 영역에 대해 객관적 또는 주관적으로 일정수준 균형적으로 충족되는 것이라 할 수 있으며, 결과적으로 아동 삶의 질을 향상하는 것이 아동복지서비스의 궁극적인 목표라 할 수 있다.

2. 아동복지의 실천원칙

아동복지정책과 서비스는 아동뿐 아니라 아동의 가족과 학교를 포함한 아동이 거주하고 있는 지역사회에 기반하여 진행하여야 한다. 따라서 아동복지정책과 서비스의 대상은 아동 당사자 외에도 가족과 지역사회가 될 수 있다. 또한 사회복지사는 아동을 효과적으로 지원하기 위해 아동 개인의 욕구와 특성은 물론 아동을 둘러싼 가정 · 학교 · 지역사회 등의 상황을 고려하여 실천방법을 선택하여 적용할 수 있다.

아동복지의 실천원칙과 관련하여 유엔아동권리협약은 무차별의 원칙, 아동 최선의 이익 원칙, 생존 · 보호 · 발달의 원칙, 참여의 원칙을 제시하고 있다. 보편적인 사회복지실천 원칙과 관련하여 장인협 · 오정수(2001)는 권리와 책임의 원칙, 보편성과 선별성의 원칙, 개별성의 원칙, 포괄성의 원칙, 전문성의 원칙을 제시하고 있다. 이혜원(2006)은 다양한 학자들의 견해를 포괄하여 아동복지의 실천원칙을 다음의 10가지 원칙을 통해 설명하고 있다. 이 책에서는 이혜원(2006)이 제시한 원칙을 중심으로 살펴보도록 한다.

1) 권리와 책임의 원칙

아동복지실천에 있어서 권리와 책임의 원칙은 아동, 부모, 그리고 정부 및 지역사회 중 어느 한 주체가 일방적으로 갖는 것이 아니라 각 주체에게 부여된 역할을 수행하는 데 있어 상호연계적인 관계를 유지하며 균형을 이루는 것이 중요하다고 할 수 있다. 먼저 아동은 권리와 동시에 책임을 갖고 있고, 성인의 보호만을 받는 수동적인 존재가 아닌 독립된 개체로서 자신의 인생을 능동적으로 받아들일 수 있도록 배워서 행동하여야 한다. 다음으로 부모의 자녀양육에 대한 권리와 책임은 정부나 지역사회로 상당부분 이전되어 가고 있으나, 그 일차적인 책임은 여전히 부모에게 있다. 특히 코로나19로 학교를 비롯한 지역사회의 아동복지서비스가 중단되고 축소되었을 때 아동양육기능이 취약한 가족의 경우 결국 그 피해가 고스란히 아동에게로 전해졌다. 부모는 자녀의 발달과 성장을 위한 역할을 수행하여야 할 의무가 있다. 「아동복지법」 제5조(보호자 등의 책무)에 따르면 보호자뿐 아니라 사회구성원 모두가 아동의 복지증진에 책임이 있음을 명시하고 있다. 그러나 기능이 손상되어 취약해진 부모와 가족의 경우 국가가 개입하여 아동의 복지를 증진시킬 권리와 책임이 있다. 특히 복지제도가 발달함에 따라 아동과 관련하여 문제가 발생하기 전에 국가 또는 지역사회가 상담, 보육 등을 통해 부모와 가족의 기능을 지지하거나 보충함으로써 아동이 건강하게 발달할 수 있는 체계를 갖추게 되었다. 「아동복지법」 제4조(국가와 지방자치단체의 책무)에 이러한 국가와 지역사회의 책임에 대해 분명하게 명시하고 있다.

2) 선별성과 보편성의 원칙

아동복지에서 선별주의는 정책과 서비스의 대상과 급여수준을 선별적으로 제공하는 원칙을 의미하고, 보편주의는 모든 아동을 대상으로 동일한 수준의 급여를 제공하는 원칙을 의미한다(이혜원, 2006). 「아동복지법」 제3조 4항과 5항에 보호대상아동과 지원대상아동에 대해 정의하고 있다. 즉, "보호대상아동"이란 보호자가 없거나 보호자로부터 이탈된 아동 또는 보호자가 아동을 학대하는 경우 등 그 보호자가 아동을 양육하기에 적당하지 아니하거나 양육할 능력이 없는 경우의 아동을 의미한다. 또한 "지원대상아동"이란 아동이 조화롭고 건강하게 성장하는 데 필요한 기초적인 조건이 갖추어지지 아니하여 사회적 · 경제적 · 정서적 지원이 필요한 아동을 말한다. 보호대상아동과 지원대상아동이 아동복지실천에서 대표적인 선별적 원칙에 따른 서비스 대상이라 할 수 있다. 반면 보편성의 원칙은 전체 아동을 건강하게 양육함으로써 아동과 관련된 다양한 사회문제를 예방하고 최소화시키는 데 중점을 두고 있다. 대표적으로 아동수당, 무상의무교육, 무상교육 등을 들 수 있다. 아동복지실천에 있어서 보편성과 선별성의 원칙은 어느 하나를 선택해야 하는 문제라기보다는 보편성의 원칙을 기본으로, 보다 취약한 가정 혹은 특수욕구가 있는 아동에 대해서는 선별성의 원칙을 적용하는 것이 필요하다. 특수욕구 아동이란 아동의 나이, 장애 유무, 형제자매 유무, 학대나 방임 경험 등으로 인해 특별한 보호와 치료가 필요한 아동을 의미한다.

3) 통합성의 원칙

아동은 신체적 · 인지적 · 정서적 · 사회적 모든 측면의 발달이 균형을 유지하면서 통합적으로 발달하여야 한다. 따라서 아동의 다양한 측면에서의 발달적 욕구를 고려하여 맞춤형 서비스를 제공하는 것이 중요하다. 특히 아동과 부모와의 관계 등 아동을 둘러싼 가족체계의 통합적 기능을 일상적으로 지원하는 것이 필요하며, 이를 기반으로 통합적 사례관리를 통한 아동복지서비스가 제공되어야 한다. 드림스타트나 희망복지지원단이 지역사회 내에서 진행되는 대표적인 통합사례관리서비스이며, 아동과 가족의 다양하고 복합적 욕구에 보다 효과적인 서비스를 제공하기 위하여 지역사회 내 아동복지관련 조직 간 네트워크를 구축하고 이를 활용하고 있다.

4) 전문성의 원칙

전문성의 원칙은 아동복지전문가가 아동복지서비스를 제공하여야 한다는 것이다. 현대사회의 아동문제는 아동뿐 아니라 아동을 둘러싼 환경과의 다양한 상호작용의 결과라 할 수 있으므로 이러한 문제의 원인을 분석하고, 해결방안과 예방안을 강구하기 위해서는 반드시 전문적 접근이 필요하다. 2020년 우리나라의 아동보호체계가 공공화되면서 모든 지자체에 아동학대조사공무원과 아동복지전담요원을 배치하여 보다 전문적으로 보호대상아동과 그 가족을 지원할 수 있도록 하고 있다. 그러나 아동학대조사공무원의 경우 아동관련 전문지식을 갖춘 전문가를 배치한다는 규정이 없어 사실상 전문성의 원칙을 지키고 있는지는 지자체의 사정에 따라 상당한 차이가 있다. 보호대상아동을 조사하고 배치하는 업무를 수행하는 아동보호전담요원의 경우는 전문가를 채용하기 위해 노력하고 있으나 이들이 갖추어야 할 자격요건에 비해 일자리의 안정성이나 처우가 열악하여 사실상 전문성의 원칙을 따르기 어려운 형편이다. 아동복지서비스의 질은 서비스를 제공하는 실무자의 전문성에 비례하는 것이 당연하다. 아동복지전문가들이 현장에서 전문가로서 인정을 받는 것이 전문성의 원칙을 지키기 위해 선결되어야 할 과제라 할 수 있다.

5) 예방성과 치료성의 원칙

아동기의 긍정적 또는 부정적 경험은 그로 인한 영향이 장기적으로 지속되므로 가능한 아동기에 신체적 · 심리적으로 문제가 발생하지 않도록 노력하는 것은 매우 중요하다는 것을 알 수 있다. 이처럼 예방이 중요하지만 동시에 시의적절한 치료 또한 중요하며, 이것은 더 심각한 문제로 발전되는 것을 예방하는 것이기도 하다. 적절한 시기의 효과적 방법에 의한 전문가의 개입은 아동의 건강한 발달을 지원하는 데 필수적이다(이혜원, 2006).

6) 무차별의 원칙

모든 아동은 어떠한 경우에도 차별됨이 없이 그 권리가 존중되고 보장되어야 한다. 그러나 무차별적인 평등이 무조건적인 평등을 의미하는 것은 아니다. 아동 개개인의 욕구와 특성을 충분히 고려하여, 사회 안에서 전체 아동과의 형평성에 맞춰 아동복지서비스가 공정하고 평등하게 분배되어야 한다.

7) 아동 최선의 이익 원칙

아동 최선의 이익 원칙은 아동과 관련된 모든 정책과 활동에 있어서 아동의 관점이 반영되어야 하며, 아동에게 제공되는 최선의 이익이 우선되어야 한다. 아동의 관점이 반영되기 위해서는 아동의 참여, 즉 아동의 의견이 반영되어야 한다. 각 지자체에서 진행되는 아동정책영향평가는 지역사회의 모든 정책이 아동의 삶에 어떠한 영향을 미치는지 아동과 지역주민이 스스로 점검해 보는 제도이다. 이를 통해 지역사회의 모든 정책이 아동 중심의 관점에서 아동 최선의 이익을 고려하고 있는지 점검하게 되고, 이러한 노력이 점차 우리 사회 전반의 법, 제도, 지역사회의 다양한 사업을 수행하는 데 있어 아동 최선의 이익을 우선적으로 고려하게 할 것이다.

8) 아동의 생존 · 보호 · 발달 원칙

모든 아동은 생명에 관한 고유한 권리를 가지고 있으며, 이러한 아동의 생존과 발달을 보장하기 위해 가능한 최선의 환경을 제공하여야 한다. 사회는 모든 아동이 고유한 생명권을 가지고 있음을 인정하고, 가능한 최대한도로 아동의 생존과 발달을 보장하여야 한다. 2021년 우리나라는 「민법」 제915조 '친권자는 그 자를 보호 또는 교양하기 위해 필요한 징계를 할 수 있다'는 일명 '징계권' 조항을 삭제하였고, 이로써 아동에 대한 체벌을 금지한 62번째 국가가 되었다. 「민법」에 친권자의 아동 체벌을 명시하였다는 것은 과거 우리 사회가 아동을 능동적인 권리의 주체로 인정하기보다는 보호대상으로만 간주하였다는 것을 의미한다. 아동복지의 실천은 아동을, 권리를 가진 한 인간으로 존중하는 태도로부터 시작하여야 한다.

9) 아동의 참여 원칙

아동 참여권에 해당하는 권리협약의 주요 조항은 제12조(아동 의견의 존중)로 볼 수 있다. 이 조항에 따르면 협약 당사국 정부는 모든 아동이 자신에게 영향을 주는 문제에 대해 자신의 의견을 표현할 권리를 보장하며 아동의 의견에 정당한 비중을 두어야 하고, 아동이 직접 또는 대리인이나 적절한 기관을 통하여 국내 사법 또는 행정절차에 따라 아동에게 영향을 미치는 의견을 진술할 기회를 주어야 한다(UN General Assembly, 1989). 유엔아동권리위원회(UNCRC)는 제12조(아동 의견의 존중)를 권리협약의 4가지 기본 원칙 중 하나로 제시함으로써 아동의 '참여권'이 중요한 권리임을 강조하고 있다(김선숙 · 조소연 · 임수지, 2022). 아동의 참여는 형식적으로 이루어지거나, 성인이 주도하는 활동에 수동적으로 참여하고 있는 경우가 많고(조선화, 2003), 특히 나이 어린 아동으로 범위를 넓혀 살펴보면, 참여의 수준은 더 미비하다. 그 이유는 우리나라의 경우 가정이나 사회에서 아동을 참여의 주체로 인식하기보다 통제 또는 보호대상으로 바라보는 경향이 많고, 아동에 대한 정책이나 서비스를 마련하는 데 있어서도 아동의 참여권보다는 생존권, 보호권, 발달권을 더 강조해왔기 때문이다(김진숙, 2017; 모상현 외, 2010). 실제로 한국 정부가 제출했던 유엔아동권리협약 3 · 4차 국가보고서에 대한 유엔아동권리위원회의 최종 견해(CRC U, 2011)에 따르면, 아동에게 영향을 미치는 의사결정에 있어 대한민국 법률 절차와 사회적 태도가 아동의 의견(특히 15세 미만)을 고려하지 않음에 우려를 표했으며, 유엔아동권리위원회는 아동 의견을 표출할 권리를 보장하고 아동에게 영향을 미치는 모든 결정과정에 아동의 의견이 고려되도록 법 개정 및 교육과 정보 제공, 정기 모니터링을 권고한 바 있다. 아동 참여의 원칙은 단순히 아동이 스스로 목소리를 낸다는 것을 넘어서 이 사회에 아동이 얼마나 중요한 존재인지를 보여주는 바로미터 중의 하나이다.

10) 자기실현의 원칙

자기실현의 원칙은 아동이 스스로의 잠재적 능력을 최대한 발휘하여 자립할 수 있도록 지원하는 것을 강조한다. 따라서 아동복지서비스는 아동이 자신의 잠재적 능력을 개발할 권리를 증진하고, 그로 인해 자기실현을 할 수 있도록 지원하는 것을 그 목표로 설정한다. 사회복지사는 이러한 아동복지서비스의 목표를 달성하기 위해 다양한 역할을 통해 아동과 아동 가족을 지원하여야 한다.

토론해 봅시다

01 '아동 최선의 이익' 또는 '아동 최상의 이익'에 대한 각자의 생각을 나누어 보고, 사회에서 구체적으로 실현되는 사례에 대해 이야기해 보시오.

02 아동복지 실천현장에서 아동이 스스로 표현하는 욕구와 전문가가 판단하는 욕구가 다른 경우 어떠한 실천원칙을 고려하여야 할 것인지 토의해 보시오.

참고문헌

공계순 · 박현선 · 오승환 · 이상균 · 이현주 (2010). **아동복지론**. 서울: 학지사.

김선숙 · 조소연 · 임수지 (2022). 한국아동의 아동정책 참여실태에 대한 탐색적 고찰: 대한민국아동총회 의제를 중심으로. **사회복지연구, 53**(1), 161–193.

김진숙 · 장연진 (2017). 아동 · 청소년의 아동권리인식–초등학생, 중학생, 고등학생 비교. **Journal of Digital Convergence, 15**(6), 83–96.

모상현 · 김영지 · 김영인 · 이민희 · 황옥경 (2010). 국제기준 대비 한국아동 · 청소년 인권수준 연구V: 발달권 · 참여권 기본보고서. 한국청소년정책연구원 연구보고서.

법무법인(유한) 태평양 · 재단법인 동천 (2020). 아동 · 청소년의 권리에 관한 연구. 경인문화사.

사회사업백과사전(1965).

오정수 · 정익중 (2018). **아동복지론**. 서울: 학지사.

유엔아동권리협약 (1989).

이봉주 · 김선숙 · 안재진 · 유조안 (2013). 한국 아동의 삶의 질에 관한 종합지수 연구. 서울대학교 사회복지연구소 · 세이브더칠드런.

이혜원 (2006). **아동권리와 아동복지**. 서울: 집문당.

장인협 · 오정수 (2001). **아동 · 청소년복지론(개정판)**. 서울: 서울대학교 출판부.

조선화 (2003). 지역사회 청소년의 주체적 참여 실태 분석 및 참여증진방안 탐색연구 –서산시를 중심으로–. **청소년학연구, 10**(4), 55–91.

Bradshaw, J., & Mayhew, E. (2005). *The Well–being of Children in the UK*. 2nd ed., Save the Children, London.

Bradshaw, J., & Richardson, D. (2009). An index of child well–being in Europe. *Child Indicators*

Research, 2(3), 319–51.

Federicksen, H., & Mulligan, R. A. (1972). ***The child and his welfare***. San Francisco, CA: W. H. Freeman Company.

Hanafin, S., & Brooks, A. (2005). Report on the Development of a National Set of Child Well-Being Indicators in Ireland. Dublin: The Stationery Office.

International Save the Children Alliance (1993). ***UN Convention on the Right of the Children***. An International Save the Children Alliance Training Kit.

Land, K. C., Lamb, V. L., Meadows, S. O., & Taylor, A. (2007). Measuring Trends in Child Well-Being: An Evidence-Based Approach. *Social Indicators Research, 80*, 105–132.

06
CHAPTER

아동복지의 실천적 접근

CHAPTER 06 아동복지의 실천적 접근

아동대상의 사회복지실천적 접근은 그 방법론에 있어서는 기존의 사회복지실천론이나 사회복지실천기술론에서 다루어왔던 내용과 크게 다르지 않다. 다만 아동의 특성을 고려하여 '아동 최상의 이익'의 관점에서 어떻게 아동을 도울 것인지에 대해 사회복지사는 끊임없이 고민해야 한다. 즉, 아동을 '성인의 축소판'이 아닌 고유의 특성과 욕구를 지닌 인격적 존재라는 권리적 관점에서 바라보고 이러한 관점을 유지하며 아동과 아동의 환경에 개입하는 것이 가장 중요한 원칙이라 할 수 있다.

1. 아동복지실천의 과정

일반적으로 사회복지실천은 상담, 서비스 제공, 자원 개발 및 연계 등 사회복지사의 전문적 활동으로 개인, 집단, 가족, 지역사회의 문제해결과 변화를 돕는 직접적 실천과 사회복지행정 및 정책 영역에서 사회복지사의 전문적 활동으로 직접적 실천이 가능하고 효율적으로 실시되도록 지원하는 간접적 실천을 포괄하는 종합적인 전문활동으로 정의한다(최해경, 2017). 아동복지 영역에서 사회복지실천은 사회복지실천의 대상인 아동과 가족을 중심으로 아동이 건강하고 안전하게 성장하고 발달할 수 있도록 하는 직접적 혹은 간접적인 형태의 전문활동을 의미한다.

이 장에서는 매더와 라거(Mather & Lager, 2000)의 아동복지통합모델에 근거하여, 아동복지실천의 과정을 특정한 아동복지실천 방법에 관계없이 시간의 흐름에 따라 공통적으로 적용될 수 있는 단계별 과업에 따른 준비단계, 관계형성 및 조사단계, 사정 및 계획단계, 개입단계, 평가 및 종결단계, 사후관리단계로 나누어 사회복지사의 목표와 역할을 설명하고자 한다(이혜원, 2006). 이때 사회복지사는 이 모든 단계에서 아동권리 중심의 관점에 입각하여 아동을 둘러싼 환경의 다양한 측면에서의 역할을 수행할 수 있다.

1) 준비단계

이 단계에서는 잠재적 실천대상이 되는 아동의 욕구를 분명하게 확인하여, 사회복지사가 소속되어 있는 기관의 자원과 정책에 부합되는지 등을 판단하여 접수(intake) 여부를 결정하는 것이 필요하며, 이것이 바로 준비단계의 목표이기도 하다.

이 단계에서 사회복지사의 역할은 무엇보다 아동과 가족을 지지하는 지역사회의 한 구성원이 되어야 한다는 것이며, 학교를 포함하여 지역사회 내의 관련기관 실무자들과 협력관계를 맺어 지역사회 아동복지 네트워크를 구축하는 것이 필요하다. 또한 신문사, 방송매체 등과도 관계를 맺으며 아동복지 이슈를 홍보하고, 무엇보다 스스로 아동복지 전문가로서의 교육과 훈련에 참여하여 전문역량을 향상시키는 것이 중요하다.

현장에서 실제 만나는 아동과 그 가족들은 사회복지사의 개입에 전혀 관심이 없거나 심지어 거부하는 경우를 빈번하게 만날 수 있다. 사회복지사의 역할은 이처럼 사회복지사의 개입에 관심이 없거나 거부하고 있으나 실제로는 도움이 필요한 아동과 가족을 찾아내는 일을 수행하는 것이다. 사회복지사가 만나게 되는 아동의 가족 중에는 전문가의 도움보다는 그들의 생존과 관련된 욕구가 더 절실한 경우가 있을 수 있고, 자신의 이러한 상황은 부모의 아동에 대한 결정과 '아동 최상의 이익' 간에 간극을 만들 수 있으며, 사회복지사도 전문적 판단을 하는 데 있어서 내적인 갈등을 경험할 수 있다.

2) 자료수집

자료수집은 아동의 문제를 이해하고 분석하며 해결하는 데 필요한 자료를 모으는 과정을 의미한다. 자료수집의 주요 목표는 사회복지사가 사정평가를 할 수 있도록 도움이 되는 자료를 광범위하게 모으는 것이며, 이 목표를 달성하기 위한 구체적 과업은 사회복지사가 문제, 개인, 환경으로 범주화될 수 있는 자료들을 수집하는 것이다(Timberlake, Farber, & Sabatino, 2002). 자료수집단계에서 사회복지사가 초점을 두어야 하는 아동의 상황은 다음과 같다(Goldstein & Noonan, 1999).

① 아동이나 아동가족이 도움을 구하는 이유
② 아동이나 아동가족이 직접 호소하는 문제, 관련된 다른 문제 또는 표면적으로 드러나지 않은 문제
③ 문제의 원인이 되거나 문제를 악화시키는 과거와 현재의 생물학적 · 사회적 상황
④ 문제해결에 대한 동기와 원조과정에 대한 기대
⑤ 아동과 아동가족이 스스로의 문제를 해결하기 위해 동원할 수 있는 내적 역량이나 강점, 외부자원들

이러한 다섯 가지 측면의 상황들은 서로 관련되어 있음을 이해하고 접근하는 것이 필요하다.

자료수집은 자료수집의 출처를 다양하게 활용할수록 더 많은 자료를 수집할 수 있다. 자료수집에서 가장 중요한 정보제공의 출처는 바로 아동과 가족이다. 아동으로부터 자료를 수집하는 경우에는 아동의 발달이나 심리정서적 상황을 충분히 고려하여야 한다. 예를 들어, 학대나 폭력과 관련된 학대피해아동으로부터 피해상황에 대한 자료를 수집하는 경우 학대피해아동이 고통스러운 상황을 반복적으로 떠올리거나 진술하는 일이 없도록 녹음 또는 녹화한 자료를 사용하도록 한다. 그 밖에도 아동의 목소리나 손떨림, 표정의 변화 등과 같은 비언어적 행동이나 가족 간 또는 또래와의 상호작용을 관찰함으로써 정보를 수집할 수도 있다. 사회복지사가 부수적으로 정보가 더 필요하다고 판단하는 경우 아동의 친구, 교사, 의사를 비롯하여 아동과 관련된 다른 영역의 전문가들로부터의 정보를 수집할 수도 있으나 이 경우 부모 등 법정 후견인의 동의가 필요하다. 그 외에도 구조화된 자료수집을 위한 면접에서 검사 또는 사정도구를 사용할 수 있으나, 이러한 도구들은 자료수집에 있어서는 편리한 면이 있으나 신뢰도와 타당도에 한계가 있을 수 있고, 아동의 특성에 따라서 사용이 부적합한 경우가 있으므로 대상, 목적 등을 분명히 알고 적합한 도구를 사용하는 것이 중요하다. 사회복지사의 개입 효과에 가장 큰 영향을 미치는 요인이라 할 수 있는 것이 사회복지사와 아동 간 관계의 질인데, 이 단계에서는 아동과 아동의 가족이 변화에 동기화될 수 있는 긍정적 관계 형성을 위해 중점적인 노력이 필요하다.

3) 사정 및 계획단계

이 단계에서는 아동 및 아동가족의 문제와 욕구를 명확하게 하여 개입의 방향을 설정한다. 사정(assessment)의 목적은 제시된 문제에 어떠한 요인들이 영향을 미치고 있는지 파악하고, 그 문제를 경감시키거나 해소할 수 있는 방법을 찾는 과정을 의미한다. 매시와 헌슬리(Mash & Hunsley)는 이를 위해 무엇보다 아동 또는 아동가족과 사회복지사의 공감대 형성이 우선되어야 한다고 설명한다.

사정단계에서는 다음과 같은 질문을 고려할 수 있다.

1. 누구/무엇을 사정할 것인가? (예: 아동, 부모님, 가족 전체, 또래, 이웃)
2. 사정은 어떠한 순서로 진행되어야 할 것인가? (예: 아동을 먼저 만날 것인가, 부모님을 먼저 만날 것인가, 먼저 가족 전체를 만날 것인가, 각 당사자와의 접촉에서 어떠한 일반적 지침을 따라야 할 것인가)
3. 어떠한 부수적인 정보가 필요할 것인가? (예: 학교, 의학 정보, 심리적 문제, 법률 보고서)
4. 어떠한 사정도구를 사용할 것인가?
5. 관련 자료는 어떻게 요약할 것인가?
6. 아동의 부모 또는 다른 사람들은 어떻게 사정할 것인가?

일반적으로 10세 이상의 아동을 대상으로 사정을 하는 경우, 다음의 순서에 따라 진행할 수 있다.

① 사회복지사는 부모를 만난다. 부모가 이혼한 경우, 함께 살지 않는 부모와 별도로 만날 수 있다.

② 사회복지사는 아동과 2~3차례 놀이 등 만남을 진행하고, 이를 통해 평가를 진행한다.

③ 사회복지사는 문제 상황이 다른 모든 가족구성원들에게 영향을 미칠 수 있다고 판단되는 경우 가족 전체를 만난다.

④ 필요에 따라 아동의 학교 교사와 연락하거나 학교를 방문할 수 있다.

⑤ 필요한 경우 아동의 심리검사 또는 학습능력검사 등을 의뢰할 수 있다.

⑥ 필요한 경우 아동을 진료했던 의사의 소견서를 요청하여 검토할 수 있다.

아동의 연령이 10세 미만인 경우나 아동의 상황에 따라 부모나 보호자를 먼저 만나야 하는 경우도 있으나, 모든 경우에 아동 최상의 이익을 위한 결정을 하는 것이 필요하다.

4) 개입단계

개입단계에서 사회복지사는 앞 단계에서 설정한 목표를 달성하기 위한 구체적인 개입을 시도한다. 즉, 문제해결을 위해 설정된 목표를 달성하기 위한 전문적인 활동을 의미한다. 개입은 사정과정에 따라 개인을 중심으로 상담 등의 형태로 진행될 수도 있으며, 집단 혹은 학교에 기반하여 진행될 수도 있다. 실천방법에 대해서는 다음 장에서 다루기로 한다. 사회복지사는 변화하고자 하는 아동과 가족의 욕구를 존중하고 충분히 수용하여야 하고, 생태체계적 관점에서 다체계적 수준에서 통합적으로 개입하여야 한다. 개입과정에서 아동과 가족의 상황이 변화하고 이전에 수립하였던 계획이 실행 불가능하다고 판단되는 경우 이를 수정할 수 있다. 따라서 이전 과정에 수립하였던 계획과 개입과정을 지속적으로 모니터링하는 것이 필요하다.

5) 평가 및 종결단계

사회복지사는 아동 또는 아동가족과 계약한 내용에 따라 개입할 책임이 있으며, 소속기관의 목적에 부합하는 서비스를 제공할 책임이 있다. 이러한 책임성은 개입의 효과성과 효율성으로 평가된다. 따라서 평가는 이러한 사회복지사의 개입내용에 대한 효과성과 효율성을 측정하는 것이라 할 수 있다(이혜원, 2006).

이 단계의 목표는 개입을 통해 달성한 목표를 평가하고, 종결시기를 결정하며, 아동/아동가족과 사회복지사의 정서적 반응을 처리하는 것이다. 또한 필요할 경우 아동을 다른 기관으로 의뢰할 수 있다.

6) 사후관리단계

사회복지사는 아동이나 가족이 개입을 통해 습득한 능력을 유지하고 강화시킬 수 있도록 사후관리를 한다. 일반적으로 종결 이후 6개월 정도의 기간 동안 아동이 잘 적응하고 있는지 점검하는 것을 의미한다. 이러한 과정은 아동과 아동가족이 스스로의 노력에 대해 전문가의 확인과 격려를 받을 수 있는 기회가 되어 스스로 성취한 능력에 대해 긍정적 경험을 할 수 있도록 한다. 사후점검과정에서 필요한 경우 추가적인 개입도 진행할 수 있다.

2. 아동복지실천의 방법

1) 가족기능 강화를 통한 아동복지실천

대부분의 부모들은 아동의 발달을 지원하고 양육하기 위해 노력한다. 그러나 현대사회의 다양한 여건은 부모가 가족을 위한 경제적 의무를 다하기 위해 최선을 다해 일한다는 것이 결과적으로는 자녀와의 의미 있는 상호작용을 할 수 있는 시간과 에너지를 남기기 어려운 여건에 처할 수 있다. 예를 들어 청소년 한부모가정의 경우 한부모 엄마는 자신의 미래를 위해 학교교육을 유지하는 것과 부모가 되는 것이 병행할 수 없는 일이라는 것을 알게 되며, 이로 인해 좌절하고 고민하게 된다. 아이들은 부모의 여러 심리정서적 어려움과 불안을 감지하게 되면 집에서 부모와 관계를 맺는 대신 동료나 온라인에서 더 많은 시간을 보내게 된다. 모든 아동들의 문제가 부모로 인한 것이라고 할 수는 없으나 부모가 아동들에게 어떠한 반응을 보이는지는 사회복지사의 개입의 효과에 긍정적이 될 수도 있고, 부정적이 될 수도 있다. 분명한 것은 부모의 반응이 아동에게 중요한 영향을 미칠 수 있다는 것이다. 따라서 가족의 역량을 강화하여 가족 스스로 아동을 도울 수 있도록 하는 것은 아동의 가장 인접한 환경을 아동에게 긍정적인 환경으로 만들어 나가는 데 도움이 될 수 있다.

이를 위해 구체적으로 부모 상담, 부모-자녀 상담, 형제/자매 상담, 전체 가족과의 상담 등을 실시한다.

(1) 부모 상담

사회복지사가 부모 상담을 진행하는 가장 큰 목적은 아동에 대한 진행 상황에 대해 피드백을 주고받을 수 있기 때문이다. 또한 사회복지사는 아동을 위한 부모의 긍정적 노력을 격려하고, 반면 아동양육과정에서 좌절이 지속되는 경우 양육코칭 등을 통해 부모를 지원할 수도 있다. 이때 중요한 것은 부모와 아동, 사회복지사가 모두 힘을 합하여 문제를 해결하고 있다는 생각을 공유하는 것이다.

사회복지사와의 부모 상담에 오는 것을 꺼리는 부모들이 있을 수 있으나, 이 경우의 부모들은 자신의 자녀가 어떠한 어려움을 가지고 있다는 것을 알지 못할 수도 있고, 자신 외에 다른 누군가가 해결해 주기를 원하는 경우일 수도 있다. 사회복지사는 이러한 부모들을 만나고 이들이 자녀들을 위해 나설 수 있도록 가정방문과 같은 추가적인 노력을 기울일 필요가 있다.

(2) 부모-자녀 상담

아동과 부모를 함께 만나는 것이 보다 효과적인 경우는 다음과 같다. 첫째, 분리불안이 심한 경우이다. 아동이 분리불안을 겪고 있을 때는 상담세션 자체가 분리하는 법을 배울 수 있는 교육의 기회로 활용할 수 있다. 사회복지사는 부모-자녀 상담 전에 아동과 부모의 점진적인 분리를 위한 계획을 코칭하고 이를 실행해 나가도록 돕는다.

두 번째는 행동수정이 필요한 경우, 이 과정에 부모가 함께 참여하는 것이 필수적으로 요구된다. 아동의 행동수정을 위해 아동과 부모가 함께 이 문제에 대해 논의할 수 있도록 기회를 제공한다.

(3) 형제/자매와의 상담

형제/자매와의 상담은 부모의 사망이나 이혼 등과 같은 가족경험이 있는 아동의 경우 도움이 될 수 있다. 그러나 이들이 서로 다투고 각자의 분노를 스스로 조절하지 못하는 경우에는 일단 분리하는 것이 필요하다. 스스로 충분히 분노 등이 감정을 개별적으로 표출하고 함께 상담할 때 도움이 될 수 있다.

(4) 전체 가족과의 상담

가족 전체를 함께 만나는 목적은 ① 가족구성원들이 서로 어떻게 관계를 맺고 있는지 확인하기 위해서, ② 가족원들이 보다 긍정적인 방식으로 관계를 맺을 수 있는 방식을 찾기 위해서라고 할 수 있다. 전체 가족과의 상담은 가족구성원들의 상호작용을 관찰할 수 있는 기회이기는 하지만 사회복지사가 외부인으로 가족 안에 들어가야 하는 불편한 경험일 수 있다. 따라서 이 경우 사회복지사의 전문성이 더욱 중요하게 요구된다.

2) 개별수준의 아동복지실천

다음 유형의 문제를 경험하고 있는 아동의 경우 일대일로 만나는 것이 가장 효과적이다.

첫째, 가정이나 학교에서 적절하게 기능할 수 없을 정도로 불안이 심한 아동이다. 이러한 경우 아동은 정상적인 발달이 중단되거나 다양한 문제 증후군을 보일 수 있다.

둘째, 부모에 의해 학대 및 방임되거나 유기된 아동이다. 이러한 상황을 경험한 아동들은 자신들에게 왜 이러한 일이 일어났는지에 대한 혼란과 분노, 두려움 등의 감정들을 충분히 표현하는 것이 필요하다. 또한 그러한 일들은 그들이 무엇을 잘못하여 경험하는 것이 아님을 분명하게 설명해 주어야 한다. 학대 등을 경험한 아동의 경우 가까운 사람들을 신뢰할 수 있게 되기까지 이러한 일을 경험하지 않은 아동들에 비해 훨씬 더 많은 시간이 필요할 수 있다.

셋째, 여러 가지 이유로 트라우마가 있는 아동이다. 트라우마가 심각할수록 개별적인 개입이 필요할 가능성이 높으며, 트라우마로 인한 증상이 나타나기 전에 개입하는 것이 효과적이다. 예를 들어, 가정 내에서의 폭력, 특히 부모간의 폭력에 노출되었거나 사고로 가족구성원이나 친구의 죽음을 경험한 아동의 경우 이로 인한 부정적인 증상이 나타나기 전에 개입하는 것이 트라우마로 인한 부정적 영향을 최소화할 수 있다.

넷째, 자아존중감이 저하된 장애아동의 경우이다. 이들은 자신이 또래들과 '다르다'는 사실에 대해 매우 힘들어 할 수 있으며, 그 차이로 인해 고통을 느끼고 분노할 수 있다.

다섯째, 성정체성의 혼란을 보이는 청소년이다. 이 경우 부모나 주위의 다른 어른들이 그들에게 화를 내거나 처벌을 하는 등의 태도를 보일 수 있다. 이러한 경우, 아동뿐 아니라 부모와 다른 가족구성원까지 개별적으로 상담이 필요할 수 있다.

위의 경우에 해당되는 경우 대체로 다른 아동복지실천 방법 중 개별적 아동복지실천방법을 통해 개입하는 것이 효과적인 경우가 많다. 개별적인 접근을 통해 심각한 불안이나 분노 등의 심리적 문제나 행동문제에 우선적으로 개입한 이후 아동의 상황을 고려하여 집단적 실천방법 등을 함께 사용하면 더 효과적일 수 있다.

3) 집단수준의 아동복지실천

대부분의 아동은 사회복지사와 일대일로 만나는 것보다 또래와 같이 만날 때 더 편안해 한다(Nisivoccia & Lynn, 2007; Schiffer, 1984). 6~8명 규모의 집단은 아동에게 혼자가 아니라는 안정감을 제공하고, 자신의 감정을 표현하고 의견을 전달할 기회를 제공할 뿐 아니라 집단 내 상호작용을 통해 때로는 갈등을 표출하고 분노를 조절할 수 있는 기회를 제공하기도 한다. 또한, 집단의 발달단계에 따라 함께 참여하는 또래와 집단 안에서의 경험을 수용하고 공유하며, 연대감을 느끼기도 한다.

아동은 또래들로부터 거절당하거나, 배제되거나, 부적절하게 인식되는 것을 두려워하기 때문에 또래의 압력은 특히 청소년들에게 강력한 힘이 된다(Davies, 2011). 구조화된 집단, 특히 다양한 활동과 상호작용을 하는 집단일수록 집단 내 또래의 영향으로 아동 개별적인 문제의 해결과 성장을 촉진할 수 있다(Kolodny & Garland, 1984; Nisivoccia & Lynn, 2007).

(1) 아동에 대한 집단적 실천 시 고려사항

① 집단구성 : 구성원의 자격 확인을 위한 사전심사

집단적 실천을 준비하는 경우, 집단구성원이 될 아동들을 적절하게 배치하기 위해 사전심사를 통해 다음의 사항을 고려하도록 한다.

- 집단의 초점과 목적
- 집단구성원의 균질성 및 집단의 크기: 유사한 경험, 아동의 연령 등
- 집단구성원의 자격: 성격적 특성을 고려

② 집단형태 및 구조

■ 개방형 또는 시간제한형 집단

집단구조와 관련하여 주요하게 고려하여야 할 사항은 개방형 또는 시간제한 여부이다. 개방형 집단은 계속 진행되므로 집단에 참여한 아동이 계속 남아 있을 수 있다. 그리고 탈퇴한 아동이 생기게 되면 새로운 구성원을 모집하여 추가한다. 이러한 형태의 집단에서는 오래 참여한 구성원들이 신입 구성원들의 역할 모델이 되어준다. 예를 들어, 약물중독가정 자녀 집단의 경우 일부 구성원은 핵심구성원으로 무기한 참석할 수 있으나 다른 구성원들은 바뀔 수 있다. 일반적으로 8주의 커리큘럼이 진행된다면 핵심 구성원을 제외한 나머지 구성원들은 8주마다 바뀌게 된다.

그러나 집단의 목적에 따라 필요한 집단구조가 다를 수 있다. 특히 아동들의 경우 학교생활이 학기 중과 방학 중으로 나뉘기 때문에 시간제한형 집단에 익숙할 수 있다.

■ 기간 : 아동의 연령을 고려

집단의 크기가 크고 참여하는 아동의 연령이 높을수록 회기당 시간은 길어질 수 있다. 일반적으로 5~6세 아동의 경우 20분 정도가 적절하며, 10세 이상의 경우 60~90분이 적절하다. 그러나 참여하는 아동의 성별, 특성에 따라 달라질 수 있으므로 사회복지사가 다양한 상황을 고려하여 지나치게 길어지지 않도록 조정하는 것이 필요하다.

■ 빈도 : 집단의 목적과 세팅을 고려

병원이나 양육시설과 같은 거주형 세팅의 경우는 매일 진행하는 것도 가능할 수 있으나 학교나 지역사회복지관, 지역아동센터 등의 이용시설인 경우 기본적으로 주 1~2회 정도 진행한다.

■ 지도자

집단지도자는 담당사회복지사 한 명인 경우가 대부분이나 경우에 따라서 부지도자가 같이 집단을 운영하기도 한다. 만약 사회복지사 한 명이 집단지도자인 경우 슈퍼비전을 정기적으로 받는 것이 반드시 필요하다. 슈퍼비전을 통해 집단을 운영하면서 경험하게 되는 여러 어려움을 해결하고, 집단지도자로서 필요한 객관성을 유지하는 데에도 도움을 받을 수 있다.

■ 집단 내 규칙

아동 집단이 효과적으로 기능하기 위해서는 아동들 스스로 지켜야 할 기본적 규칙을 제정하는 데 참여하는 것이 필요하다. 사회복지사는 집단에 참여하는 아동들이 스스로 자신들이 지켜야 할 규칙의 초안을 작성할 수 있도록 지원한다.

아동 집단에 필요한 기본규칙

① 듣기: 한 번에 한 사람만 말하고, 나머지 구성원들은 이를 잘 들어야 함
② 통과권: 집단 안에서 무조건 발언하거나 질문에 응답할 의무는 없음
③ 깔보지 말 것: 어떠한 이유로도 집단구성원을 놀리거나 욕하지 말 것
④ 비밀유지: 집단 안에서 진행된 어떠한 대화 내용도 집단 밖에서 언급하지 않음

4) 학교와 지역사회 수준의 아동복지실천

아동 개인과 집단의 역량이 아무리 강화되었다고 하더라도 지역사회 내 아동복지 조직이나 학교의 역량이 강화되지 않는다면 한계가 있다. 특히 아동에게 가족 다음으로 밀접한 영향을 미치는 환경은 학교라 할 수 있다. 연령이 높아질수록 학교에서 보내는 시간이 점차 길어지고, 학교에서 또래나 교사와의 관계 또한 아동의 삶에 큰 영향을 미치게 된다. 아동의 안전과 복지와 관련된 문제에 지역사회뿐 아니라 학교가 주도적으로 참여하는 것이 필요하다. 이를 위해서는 학교 안에 지역사회와 네트워크를 형성할 수 있는 전문가가 필요하다. 학교사회복지사가 그러한 역할을 담당할 수 있는 전문가이지만 실제로 학교사회복지사가 배치된 학교는 전체의 13%에 지나지 않는다. 학교를 포함한 지역사회 네트워크를 통해 지역자원을 최대한 활용하여 다양하고 복합적인 아동과 가족의 욕구를 충족시킴으로써 가정에서의 부모의 역할도 지원할 수 있고, 아동 · 가족의 문제도 예방할 수 있다.

토론해 봅시다

01 사이버 중독으로 인해 사회적 관계가 거의 없는 아동에게 적절한 아동복지실천의 방법에 대해 서로 이야기해 보시오.

02 10세 미만의 아동을 대상으로 사정(assessment)하는 경우, '아동 최상의 이익'을 위한 결정을 하기 위해 사회복지사의 어떠한 노력이 필요할 것인지 이야기해 보시오.

참고문헌

이혜원 (2016). **아동권리와 아동복지**. 서울: 집문당.

최해경 (2017). **사회복지실천론**. 서울: 학지사.

Goldstein, E. G., & Noonan, M. (1999). *Short-Term Treatment and Social Work Practice*. The Free Press.

Kolodny, R. L., & Garland, J. A. (1984). *Group work with Children and Adolescents*. The Haworth press.

Mather, J. H., & Lager, P. B. (2000). *Child Welfare: Unifying Model of Practice*. Pacific Grove: Brooks/Cole Publishing Company.

Nisivoccia, D., & Lynn, M. (2007). Helping forgotten victims: Using activity groups with children who witness violence. In N. B. Webb (Ed.), *Play therapy with children in crisis: Individual, group, and family treatment* (pp. 294-321). The Guilford Press.

Schiffer, M. (1984). *Children's group therapy: methods and case histories*. New York: Free Press; London: Collier Macmillan.

Timberlake, E. M., Farber, M. Z., & Sabatino, C. A. (2002). *The general method of social work practice: McMahon's generalist perspective*. Allyn and Bacon.

CHILD WELFARE

07

CHAPTER

아동복지정책과 전달체계

1. 아동복지 관련 법률
2. 아동복지정책과 제도

CHILD WELFARE

CHAPTER

07 아동복지정책과 전달체계

1. 아동복지 관련 법률

1) 우리나라의 아동복지 관련 법률

우리나라의 아동복지법제는 보호대상아동 중심의 '보호'에서 보편적 아동을 대상으로 하는 '복지'로 발전하고 있다. 아동의 기본적 권리, 즉 아동의 복지는 법적인 근거가 있을 때 구속력을 갖추고 보장받을 수 있다는 점에서 아동복지 관련 법률의 유무와 법률의 내용은 아동복지의 실질적 보장에 있어 핵심적이다.

아동의 복지증진과 관련된 우리나라의 법률은 2023년 현재 〈표 7-1〉과 같다. 아동복지 관련 법률을 아동의 연령대별로 정리하면서, 아동뿐만 아니라 기타 국민도 포함하는지 여부에 따라 나누어 제시하였다. 아동복지에 있어 가장 대표적 법률인 「아동복지법」, 「아동학대범죄의 처벌 등에 관한 특례법」, 「아동의 빈곤예방 및 지원 등에 관한 법률」은 후술하겠다.

표 7-1 | 아동복지 관련 법률

아동의 연령	관련 법률	비고
6세 미만의 취학전 아동	영유아보육법	6세 미만
	유아교육법	만 3세부터 초등학교 취학전 어린이
	아동수당법	6세 미만
16세 미만 아동	헤이그 국제아동탈취협약 이행에 관한 법률	협약의 적용을 받는 16세 미만
18세 미만 아동	어린이제품안전특별법	만 13세 이하의 어린이
	어린이놀이시설안전관리법	어린이
	아이돌봄지원법	12세 이하 아동
	아동복지법	18세 미만
	아동학대범죄의 처벌 등에 관한 특례법	18세 미만
	실종아동의 보호 및 지원에 관한 법률	18세 미만
	아동의 빈곤예방 및 지원 등에 관한 법률	18세 미만
	입양특례법	18세 미만
	장애아동복지지원법	18세 미만의 사람 중 등록 장애인
	어린이식생활안전관리특별법	학생 또는 아동복지법상의 아동
	학교급식법	학생
	학교보건법	학생
	인성교육진흥법	학생
	학교안전사고 예방 및 보상에 관한 법률	학생
	학교체육진흥법	학생
	학교폭력 예방 및 대책에 관한 법률	학생
	아동 · 청소년의 성보호에 관한 법률	19세 미만
	양육비 이행 확보 및 지원에 관한 법률	민법상 미성년(성년 19세)
	소년법	19세 미만

9세 이상 24세 이하 청소년	청소년보호법	19세 미만
	청소년기본법	9세 이상 24세 이하 청소년
	청소년복지지원법	9세 이상 24세 이하 청소년
	청소년활동진흥법	9세 이상 24세 이하 청소년
	학교 밖 청소년 지원에 관한 법률	9세 이상 24세 이하 중 학교 밖 청소년에 해당하는 청소년
일반인 포함	국민기초생활보장법	생활이 어려운 사람
	긴급복지지원법	위기상황에 처하여 도움이 필요한 사람
	한부모가족지원법	한부모와 18세 미만 아동(단, 취학 중인 경우 22세 미만)
	사회복지사업법	사회복지를 필요로 하는 사람
	건강가정기본법	가족구성원
	사회보장기본법	국민
	정신건강증진 및 정신질환자 복지서비스 지원에 관한 법률	국민
	국민건강증진법	국민
	건강검진기본법	국민
	주거기본법	국민
	국민영양관리법	국민
	교통안전법	국민
	문화예술교육지원법	국민
	독서문화진흥법	국민
	재난 및 안전관리 기본법	국민
	자살예방 및 생명존중문화 조성을 위한 법률	국민
	학교급식법	학생
	학교도서관진흥법	학생, 지역사회

2) 아동복지법

(1) 아동복지법의 연혁

「아동복지법」은 1961년 제정된 아동복리법을 전신으로 한다. 아동복리법은 보호자로부터 이탈된 아동에 대한 구호적 성격의 복지제공에 중점을 두었다. 보호대상아동뿐만 아니라 일반 아동을 포함한 전체 아동의 복지를 보장하고 특히 유아기에 기본적 인격 특성과 능력개발을 조장하기 위한 여건을 조성할 수 있도록 아동복리법을 1981년 「아동복지법」으로 전부개정하였다(법제처, law.go.kr, 2021.2.1. 검색).

2011년 「아동복지법」을 전면 개정하여 '아동종합실태조사'를 시행하여 그 결과를 바탕으로 '아동정책기본계획'을 수립 · 시행하고, 아동학대의 예방과 방지, 아동복지서비스의 추진을 위한 근거를 마련하였다. 2014년에는 「아동학대범죄의 처벌 등에 관한 특례법(약칭: 아동학대처벌법)」이 제정됨에 따라 아동학대의 예방과 학대피해아동의 보호를 위한 부분에서 큰 변화가 있었다.

2020년 4월에는 시 · 도지사 또는 시장 · 군수 · 구청장이 아동학대전담공무원을 두고 아동학대 신고접수, 현장조사, 응급보호, 상담 · 조사업무 등을 할 수 있도록 일부개정을 하였으며, 2020년 12월에는 아동학대가 강하게 의심되는 경우 학대피해아동 즉시분리, 학대행위자가 교육 · 치료를 받지 않는 경우 원가정 복귀 취소를 할 수 있도록 하며, 사후관리 거부 · 방해하는 사람에게 제재수단을 마련하는 일부개정을 하였다. 2021년 12월에는 보호대상아동이 본인의 의사에 따라 아동복지시설 등에서 보호조치 기간을 최대 24세까지 연장할 수 있도록 하며, 자립지원전담기관 설치 · 운영의 근거를 마련하고, 보호종료아동을 위한 자립정착금 및 자립수당 지급 근거를 마련하였다(법제처, law.go.kr, 2023.7.1. 검색).

(2) 아동복지법의 내용

① 목적(제1조)

아동복지법은 아동의 복지를 보장하고자 제정되었다.

> 이 법은 아동이 건강하게 출생하여 행복하고 안전하게 자랄 수 있도록 아동의 복지를 보장하는 것을 목적으로 한다.

② 기본이념(제2조)

아동복지법은 다음과 같이 '차별금지', '안정된 가정환경에서의 성장', '아동 최상의 이익', '아동의 복지권'을 기본이념으로 한다. 특히 아동복지법은 아동에게 보호와 지원을 받을 권리를 가지고 있다고 명시함으로써 아동의 복지권을 실체적 권리로 인정하고 있다(김광병 · 김수정, 2012).

> ① 아동은 자신 또는 부모의 성별, 연령, 종교, 사회적 신분, 재산, 장애유무, 출생지역, 인종 등에 따른 어떠한 종류의 차별도 받지 아니하고 자라나야 한다.
> ② 아동은 완전하고 조화로운 인격발달을 위하여 안정된 가정환경에서 행복하게 자라나야 한다.
> ③ 아동에 관한 모든 활동에 있어서 아동의 이익이 최우선적으로 고려되어야 한다.
> ④ 아동은 아동의 권리보장과 복지증진을 위하여 이 법에 따른 보호와 지원을 받을 권리를 가진다.

③ 정의(제3조)

아동복지법에서 정의하는 '아동', '아동복지' 등의 개념은 다음과 같다.

1. "아동"이란 18세 미만인 사람을 말한다.
2. "아동복지"란 아동이 행복한 삶을 누릴 수 있는 기본적인 여건을 조성하고 조화롭게 성장 · 발달할 수 있도록 하기 위한 경제적 · 사회적 · 정서적 지원을 말한다.
3. "보호자"란 친권자, 후견인, 아동을 보호 · 양육 · 교육하거나 그러한 의무가 있는 자 또는 업무 · 고용 등의 관계로 사실상 아동을 보호 · 감독하는 자를 말한다.
4. "보호대상아동"이란 보호자가 없거나 보호자로부터 이탈된 아동 또는 보호자가 아동을 학대하는 경우 등 그 보호자가 아동을 양육하기에 적당하지 아니하거나 양육할 능력이 없는 경우의 아동을 말한다.
5. "지원대상아동"이란 아동이 조화롭고 건강하게 성장하는 데에 필요한 기초적인 조건이 갖추어지지 아니하여 사회적 · 경제적 · 정서적 지원이 필요한 아동을 말한다.
6. "가정위탁"이란 보호대상아동의 보호를 위하여 성범죄, 가정폭력, 아동학대, 정신질환 등의 전력이 없는 보건복지부령으로 정하는 기준에 적합한 가정에 보호대상아동을 일정 기간 위탁하는 것을 말한다.
7. "아동학대"란 보호자를 포함한 성인이 아동의 건강 또는 복지를 해치거나 정상적 발달을 저해할 수 있는 신체적 · 정신적 · 성적 폭력이나 가혹행위를 하는 것과 아동의 보호자가 아동을 유기하거나 방임하는 것을 말한다.
8. "학대피해아동"이란 아동학대로 인하여 피해를 입은 아동을 말한다. (중략)

④ 국가와 지방자치단체의 책무(제4조)

아동복지법에서는 아동의 복지증진을 위한 국가와 지방자치단체의 책임을 규정하고 있다. 특히 원가정 성장 지원의 책임, 장애아동의 권익증진을 위한 책임과 종교 · 인종 등 어떠한 종류의 차별도 받지 않도록 필요한 시책의 강구, 아동의 보호자에 대한 교육의 책임 등을 '~하여야 한다'라는 강행규정으로 명시하고 있다.

① 국가와 지방자치단체는 아동의 안전 · 건강 및 복지증진을 위하여 아동과 그 보호자 및 가정을 지원하기 위한 정책을 수립 · 시행하여야 한다.
② 국가와 지방자치단체는 보호대상아동 및 지원대상아동의 권익을 증진하기 위한 정책을 수립 · 시행하여야 한다.
③ 국가와 지방자치단체는 아동이 태어난 가정에서 성장할 수 있도록 지원하고, 아동이 태어난 가정에서 성장할 수 없을 때에는 가정과 유사한 환경에서 성장할 수 있도록 조치하며, 아동

을 가정에서 분리하여 보호할 경우에는 신속히 가정으로 복귀할 수 있도록 지원하여야 한다.
④ 국가와 지방자치단체는 장애아동의 권익을 보호하기 위하여 필요한 시책을 강구하여야 한다.
⑤ 국가와 지방자치단체는 아동이 자신 또는 부모의 성별, 연령, 종교, 사회적 신분, 재산, 장애유무, 출생지역 또는 인종 등에 따른 어떠한 종류의 차별도 받지 아니하도록 필요한 시책을 강구하여야 한다.
⑥ 국가와 지방자치단체는 「아동의 권리에 관한 협약」에서 규정한 아동의 권리 및 복지증진 등을 위하여 필요한 시책을 수립 · 시행하고, 이에 필요한 교육과 홍보를 하여야 한다.
⑦ 국가와 지방자치단체는 아동의 보호자가 아동을 행복하고 안전하게 양육하기 위하여 필요한 교육을 지원하여야 한다.

3) 아동학대범죄의 처벌 등에 관한 특례법

(1) 아동학대범죄의 처벌 등에 관한 특례법의 연혁

2014년 이전에는 아동학대범죄가 「아동복지법」의 적용을 받았다. 2013년 '칠곡 울산 아동학대' 범죄를 계기로 2014년 1월 「아동학대범죄의 처벌들에 관한 특례법(약칭: 아동학대처벌법)」이 제정되었다. 아동학대처벌법은 '가정 내 훈육'으로 치부되었던 아동학대를 '중대한 범죄'로 인식, '국가가 적극적으로 개입'할 수 있는 길을 열었다는 점에서 의의가 있다(허남순 · 고윤순, 2015). 아동학대처벌법은 아동학대범죄에 대한 처벌을 강화하고 아동학대범죄가 발생하면 보건복지부, 경찰청, 아동보호전문기관 등 유관기관이 공조하여 긴급한 조치 및 보호가 가능하도록 하였다.

2016년 아동학대 신고자 등에 대한 해고 등 불이익 조치를 금지하는 등 신고자 등에 대한 보호조치를 신설하였다. 2017년에는 가정법원 판사의 학대피해아동보호명령에 아동보호전문기관, 상담소 등으로 상담 · 치료 위탁하는 것을 추가하고, 해당 절차에 보호자가 참여할 수 있도록 하며, 아동학대 치료프로그램 이수 명령에 불응하는 경우 벌금형을 상향하는 등 피해아동을 두텁게 보호하기 위한 개정을 하였다. 2020년에는 시 · 도지사 또는 시장 · 군수 · 구청장의 역할을 확대하여, 아동학대범죄사건의 발생부터 사례관리의 종료까지 아동보호의 공백이 발생하지 않도록 일부개정을 하였다. 2021년에는 아동학대범죄 신고에 따른 현장 대응의 실효성을 높이기 위해 신고의무자의 신고 시 정당한 사유가 없는 한 즉시 조사 또는 수사에 착수하여야 하며, 사법경찰관리가 아동학대 행위를 제지 또는 격리조치하기 위하여 다른 사람의 토지 · 건물 · 배 또는 차에 출입할 수 있는 조항을 신설하였다. 같은 해 3월에는 아동학대살해죄를 신설하여 기존의 아동학대치사죄에 비해 가중처벌할 수 있도록 하였다. 아동학대범죄를 범한 사람이 아동을 살해한 때에는 사형, 무기 또는 7년 이상의 징역에 처하게 하여, 아동을 사망에 이르게 한 때의 무기 또는 5년 이상의 징역에 비하여 가중처벌할 수 있게 개정하였다. 또 학대피해아동에 대한 국선변호사 및 국선보조인 선정을 의무화하였다. 2022년 12월에는 어린이집 평가 업무를 수행하는 사람을 아동학대범죄 신고의무자에 추가하였다(법제처, www.law.go.kr, 2023.7.1. 검색).

(2) 아동학대범죄의 처벌 등에 관한 특례법의 내용

① 목적(제1조)

아동학대처벌법은 아동학대범죄 피해를 입은 아동을 보호하고, 아동학대행위자에 대한 보호처분을 규정함으로써 아동을 보호하고자 제정되었다.

> 이 법은 아동학대범죄의 처벌 및 그 절차에 관한 특례와 학대피해아동에 대한 보호절차 및 아동학대행위자에 대한 보호처분을 규정함으로써 아동을 보호하여 아동이 건강한 사회 구성원으로 성장하도록 함을 목적으로 한다.

② 정의(제2조)

아동학대처벌법에서 정의하는 '아동', '아동학대'와 '아동학대범죄'란 다음과 같다.

1. "아동"이란 「아동복지법」 제3조 제1호에 따른 아동을 말한다.
2. "보호자"란 「아동복지법」 제3조 제3호에 따른 보호자를 말한다.
3. "아동학대"란 「아동복지법」 제3조 제7호에 따른 아동학대를 말한다.
4. "아동학대범죄"란 보호자에 의한 아동학대로서 다음 각 목의 어느 하나에 해당하는 죄를 말한다. (중략)

③ 다른 법률과의 관계(제3조)

아동학대처벌법은 특별법으로서 아동학대 발생 시 다른 법률보다 우선 적용된다.

아동학대범죄에 대하여는 이 법을 우선 적용한다. 다만, 「성폭력범죄의 처벌 등에 관한 특례법」, 「아동 · 청소년의 성보호에 관한 법률」에서 가중처벌되는 경우에는 그 법에서 정한 바에 따른다.

4) 아동의 빈곤예방 및 지원에 관한 법률

(1) 아동의 빈곤예방 및 지원에 관한 법률의 연혁

「아동의 빈곤예방 및 지원에 관한 법률(이하, 아동빈곤예방법)」은 2011년 빈곤아동이 복지 · 교육 · 문화 등의 분야에서 소외와 처벌을 받지 않고 한 사회의 구성원으로 건강하게 자랄 수 있는 제도를 마련하기 위해 제정되었다. 2016년 매 5년마다 실시하는 빈곤아동실태조사[01]에 대한 근거를 마련하기 위한 일부개정 이후 2023년

01 「아동의 빈곤예방 및 지원 등에 관한 법률」 제5조의2, ④항에 따르면 빈곤아동실태조사는 「아동복지법」 제11조에 따른 아동종합실태조사와 함께 실시할 수 있도록 하고 있다.

3월 현재에 이르고 있다(법제처, www.law.go.kr, 2023.7.1. 검색).

(2) 아동의 빈곤예방 및 지원에 관한 법률의 내용

① 목적(제1조)

아동빈곤예방법은 빈곤아동이 소외와 차별을 받지 아니하고 한 사회의 구성원으로 건강하게 자랄 수 있도록 제도적 기반을 마련하는 것을 목적으로 한다.

> 이 법은 빈곤아동이 복지 · 교육 · 문화 등의 분야에서 소외와 차별을 받지 아니하고 한 사회의 구성원으로 건강하게 자랄 수 있도록 제도적 기반을 마련하는 것을 목적으로 한다.

② 기본이념(제2조)

아동빈곤예방법은 빈곤아동이 태어나서 자립할 때까지 충분한 역량을 갖출 수 있도록 균형 있고 조화로운 성장과 건강하고 행복한 삶을 누릴 수 있도록 하는 것을 기본이념으로 한다.

> 이 법은 빈곤아동이 부모의 사회적 · 경제적 지위와 상관없이 태어나서 자립할 때까지 충분한 역량을 갖출 수 있도록 균형 있고 조화로운 성장과 건강하고 행복한 삶을 누릴 수 있도록 하는 것을 기본이념으로 한다.

③ 정의(제3조)

아동빈곤예방법에서 정의하는 '아동', '아동빈곤'과 '빈곤아동'은 다음과 같다.

> 1. “아동”이란 「아동복지법」 제3조 제1호에 따른 아동을 말한다.
> 2. “아동빈곤”이란 아동이 일상적인 생활여건과 자원이 결핍하여 사회적 · 경제적 · 문화적 불이익을 받는 빈곤한 상태를 말한다.
> 3. “빈곤아동”이란 생활여건과 자원의 결핍으로 인한 복지 · 교육 · 문화 등의 격차를 해소하기 위하여 지원이 필요한 아동을 말하며, 그 구체적인 기준은 보건복지부령으로 정한다.

④ 기본계획의 수립(제6조)

아동빈곤예방법은 빈곤아동실태조사를 바탕으로 매 5년마다 빈곤아동의 복지 · 교육 · 문화 등 지원에 관한 기본계획을 수립하도록 규정하고 있다.

> ① 보건복지부장관은 제5조의2에 따른 실태조사를 하여 다음 각 호의 사항이 포함된 빈곤아동의 복지 · 교육 · 문화 등 지원에 관한 기본계획(이하 “기본계획”이라 한다)을 5년마다 수립하여야 한다. 이 경우 제8조에 따른 아동빈곤예방위원회의 심의를 거쳐야 한다.
> 1. 빈곤아동의 복지 · 교육 · 문화 등 지원 정책의 기본방향
> 2. 빈곤아동 지원 관련 전달체계의 구축 및 제도의 개선
> 3. 빈곤아동 지원에 관한 부처별 주요 시책과 협조에 관한 사항
> 4. 그 밖에 빈곤아동 지원을 위하여 대통령령으로 정하는 사항
>
> ② 기본계획의 수립 · 시행, 그 밖에 필요한 사항은 대통령령으로 정한다.

2. 아동복지정책과 제도

1) 아동정책 기본계획

우리나라의 아동복지정책은 아동정책 기본계획에 따라 이루어진다. 아동정책 기

본계획은 「아동복지법」 제7조(아동정책 기본계획의 수립)에 의거하여 보건복지부장관이 관계 중앙행정기관의 장과 협의하여 매 5년마다 수립하는 계획으로, 아동정책에 관한 기본방향 및 추진목표, 주요 추진과제 및 추진방법, 재원조달방안 등을 제시한다. 아동정책 기본계획이 수립되면 매년 보건복지부장관, 관계 중앙행정기관의 장 및 시·도지사는 연도별 아동정책 시행계획을 수립·시행하여야 한다(아동복지법 제8조).

2023년 현재 2020년에 수립된 제2차 아동정책 기본계획(2020~2024)이 추진 중이다. 제2차 아동정책 기본계획의 개요는 [그림 7-1]과 같다.

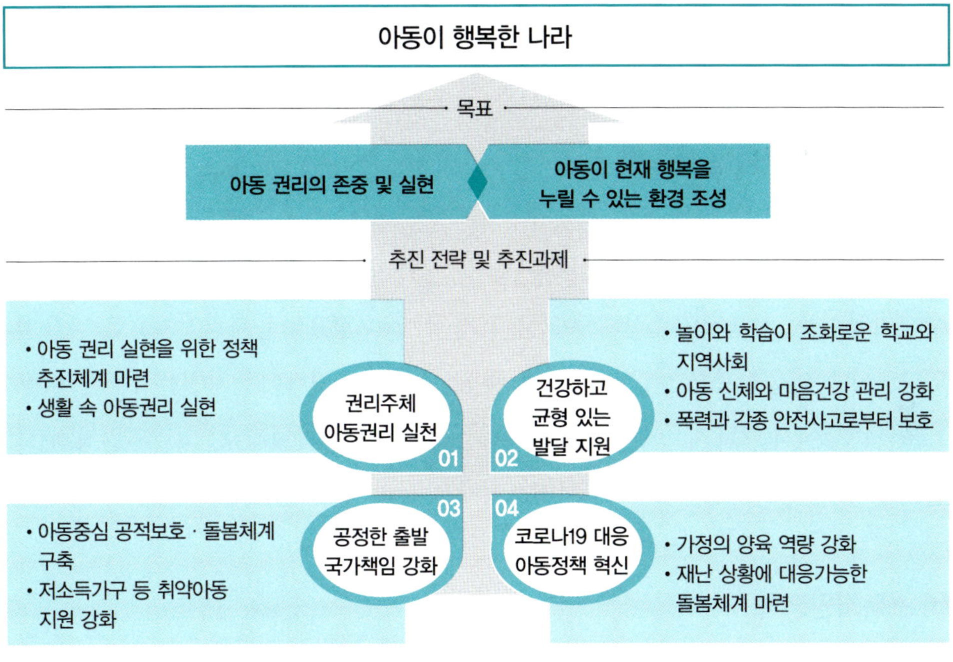

그림 7-1 제2차 아동정책 기본계획 개요(2020. 8)

제2차 아동정책 기본계획의 추진 전략별 주요 정책과제는 다음과 같다. 첫째, '권리주체 아동권리 실현'을 위해 각종 정책에서 아동을 중점 고려하여 아동권리가 실현되도록 정책시스템을 마련하고, 정책 과정에서 아동 참여, 의견표명 수단과 절차를 제도화하고 생활 속에서 아동권리를 적극 보장한다. 둘째, '건강하고 균형 있는 발달 지원'을 위해 놀이-학습의 균형과 조화를 통해 즐거움 속에서 미래역량을 개발하도록 하며, 건강을 위협하는 요인으로부터 아동건강을 충실하게 보호한다. 그리고 폭력과 사고로부터 아동을 안전하게 보호한다. 셋째, '공정한 출발 국가 책임 강화'를 위해 아동 중심의 공적 보호체계를 완비하고, 돌봄을 확충하여 아동에 대한 국가책임을 강화하며, 빈곤 등 취약아동에 대한 국가책임의 연속성을 확보한다. 넷째, '코로나19 대응 아동정책 혁신'을 위해 코로나19 등 사회적 돌봄 제약 상황에서 가정의 아동양육 역량강화를 위해 소득-시간-양육자 역량 제고 등을 종합적으로 지원하며, 코로나19 등 재난 상황에 대응 가능한 돌봄체계를 마련한다.

2) 우리나라 아동복지정책

우리나라 아동복지정책 및 제도를 소득지원정책, 의료지원정책, 식품지원정책, 주거지원정책, 사회서비스정책, 아동돌봄정책, 보호필요아동지원정책으로 나눌 수 있다. 이중 아동돌봄은 9장에서 상세 설명하고, 보호필요아동지원은 10장, 11장, 12장, 13장에서 구체적으로 논하므로 이 장에서는 소득지원정책, 의료지원정책, 식품지원정책, 주거지원정책, 사회서비스정책을 정리하였다.

(1) 소득지원정책

■ 부모급여

2022년 출생아부터 만 0세 아동을 가정 양육하는 경우 월 70만원을 현금으로 지급하며, 만 1세 아동을 가정 양육하는 경우, 월 35만원을 현금 지급하고 있다(www.online.bokjiro.go.kr, 2023.7.1. 검색).

■ 첫만남이용권

2022년 출생아당 200만원의 첫만남이용권을 국민행복이용카드 형태로 지원한다(www.online.bokjiro.go.kr, 2023.7.1. 검색).

■ 아동수당

아동가구의 아동양육에 따른 경제적 부담을 경감하고, 아동의 기본적 권리와 복지를 증진시키기 위해 2019년 9월부터 아동수당을 지급하고 있다. 만 8세 미만(0~95개월)의 아동에게 소득과 무관하게 아동 1명당 월 10만원을 지급하고 있다. 대한민국 국적을 보유한 아동과 주민등록법에 따른 주민등록번호가 정상적으로 부여된 아동에게 지급하고 있다. 아동수당과 영아수당은 중복지급이 가능하다(www.online.bokjiro.go.kr, 2023.7.1. 검색).

■ 가정양육수당

86개월 미만의 아동을 양육하지만, 어린이집 · 유치원 · 종일제 아이돌봄서비스를 이용하지 않는 경우 소득과 무관하게 가정양육수당을 지급하고 있다. 가정양육수당은 아동의 연령, 농어촌 여부, 장애 여부에 따라 차등적으로 지급된다. 2023년 현재 0~11개월의 아동인 경우 월 20만원, 12~23개월 15만원, 24개월 이상인 경우 월 10만원의 가정양육수당이 지급된다. 농어촌 거주와 장애가 있는 경우 약간의 증액이 있다. 가정양육수당과 아동수당은 중복수급이 가능하다. 단 영아수당 도입에 따라 2022년 이후 출생하는 만 2세 이하는 가정양육수당이 아닌 영아수당을 지급한다(www.online.bokjiro.go.kr, 2023.7.1. 검색).

■ 한부모가족 아동양육비 등 지원

중위소득 60% 이하 한부모가족(조손가족 포함)의 생활안정과 복지증진을 위해 아동양육비, 추가아동양육비, 아동교육지원비, 학용품비, 생활보조금을 지원하고 있다. 한부모가구의 만 18세 미만 자녀에게 월 20만원을 지급한다. 조손가정 및 만 35세 이하 미혼(청년) 한부모가족의 만 5세 이하 아동에게는 추가 아동양육비를 1인당 월 5만원 지급한다. 중고등학생 자녀가 있는 경우 아동교육지원비를 지급하며, 한부모가족복지시설에 입소한 경우 생활보조금을 지급한다. 청소년 한부모의 경우 기준중위소득 65%까지 지원하며, 검정고시학습비, 자립촉진수당도 지원하고 있다. 저소득청소년 한부모 자녀는 1인당 월 35만원을 지원하며, 자립촉진수당으로 가구당 월 10만원, 검정고시 등 학습지원으로 가구당 연 154만원 한도 내에서 최대 2년을 지원하고 있다(www.online.bokjiro.go.kr, 2023.7.1. 검색).

■ 입양아동양육수당 지원

「입양특례법」의 요건과 절차를 갖추어 입양한 입양아동이 만 18세가 될 때까지 월 20만원의 현금을 지급한다. 장애아동을 입양하는 경우 장애아동입양양육보조금이 추가지급된다(www.online.bokjiro.go.kr, 2023.7.1. 검색).

■ 장애아동입양양육보조금

장애의 정도가 심한 장애입양아동은 월 62만7천원을, 장애의 정도가 심하지 않은 장애입양아동 등 그 외 지원대상에게는 월 55만1천원을 지급한다. 장애아동을 입양하는 경우 장애입양아동 의료비지원으로 연간 260만원의 지원이 가능하다(www.online.bokjiro.go.kr, 2023.7.1. 검색).

■ 장애아동수당

만 18세 미만의 등록 장애인으로 생계 · 의료 · 주거 · 교육급여 수급자이거나 차상위계층(중위소득 50% 이하)인 경우 아동의 장애 정도, 소득수준, 보호 유형에 따라 월 3만원에서 22만원의 장애아동수당을 받을 수 있다(www.online.bokjiro.go.kr, 2023.7.1. 검색).

■ 국민기초생활보장제도

아동가구의 소득인정액이 각 년도 기준중위소득의 30% 미만인 경우 국민기초생활보장제도의 생계급여, 40% 미만인 경우 의료급여, 47% 미만이면 주거급여, 50% 미만이면 교육급여를 받을 수 있다. 이 중 주거급여와 교육급여는 2023년 현재 부양의무자(수급권자의 1촌의 직계혈족 및 그 배우자) 기준의 적용을 받지 않는다(www.online.bokjiro.go.kr, 2023.7.1. 검색). 생계급여[02], 의료급여는 부양의무자의 적용을 받는데, 수급권자 가구의 기준중위소득과 부양의무자 가구의 기준중위소득에 따른 부양능력의 정도에 따라, 차등이 발생한다. 또 수급권자 혹은 부양의무자의 가구 특성에 따라 부양의무자 기준이 완화되거나 적용되지 않을 수 있다(보건복지부, 2023).

■ 교육비지원

가구의 소득인정액이 시 · 도 교육청별 지원기준(중위소득의 60% 내외)에 해당하는 초 · 중 · 고등학생의 교육비를 시 · 도 단위로 지원하고 있다. 입학금, 수업료, 학교운영지원비를 납부면제하고, 방과후 활동 지원을 위한 이용권을 지급하며, PC 및 인터넷 설치를 지원한다(www.online.bokjiro.go.kr, 2023.7.1. 검색).

■ 에너지 바우처

국민기초생활보장의 생계급여, 의료급여 수급자 중 노인, 영유아, 장애인, 임산부, 중증질환자, 희귀질환자, 중증난치질환자, 한부모가족, 소년소녀가정에게 여름에는 전기요금 차감을, 겨울에는 전기 · 도시가스 · 지역난방 등을 구입할 수 있는 전자바우처를 세대원 수에 따라 4단계로 차등 지급하고 있다(www.oneclick.moe.go.kr, 2023.7.1. 검색).

02 2023년 현재 부양의무자의 연 소득이 1억원(월 소득 843만원) 초과 또는 일반재산 9억원 초과인 경우 생계급여 수급자 선정에서 제외된다. 단, 부양불능이나 부양기피 등을 보장기관이 확인한 경우 선정 가능하다(보건복지부, 2023a: 177).

■ 디딤씨앗통장

저소득아동의 사회진출 시 필요한 자립자금 마련을 위한 아동발달지원계좌가 운영되고 있다. 아동복지시설 보호아동, 가정위탁보호아동 등의 보호대상아동과 생계, 의료급여 수급가구의 만 12세~만 17세 아동이 아동발달계좌를 이용할 수 있다. 아동이 보호자, 후원자의 후원으로 월 5만원 이내의 금액을 저축하면 1:2로 매칭하여 국가(지자체)가 월 10만원 이내 지원을 한다(www.online.bokjiro.go.kr, 2023.7.1. 검색).

■ 청소년특별지원

보호자가 없거나 실질적으로 보호자의 보호를 받지 못하는 위기청소년(만 9세 이상 만 24세 이하)에게 생활비 · 건강지원 · 학업지원 · 자립지원 · 상담지원 · 법률지원 · 활동지원 · 기타 지원을 하고 있다(www.oneclick.moe.go.kr, 2023.7.1. 검색).

(2) 의료지원정책

■ 영유아 건강검진

아동의 건강한 발달을 위해서는 질병 및 장애를 조기에 발견하고 치료하는 것이 중요하다. 2023년 현재 영아초기(생후 14~35일) 건강검진을 포함하여 총 8차의 건강검진을 71개월의 유아까지 실시하고 있다. 건강검진을 통해 아동의 성장이상, 발달이상, 시각, 청각, 구강질환을 확인하고 부모를 대상으로 전자미디어 노출, 정서 및 사회성, 개인위생, 취학전 준비 등의 건강교육 및 상담을 실시하고 있다(www.nhis.or.kr, 2023.7.1. 검색).

■ 건강보험 본인부담금 및 보험료 경감

외래진료 이용 시 1세 미만 영아의 본인일부부담금을 일반환자에 비해 매우 낮게 설정하고 있으며, 입원진료비의 경우 15세 이하 아동의 경우 5%만 부담하고 있다. 한부모가족(조손가정)과 소년소녀가정의 보험료를 경감시켜 주고 있다(www.nhis.or.kr, 2023.7.1. 검색).

■ 그 밖의 아동 의료지원 정책

어린이 국가 예방접종 지원사업으로 만 12세 이하 어린이가 맞아야 하는 BCG, B형간염 등 18종의 예방접종 백신을 무료로 지원하고 있다(www.nip.kdca.go.kr, 2023.7.1. 검색). 출생 직후에 입원하여 수술 및 치료를 필요로 하는 미숙아 및 선천성 이상아의 수술 및 치료비를 미숙아는 체중별로 최고 1000만원까지, 선천성 이상아는 최고 500만원까지 지원한다. 기준중위소득 180% 이하 가구를 대상으로 하는데, 둘째아 이상 출생아는 소득수준 관계없이 지원한다(www.online.bokjiro.go.kr, 2023.7.1. 검색). 그 밖에 영유아 선청선 난청검사 및 보청기 지원, 학교 밖 청소년 건강검진을 실시하고 있다(www.nhis.or.kr, 2023.7.1. 검색).

(3) 식품지원 정책

■ 급식지원

2011년 무상급식 논쟁 이후, 2013년 시행된 「학교급식법」은 학생의 건전한 심신의 발달을 돕기 위해 국가와 지방자치단체가 양질의 학교급식을 안전하게 제공할 의무가 있음을 규정하고 있다. 2021년 현재 교육청을 통해 전국 초 · 중 · 고 · 특수학교 전체 11,976개교에 100%가 주중 중식 급식을 실시하고 있다(교육부, 2022).

■ 방학 중 혹은 저녁 결식 예방

보편화된 학교 급식 덕분에 학기 중 결식아동이 발생할 가능성은 많이 감소하였지만, 방학 중 혹은 저녁 결식아동은 여전히 발생 가능하다. 저소득층 아동의 방학 중, 저녁 급식지원을 위해 지방자치단체에 따라 도시락 배달, 단체급식소(지역아동센터, 사회복지관 등)의 이용, 아동급식카드가 발급되고 있다(www.oneclick.bokiro.go.kr, 2023.7.1. 검색).

(4) 주거지원 정책

■ 자녀가 있는 가구 지원

자녀가 2명 이상인 경우 다자녀형 전세임대주택과 다자녀형 매입임대주택, 국민임대 다자녀 가구 우선 공급(10%)의 대상이 될 수 있다(국토교통부, 2020). 다자녀형 매입임대주택과 전세임대주택의 경우 기존 매입임대 혹은 전세임대주택보다 호당 지원금액을 인상하여 아동가구가 보다 넓은 주거에서 살 수 있도록 하였다. 또 자녀 수가 많으면 주택도시기금 전세 · 구입자금 대출금리를 추가 인하하고 대출한도를 상향하였다(국토교통부, 2019). 최저주거기준을 미달하는 주거환경에서 만 18세 미만의 아동과 함께 거주하는 사람은 「주거취약계층 주거지원 업무처리지침」에 따라 '주거지원사업'의 건설 · 매입 · 전세임대사업, 주거위생 · 안전 · 환경개선사업, 이사비 · 생필품 지원사업, 보증금 대출 지원사업을 이용할 수 있다.

■ 자립준비청년, 청소년쉼터 퇴소자 지원

아동복지시설 혹은 청소년쉼터에서 퇴소한 자립중립청년 혹은 청소년쉼터 퇴소자는 건설임대주택, 매입임대주택, 전세임대주택의 우선입주 대상이 된다(www.myhome.go.kr, 2023.7.1. 검색). 자립준비청소년 혹은 청소년쉼터 퇴소자가 공공임대주택(건설, 전세, 매입)으로 입주하는 경우에는 보증금은 100만원으로 낮추었으며, 냉장고 등 가전제품도 지원하고 있다(보건복지부, 2023; 여성가족부, 2023).

(5) 사회서비스 정책

사회서비스는 사람의 안녕을 증진시키기 위해 정부 혹은 사회적인 자원을 활용해 다양한 대상층에게 지역 일선(street-level)에서 주로 개인이나 집단을 대면하거나 대화를 통해 제공하는 단순 현금 혹은 현물급여제공 이외의 일련의 활동이라 할 수 있다(길현종 · 이영수, 2017). 아동을 대상으로 하는 사회서비스는 드림스타트, 사회서비스 전자바우처사업 중 일부, 돌봄서비스를 들 수 있다. 이 중 드림스타트는 6장 아동복지의 실천방법과 기술에서, 돌봄서비스는 9장 아동보육에서 상세히 다룰 예정이므로 이 장에서는 사회서비스 전자바우처를 중심으로 서술한다.

사회서비스사업 중 일부는 전자바우처 형태로 지급되는데, 가구여건 · 소득수준에 따라 정부지원금이 차등지원된다. 이 중 아동과 관련된 사회서비스는 다음과 같다.

■ 지역사회서비스 투자사업 중 아동관련 사회서비스

지역특성에 따라 지방자치단체에서 제공하는 사회서비스로 영유아발달지원서비스, 아동청소년심리지원서비스, 아동청소년정서발달지원서비스, 아동청소년비전형성지원서비스, 비만아동건강관리서비스가 있다(www.socialserver.or.kr, 2023.7.1. 검색).

■ 발달재활서비스

만 18세 미만 장애아동(기준중위소득 180% 이하)의 언어 · 청능, 미술 · 음악, 행동 · 놀이 · 심리, 감각 · 운동 등 발달재활서비스를 제공한다(www.socialserver.or.kr, 2023.7.1. 검색).

■ 언어발달지원사업

감각적 장애 부모(시각 · 청각 · 언어 · 지적 · 자폐성 · 뇌병변 등록장애인, 단 기준중위소득 120% 이하)의 자녀에게 필요한 언어발달지원서비스를 제공한다. 만 12세 미만의 비장애아동에게 독서지도, 수어지도를 실시한다(www.socialserver.or.kr, 2023.7.1. 검색).

■ 청소년발달장애학생 방과후활동서비스

만 6세 이상 18세 미만으로 「장애인복지법」상 등록된 지적 및 자폐성 장애인에게 지역 내 방과후활동 제공기관에 등록 후 소그룹을 구성하여 방과후활동서비스를 이용할 수 있도록 지원하고 있다(www.socialserver.or.kr, 2023.7.1. 검색).

■ 그 밖의 아동대상 전자바우처 사회서비스사업

만 19세 이하 청소년산모의 임신 · 출산 의료비를 임신 1회당 120만원 범위 내에서 지원하는 청소년산모 임신출산진료비지원사업, 저소득층 영아(0~24개월) 가정의 기저귀 및 조제분유를 지원하는 기저귀 조제분유사업, 저소득 여성청소년에게 월 13,000원의 생리대 구입비용을 지원하는 여성청소년 생리대 바우처 지원사업이 있다(www.socialservice.or.kr, 2023.7.1. 검색).

3) 아동복지정책 전달체계

(1) 읍 · 면 · 동, 시 · 군 · 구, 시 · 도 전달체계

우리나라 아동복지정책 전달체계는 여타 다른 사회복지정책과 마찬가지로 지방자치단체 단위인 읍 · 면 · 동과 시 · 군 · 구를 중심으로 전달되고 있다. 아동 또는 아동 가구 역시 읍 · 면 · 동, 시 · 군 · 구, 시 · 도 단위의 전달체계를 따라 지원을 받는다. 읍 · 면 · 동 주민센터를 방문하면 공공통합사례관리를 통해 소득, 의료, 식품, 주거, 사회서비스, 돌봄서비스, 보호필요 아동지원 등 필요한 공적 지원뿐만 아니라 민간자원을 활용한 복지서비스를 받을 수 있다. 지방자치단체 단위별 전달체계를 보다 자세히 살펴보면 다음과 같다.

① 읍 · 면 · 동

읍 · 면 · 동 주민센터는 '찾아가는 보건복지팀'을 구성하고 지역주민에게 복지와 보건 서비스를 제공하고 있다. 2022년 전체 읍 · 면 · 동의 인력 확충 상황에 따라 전담팀을 '기본형', '권역형 중심 읍 · 면 · 동', '농어촌 특성화형'과 '확장형'으로 설치하고 있다(행정안전부 · 보건복지부, 2022: 9). 읍 · 면 · 동의 '찾아가는 보건복지팀'은 기초생활수급자 외 생애전환기, 위기가구, 돌봄필요대상 등으로 방문대상을 확대하고, 초기상담 및 계획수립 등으로 예방적 개입을 수행한다. 또 복지 이외에 보건, 주거, 고용 등 유관공공서비스로 범위를 확대하여 통합적인 종합상담을 진행한다. '찾아가는 보건복지팀'에 배치되는 간호인력은 팀 내 복지인력과 협업하여 통합사례관리를 수행하고, 욕구조사를 바탕으로 건강서비스를 연계한다. 읍 · 면 · 동에는 '찾아가는 보건복지팀' 이외에 '복지행정팀'이 있다. '복지행정팀'은 개별 복지급여 또는 사업을 안내하고, 복지급여, 내방민원을 신청 · 접수받으며, 제출서류를 확인하고 시 · 군 · 구로 서류를 이관한다. 종합상담이 필요하다고 판단되는 경우에는 '찾아가는 보건복지팀'의 종합상담 담당에게 의뢰한다(행정안전부 · 보건복지부, 2022: 12-13).

② 시 · 군 · 구

시 · 군 · 구는 위기가구 발굴, 자원 연계 등을 위한 공공 및 민간기관 연계 · 협력 등 기획 중심의 기능을 수행한다. 시 · 군 · 구 '복지정책 총괄부서'는 찾아가는 보건복지서비스 기본계획을 수립, 실행, 모니터링을 한다. 시 · 군 · 구 '희망복지지원단'은 통합사례회의를 중심으로 지역에서 의뢰가 들어온 고난도 사례관리를 진행한다. 시 · 군 · 구의 '보건소'는 통합사례회의에 참석하며, 자원공유, 서비스 연계를 실시한다(행정안전부 · 보건복지부, 2022: 13-14).

시 · 군 · 구에는 아동위원을 둘 수 있다. 「아동복지법」 제14조에 따르면 시 · 군 · 구의 아동위원은 관할 구역의 아동의 생활상태 및 가정환경을 상세히 파악하고 아동복지에 필요한 원조와 지도를 행하며 전담공무원 및 관계행정기관과 협력하여야 한다고 규정하고 있다.

2020년 「아동복지법」 개정으로 시 · 도 또는 시 · 군 · 구에 아동학대 업무를 전담하는 사회복지공무원(아동학대전담공무원)을 의무적으로 배치하고 있다(아동복지법 제22조), 아동학대전담공무원은 아동학대신고접수, 조사 및 응급보호 등의 업무를 담당한다. 2022년 4월 기준으로 전국에 총 809명의 아동학대전담공무원의 배치되어 있다(환경일보, 2022.9.8).

또 시 · 군 · 구에 아동보호전담요원을 두어 보호대상아동(아동학대 이외)에 대한 접수상담과 가정환경조사 및 욕구조사 후 서비스 계획 등 아동 보호조치를 결정하며, 사후관리 및 자립지원 모니터링을 실시하고 있다.

③ 시 · 도

시 · 도는 중앙정부와 협의 창구로 광역단위 보건복지서비스 기획, 시 · 군 · 구 모니터링 및 평가, 시 · 군 · 구 및 읍 · 면 · 동 활동 지원, 민관협력, 자원공유를 담당한다. 지역사회보장협의체는 시 · 군 · 구 단위 지역사회보장협의체와 읍 · 면 · 동 단위 지역사회보장협의체로 나뉘는데, 지역의 민관 연계 및 협력을 강화하고, 지역사회보장 의제를 발굴하고 계획하는 지역 내 여러 기관의 연계 협력을 컨트롤하는 역할을 맡고 있다(행정안전부 · 보건복지부, 2022: 14-15).

(2) 중앙정부 전달체계

읍 · 면 · 동, 시 · 군 · 구 등의 지방자치단체가 아동을 비롯한 모든 주민의 복지욕구를 발굴하고 지원하는 핵심단위로 기능하며, 지방자치단체 조례를 근거로 지방자치를 하고 있다. 그러나 지방자치단체의 대부분의 행정은 중앙정부의 법률적 · 행정적 · 재정적 원칙에 근거하여 집행되며, 중앙정부의 협조와 지원을 바탕으로 한다. 아동복지정책의 주요 책임이 있는 중앙정부부처에는 보건복지부, 여성가족부, 교육부가 있다. 특히 2020년 신설된 아동권리보장원은 「아동복지법」 제10조2(아동권리보장원의 설립 및 운영)에 따라 아동정책에 대한 종합적인 수행과 아동복지관련 사업의 효과적인 추진을 위하여 필요한 정책의 수립을 지원하고 사업평가 등의 업무를 수행하고 있다. 따라서 다음에서는 중앙부처와 아동권리보장원을 중심으로 아동복지 전달체계를 살펴보았다.

① 보건복지부, 여성가족부, 교육부, 법무부

우리나라의 아동복지정책은 아동의 연령과 사업 분야에 따라 보건복지부, 여성가족부, 교육부 등 여러 부처가 담당하고 있다. 보건복지부는 만 18세 이하의 아동을, 여성가족부는 9~24세의 청소년을 담당하고 있다. 영역에 따라 교육부는 학생을 대상으로 교육을 담당하고, 보건복지부는 주로 보호대상아동을 대상으로 하는 정책을 실시하고 있으며, 여성가족부는 청소년 육성과 활동을 중심으로 기능하고 있다. 법무부는 소년을 대상으로 소년원와 청소년 꿈키움센터를 중심으로 활동하고 있다. 아동의 속성과 상황에 따라 여러 부처에서 아동복지정책을 계획하고 집행하고 있는데, 이는 아동을 중심에 두는 수요자 중심의 접근이라기보다는 공급자 중심의 전달체계라고 할 것이다(이봉주, 2023).

■ 아동 · 청소년정책 통합 논의

아동복지정책의 분절적 전달체계는 수요자 중심의 생애주기적, 통합적 접근을 어렵게 하며, 시너지 효과를 가지는 집중적인 정책 투자와 인력 배치를 하기 어렵다. 아동 · 청소년 발달의 누적성, 적기성과 불가역성을 고려하면 아동복지정책의 생애주기적, 통합적, 다면적, 연속적 대응이 필수적이다. 아동 · 청소년의 연령 통합, 법체계 통합, 통합적 전달체계 구축이 요구된다(이봉주, 2023).

② 아동권리보장원

아동권리보장원은 「아동복지법」 제10조의2(아동권리보장원의 설립 및 운영)에 근거하여 2019년에 설립하였다. 아동권리보장원은 아동복지사업의 효과적인 추진을 위하여 필요한 정책 수립을 지원하고 아동복지사업 평가 등의 업무를 수행하는 기관이다. 기존의 중앙입양원, 아동자립지원단, 드림스타트사업지원단, 실종아동전문기관, 중앙아동보호전문기관, 지역아동센터중앙지원단, 중앙가정위탁지원센터, 디딤씨앗지원사업단이 아동권리보장원으로 통합되었다(www.ncrc.or.kr, 2021.5.1. 검색).

아동권리보장원은 [그림 7-2]와 같이 보건복지부의 예산지원, 업무협력 등을 받아 아동보호전문기관, 위탁가정, 아동양육시설, 공동생활가정, 입양아동, 지역아동센터, 다함께돌봄센터 관련 정책과 사업을 수립 · 지원할 뿐만 아니라 그 밖의 여러 아동관련 정책을 기획하고 평가하고 있다. 아동정책 및 아동복지사업의 효과적인 전달을 위해 시 · 도 단위의 아동권리보장원 설립이 논의되고 있다(김선숙, 2021: 69).

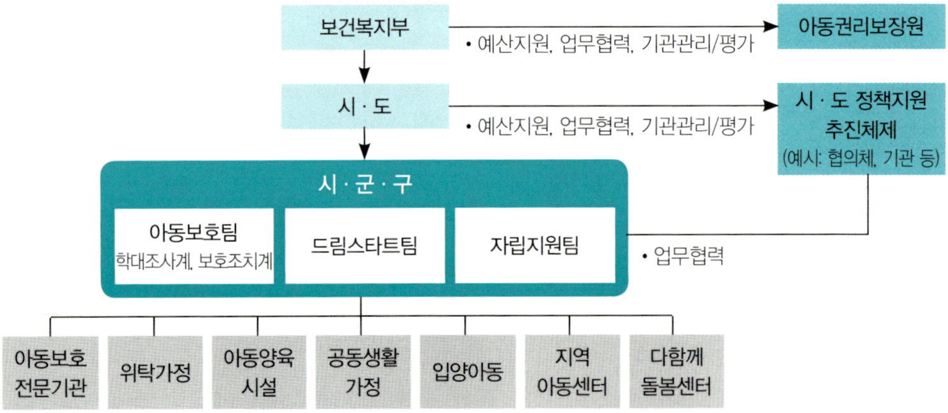

그림 7-2 아동권리보장원의 전달체계상의 위치

출처: 제2차 아동정책 기본계획(관계부처 합동) (2020). p.24.

토론해 봅시다

01 우리나라 아동복지법 중 하나를 선택하여 최근의 변화 내용을 조사하고, 변화의 이유와 변화의 기대효과를 토론하시오.

02 우리나라 아동복지제도 중 하나를 선택하여 급여대상, 급여내용, 재원, 전달체계를 정리하고, 한계와 개선방안을 아동의 4대 권리 관점에서 토론하시오.

참 고 문 헌

김선숙 (2021). 아동보호체계 사후관리 단계의 쟁점 토론문. **한국아동복지학회 30주년 춘계학술대회 자료집**. pp. 68-69.

길현종 · 이영수 (2017). 통합적 사회서비스 전달체계 구축방안-대인서비스를 중심으로-. 한국노동연구원.

이봉주 (2023). 아동 · 청소년 정책의 통합을 위한 지금까지의 노력, 앞으로의 방향. **2023 한국아동복지학회 춘계학술대회 자료집**. pp. 126-132.

허남순 · 고윤순 (2015). 한국아동학대 범죄의 처벌을 위한 특례법 시행 이후의 문제점과 개선방안. **교정복지연구**, **37**(2), 1-19.

보건복지부 (2023a). 2023년 국민기초생활보장제도 안내.

보건복지부 (2023b). 아동분야 사업안내 2권.

보건복지부 · 아동권리보장원 (2020). 공공중심의 아동보호체계 구축 안내.

국토교통부 (2019). 아동 주거권 보장을 위한 발걸음 내딛다-정부 「아동 주거권 보장 등 주거지원 강화대책」 발표-. 보도자료 2019.10.24.

국토교통부 (2020). 정부는 아동주거권 보장을 위해 최선을 다하고 있습니다. 보도자료 2020.6.23.

교육부 (2022). 2021학년도 학교급식 실시현황 보고.

여성가족부 (2023). 2023년 청소년사업안내 2권.

행정안전부 · 보건복지부 (2022). 읍 · 면 · 동 찾아가는 보건복지서비스 매뉴얼.

환경일보 (2022.9.8). 아동학대 전담공무원 배치, 2곳만 충족.

국민건강보험 홈페이지 (www.nhis.or.kr)

마이홈 홈페이지 (www.myhome.go.kr)

복지로 홈페이지 (www.online.bokjiro.go.kr)
사회서비스 전자바우처 홈페이지 (www.socialservice.or.kr)
질병관리청 홈페이지 (www.nip.kdca.go.kr)

CHILD WELFARE

08

CHAPTER

아동건강과 안전

1. 아동건강: 중독, 장애
2. 아동 안전
3. 실종아동 보호

CHILD WELFARE

CHAPTER

08

아동건강과 안전

아동이 건강하게 성장하는 것은 사회구성원으로 자신의 역할을 충실하게 수행하기 위한 기본적 조건이라 할 수 있다. 아동을 위험으로부터 보호하고 안전한 환경 속에서 성장할 수 있도록 가족, 지역사회, 국가 전체가 지원할 필요가 있다.

아동건강에 대해 과거에는 '질병이 없고, 좋은 체력과 체격을 가지고 있는 상태'와 같이 신체적 요소를 중심으로 생각하는 경향이 있었다(김성경 · 김혜영, 2021). 건강을 신체적 상태를 의미하는 것으로 이해하여, 몸만 아프지 않다면 건강하다고 생각하였다. 그러나 19세기 중엽부터 건강의 개념은 신체뿐만 아니라 정신적 측면을 함께 고려하기 시작했다. 1948년 세계보건기구(WHO)는 건강에 대해 '단순히 질병이나 허약함이 없는 상태가 아니라 신체적 · 정신적 · 사회적으로 완전한 안녕 상태'라고 규정하였다. 따라서 아동을 건강하게 양육하기 위하여 신체뿐만 아니라 정서적 · 사회적 차원에서 살펴볼 필요가 있다. 이 장에서는 먼저 아동에게 발생할 수 있는 중독과 장애의 개념, 관련 서비스 현형과 대책에 대해 살펴보고자 한다. 다음 절에서는 아동안전의 개념, 아동안전사고 현황과 관련 서비스 및 대책에 대해 알아보고자 한다. 마지막으로 실종아동의 개념, 현황 및 대책에 대해 살펴보고자 한다.

1. 아동건강: 중독, 장애

1) 중독

중독은 독성물질에 의한 신체적 · 물질적 중독(poisoning/intoxication)과 정신적 · 행위적(의존적) 중독(addiction)을 동시에 일컫는 말이다(질병관리청, 2023.8.7. 검색). 신체적 · 물질적 중독은 농약이나 독버섯 등에 노출되거나 흡입하여 신체적 문제가 발생하는 것을 의미한다. 정신적 · 행위적 중독은 일종의 습관성 중독으로 흡연이나 인터넷 등에 지나치게 의존하여 신체적 · 정신적 건강을 해치게 되는 상태를 나타낸다. 최근 아동에게 문제가 되는 중독은 인터넷과 스마트폰 중독이라 할 수 있다. 다음에서는 인터넷과 스마트폰 중독의 개념과 현황, 대책에 대해서 알아보고자 한다.

(1) 인터넷 · 스마트폰 중독의 개념

우리나라의 높은 인터넷과 스마트폰 보급률로 인해 아동은 이른 시기부터 다양한 정보와 게임 등에 노출되어 있다. 특히 코로나19 시기 온라인 수업의 활성화에 따라 아동의 인터넷과 컴퓨터 이용률이 증가하고, 스마트폰에 한정하지 않은 다양한 미디어 콘텐츠 이용이 늘었다(여성가족부, 2021). 이에 따라 아동의 인터넷 · 스마트폰 중독 또한 증가하였다.

인터넷 · 스마트폰 중독이란 인터넷과 스마트폰을 과다 사용함으로써 인터넷 또는 스마트폰 사용에 대한 내성[01]과 금단[02]을 갖게 되고, 이로 인해 일상생활에 어려움을 겪는 상태를 말한다(미래창조과학부 · 한국정보화진흥원, 2015). 한편, 인터넷 ·

01 내성은 시간이 갈수록 더욱 자극을 추구하게 되는 것을 의미한다.

02 금단은 자극이 차단되었을 때 심각한 스트레스반응을 보이는 것으로 약물 중독, 알코올 중독 등에서 쉽게 볼 수 있는 현상이다.

스마트폰 중독이라는 용어의 거부감으로 인해 '중독' 외에 인터넷 · 스마트폰 '과의존' 또는 '과몰입'이라는 용어도 함께 사용하고 있다(신성만 · 고영삼, 2017).

인터넷 · 스마트폰 중독은 인터넷과 스마트폰을 특별한 목적 없이 습관적으로 장시간 사용하며, 인터넷과 스마트폰을 사용하지 않을 시 불안하고 초조함을 느끼게 된다. 지나친 인터넷과 스마트폰 사용으로 인해 건강이나 학업 등에 부정적인 결과가 발생해도 자발적으로 이를 멈추는 것이 어려운 상황을 경험하게 된다. 정보검색 중독, 모바일 메신저 중독, SNS 중독, 게임 중독, 성인용 콘텐츠 중독 등이 인터넷 · 스마트폰 중독의 구체적인 예이다.

(2) 인터넷 · 스마트폰 중독 현황

인터넷 · 스마트폰 중독은 일상생활에서 심각한 장애를 겪고 금단현상을 보여 전문기관의 도움이 필요한 위험사용자군과, 사용시간이 점점 늘어나고 자기조절에 어려움이 있어 주의가 필요한 단계인 주의사용자군으로 구분할 수 있다. 전국의 초 · 중 · 고등학교 127만 3,020명 학생을 대상으로 실시한 2022 청소년 인터넷 · 스마트폰 이용습관 진단조사(여성가족부, 2022) 결과에 따르면, 인터넷과 스마트폰 중 하나 이상에서 위험군으로 진단된 아동은 23만 5,687명이었다. 인터넷과 스마트폰 두 가지 문제를 모두 갖고 있는 아동은 8만 8,123명이었다. 위험사용자군과 주의사용자군은 각각 3만 2,694명과 29만 1,116명으로 모두 전년에 비해 증가하였다.

표 8-1 | 인터넷과 스마트폰 과의존 아동

(단위: 명)

구분	2020년	2021년	2022년
과의존위험군(A+B−C)	228,120	228,891	235,687
위험사용자군(A)	28,671	30,452	32,694
주의사용자군(B)	283,363	282,319	291,116
중복위험군(C)	83,914	83,880	88,123

출처: 여성가족부 (2022). 2022 청소년 인터넷 · 스마트폰 이용 습관 진단조사.

인터넷은 적절히 사용할 경우 지식과 정보 획득에 매우 유용한 수단이 될 수 있고, 대인관계, 학습, 놀이문화, 경제활동 등 일상생활 전반에 걸쳐 긍정적인 영향을 미칠 수 있다(유수경, 2006). 하지만 지나친 인터넷의 사용은 신체발달을 저해하고(한국정보화진흥원, 2014), 우울, 불안, 공격성과 같은 정서문제를 야기할 수 있다(김현수 외, 2004). 스마트폰 중독은 아동의 신체, 사회 및 정서적 적응과 발달에 부정적 영향을 미치고 안전사고에 노출될 위험을 가중시킨다. 스마트폰 중독으로 기억력 감소, 안구건조증, 시력 저하, 손목터널증후군, 소음성 난청, 거북목증후군, 척추측만증이 발병할 수 있으며, 스트레스증후군, 불안정한 정서, 디지털격리증후군으로 인해 사회생활의 문제를 경험할 수 있다(과학기술정보통신부 · 한국정보화진흥원 · 스마트쉼센터, 2020). 한편 사이버공간에서 악성댓글, 혐오영상 등 사이버폭력에 과도하게 노출될 경우 아동은 사이버비행의 위험에 대해 둔감해질 우려가 있다(육아정책연구소, 2020). 과도한 인터넷과 스마트폰의 사용은 아동의 신체건강뿐만 아니라 정서발달과 정신적 문제에도 영향을 미칠 수 있기 때문에 예방과 전문적 도움이 필요하다.

(3) 인터넷 · 스마트폰 중독 서비스

한국청소년상담복지개발원과 전국 청소년상담복지센터(240개소)에서는 아동의 인터넷 · 스마트폰 중독의 정도에 따라 상담, 병원치료, 기숙치유프로그램 등 서비스를 제공하고 있다.

중독의 정도가 상대적으로 경미한 '주의사용자군' 아동은 학교별 집단상담 참여를 통해 올바른 이용 습관과 사용조절능력을 기를 수 있도록 돕고, '위험사용자군' 아동은 개인별 상담을 제공하여 미디어 과의존의 어려움에서 벗어나 일상생활을 회복할 수 있도록 지원한다. 인터넷 · 스마트폰 중독 아동은 종종 우울증이나 주의력결핍과잉행동장애(ADHD)와 같은 정신적 어려움을 겪고 있을 수 있어, 필요한 경우

면밀한 검사를 통해 병원치료를 함께 진행한다. 치료비는 2022년 기준소득에 따라 40만원에서 60만원까지 지원받을 수 있다(여성가족부, 2022).

17개 시 · 도 청소년상담복지센터에서는 인터넷이 차단된 환경에서 주말 또는 방학을 활용한 인터넷 · 스마트폰 과의존 치유캠프, 가족치유캠프 등 기숙형 치유서비스를 지원하며, 학기 중 치유가 필요한 청소년은 국립청소년인터넷드림마을, 국립대구청소년디딤센터에서 상시 운영하는 상담, 체험활동 등 통합치유프로그램에 참여할 수 있다(여성가족부, 2022).

2) 장애

장애는 선천적으로 가지고 태어나는 것으로 생각하기 쉬우나 최근에는 각종 질병이나 교통사고, 환경오염 등으로 인해 후천적인 장애가 상당히 증가하고 있다. 장애아동은 가정과 학교 안에서 여러 어려움을 겪기 쉬운데, 이는 개인의 노력만으로는 해결하기 어렵다. 사회 전반적으로 장애아동에 대한 적극적인 지원과 개입이 있어야 한다. 다음에서는 장애아동의 개념과 현황, 장애아동 서비스 현황과 대책을 알아보고자 한다.

(1) 장애와 장애아동의 개념

① 장애의 개념

장애아동을 이해하기 위해서는 먼저 장애에 대한 개념을 살펴볼 필요가 있다. 1980년 세계보건기구(WHO)는 국제장애분류(ICIDH)에서 장애의 개념을 손상 또는 장해(impairment), 장애(disability), 핸디캡(handicap)과 같이 3가지로 분류하였다. 첫째, 손상(장해)은 질병, 상해, 선천적 기형 등으로 인해 만성적 또는 영구적으로 나타나는 심리적 · 생리적 또는 해부학적 구조나 기능의 손실을 말한다. 둘째, 장애는 장기간 지속되는 신체적 또는 정신적 기능장애로, 손상의 결과로 인하여 정상적인 사람이 일상생활 속에서 활동을 수행하는 능력의 제한이나 결여를 갖게 되는 것을 의미한다. 셋째, 핸디캡은 기능장애나 능력장애로 인하여 사회적 역할 수행이 제한되거나 불가능해지는 상태를 말하며 환경적 및 사회적 수준의 장애를 말한다(나은우 · 정한영, 2009).

이러한 장애분류체계는 의학적 및 사회학적 정책 결정 기준을 마련하는 데 크게 기여하였다. 그러나 핸디캡의 기준이 너무 광범위하여 많은 논란이 있기도 하였다. 1990년대 이후 건강이 개인 차원의 문제뿐만 아니라 환경, 문화, 정치, 교육 등 여러 차원에서 이루어진다는 개념으로 변화하였다. 이러한 변화를 감안하여 WHO는 2001년에 국제기능장애건강분류(ICF)를 발표하였다. ICF에서는 신체기능과 구조의 결함을 손상(impairment)이라고 하였고, 기존의 장애(disability)는 활동 제한(acivity limitation)으로, 핸디캡은 참여 제약(participation restriction)으로 바꾸었다(나은우 · 정한영, 2009).

건강의 맥락에서 손상, 활동, 참여는 다음과 같이 정의할 수 있다. 손상은 현저한 변형이나 손실에 의한 신체 기능 또는 구조에서의 문제를 말한다. 활동 제한은 개인이 활동을 실행하는 동안 겪을 수 있는 어려움을 의미하며, 참여 제약은 개인이 생활의 상황에 관여하는 동안 경험할 수 있는 문제를 말한다(WHO · 보건복지부 · 사회보장정보원, 2016). 이와 같은 장애의 개념을 고려하여 장애아동을 이해하기 위해서는 개인적 요인과 사회적 구조와 환경적 요인을 모두 살펴볼 필요가 있을 것이다.

② 장애인복지법의 정의와 장애 유형

「장애인복지법」에서는 장애인을 "신체적 · 정신적 장애로 인하여 장기간에 걸쳐 일상생활 또는 사회생활에 상당한 제약을 받는 자"로 정의하고 있다. 장애 유형은 크게 신체적 장애와 정신적 장애로 구분하고 있다. 신체적 장애는 다시 외부 신체기능의 장애와 내부 기관의 장애로 분류할 수 있다. 과거 우리나라 장애 범주는 지체,

시각, 청각, 언어, 지적장애에 국한되어 있었다가 두 차례에 걸쳐 장애 범주를 확대하였다. 현재는 총 15가지 장애 유형이 존재한다.

표 8-2 | 장애의 종류

대분류	중분류	소분류	세분류
신체적 장애	외부 신체 기능의 장애	지체장애	절단장애, 관절장애, 지체기능장애, 척추장애, 변형 등의 장애
		뇌병변장애	뇌의 손상으로 인한 복합적인 장애
		시각장애	시력장애, 시야결손장애, 겹보임(복시)
		청각장애	청력장애, 평형기능장애
		언어장애	언어장애, 음성장애, 구어장애
		안면장애	안면부의 추상, 함몰, 비후 등 변형으로 인한 장애
	내부 기관의 장애	신장장애	투석치료 중이거나 신장을 이식받은 경우
		심장장애	일상생활이 현저히 제한되는 심장기능 이상
		간장애	일상생활이 현저히 제한되는 만성 · 중증의 간기능 이상
		호흡기장애	일상생활이 현저히 제한되는 만성 · 중증의 호흡기 기능 이상
		장루 · 요루장애	일상생활이 현저히 제한되는 장루 · 요루
		뇌전증장애	일상생활이 현저히 제한되는 만성 · 중증의 뇌전증
정신적 장애	발달장애	지적장애	지능지수가 70 이하인 경우
		자폐성 장애	소아청소년 자폐 등 자폐성 장애
	정신장애	정신장애	조현병, 조현정동장애, 양극성정동장애, 재발성우울장애, 뇌의 신경학적 손상으로 인한 기질성 정신장애, 강박장애, 투렛장애, 기면증

출처: 장애인복지법 시행규칙 제2조의 규정에 의한 장애정도판정기준(보건복지부 고시 제2023-42호)

이러한 「장애인복지법」상의 정의를 고려하여, 장애아동은 18세 미만의 아동 중에서 「장애인복지법」에 규정된 장애를 가지고 있는 아동으로 말할 수 있다. 「장애아동복지지원법」에서도 장애아동은 「장애인복지법」에 따라 등록한 장애인을 말한다. 다만 6세 미만 아동으로서 장애가 있다고 보건복지부장관이 별도로 인정하는 아동을 포함한다. 지금까지 상대적으로 장애아동을 위한 복지는 아동복지와 장애인복지 영역 모두에서 많은 관심을 받지 못했다(이재연 외, 2017). 장애아동은 교육과 양육에 있어 비장애아동과 다른 점이 많고, 장애아동과 가족은 다양한 어려움을 겪기 쉽다. 장애아동과 가족의 복지를 위해 사회적 차원의 관심이 증대될 필요가 있다.

③ 장애인 등에 대한 특수교육법의 정의

「장애인 등에 대한 특수교육법」에서는 시각장애, 청각장애, 지적장애, 지체장애, 정서 · 행동장애, 자폐성장애, 의사소통장애, 학습장애, 건강장애, 발달지체, 그 밖에 두 가지 이상의 장애가 있는 경우 등 대통령령으로 정하는 장애에 해당하는 아동 중 특수교육이 필요한 사람으로 진단 · 평가된 사람을 특수교육대상자로 선정한다.

(2) 장애아동 현황

우리나라의 등록장애인은 2021년 기준 264만 5,000명으로 전체 인구대비 5.1% 수준이다(보건복지부, 2022). 이 가운데 18세 미만의 등록장애아동은 77,961명으로 전체 등록장애인 가운데 2.9% 정도를 차지하였다. 등록장애아동의 장애 유형별로는 지적장애가 36,085명(46.3%)으로 가장 많았고, 자폐성 장애가 17,387명(22.3%), 뇌병변장애가 9,748명(12.5%), 언어장애가 5,015명(6.4%) 순으로 많았다. 그러나 장애 등록을 하지 않은 경우를 고려한다면, 장애아동의 수는 이보다 많을 것으로 추정할 수 있다.

(3) 장애아동정책과 서비스

장애아동은 장애의 원인과 유형에 따라 차이가 있으나 발달과정에서 신체적 · 정서적 · 교육적 측면에서 여러 어려움을 직면하게 된다. 비장애아동은 학령기에 가족과 또래관계를 통해 사회적 기술을 습득하고, 사회 인지적인 발달을 이루며 정서적 지지를 얻지만, 장애아동은 또래 관계에서 제약을 받게 되어 부모에 대한 의존도가 높아지게 된다(김지혜 · 진미경, 2015). 장애아동을 위한 특수학급이 있는 어린이집이나 유치원, 특수학교 등이 부족하고, 특수교사 또한 부족하여 장애아동에 대한 충분한 교육이 이루어지지 않고 있다. 이러한 현실은 장애아동 부모의 양육과 교육에 대한 어려움을 더욱 증가시킨다.

또한 장애아동 가족은 부부나 형제 · 자매 등 가족 구성원 간에 정서적 긴장과 갈등을 경험하기 쉽다. 장애아동이 성장하면서 학교의 입학과 졸업, 취업 등과 같이 발달단계에 따라 달성해야 하는 과업과 관련해 긴장이 반복적으로 발생할 수 있다. 무엇보다 우리나라에서는 장애아동을 위한 서비스와 지원이 부족하고, 이로 인해 장애아동 부모와 가족은 아동의 미래에 대한 불안감과 경제적 부담이 클 수밖에 없다.

우리나라의 장애아동을 위한 복지 대책을 살펴보면 다음과 같다. 첫째, 「장애아동복지지원법」은 장애아동에 대한 종합적인 서비스를 통합적으로 제공하기 위해 2012년부터 시행되었다. 이 법은 장애아동의 특별한 복지적 욕구에 적합한 지원을 통합적으로 제공함으로써 장애아동이 안정된 가정생활 속에서 건강하게 성장하고 사회에 활발하게 참여할 수 있도록 하며, 장애아동 가족의 부담을 줄이는데 이바지함을 목적으로 한다. 복지지원은 의료비, 보조기구, 발달재활서비스, 보육, 가족, 돌봄 및 일시적 휴식 지원 서비스, 지역사회 전환 서비스, 문화 · 예술 등 복지, 가정위탁 지원 등을 포함하고 있다.

둘째, 소득보장정책으로 장애아동수당이 있다. 장애아동수당은 저소득 장애아동 가구에 장애로 인한 추가비용을 보전해 주기 위해 수당을 지급하는 것이다. 만 18~20세로서 초 · 중등교육법 제2조에 따른 학교에 재학(휴학, 의무교육 유예자 포함) 중인 자를 포함한다(단, 장애인연금을 받는 경우 제외). 2023년 기준 기초수급가정이면서 중증 장애아동인 경우 월 22만원, 차상위계층 가정이면서 중증인 경우 월

17만원, 기초수급 및 차상위계층 가정이면서 경증인 경우 월 11만원을 지급하고 있다(보건복지부, 2023a).

셋째, 교육정책은 장애아동들이 가지고 있는 잔존능력을 최대한도로 개발하고 보호하여 실질적인 재활이 이루어지도록 하기 위해 그 바탕이 되는 각종 교육적 조치와 방법을 총칭하는 것으로서 이른바 특수교육으로 표현된다(김성경 · 김혜영, 2021). 장애아동을 위한 교육정책 관련 법률은 2007년 제정된 「장애인에 대한 특수교육법」이 있다. 이 법에서 특수교육은 특수교육대상자의 교육적 요구를 충족시키기 위하여 특성에 적합한 교육과정 및 특수교육 관련 서비스 제공을 통하여 이루어지는 교육으로 정의하고 있다. 동법에서 특수교육대상자는 유치원, 초등학교, 중학교 및 고등학교 과정의 교육은 의무교육으로 하고, 만 3세 미만의 장애영아교육은 무상으로 한다고 명시하고 있다.

넷째, 보건복지부(2023a)에서는 장애아동가족지원사업을 진행하고 있으며, 이 사업은 발달재활서비스사업, 언어발달지원사업, 장애아가족 양육지원사업으로 구성되어 있다. 발달재활서비스사업은 성장기 장애아동의 인지, 의사소통, 적응행동, 감각 · 운동 등의 정신적 · 감각적 기능 향상과 행동발달을 위한 적절한 발달재활서비스 지원 및 정보를 제공한다. 소득에 따라 서비스를 이용할 수 있는 바우처 지원액과 본인부담금이 달라진다. 2023년 기준 기초생활수급자는 본인부담금 없이 월 25만원 정도의 바우처를 이용하여 서비스를 이용할 수 있다.

각 사업의 내용을 구체적으로 살펴보면, 언어발달지원사업은 감각적 장애 부모의 자녀에게 필요한 언어발달지원서비스를 제공하여 아동의 건강한 성장지원 및 장애가족의 자체 역량 강화에 목적이 있다. 만 12세 미만 비장애아동을 대상으로 하며, 중위소득 120% 이하인 경우 소득에 따라 차등지원된다. 언어발달진단서비스, 언어재활, 청능재활 등 언어재활서비스 및 독서지도, 수어지도를 제공한다.

장애아가족 양육지원사업은 장애아 가족의 일상적인 양육부담을 경감하고 보호자의 사회활동을 돕기 위해 돌봄 및 일시적 휴식지원서비스를 제공하는 데 목적이 있다. 기준중위소득 120% 이하 가정은 연 840시간 이내에서는 본인부담 없이 서비스를 이용할 수 있다. 기준중위소득 120% 초과 가정은 연 840시간 이내에서 본인부담 이용료의 40%를 부담한다.

2. 아동 안전

아동은 교통사고나 추락, 익사, 화재사고 등과 같이 다양한 안전사고에 노출될 수 있다. 아동의 안전사고는 회복할 수 없는 장애나 사망으로 이어질 수 있기 때문에 사전에 예방하는 것이 무엇보다 중요하다. 이 절에서는 안전의 개념과 아동이 경험하는 안전사고의 발생 현황과 관련 대책을 알아보고자 한다.

1) 아동 안전의 개념

안전은 다양하게 정의할 수 있다. 범죄와 폭력의 예방을 의미하거나 음식, 주거, 수면과 같은 기본적인 욕구가 충족된 상태를 의미하기도 한다. 일반적으로 안전은 물리적 · 물질적 혹은 도덕적 위협이 없는 상태나 상황으로 정의할 수 있으며, 이는 위험으로부터 피할 필요를 느끼지 못하는 상태이다(Maurice et al., 1997; 김미숙, 2016에서 재인용).

좁은 의미에서 안전은 물리적 위험 없이 건강하게 보호되는 상태를 의미하며, 물리적 위험은 교통사고, 대기오염, 폭력 등을 포함한다. 넓은 의미에서 안전은 신체적 상해가 없을 뿐만 아니라 정신적, 정서적으로 안녕한 상태를 의미한다. 즉, 부모로부터 정서적 학대나 방임 당하지 않는 것까지 포함하는 개념으로 볼 수 있다.

이 절에서는 아동 안전을 아동이 신체적 상해 없이 건강하게 보호되는 것을 의미하는 좁은 의미에서 살펴보고자 한다.

2) 아동 안전사고 현황

통계청에 따르면 아동의 안전사고 사망률은 매해 감소 추세를 보이고 있다. 〈표 8-3〉은 1년 동안 안전사고로 사망한 18세 미만 아동의 수와 아동 10만명당 비율을 보여주고 있다. 아동의 안전사고로 인한 10만명당 사망자 수는 2015년 3.4명에서 2021년 2.4명으로 감소하였다. 그러나 매년 10만명당 2명 이상의 아동이 안전사고로 인해 사망하는 것으로 나타났다.

표 8-3 | **아동 안전사고 사망률**

(단위: 명)

구분	2015	2016	2017	2018	2019	2020	2021
18세 미만 인구(천명)	9,063	8,838	8,597	8,318	8,042	7,810	7,589
아동 10만명당 안전사고 사망자 수	3.4	3.2	3.3	2.8	2.8	2.8	2.4

주: 18세 미만 아동에 대한 안전사고 사망자 수(통계청 사망원인통계 자료 중 일부자료)
출처: 통계청 (2023). 인구동향과, 『사망원인통계, 국가승인통계 제10154호』

구체적인 아동 안전사고 사망자 유형과 현황은 〈표 8-4〉와 같다. 아동의 안전사고 사망자 수는 꾸준히 감소하여 2015년 311명에서 2021년 183명으로 58.8% 줄어들었다. 아동 안전사고 사망자 유형별 현황을 살펴보면, 교통사고로 인한 사망이 가장 많은 비중을 차지하였으며, 2021년에는 64명으로 전년보다 17명 감소하였다. 다음으로는 추락이 28명, 익사가 26명 순으로 많았다.

표 8-4 | 아동 안전사고 사망자 유형별 현황

(단위: 명)

구분	2015	2016	2017	2018	2019	2020	2021
계	311	281	283	229	221	221	183
교통사고	168	148	138	107	82	81	64
익사	30	23	31	32	32	36	26
추락	38	38	34	22	34	24	28
화재	11	8	10	11	4	16	8
중독	0	1	4	5	2	4	1
기타	64	63	66	52	67	60	56

주: 18세 미만 아동에 대한 안전사고 사망자 수(통계청 사망원인통계 자료 중 일부자료)
출처: 통계청 (2023). 인구동향과, 『사망원인통계, 국가승인통계 제10154호』

아동의 발달단계별 안전사고 현황을 살펴보면, '걸음마기'에서 안전사고가 가장 많이 발생하였다. 2021년에는 걸음마기에 발생한 안전사고가 40.9%였으며, 학령기 24.3%, 유아기 24.3%, 영아기 10.5% 순으로 많았다. 걸음마기 아동은 뛰기, 계단 오르기와 같은 운동능력이 향상되면서 활동 범위가 넓어지나, 신체 균형감각이나 민첩성이 완전하지 못해 안전사고에 가장 취약한 것으로 볼 수 있다. 이와 같이 아동이 성장하면서 자주 노출되는 안전사고 유형이 달라지는 것을 고려하여, 발달단계별로 안전에 유의할 필요가 있다.

3) 아동 안전사고 대책

아동 안전사고 원인으로는 교통사고가 가장 많았으며, 교통사고는 아동이 보행하는 중에 많이 발생한다. 교통사고로 인한 사망이나 장애를 줄이기 위해서는 첫째, 운전자가 어린이 보호구역 내 통행속도 제한과 주정차 금지를 철저히 지키도록 교통안전교육 강화 및 인식 개선을 적극적으로 할 필요가 있다. 어린이 보호구역은 유

치원, 초등학교, 어린이집, 학원 등의 출입문을 중심으로 300m 이내의 도로 중 일정 구간을 의미한다. 해당 구역 내에서는 자동차 통행속도가 30km로 제한되며, 주정차가 전면 금지된다. 어린이 보호구역 교통안전 강화대책은 민식이법으로 알려져 있으며, 이는 2019년 충남 아산의 한 스쿨존에서 횡단보도를 건너던 9세 아동이 사망한 사고를 계기로 발의되어 2020년 3월부터 실시되었다. 아동은 상대적으로 키와 몸집이 작아 운전자가 쉽게 발견하기 어렵고, 돌발상황 발생 시 대처능력이 떨어지기 때문에 큰 사고로 이어지기가 쉽다. 따라서 CCTV가 설치되어 있지 않은 어린이 보호구역에서도 운전자가 보다 적극적으로 교통사고 예방을 위해 노력할 필요가 있다.

둘째, 교통사고 발생 시 안전띠를 미착용한 경우 피해가 크고 이로 인해 장애나 사망이 발생할 수 있다. 안전띠 미착용 시 특히 머리 부상이 많기 때문에 안전띠 착용이 중요하다. 그러나 차량의 안전띠는 성인을 기준으로 만들어졌기 때문에 아동에게는 오히려 사고 발생 시 목을 관통할 수도 있다. 따라서 카시트 사용을 통해 아동의 신체를 고정할 필요가 있다. 카시트 사용은 아동이 운전자를 방해하는 것을 막을 수 있어 안전운전에도 도움이 된다. 다만 아동의 발달단계에 따라 체격에 맞는 적절한 크기의 카시트를 설치할 필요가 있다.

셋째, 아동의 발달단계 중 걸음마기에 안전사고가 가장 많이 일어나며, 안전사고 발생 장소로는 집이 가장 많은 것으로 알려져 있다. 가정 내에서 가구나 TV가 쓰러져 아동이 부상이나 사망하는 가구 전도사고, 현관문, 방문, 가구 문틈에 손이나 발이 끼이는 사고, 베란다 추락사고 등과 같은 안전사고를 예방하기 위해 서랍장에 잠금장치 설치, 높은 가구나 TV를 벽 등에 고정, 문과 가구에 끼임방지장치를 설치할 필요가 있다. 또한 베란다에 아동이 딛고 올라갈 수 있는 물건을 두지 않고, 단추형 건전지나 동전, 자석, 의약품 등과 같은 작은 물건을 삼키는 사고가 발생하지 않도록 아동의 손이 닿지 않는 곳에 이러한 물건을 보관하는 것도 중요하다(한국소비자원, 2022).

넷째, 아동은 가정, 학교, 지역사회 내에서 다양한 물리적 위험에 직면할 수 있다. 아동의 안전을 위협하는 위험요소를 파악하고 안전사고 예방 및 대처방법을 부모, 교사, 일반인을 대상으로 적극적으로 교육할 필요가 있다.

3. 실종아동 보호

우리나라에서 실종아동에 대한 사회적 관심이 높아진 것은 비교적 최근의 일이다. 정보통신기술이 발달하면서 실종아동의 대부분은 가족에게 돌아오지만, 여전히 일부 아동은 발견되지 않고 장기실종으로 분류되고 있다. 이 절에서는 실종아동의 개념과 현황, 실종아동을 찾기 위한 사업의 현황에 대해 알아보고자 한다.

1) 실종아동의 개념

2005년 「실종아동 등의 보호 및 지원에 관한 법률(이하, 실종아동법)」이 제정되었다. 이 법의 제2조 제2항에서 "실종아동 등"이란 약취 · 유인 또는 유기되거나 사고를 당하거나 가출하거나 길을 잃는 등의 사유로 보호자로부터 이탈된 아동을 말한다. 여기에서 "아동 등"은 실종 당시 18세 미만의 아동이거나 장애인 중 지적장애인, 자폐성 장애인, 정신장애인 또는 치매환자를 포함한다. "약취"란 주로 폭행 · 협박을 통해 사람을 자기 또는 제3자의 지배하에 옮기는 것을 말하며, "유인"은 약취와 달리 속이거나 유혹에 의해 행해지는 것을 말한다.

따라서 아동이 길을 잃은 경우부터 법적 권한이 없는 사람이 보호자의 허락 없이 아동을 데리고 가거나 보호자에게 귀가시키지 못하는 약취 · 유인, 부모 또는 보호자가 부적절한 곳에 버리거나 쫓아내는 유기, 그리고 사건사고로 실종자의 소재가 파악이 안 되는 모든 경우를 의미한다. 스스로 집을 나가 보호자의 허락 없이 행방을 감추는 가출 또한 실종에 포함된다(김종우 외, 2015).

「실종아동법」이 제정되기 이전에는 실종아동의 대상자가 다소 모호하였다. 경찰청 실종아동찾기센터에서는 8세 이하 아동은 실종으로 접수하지만, 9세 이상의 아동은 가출로 보았다. 보건복지부 실종아동전문기관에서는 「아동복지법」 제2조에 근거하여 18세 미만으로, 「형법」 제287조의 미성년자 약취 · 유인죄에서는 미성년자를 20세 미만으로 규정하였다(김학신 · 김영식, 2011).

그러나 「실종아동법」에서는 실종의 대상자를 아동뿐만 아니라 지적장애인, 자폐성 장애인, 정신장애인, 치매환자를 포함하여 포괄적으로 정의하고 있으며, 2013년 법 개정을 통해 실종아동 대상을 실종 당시 14세 미만에서 18세 미만으로 확대하여 규정하고 있다.

실종아동은 보호자로부터 이탈되어 안전한 가정환경에서 양육될 수 있는 기회를 박탈당하고 정상적인 발달에 있어서도 어려움을 겪게 된다. 또한 아동의 부모는 극한의 상실감을 경험하면서 아동이 어딘가에 살아 있을 것이라는 기대감을 안고 살지만 언제 돌아올지 모르는 상황에서 불안감을 안고 살아간다(김진숙, 2013). 실종아동을 찾기 위해 부모들은 직장을 그만두기도 하면서 시간이 갈수록 경제적 어려움을 겪기도 하고, 아동 실종에 대한 죄책감, 서로에 대한 비난 등으로 가족관계가 악화되기도 한다. 이와 같이 실종아동 문제는 아동과 가족에게 상당한 고통을 주기 때문에 실종사건을 예방하고 조기에 개입하는 것이 중요하다.

2) 실종아동 현황

2005년 「실종아동 등의 보호 및 지원에 관한 법률」이 제정되면서 실종아동을 찾기 위한 관심이 증가하고 실종사건 예방을 위한 제도가 체계화되었다. 그러나 여전히 아동의 실종사건은 지속적으로 발생하고 있다. 매년 2만명 정도의 아동이 실종되는 것으로 나타났으며, 2020년 기준 19,146명의 아동이 실종되었고 이 가운데 105명이 발견되지 않았다. 대부분의 실종아동이 단기간에 발견되나, 발견되지 않는 경우 장기실종으로 이어질 가능성이 높다.

표 8-5 | 실종아동 등 신고접수 및 처리현황

(단위: 명)

구분		2016	2017	2018	2019	2020
총계	신고접수	38,281	38,789	42,992	42,390	38,496
	미발견	14	14	18	33	161
일반아동	신고접수	19,870	19,956	21,980	21,551	19,146
	미발견	3	3	6	9	105
지적장애인 (연령불문)	신고접수	8,542	8,525	8,881	8,360	7,078
	미발견	5	5	9	21	47
치매환자 (연령불문)	신고접수	9,869	10,308	12,131	12,479	12,272
	미발견	6	6	3	3	9

출처: e-나라지표. 경찰청(내부행정자료).

2021년 4월 기준으로 장기실종아동은 총 840명이었다. 이 가운데 실종된 지 20년이 넘었지만 아동을 찾지 못한 사례는 663명으로 전체의 78.9%에 달했다. 장기실종아동은 극도의 불안감, 분노, 스트레스를 느끼게 되고 범죄에 노출될 가능성이 높아진다(정익중 외, 2009). 실종 이후 시간이 길어질수록 가족은 모든 일상생활을 정상적으로 영위하지 못하는 것은 물론 정서적 불안감, 죄책감, 외상후스트레스 등과 같은 정신적인 고통을 겪게 된다(김종우, 2013; 김진숙, 2013). 따라서 미발견 실종아동의 수를 최소화하고 장기실종으로 이어지지 않도록 빠른 시간 내에 개입할 필요가 있다.

▶ **표 8-6** | 장기실종아동 현황

(단위: 명)

계	1년 미만	1년~5년	5년~10년	10년~20년	20년 이상
840	86	30	15	46	663

출처: 보건복지부 (2021.04.30. 기준)

3) 실종아동 대책

(1) 실종아동전문센터

「실종아동법」 제정 이후 2017년까지 어린이재단이 '실종아동전문기관'을 보건복지부로부터 위탁받아 운영하였고 이후에는 중앙입양원이 위탁받아 운영하였다. 2019년 아동권리보장원이 설립되면서 실종아동과 가족 지원을 위한 실종아동전문센터를 운영하고 있다. 실종아동전문센터는 실종아동 및 장애인, 그 가족을 지원하는 국내 유일의 기관으로, 실종 예방과 신속한 가정 복귀 지원을 통해 실종아동과 가정의 복지를 증진하는 데 목적이 있다(아동권리보장원, 2023.8.7. 검색).

구체적인 사업 내용은 다음과 같다(아동권리보장원, 2023.8.7. 검색). 첫째, 실종아동 등 찾기 지원이 있다. 세부사업으로 유전자검사제도 지원(경찰청 · 국립과학수사연구원 협력), 얼굴 나이 변환 사진 제작 · 활용(한국과학기술연구원 협력), 실종아동 등 찾기 홍보, 위치추적 단말기 지원, 일제 수색 지원(경찰청 협력) 등이 있다.

둘째, 실종아동의 가족을 지원한다. 실종아동 가족이 심리적 · 정신적 어려움을 극복하고 건강한 삶을 살아갈 수 있도록 실종가족을 위한 개인 상담 및 가족 상담, 의료비 지원 등을 포함한 건강지원 업무를 수행한다. 또한 실종아동 찾기 활동 지원 서비스를 통해 장기실종 가족 찾기 광고와 개별 및 전단 제작 등 찾기 홍보물 제작 지원 및 긴급사례 지원을 하고 있다. 또한 실종아동 발견 이후 상봉지원 및 사후관리 등의 업무를 수행한다.

셋째, 실종 예방 교육 및 홍보업무를 수행한다. 이를 위해 실종 예방 강사 양성 및 교육 콘텐츠 개발, 실종 예방 교육 운영, 실종 예방 홍보, 실종아동의 날 및 주간 행사 등을 진행한다. "찾아가는 실종예방교육" 사업은 아동이 미아와 유괴 상황을 이해하고 위험 상황에 대처하는 방법을 습득할 수 있도록 하는 데 목적이 있다. 이외에도 시설 종사자와 부모를 대상으로 실종 및 유괴되는 아동 사례, 예방 수칙 및 실종 시, 발견 시 행동 지침을 교육하고 있다. 실종아동 실태조사 및 연구 업무도 함께 수행한다.

(2) 경찰청

경찰청은 전국에서 발생하는 모든 실종아동 등에 대한 신고 · 접수, 조회 및 전산입력 등 찾기업무를 신속하고 효율적으로 통합관리하기 위하여 경찰청에 실종아동찾기센터를 설치하고 운영하고 있다. 실종아동 등 찾기 신고와 보호 신고를 전화 182로 일원화하여 24시간 신고접수 및 처리하고 있다. 실종아동찾기센터의 업무는 다음과 같다(안전Dream 아동 · 여성 · 장애인 경찰지원센터, 2023 발췌).

첫째, 실종아동 등 프로파일링 시스템을 운영한다. 모든 실종아동 등 발생상황과 신상정보를 등록 관리하며, 접수 즉시 전국 경찰관서에 수배하고 경찰서에 하달하여 탐문수색이 이루어지며 찾는 신고자료와 보호 신고자료 간 비교 검색이 가능하다.

둘째, 유괴 · 실종경보발령시스템을 운영한다. 이는 유괴 · 실종 상황을 방송, 전광판, 인터넷, 핸드폰 등을 통해 신속하게 전파하여 실종아동을 안전하게 발견 및 구조하기 위한 시스템이다.

셋째, 지문을 활용하여 가족 찾기를 지원한다. 장기실종아동 등을 찾기 위해 경찰은 정기적으로 전국 보호시설에 직접 찾아가서 가족이 확인되지 않은 무연고자의 지문이나 유전자를 채취하여 가족 찾기 업무를 수행한다.

넷째, 실종자 발견을 위한 유전자(DNA) 분석사업을 운영하고 있다. 이는 장기실종자 발견을 위하여 보호시설의 무연고아동 등과 실종아동 등을 찾는 가족의 유전자 정보를 DB로 구축, 상호 대조하여 발견하기 위한 제도이다. 이외에도 알리미(경찰관 대상) 및 SNS(일반 국민 대상 활용) 실종상황을 전파하여 시민 제보를 통해 실종아동 등을 발견하기 위해 노력하고 있다.

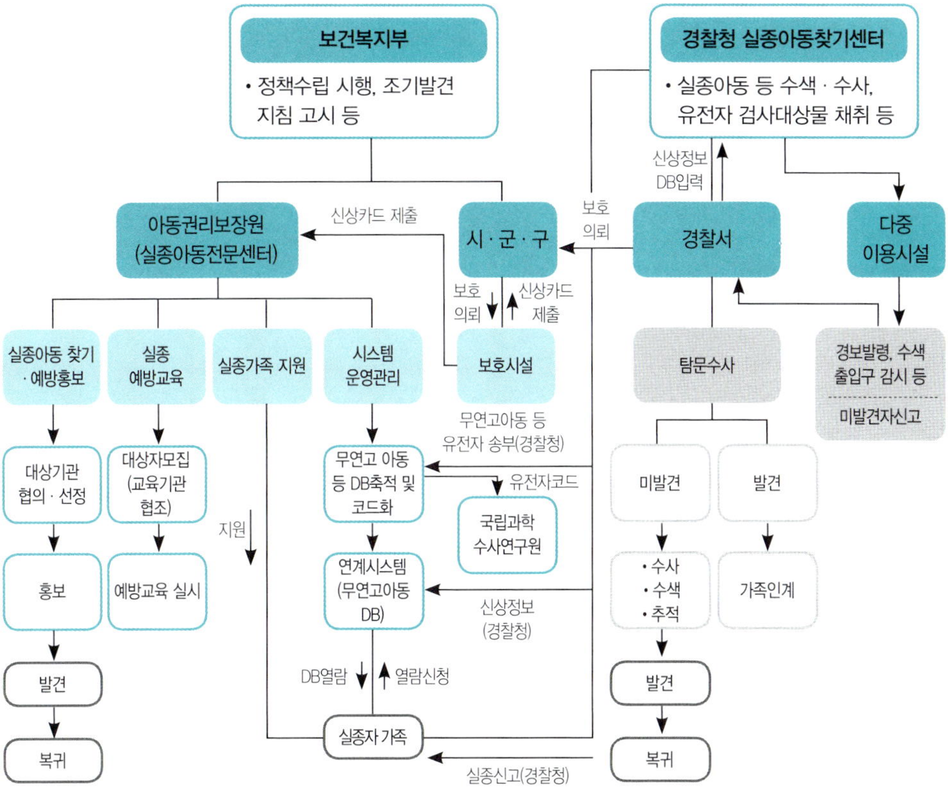

| 그림 8-1 | 실종아동 사업체계도

출처: 아동권리보장원 (2023.8.7. 검색)

토론해 봅시다

01 최근 카페나 식당, 대중교통 이용 시 등 공공장소에서 부모들이 영유아 자녀를 조용히 시키기 위해 스마트폰으로 동영상을 보여주는 경우를 쉽게 볼 수 있다. 영유아가 스마트폰이나 태블릿 PC 등을 적절하게 사용하기 위한 기준에 대해 논의해 보시오.

02 자폐스펙트럼장애와 지적장애 등 발달장애아동 수는 매년 지속적으로 증가하는 추세이다. 자폐스펙트럼장애아동이 비장애아동과 함께 일반학교에 다닐 때의 장점과 적응을 돕기 위한 방법에 대해 논의해 보시오.

참고문헌

과학기술정보통신부 · 한국정보화진흥원 · 스마트쉼센터 (2020). 스마트폰 과의존 예방 가이드라인 매뉴얼-아동용.

김미숙 (2016). 아동안전 현황과 손상예방전략. 보건복지포럼 (2016.03)

김성경 · 김혜영 (2021). **현대사회 아동복지론**. 경기: 양서원.

김종우 (2013). "자녀 실종 부모들의 경험 과정 연구", **동광**, **108**, 1-68.

김종우 · 김성천 · 박은미 · 정익중 · 강병권 (2015). **아동 실종의 이해**. 경기: 양서원.

김지혜 · 진미경 (2015). 발달장애아동 어머니의 양육스트레스와 양육행동의 관계에서 심리적 안녕감의 매개효과. **놀이치료연구**, **18**(4), 285-305.

김진숙 (2013). 장기실종아동 부모의 경험에 대한 현상학적 연구. **한국가족복지학**, **18**(4), 557-577.

김학신 · 김영식 (2011). 실종아동의 실태와 효과적인 대응방안에 관한 연구. **경찰학논총**, **6**(2), 307-335.

김현수 · 채규창 · 임연정 · 신윤미 (2004). 인터넷 과다사용 청소년의 가정내 변인 연구. **대한신경의학회**, **4**, 152-158.

나은우 · 정한영 (2009). 장애의 개념과 분류. **대한의사협회지**, **52**(6), 537-544.

미래창조과학부 · 한국정보화진흥원 (2015). 2014년 인터넷중독 실태조사.

보건복지부 (2022). 보건복지부 누리집 장애인 등록현황(2021년).

보건복지부 (2023a). 장애인연금 사업안내(장애수당 및 장애아동수당 포함).

보건복지부 (2023b). 장애아동가족지원 사업안내.

신성만 · 고영삼 (2017). '인터넷 중독'의 대체용어로서 '인터넷 과의존'의 개념 연구. 한국정보화진흥원.

아동권리보장원 (https://ncrc.or.kr)

안전Dream 아동 · 여성 · 장애인 경찰지원센터 (https://www.safe182.go.kr)

여성가족부 (2021). 2021 청소년 인터넷 · 스마트폰 이용습관 진단조사.

여성가족부 (2022). 2022 청소년 인터넷 · 스마트폰 이용습관 진단조사.

유수경 (2006). 초등학생의 부모애착과 컴퓨터 게임 중독 학교생활적응과의 관계. 인천대학교 교육대학원 석사학위논문.

육아정책연구소 (2022). 육아정책Brief 아동의 미디어기기 중독과 사이버비행 감수성, 조기 대처가 답.

이재연 · 김형모 · 황옥경 · 박은미 · 이은주 · 강현아 (2017). **아동복지론(제3판)**. 서울: 학지사.

정익중 · 김성천 · 송재석 (2009). 아동실종으로 인한 사회경제적 비용 분석. **한국사회복지학, 61**(2), 371-389.

질병관리청 (www.kdca.go.kr)

통계청 (2023). 인구동향과 사망원인통계. 국가승인통계 제10154호.

한국소비자원 (2022). 2021년 어린이 안전사고 동향 분석.

한국정보화진흥원 (2014). 인터넷중독 실태 조사 결과. 서울: 한국정보화진흥원.

e-나라지표 (index.go.kr)

WHO, 보건복지부, 사회보장정보원 (2016). ICF 국제 기능 · 장애 · 건강 분류 – 한글번역본 제2차 개정판. 사회보장정보원.

Maurice, P., Lavoie, M. Q., Chapdelaine, A., Bonneau, Bélanger H., Ellison, L. (1997). *Safety and safety promotion: conceptual and operational aspects, 18*(4), 179-86.

09 CHAPTER

아동보육

1. 아동보육의 의미와 필요성
2. 영유아보육서비스
3. 방과후 아동보호

CHAPTER

09 아동보육

1. 아동보육의 의미와 필요성

1) 아동보육의 의미

아동보육은 아동과 보육의 결합된 개념으로 만 18세 미만의 아동의 '보호'와 '교육'을 뜻한다. 아동보육은 취학 전 아동을 대상으로 하는 영유아보육서비스 이외에 취학 후 아동을 대상으로 하는 방과후 아동보호로 나눌 수 있다. 이 장에서는 영유아보육서비스와 방과후 아동보호를 구체적으로 살펴보았다.

2) 아동보육의 필요성

아동보육은 가족의 책임에서 점차 사회정책의 영역으로 확대되고 있다. 아동보육은 저소득층 여성이 근로하는 동안 하루 중 일정시간 보호자 이외의 다른 사람이 보호하던 '탁아'의 개념에서 모든 계층의 아동발달과 교육적 기능을 강조하는 '보육'의 개념으로 변화하였다. 최근의 저출산현상은 아동발달뿐만 아니라 사회정책의 일환으로 아동보육을 강조하고 있다(박경자 외, 2013). 백진희(2001)는 사회복지적 관점의 아동보육이란 "아동발달의 욕구와 사회적 필요성의 양 측면의 균형을 이루면서 사회복지의 가치인 평등, 자조, 사회 연대가 반영된 것"이어야 한다고 말한 바 있다.

2. 영유아보육서비스

1) 영유아보육의 목적

「영유아보육법」 제1조는 영유아보육의 목적으로 "영유아의 심신을 보호하고 건전하게 교육하여 건강한 사회구성원으로 육성함과 아울러 보호자의 경제적 · 사회적 활동이 원활하게 이루어지도록 함으로써 영유아 및 가정의 복지증진에 이바지함"을 목적으로 한다고 천명하고 있다.

2) 영유아보육의 의미

「영유아보육법」 제2조 제1호, 제2호에 따르면 "보육"은 6세 미만의 취학 전 아동(이하 "영유아"라 함)을 건강하고 안전하게 보호 · 양육하고 영유아의 발달특성에 적합한 교육을 제공하는 어린이집 및 가정양육 지원에 관한 사회복지서비스를 말한다.

한국의 보육은 1991년 「영유아보육법」이 제정되면서 유아교육과 보육이 교육부와 보건사회부(현 보건복지부)로 분리되면서 영유아보육과 유아교육이 분화되었다. 유아교육은 「유아교육법」에 따른 유치원에서의 유아에 대한 교육을 말하며, "유치원"이란 「유아교육법」 제2조 제1호, 제2호에 따라 만 3세 이상 초등학교 취학 전 어린이를 교육하기 위해 설립 · 운영되는 학교를 말한다(유아교육법 제2조 제2항).

그런데 영유아는 영아와 유아가 결합된 개념으로 영아는 만 0세~만 2세, 유아는 만 3세~만 5세의 아동을 말하고, 보육이란 '보호'와 '교육'을 통합한 개념이다. 따라서 본질적으로 유아교육도 넓은 의미의 영유아보육에 포함된다고 할 수 있다.

실제로 반일제 중심의 유치원이 종일제로 운영하며 보육기능이 강화되고, 어린이집에서 교육 프로그램이 증가하여 교육기능이 보완되었으며(장명림, 2006), 2012년 만 5세 이상을 시작으로, 2013년 이후 만 3세 이상은 유치원과 어린이집 모두 '누리과정'을 운영하고 있다는 점에서 양 기관의 기능 차이는 감소하고 있다.

3) 영유아보육의 이념

「영유아보육법」 제3조는 보육이념으로 '영유아 이익의 최우선', '영유아의 건강한 성장', '차별 없는 보육'을 제시하고 있다.

영유아보육법

제3조(보육이념) ① 보육은 영유아의 이익을 최우선적으로 고려하여 제공되어야 한다.

② 보육은 영유아가 안전하고 쾌적한 환경에서 건강하게 성장할 수 있도록 하여야 한다.

③ 영유아는 자신이나 보호자의 성, 연령, 종교, 사회적 신분, 재산, 장애, 인종 및 출생지역 등에 따른 어떠한 종류의 차별도 받지 아니하고 보육되어야 한다.

4) 영유아보육정책의 역사

(1) 영유아보육법 제정 이전

보육의 시초는 1921년 태화기독교 여성관 내 빈민아동 구호 목적의 '탁아' 프로그램이었다. 1961년 「아동복리법」이 제정되면서 「아동복리법」 제3조는 '탁아시설'을 법정 아동복지시설로 규정하고 국가와 지방자치단체 또는 재단법인이 승인을 받아 설치할 수 있게 하였다. 1960년대 후반 취업모가 증가하자 어린이집 부족을 해결하기 위해 민간에 의한 어린이집 설치가 가능하게 하였으며 탁아소를 '어린이집'으로 명칭 변경하였다.

1981년 「아동복리법」을 「아동복지법」으로 전부개정하면서 보육의 개념을 종래의 탁아, 임시구호적 성격에서 아동의 건강한 발달과 복지를 보장하는 시설로 확대하고, 개인의 신고에 의해 설치하는 것을 허용하였다. 1982년에는 「유아교육진흥법」을 제정하여 4원화(문교부, 보건사회부, 내무부, 농촌진흥청)된 유아교육체계를 문교부(공 · 사립유치원)와 내무부(새마을 유아원)로 이원화하고, 유치원은 4세 이후 유아를 대상으로 하고, 어린이집을 포함하는 새마을 유아원은 4세 미만으로 구분하였다(박경자 외, 2013; 정우열, 2020).

(2) 영유아보육법 제정 이후

1991년 「영유아보육법」이 제정되면서 유치원과 어린이집의 이원체계로 영유아보육이 본격적으로 분화되었다. 「영유아보육법」은 보육업무를 보건복지부로 일원화하고 새마을 유아원은 '어린이집'으로 명칭 변경하였다. 「영유아보육법」 제정으로 보육의 범위를 보호, 교육, 건강, 영양, 안전의 서비스를 포함하는 다차원적 영역으로 설정하게 되었다. 2004년 「영유아보육법」을 개정하면서 보육의 대상을 보호대상아동 중심에서 모든 영유아로 확대하였고, 신고제였던 어린이집 설치 규정을 인가제로 다시 강화하였다. 또 영유아 이익 최우선의 원칙을 「영유아보육법」 제3조 보육이념에 추가하였다. 2006년 영아기본보조금 도입을 시작으로 2013년부터는 전 계층, 전 연령대 영유아의 보육료를 지원하기 시작하였다. 2013년에는 유치원과 어린이집의 교육적 평등을 위해 3~5세 연령별 누리과정을 전면실시하기 시작하였다. 2020년에는 어린이집 회계에 속하는 재산이나 수입의 보육 목적 외 사용금지와 위반 시 제재할 수 있도록 하고, 영유아 어린이 통학버스 하차 여부 확인 의무를 준수하지 않은 경우 제재를 강화하였다. 2022년에는 중앙육아종합지원센터의 기능 정립을 위한 개정과 직장어린이집 설치 의무 이행 실태조사에 불응하는 사업장에 과태료를 부과할 수 있도록 개정하였다(박경자 외, 2013; 정우열, 2020; 중앙육아종합지원센터, 2023.8.1. 검색).

5) 영유아보육기관

(1) 어린이집

어린이집은 「영유아보육법」상의 보육기관으로 '국공립어린이집', '사회복지법인 어린이집', '법인 · 단체 등 어린이집', '직장어린이집', '가정어린이집', '협동어린이집', '민간어린이집'으로 나뉜다(영유아보육법 제10조). 제3차 중장기보육기본계획(2018-2022)은 보육의 공공성 강화를 위해 국공립 이용률을 40%로 확대하고, 직장어린이집 활성화를 전략으로 제시하였다. 제4차 중장기보육기본계획(2023-2027)에서는 시간제보육서비스 확대, 취약아동(장애, 경계성 등)에 대한 맞춤 지원 및 교사 전문 역량 강화를 기본방향으로 설정하였다.

(2) 유치원

유치원은 「유아교육법」상의 학교로 '국립유치원', '공립유치원', '사립유치원'으로 분류된다(유아교육법 제7조). 2020년 정부는 유치원 3법(유아교육법, 사립학교법, 학교급식법)을 통과시켜 에듀파인(Edufine) 사용을 의무화하고, 학교법인의 이사장이 유치원장을 겸직하지 못하게 하였다. 교육회계를 교육목적 외에 사용하지 못하도록 하였으며, 유치원급식도 학교급식법의 적용을 받도록 하였다(교육부, 2020.3.2).

표 9-1 | 시설 유형별 유치원 및 어린이집 수(2020)

구분	유치원				어린이집							
	계	국립	공립	사립	계	국공립	사회복지법인	법인단체 등	민간	가정	협동	직장
전체	8,705 (100.0)	3 (0.0)	4,973 (57.1)	3,729 (42.8)	35,352 (100.0)	4,958 (14.0)	1,316 (3.7)	671 (1.9)	11,510 (32.6)	15,529 (43.9)	152 (0.4)	1,216 (3.4)
대도시	2,542	0	904	1,638	12,861	2,580	353	188	3,988	5,126	64	562
중소도시	3,269	1	1,684	1,584	15,380	1,460	266	171	4,830	8,173	62	418
농어촌	2,894	2	2,385	507	7,111	918	697	312	2,692	2,230	26	236

출처: 육아정책연구소 (2021). 2020 영유아 주요통계. p.24.

6) 영유아보육 이용 현황

(1) 어린이집, 유치원 이용 영유아 수의 감소

저출산으로 영유아의 수가 2000년 4,685,116명에서 2015년 3,179,803명으로 줄었으며, 출생아 수 역시 2007년 496,822명에서 2019년 302,676명으로, 2021년 260,500명으로 감소하였다. 이는 유치원 및 어린이집을 이용하는 영유아 수에도 영향을 미쳐 2016년 1,450,243명이던 어린이집 이용 영유아의 수는 2021년 1,184,716명으로 줄었다. 유치원 이용 유아의 수 역시 2016년 704,138명에서 2021년 585,572명으로 감소하였다(육아정책연구소, 2022).

(2) 연령별 어린이집, 유치원 이용 영유아 수

영유아의 연령에 따라 어린이집과 유치원 이용 영유아 수에 차이가 있다. 만 3세까지는 어린이집 이용 유아의 수가 많으나, 만 4세와 만 5세는 유치원 이용 유아의 수가 많다. 그러나 초등학교 입학을 연기하고 보육을 연장하는 만 6세 이상은 유치원보다 어린이집 이용이 더 높게 나타나고 있다(육아정책연구소, 2021).

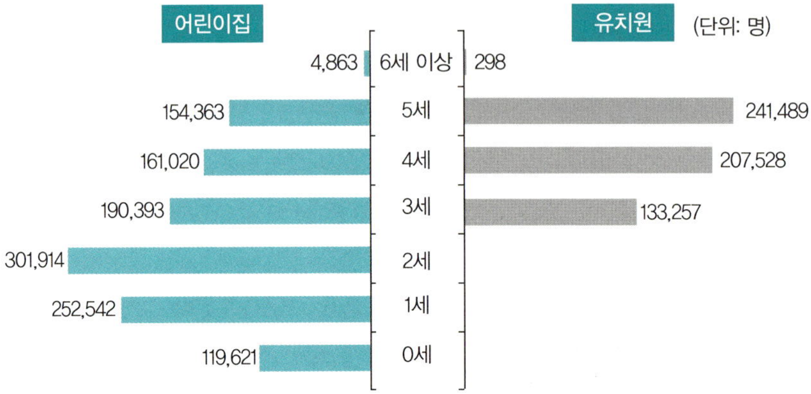

▌그림 9-1▐ 연령별 유치원 및 어린이집 영유아 수(2021)

출처: 육아정책연구소 (2022). p. 25.

7) 영유아보육정책

(1) 어린이집

① 만 0~5세 보육료 지원

어린이집을 이용하는 만 0~5세 아동의 보육료를 매월 국가에서 지원하고 있다. 보육료는 소득수준과 상관없이 연령만 구분하여 지급하는 보편지급방식을 선택하고 있다.

표 9-2 | 만 0~5세 보육료 지원(2023)

연령	지원단가		
	기본보육	야간	24시
만 0세	499,000	514,000	771,000
만 1세	452,000	452,000	678,000
만 2세	375,000	375,000	562,000
만 3~5세	280,000	280,000	420,000
만 3~5세	280,000	280,000	420,000

출처: 중앙육아종합지원센터 (http://central.childcare.go.kr, 2023.8.1. 검색)

② 장애아보육료 지원

장애아의 경우 교사대 아동비율을 1:3으로 반을 편성하고, 장애아전담보육교사 또는 특수교사를 배치하여 장애아를 보육할 경우 연령 구분 없이 월 559,000원을 지원한다(보건복지부, 2023a).

③ 어린이집 정원

어린이집 정원은 ① 어린이집 전용으로 사용하는 시설(실내) 면적 ② 보육실 면적 ③ 옥외놀이터 및 대체놀이터(정원 50인 이상) 면적을 기준으로 산정한 후 각 면적 산정 인원 중 가장 적은 수 이하로 정한다. 어린이집 전용면적은 영유아 1인당 4.29㎡, 보육실은 영유아 1인당 2.64㎡ 이상이어야 한다. 50인 이상 어린이집은 놀이터 면적이 영유아 1인당 3.5㎡ 이상 확보되어야 한다.

어린이집의 반별 정원 기준은 「영유아보육법」 시행규칙 제10조 별표2에 규정되어 있다. 구체적으로 〈표 9-3〉과 같다. 교사 대 아동의 비율에 따라 영유아와 교사 간의 상호작용, 영유아에 대한 관심과 집중 정도가 달라질 수 있다는 점에서 교사 대 아동 비율의 적정성은 보육의 질을 결정하는 주요 쟁점이다. 이재희와 김은설(2017: 67)은 현행 법규에서 교사 1인당 최소 15%에서 최대 30% 이상 줄여야 한다고 주장한다.

표 9-3 | 연령별 반편성 시 반별 정원기준

반별 정원기준	만 0세	만 1세	만 2세	만 3세	만 4세 이상
원칙	3명	5명	7명	15명	20명

출처: 보건복지부 (2023). 영유아보육법 시행규칙 제10조 별표2.

④ 어린이집 입소 우선순위

「영유아보육법」 제28조, 「영유아보육법」 시행령 제21조의4, 「영유아보육법」 시행규칙 제29조에 따라 저소득층, 한부모, 장애가구, 다자녀가정, 맞벌이가구가 우선 입소하고 있다.

표 9-4 | 어린이집 입소 우선순위

■ 1순위

- 「국민기초생활보장법」에 따른 수급자
- 「한부모가족지원법」 제5조의 규정에 의한 보호대상자의 자녀
- 「국민기초생활보장법」 제24조의 규정에 의한 차상위계층의 자녀
- 「장애인복지법」 제2조에 따른 장애인 중 장애의 정도가 심한 장애인의 자녀 또는 형제자매
- 아동복지시설에서 생활 중인 영유아
- 부모가 모두 취업 중이거나 취업을 준비 중인 영유아
- 「다문화가족지원법」 제2조 제1호에 따른 다문화가족의 영유아
- 「국가유공자 등 예우 및 지원에 관한 법률」 제4조 제1항에 따른 국가유공자 중 전몰자(제3호), 순직자(제5호 · 제14호 · 제16호), 상이자(제4호 · 제6호 · 제12호 · 제15호 · 제17호)로서 보건복지부령으로 정하는 자의 자녀
- 자녀가 3명 이상인 가구의 영유아 또는 만 8세 이하 또는 초등학교 2학년 이하인 자녀가 2명 이상인 가구의 영유아
- 임신부의 자녀인 영유아
- 제1형 당뇨를 가진 경우로서 의학적 조치가 용이하고 일상생활이 가능하여 보육에 지장이 없는 영유아
- 산업단지 입주기업체 및 지원기관 근로자의 자녀로서 산업단지에 설치된 어린이집을 이용하는 영유아
- 「북한이탈주민의 보호 및 정착지원에 관한 법률」에 따른 북한이탈주민 및 그 자녀인 영유아

- 2순위
  - 기타 「한부모가족지원법」에 따른 한부모가족 및 조손가족
  - 가정위탁보호아동 및 입양된 영유아
  - 동일 어린이집 재원 중인 아동의 형제자매

출처: 2023년 보육사업안내. pp.70-71.

(2) 유치원

① 유아 학비 지원

국공립 및 사립유치원에 다니는 만 3~5세 유아의 학비를 국가에서 매월 지원하고 있다.

표 9-5 | 유아 학비 지원

구분	국공립유치원	사립유치원
만 3~5세 교육비	100,000	280,000
만 3~5세 방과후과정비	50,000	70,000

출처: 교육부 (2023).

② 저소득유아 학비 지원

사립유치원에 다니는 법정 저소득층(기초생활수급자, 차상위계층, 한부모가정)의 유아의 경우 월 최대 20만원을 지원하고 있다(학부모 부담금이 20만원 이내인 경우 실비 범위 내 지원)(교육부, 2023).

③ 유치원 입소순위

유치원의 입학은 유치원 규칙으로 정하는 바에 따르나, 지방자치단체에서 유아의 교육기회 균등을 위해 조례로 유아의 모집, 선발시기, 절차 및 방법을 정할 수 있다

(유아교육법 제11조). 정부는 2018년부터 저소득층 유아에게 국공립유치원 우선입학 기회를 제공하고 있다(교육복지정책국, 2018).

참고: 2019년 개정 누리과정

누리과정은 유치원과 어린이집에 다니는 만 3세~5세의 유아에게 적용되는 공통교육과정이다. 〈2019 개정 누리과정〉은 '유아가 행복하고 존중받을 수 있는 놀이중심' 교육과정이다. 교사 주도 활동을 지양하고, 유아가 충분한 놀이 경험을 통해 몰입과 즐거움 속에서 자율 · 창의성을 신장하고, 전인적 발달과 행복을 추구하고자 한다. 개정 누리과정이 추구하는 인간상은 '건강한 사람', '자주적인 사람', '창의적인 사람', '감성이 풍부한 사람', '더불어 사는 사람'으로 명시해 초 · 중등학교 교육과정 인간상과 연계했다. 특히 '건강한 사람'으로 초 · 중등에 없는 유아에게 적합한 인간상을 신설해 유아교육의 고유성을 분명히 했다.

출처: 대한민국 정책 브리핑: 누리과정.
www.korea.kr/special/policyCurationView.do?newsId=148865430 (2021.12.20. 검색)

(3) 시간제 보육

① 시간제 보육의 의의

시간제 보육이란 시간제 보육 제공기관으로 지정된 어린이집에서 시간 단위로 보육서비스를 이용하고 이용한 시간만큼 보육료를 지불하는 보육서비스를 말한다.

어린이집, 유치원 등을 이용하지 않고 부모급여 또는 양육수당을 수급 중인 6개월 이상 36개월 미만의 영아를 대상으로 한다(보건복지부, 2023a).

② 시간제 보육 내용

시간제 보육료 4,000원 중 정부가 3,000원을 지원한다. 시간제 보육을 실시하는 어린이집 혹은 육아종합지원센터에 시간 단위로 보육서비스를 이용하고 이용시간에 따라 보육료를 지불한다. 월 최대 80시간까지 이용할 수 있다(보건복지부, 2023a).

(4) 아이돌봄서비스

① 아이돌봄서비스 대상

아동의 연령이 생후 3개월 이상 만 12세 이하이면서 부모의 취업으로 양육공백이 발생한 중위소득 150% 이하인 가구를 대상으로 한다. 보육료, 유아학비, 가정양육수당과 중복지원되지 않는다.

② 아이돌봄서비스 내용

아이돌봄서비스 내용은 시간제 아이돌봄과 영아종일제 아이돌봄으로 나뉜다. 시간제 아이돌봄은 부모가 올 때까지 임시보육, 놀이활동, 등하원 동행, 준비된 식사와 간식 챙겨주기 등의 서비스를 제공하며, 영아종일제 아이돌봄은 이유식 먹이기, 젖병소독, 기저귀 갈기, 목욕 등의 서비스를 지원한다. 아이돌봄서비스는 가정 유형(일반가정, 한부모, 장애여부)과 가구소득에 따라 정부의 지원금이 달라진다(복지로, www.bokjiro.go.kr, 2023.8.1. 검색)

3. 방과후 아동보호

1) 방과후학교

(1) 방과후학교의 개념

'방과후학교'란 학생과 학부모의 요구와 선택을 반영하여, 수익자부담 또는 재정지원으로 이루어지는 정규수업 이외의 교육 및 돌봄활동으로, 학교 계획에 따라 일정한 기간 동안 지속적으로 운영하는 학교 교육활동이다(교육부 · 17개시도교육청 · 한국교육개발원, 2022a).

(2) 방과후학교의 현황

2019년 기준으로 1학년 142,661명, 2학년 106,573명, 3학년 22,633명, 4학년 8,967명, 5학년 5,207명, 6학년 4,317명이 방과후학교에 참여하였다(방과후학교 포털시스템, 2023.8.1.검색).

(3) 방과후학교의 이용

① 방과후학교의 이용 대상

방과후학교는 해당 학교 학생과 타교 학생도 포함할 수 있다(교육부 · 17개시도교육청 · 한국교육개발원, 2022a).

② 방과후학교의 운영 시간

방과후학교는 학생 · 학부모의 요구와 단위학교의 여건을 고려하여 정규수업 이외의 시간에 학교가 자율적으로 결정하여 운영한다. 방과후학교는 토요일, 휴업일, 방학 중에도 운영할 수 있다(교육부 · 17개시도교육청 · 한국교육개발원, 2022a).

③ 방과후학교의 서비스 내용

학교는 학생과 학부모의 수요 조사를 실시한 결과를 반영하여 특기 · 적성, 교과, 돌봄 등 다양한 프로그램을 개설 · 운영할 수 있다. 지역과 학교의 여건을 고려하여, 특색 있고 경쟁력 있는 다양한 프로그램을 개설 · 운영하도록 한다. 개설된 프로그램명, 수강료, 수강 정원 등에 대한 정보는 홈페이지에 공개한다(교육부 · 17개시도교육청 · 한국교육개발원, 2022a).

2) 초등돌봄교실

(1) 초등돌봄교실의 개념

'초등돌봄교실'이란 별도 시설(전용 또는 겸용교실 등)이 갖추어진 학교 공간에서 돌봄이 필요한 학생들을 대상으로 정규수업 이외에 이루어지는 돌봄활동을 말한다(교육부 · 17개시도교육청 · 한국교육개발원, 2022b).

(2) 초등돌봄교실의 현황

2004년 초등 저학년 '방과후교실'이 28개교에서 시범운영되었고, 2021년 12월 기준으로 전국 11,980실에서 약 24만명을 보호하고 있다. 향후 신 · 증축, 혁신적 리모델링을 통해 3,500실의 초등돌봄교실을 확대하고, 1,500실의 교실을 활용하여 34만명까지 돌봄대상을 확대할 예정이다(교육부 · 17개시도교육청 · 한국교육개발원, 2022b).

(3) 초등돌봄교실의 이용

① 초등돌봄교실의 이용 대상

2019년 기준으로 1~2학년을 대상으로 운영하던 것을 초등 전 학년으로 점차 확대하고 있다. 초등돌봄교실은 교실당 20명 내외로 편성을 권장하고 있다(교육부 · 17개시도교육청 · 한국교육개발원, 2022b).

② 초등돌봄교실의 이용 시간

방과후부터 17시까지 운영하던 것에서 학교와 지역 여건 등에 따라 탄력적 운영할 수 있도록 하였다. 저녁돌봄교실도 17시(또는 19시)~22까지 운영하는 것을 기본으로 하되, 여건에 따라 탄력 운영이 가능하다. 방학 중 돌봄교실은 학기 중 운영시간과 동일하되 수요와 여건에 따라 조정하며 운영한다(교육부 · 17개시도교육청 · 한국교육개발원, 2022b).

③ 초등돌봄교실의 서비스 내용

돌봄전담사의 지원하에서 숙제하기, 일기쓰기, 독서하기 등의 개인활동과 외부강사 등을 초대하여 음악줄넘기, 북아트, 악기연구 등의 단체활동이 가능하다. 매일 1개 이상의 무상 프로그램 이외에 학부모가 수익자 부담으로 추가제공을 원하는 경우 유상 프로그램 제공이 가능하다(교육부 · 17개시도교육청 · 한국교육개발원, 2022b).

3) 지역아동센터

(1) 지역아동센터의 목적

지역아동센터는 「아동복지법」 제50조~제52조, 제54조~제75조(설치근거 제52조 제1항 제8호)에 의거하여 방과후돌봄이 필요한 지역사회 아동을 건전 육성하고, 보호, 교육, 건전한 놀이와 오락의 제공, 보호자와 지역사회의 연계 등 종합적인 복지서비스를 제공하는 기관이다(보건복지부, 2023b).

(2) 지역아동센터의 현황

2004년 「아동복지법」을 개정하여 지역아동센터(구, 공부방)를 아동복지시설로 법제화하여 총 895개소, 23,347명의 아동에게 서비스를 제공하였다. 이 후 지역아동센터는 양적 · 질적으로 확대되어 2020년 12월 기준으로 총 4,295개소의 지역아동센터가 있으며, 총 106,746명의 아동이 이용 중이다(보건복지부, 2022).

(3) 지역아동센터의 이용

① 지역아동센터 이용 대상

지역아동센터는 시설별 신고정원의 50% 이상은 돌봄취약아동(소득기준, 가구특성 기준, 연령기준 등을 충족하는 아동)이어야 하며, 일반아동은 50% 범위 내에서 등록 가능하다.[01] 초등학교와 중학교 재학 중 아동을 우선으로 하되, 지역아동센터 이용 중 고등학교로 진학하는 경우의 고등학생, 형제가 중학교 이하의 연령으로 지역아동센터를 이용하고 있는 경우의 고등학생과 18세 미만의 학교 밖 청소년, 지역적 특성으로 어린이집 · 유치원 등을 이용할 수 없는 미취학아동도 이용 가능하다(보건복지부, 2023b).

② 지역아동센터 이용시간

지역아동센터는 주 5일, 1일 8시간 운영을 기본으로 하며 14:00~20:00는 필수 운영시간이며, 방학(단기방학포함) 중에는 12:00~17:00가 필수운영시간이다. 토요일, 공휴일, 대체공휴일 운영은 아동이 방임되지 않는 범위 내에서 지역 여건과 센터 실정에 따라 자율적으로 결정 가능하다(보건복지부, 2023b).

③ 지역아동센터 서비스 내용

지역아동센터 프로그램은 기본프로그램과 특화프로그램으로 구성된다. 기본프로그램은 보호 · 교육 · 문화 · 정서지원 · 지역사회 영역으로 구성되며, 특화프로그램은 지역사회 특수성 및 주요 대상의 특성을 고려한 맞춤형 운영 프로그램을 의미한다(보건복지부, 2023b).

---

01 다만, 시 · 군 · 구청장은 지역별 상황 등을 종합적으로 고려하여 일반아동 등록범위를 다르게 정할 수 있다(보건복지부, 2023b, p.42).

4) 다함께돌봄

(1) 다함께돌봄의 개념

「아동복지법」 제44조의2(다함께돌봄센터)에 의거하여 초등학교의 정규교육 이외의 시간 동안 돌봄서비스를 제공하기 위해 시 · 도지사 및 시장 · 군수 · 구청장이 설치 · 운영하는 시설이다.

지역사회 중심의 자발적이고 주도적인 아동돌봄공동체 기반을 형성하기 위해 공공/민간 자원을 연계하고, 지역사회가 다함께 아동을 키우는 자율적이고 유연한 체계를 운영방향으로 한다(보건복지부, 2023c).

(2) 다함께돌봄의 현황

2017년 10개소에서 다함께돌봄시범사업을 실시한 이후 2021년 6월 기준으로 다함께돌봄센터 518개소가 설치운영되고 있으며, 12,190명의 아동이 이용 중이다. 2021년에는 신규 500세대 이상 주택단지 내에는 다함께돌봄센터 설치를 의무화한 '주택건설 기준 등에 관한 규정'을 개정하였다. 다함께돌봄센터의 설치 · 운영 주체는 지방자치단체로 직영방식으로 운영한다. 다만 돌봄서비스에 관한 전문성 활용 및 지역사회 참여를 위해 공개모집을 통해 사회복지법인, 비영리법인, 비영리민간단체에 위탁운영이 가능하다. 2021년 6월 말 기준, 다함께돌봄센터 운영방식을 살펴보면, 직영운영센터 75개소(14.5%), 위탁운영 441개소(85.1%), 공동운영 2개소(0.4%)로, 위탁으로 운영되고 있는 센터가 가장 많다(보건복지부 · 아동권리보장원, 2021).

(3) 다함께돌봄의 이용

① 다함께돌봄의 이용 대상

돌봄이 필요한 만 6세~12세(초등학생) 아동을 대상으로 하며, 소득수준과 무관하게 지역 여건에 따라 이용 우선순위를 정할 수 있다. 다함께돌봄센터의 정원은 최소 66㎡ 이상 전용면적을 확보하는 것을 기준으로 아동 1인당 최소 3.3㎡을 고려하여 산정한다. 상시돌봄대상자뿐만 아니라 일시돌봄대상자 모두 이용 가능하다(보건복지부, 2023c).

② 다함께돌봄의 이용시간

주5일(월~금), 1일 8시간 이상 상시 운영하되, 학기 중에는 14:00~20:00를 포함하여야 하며, 방학 중(단기방학 포함)에는 9:00~18:00까지 운영한다(보건복지부, 2023c).

③ 다함께돌봄의 서비스 내용

전담인력 중심으로 놀이, 돌봄(출석, 간식), 학습 중심(숙제지도, 특별활동)으로 서비스를 제공하되, 외부 프로그램이나 인력 연계를 할 수 있다(보건복지부, 2021c).

5) 청소년방과후아카데미

(1) 청소년방과후아카데미의 개념

「청소년기본법」 제48조의2(청소년 방과후 활동지원), 「청소년기본법」 시행령 제33조의3(청소년 방과후 활동 종합지원계획의 수립), 제33조의4(방과후 활동종합지원사업 실시), 제33조의5(청소년 방과 후 활동지원센터의 설치 · 운영)에 의거하여 방과후돌봄이 필요한 청소년에게 체험활동, 학습지원, 급식, 상담 등 종합서비스를 제공하는 기관이다(여성가족부, 2023).

(2) 청소년방과후아카데미의 현황

2005년 청소년위원회 주요 정책과제로 채택된 이후 2020년 현재 304개소를 지원하고 있다(여성가족부, 2023).

(3) 청소년방과후아카데미의 이용

① 청소년방과후아카데미의 이용 대상

초등학교 4학년부터 중학교 3학년까지를 대상으로 한다. 지역수요에 따라 예비 초4(초3), 예비 중1(초6)의 참여가 가능하다. 청소년방과후아카데미의 이용대상은 일반형과 주말형으로 구분되는데, 일반형은 기초생활수급자, 차상위계층, 한부모, 다문화, 장애, 2자녀 이상 가정, 맞벌이가정이 우선 대상이 된다. 주말형은 주말 돌봄 및 체험활동이 필요한 청소년을 대상으로 한다(여성가족부, 2023).

② 청소년방과후아카데미의 이용 시간

청소년방과후아카데미는 방과후부터 21시까지 운영하며, 주 5~6일 운영한다. 일반형으로 운영하는 경우 주중에는 하루 4시수[02], 1주 20시수(급식 5시수 의무) 이상을 운영해야 한다. 주말형으로 운영하는 경우에는 1일 5시수, 주말 1~2일(연간 80일 이상) 운영한다(여성가족부, 2023).

---

02 1시수는 60분(휴식 포함), 급식시수는 30분~1시간 내 탄력운영이 가능하다(여성가족부 · 복권위원회 · 한국청소년활동진흥원, 2021: 18).

③ 청소년방과후아카데미의 서비스 내용

일반형 청소년방과후아카데미는 체험 및 역량강화활동과 학습지원활동으로 급식, 역량개발, 동아리활동, 자원봉사, 보충학습 등을 진행한다. 주말형 청소년방과후아카데미는 창의융합프로젝트 활동으로 과학, 예술, 역사 등 다양한 주제를 융합한 창작활동을 진행하며, 진로개발 지역 현장체험활동으로 지역자원을 이용한 현장체험활동 중심 진로탐색을 한다. 지역사회 참여 프로젝트 활동은 봉사활동과 접목하여 지역혁신 아이디어 제안 및 지역사회 개선활동을 말한다(여성가족부, 2023).

토론해 봅시다

01 저출산정책으로서의 아동보육정책의 효과성에 대해 토론하시오.

02 방과후 아동보호서비스의 프로그램별 특징을 차이점을 중심으로 정리하시오.

참고문헌

장명림 (2006). 미래형 학제 개편과 유아교육 학제 논의. **육아정책포럼, 제2호**. 서울: 육아정책개발센터.
정우열 (2020). 우리나라 보육정책의 변화과정에 관한 연구. **사회융합연구, 4**(2), 201–210.
박경자 · 황옹경 · 문혁준 (2013). 우리나라의 보육정책. **한국보육지원학회지, 9**(5), 513–538.
교육복지정책국 (2018). 공공성 강화를 통한 유아교육 혁신방안.
교육부 (2020.3.2). 올해부터 유아교육 투명성 · 공정성 더 강화된다. 보도자료.
육아정책연구소 (2021). 2020 영유아 주요통계.
육아정책연구소 (2022). 2021 영유아 주요통계.
보건복지부 · 아동권리보장원 (2021). 온 마을이 함께 키우는 아이 다함께 돌봄.
보건복지부 (2022). 2021년 12월 말 기준 전국지역아동센터 통계조사 보고서.
보건복지부 (2023a). 2023년 보육사업안내.
보건복지부 (2023b). 2023년 지역아동센터 지원 사업안내.
보건복지부 (2023c). 2023년 다함께 돌봄 사업 안내.
이재희 · 김은설 (2017). 교사 대 영유아 비율의 적정 기준 마련 방안. 서울: 육아.
교육부 (2023). 2023학년도 유아학비 지원계획.
교육부 · 17개시도교육청 · 한국교육개발원 (2022a). 2023년 방과후학교 운영 길라잡이.
교육부 · 17개시도교육청 · 한국교육개발원 (2022b). 초등돌봄교실 운영 길라잡이.
방과후학교포털시스템 (www.afterschool.go.kr/intro/state/state1.do) (2023.8.1. 검색)
여성가족부 (2023). 2023년 청소년방과후아카데미 운영지침.

10 CHAPTER

위기, 다양성과 지역사회 보호

1. 빈곤가족 아동
2. 한부모가족 아동
3. 조손가족 아동
4. 다문화가족 아동과 북한이탈가족 아동
5. 위기, 다양성 가족 아동을 위한 지원 문제점과 향후 과제

CHAPTER 10

위기, 다양성과 지역사회 보호

최근 우리 사회는 경제, 사회적으로 급격한 변화를 겪으면서 가족의 형태 또한 다양하게 변화하고 있다. 이 장에서는 빈곤과 가족구조의 변화를 경험하는 아동의 현황과 이들이 당면한 어려움, 그리고 이에 대한 사회복지정책에 대해 살펴보고자 한다.

1. 빈곤가족 아동

1) 빈곤가족의 개념

(1) 빈곤의 개념

빈곤가족 아동을 이해하기 위해서는 먼저 빈곤의 개념을 살펴볼 필요가 있다. 빈곤은 복잡하고 다양한 사회현상이기 때문에 하나의 개념으로 빈곤을 설명하기는 어렵다. 전통적인 빈곤 개념 정의는 소득을 중심으로 이루어졌으나, 최근에는 경제적 · 사회적 · 심리적 · 문화적 측면 등을 고려하여 빈곤을 정의하고 있다. 여기서는 빈곤에 대한 다양한 정의를 살펴보고자 한다.

첫째, 절대적 빈곤은 식품, 의복과 주거 등과 같이 필요한 생필품을 전부 조사하고, 구입비용을 계산하여 빈곤선을 산출한다. 이때 가구소득이 신체적 능률을 유지하는 데 필요한 최소한의 생필품을 살 수 없는 가구를 빈곤가구라고 정의할 수 있다(Rowntree, 1901; 김은주, 2013에서 재인용).

둘째, 상대적 빈곤은 중위소득의 일정 비율 이하를 빈곤선으로 정의하고, 그 기준에 미치지 못하면 상대적 빈곤에 해당하는 것으로 본다. OECD 국가들은 중위가구소득의 40~60%, EU 국가들은 평균 가구소득의 40~60% 미만을 상대적 빈곤으로 규정하고 있다.

셋째, 절대적 빈곤과 상대적 빈곤 개념은 전문가가 설정한 단일한 빈곤선에 의해 빈곤 여부가 구분되는 반면, 주관적 빈곤은 객관적인 기준이 아니라 개인의 판단에 의해 결정된다. 즉 외부환경에 대한 개인의 인식, 체험과 평가를 기준으로 자신이 가난하다고 인식한 상태라고 볼 수 있다(Walker, 1987).

넷째, 사회적 배제(social exclusion)는 1980년대 이후 유럽 국가를 중심으로 많이 사용되어온 용어로 빈곤의 정태적(static) 측면보다 동태적(dynamic) 측면을 강조한다. 사회적 배제 관점에서 빈곤은 단지 소득이 부족한 것만을 의미하는 것이 아니라 주거, 교육, 건강, 여가, 시민권, 정치 참여의 기회 등 다양한 차원에서 결핍 상태에 있는 것이 빈곤이라고 폭넓게 정의한다(신명호, 2017).

(2) 빈곤가족 아동의 개념

빈곤가족 아동은 빈곤 가정 내에서 생활하는 만 18세 미만의 아동을 의미한다.

「아동의 빈곤예방 및 지원 등에 관한 법률」에서는 "빈곤아동"이란 생활여건과 자원의 결핍으로 인한 복지 · 교육 · 문화 등의 격차를 해소하기 위하여 지원이 필요한 아동이라고 정의하였다. 우리나라에서는 국민기초생활보장 수급가정의 아동이나 저소득 한부모가정의 아동 등이 해당된다.

2) 빈곤가족 아동의 현황

가구소득이 중위소득 50% 이하인 아동이 전체 인구에서 차지하는 비율은 2019년 10.6%이다. 아동의 상대적 빈곤율은 2015년 16.0%였고, 이후 점차 감소하는 추세를 보이고 있다.

표 10-1 | 아동의 상대적 빈곤율(2015–2019)

연도	아동의 상대적 빈곤율
2015	16.0%
2016	15.2%
2017	14.5%
2018	12.3%
2019	10.6%

주: 상대적 빈곤선은 균등화처분가능소득의 중위 50%임. 소득 기준연도임
출처: 통계청 (각 연도). 가계금융복지조사, RAS 분석; 유민상 외 (2022)에서 수정, 재인용.

[그림 10-1]의 OECD 통계 자료에 따르면 2018년 기준 우리나라 아동의 상대적 빈곤율은 12.3%로 OECD 평균 13.0%보다 낮았다. OECD 국가 중 코스타리카가 27.3%로 가장 높았고, 핀란드(3.5%)나 덴마크(4.9%)와 같은 북유럽국가의 아동빈곤율이 가장 낮았다. 우리나라는 OECD 국가 중 아동의 상대적 빈곤율은 중간 수준이나, 유럽국가와 비교했을 때는 다소 높은 수준이다.

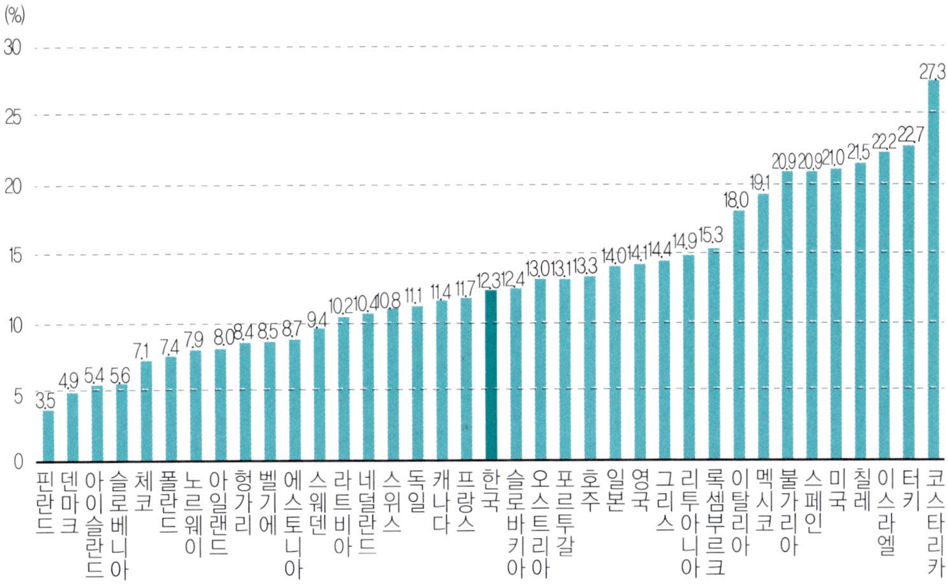

주: 1) 분석대상은 0~17세임

2) 국가별 수치는 2019년을 기준으로 작성되었으며, 일부 국가는 최근 연도 활용. 2020년(코스타리카), 2018년(핀란드, 덴마크, 폴란드, 아일랜드, 스위스, 독일, 한국, 호주, 일본, 이탈리아, 멕시코, 이스라엘, 터키), 2017년(아이슬란드, 칠레

▮그림 10-1▮ 세계 아동빈곤율(2018)

출처: 유민상 외 (2022)에서 재인용.

다만 아동의 빈곤 상황은 가구소득만으로 파악이 어렵기 때문에 물질적 결핍(material deprivation) 정도 등을 함께 살펴볼 필요가 있다. [그림 10-2]에서와 같이 물질적 결핍은 아동이 일상생활에서 필요한 재화나 서비스를 어느 정도 갖고 있는지에 대해 측정한 것이다. 조사결과 식사나 의복에서는 결핍 경험이 적었으나, 정기적인 여가활동, 친구를 초대하여 노는 것, 생일파티나 가족행사를 여는 것 등에 있어서는 결핍이 크게 나타났다. 상대적으로 빈곤가족 아동이 이러한 결핍을 더 크게 느끼고 있었다(통계청, 2019). 따라서 우리나라 아동의 상대적 빈곤율이 감소 추세를 보인다 해도 일상 속에서 아동이 느끼는 주관적 빈곤과 사회적 배제 문제는 해결되지 않고 심각한 사회적 문제로 남아 있다.

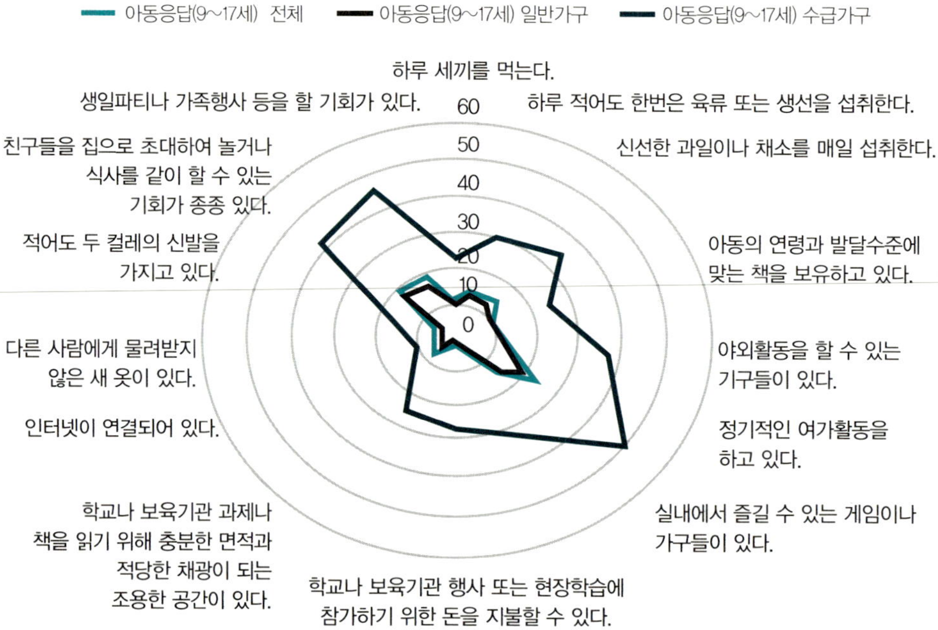

❙그림 10-2❙ 물질적 결핍 수준(2018)

출처: 통계청 (2019). KOSTAT 통계플러스 2019년 겨울호.

3) 빈곤가족과 아동의 특성

(1) 빈곤과 아동발달 관계

① 인적자본이론

인적자본이론(human capital theory)에 따르면 소득수준이 낮은 부모는 의식주 등 필수생활비의 부담이 높아 아동의 교육비용은 기회비용이 높은 것으로 인식된다. 따라서 빈곤가족은 자녀의 학비나 사교육비에 대한 투자 수준을 낮추게 되고, 이로 인해 아동의 학업성취 수준이나 인지발달 수준이 저해된다고 본다(보건사회연구원, 2013).

② 가족과정모델

가족과정모델(family process model)에서는 가정과 주양육자인 부모에 초점을 맞추어 빈곤의 영향을 분석한다. 빈곤은 부모의 스트레스를 가중시키며, 아동에 대한 지원과 관심을 가질 부모의 능력을 감소시킨다. 이로 인해 아동에 대한 양육의 질이 떨어지고, 아동의 교육적, 사회적 기회를 제한한다(김효진, 2008).

③ 누적적 위험모델

아동발달에 부정적인 영향을 주는 위험요인은 다양하다. 누적적 위험모델(cumulative risk model)에서는 하나의 특정 위험요인이 아동발달에 영향을 미칠 수 있지만, 소소한 위험요인들이 모여 아동발달에 더 강력한 영향을 미친다고 보았다(Gassman-Pines & Yoshikawa, 2006). 이 모델에서는 빈곤가족 아동은 학대나 가정폭력, 낮은 사회적 지지, 부모의 부적절한 양육태도 등과 같은 다양한 위험요인에 노출되어 있는데, 빈곤이 이러한 위험요인과 함께 작용하여 아동발달에 더욱 부정적인 영향을 미친다고 설명한다(장희선 · 김기현, 2014).

④ 레질리언스 모델

레질리언스(resilience, 회복탄력성)는 빈곤과 같은 스트레스 상황에도 불구하고 성공적으로 적응할 수 있는 개인의 능력을 의미한다. 레질리언스 모델(resilience model)에서는 빈곤가족 아동이 경험하는 부적절한 주거환경, 부모의 스트레스, 공격성 등과 같은 다양한 위험요인의 영향이 긍정적인 부모-자녀 관계, 교사의 지지, 높은 자존감 등과 같은 보호요인에 의해 감소할 수 있는 것으로 본다. 즉 빈곤 환경에서도 보호요인을 강화하는 개입은 아동이 잘 적응하여 성장할 수 있도록 해준다.

(2) 빈곤이 아동발달에 미치는 영향

① 신체적 건강

빈곤층의 여성은 영양이나 심리적 측면에서 문제가 있을 가능성이 높고 이는 태아기나 영유아기 아동의 건강에 부정적인 영향을 준다. 빈곤가정은 규칙적이고 균형 잡힌 식사 제공이 잘 되지 않아 아동이 영양불균형, 발육부진, 발달지체, 비만 등의 문제를 겪을 가능성이 높다(신인순, 2010). 정기적인 치과검진이나 건강검진을 제대로 하지 않아 질병 발생에 취약할 수 있다.

빈곤지역의 열악한 주거환경도 아동의 신체적 건강에 부정적 영향을 줄 수 있다. 제한적인 침실공간으로 인해 수면의 질이 떨어지고, 높은 습기와 곰팡이로 인해 천식 발생률이 증가하는 것으로 나타났다(Beasley et al., 2015; Reynolds & Robinson, 2005; 임세희, 2019에서 재인용).

② 인지발달

빈곤은 아동의 사고, 학습, 추리능력과 같은 인지발달에 영향을 주는 것으로 알려져 있다. 빈곤가족은 책, 장난감, 신문, 컴퓨터 등과 같이 아동의 인지발달을 자극할 수 있는 물품을 구입할 수 있는 자원이 부족하고, 이러한 환경으로 인해 아동의 인지발달에 부정적인 영향을 줄 수 있다(정익중, 2003). 저소득 가정의 유아는 소득이 높은 가정의 유아에 비해 인지능력과 언어능력이 더 낮고 양육자의 대화 내용을 이해하는 수준이 낮았다(Hurt & Betancourt, 2017). 학령기 빈곤가족 아동은 학업성취 수준이 낮고, 빈곤가족 청소년의 대학진학률 또한 비빈곤가족에 비해 더 낮았다.

③ 사회정서적 발달

경제적 스트레스가 높은 부모는 부정적인 양육태도나 부부관계를 보이기 쉽고, 이로 인해 빈곤가족 아동은 우울이나 불안, 공격성, 주의력결핍, 과잉행동장애, 반사회적 행동과 같은 여러 심리사회적 문제를 경험할 가능성이 높은 것으로 알려져 있다(김혜경 외, 2008). 빈곤가족 아동은 갈등이나 다툼이 발생했을 때 사회적으로 적절한 해결책을 찾는 인지능력이 결핍되어 중재나 협상 대신 공격적인 행동이나 비행행동과 같은 문제행동을 보일 수 있다고 보았다. 이와 같이 빈곤은 아동의 사회정서발달에도 부정적 영향을 미친다.

4) 빈곤가족 아동을 위한 정책

빈곤가족 아동을 위한 정책은 빈곤아동이 속한 가구들 대상으로 하는 빈곤정책과 아동이 미래에 빈곤을 대물림하지 않도록 방지하는 관련 정책까지 아우르는 개념이다. 우리나라 빈곤가족 아동을 위한 정책은 절대적 빈곤층 지원에서 벗어나 최근에는 수급자가 아닌 차상위계층과 같은 빈곤가족 아동을 위한 정책으로 변화하고 있다. 각 정책에 대한 구체적인 내용은 다음과 같다.

(1) 국민기초생활보장제도

국민기초생활보장제도는 생활이 어려운 자에게 생계, 주거, 의료, 자활 등 필요한 급여를 행하여 이들의 최저생활을 보장하는 것을 원칙으로 한다(보건복지부, 2021). 빈곤가족 아동은 가족이 급여 선정기준에 해당이 되는 경우 지원을 받게 된다. 급여의 종류별 내용 및 선정기준은 다음과 같다. 첫째, 생계급여는 가구의 소득인정액(소득평가액+재산의 소득환산액)이 기준중위소득 30% 이하인 경우 지원을 받을 수 있다. 둘째, 의료급여는 소득인정액이 기준중위소득이 40% 이하인 경우 지원 대상이 된다. 근로능력 유무에 따라 1종과 2종으로 구분된다. 셋째, 주거급여는 소득인정액이 기준중위소득 46% 이하인 경우 해당한다. 국토교통부장관이 정하는 기준에 따라 주거에 필요한 비용을 지원한다. 넷째, 교육급여는 소득인정액이 기준중위소득 50% 이하인 경우 지원이 가능하다. 교육부장관이 정하는 기준에 따라 입학금, 수업료, 교과서대, 부교재비, 학용품비를 지급한다(보건복지부, 2023).

(2) 빈곤가족 아동 부모에 대한 취업지원정책

저소득층 가정의 경우 저임금의 불안정한 일자리에 종사하는 경우가 대다수이다. 취업성공패키지는 취약계층에게 취업서비스를 제공하는 대표적인 취업지원사업으로 일을 통한 빈곤 탈출 지원을 목적으로 2009년 도입되었다(조성은 · 이영민, 2021). 저소득 취업취약계층에 대하여 개인별 취업활동계획에 따라 '진단 · 경로설정→의욕 · 능력증진→집중 취업알선'과 같은 과정을 거쳐 취업을 지원한다(고용노동부, 2023).

또 다른 취업지원정책으로는 자활근로사업이 있다. 자활근로사업의 대상자는 「국민기초생활보장법」에 따른 수급자 및 차상위계층이다. 이들이 자립할 수 있도록 자활능력을 기르게 하고, 기술습득을 지원하거나 근로 기회를 제공한다.

(3) 드림스타트

가족해체와 사회 양극화에 따라 아동빈곤 문제의 심각성이 대두되면서 빈곤가족 아동에 대한 사회투자 가치의 중요성이 강조되었다. 미국 랜드연구소(2006)에 따르면 빈곤가족 아동에 대한 사회적 투자는 취업률, 소득수준, 교육성취, 복지수급 등의 측면에서 1달러를 투자해 최대 16.1달러의 환원효과가 발생하는 것으로 나타났다(국가재정운용계획 보건복지 분과위원회, 2013에서 재인용). 빈곤층 아동이 제대로 된 교육을 받도록 하여 건강한 성인으로 성장할 수 있도록 하는 것이 국가적 차원에서도 이득이라는 것이다. 미국의 헤드스타트(Head Start)와 영국의 슈어스타트(Sure Start) 등이 빈곤가족과 그 아동에게 기회 평등 차원에서 제공되는 대표적인 프로그램이다.

우리나라에서도 이와 유사한 드림스타트 사업이 모든 아동이 공평한 출발 기회를 보장받을 수 있도록 하기 위해 시작되었다(아동권리보장원, 2022). 드림스타트 사업은 2007년 16개 시 · 군 · 구에서 희망스타트 시범사업 실시 이후 드림스타트로 사업명을 변경하여, 2023년 현재 전국 229개 시 · 군 · 구에서 사업을 실시하고 있다. 사업인력은 팀장, 전담공무원 2~3인 이상, 아동통합사례관리사 기본 4인으로 구성되어 있다. 이들은 취약계층 아동과 가족 중 사업대상 아동 발굴하여 문제와 욕구를 파악한 후 지역 내에 있는 건강가정지원센터, 방과후돌봄기관, 아동보호전문기관, 병원, 상담센터 등과 연계하여 맞춤형 통합 서비스를 받을 수 있도록 사례관리를 하고 있다.

구체적인 드림스타트 사업 내용은 〈표 10-2〉와 같다. 서비스 대상은 0~만 12세 이하 취약계층 아동 및 가족, 임산부이며, 아동의 신체, 인지, 정서발달을 위한 통합적인 프로그램을 제공한다. 또한 부모의 양육기술 지원 및 취업지원 등과 같은 가족기능을 강화하기 위한 프로그램을 동시에 제공한다.

표 10-2 | 드림스타트 사업 내용

서비스 구분	서비스 내용	프로그램(예시)
신체 · 건강	• 아동의 건강한 성장과 신체발달 증진 • 건강한 생활을 위한 건강검진 및 예방, 치료 • 아동발달에 필요한 신체/건강 정보 제공	건강검진, 예방접종, 건강교육, 영양교육 등
인지 · 언어	• 아동의 의사소통 및 기초학습능력 강화 • 맞춤형 인지/언어 서비스를 통한 아동의 강점 개발	기초학력검사, 기초학력배양, 경제교육, 독서지도 등
정서 · 행동	• 자아존중감 및 긍정적 성격 형성을 위한 정서발달 서비스 제공 • 사회성 발달 및 아동 권리 신장을 위한 교육	사회성발달프로그램, 아동학대예방, 심리상담 및 치료, 돌봄기관 연계 등
부모 · 가족	• 부모자녀 상호작용 및 적합한 교육환경을 위한 부모 역량 강화 • 부모의 유능감 및 자존감 강화 • 부모의 양육기술 지원 • 임산부의 건강한 출산 및 양육 지원	부모교육, 가족상담 및 치료, 부모취업지원, 산전산후관리 등

출처: 아동권리보장원 (2022).

(4) 지역아동센터

지역아동센터는 방과후돌봄이 필요한 아동의 건전 육성을 위하여 보호 · 교육, 건전한 놀이와 제공, 보호자와 지역사회의 연계 등 종합적인 복지서비스를 제공하고 있다. 실제 여러 연구에서 지역아동센터를 이용하는 아동은 이용하지 않는 아동에 비해 스스로 보호해야 하는 시간을 감소시켜 사회 · 정서발달에 긍정적인 영향을 미치고, 학교생활에 잘 적응하고 있는 효과를 가져오는 것으로 나타났다(박보은 · 정선영, 2019). 지역아동센터에서 제공하는 구체적인 프로그램은 〈표 10-3〉과 같다.

표 10-3 | 지역아동센터의 프로그램

영역	프로그램
보호	일상생활관리, 위생건강관리, 급식지도, 생활안전지도, 안전귀가지도, 5대안전의무교육 등
교육	숙제지도, 교과학습지도, 예체능활동, 적성교육, 인성 · 사회성교육, 자치회의 및 동아리 활동 등
문화	관람 · 견학, 캠프 · 여행, 공연, 행사(문화/체육 등) 등 참여
정서지원	연구자 상담, 아동 상담, 정서지원 프로그램, 보호자교육, 행사 · 모임 등
지역사회연계	기관홍보, 인적연계, 기관연계 등

출처: 아동권리보장원 (2022).

(5) 교육복지 우선지원 사업

아동은 동등하게 교육을 받을 권리가 있다. 그러나 최근 소득 양극화가 심각해지면서 부모의 사회경제적 배경에 따라 자녀가 받는 사교육 기회의 격차가 커지고, 이는 취약계층 아동의 학력 저하로 이어지고 있다. 교육의 격차는 아동이 성인이 되었을 때 소득 격차로 이어지고 이로 인해 빈곤이 대물림될 가능성이 증가하는 것이다.

교육부에서는 대도시 내에서 취약계층 아동 및 청소년이 밀집한 학교(초 · 중 · 고)를 지정하여 상대적으로 교육 및 문화적 환경이 열악한 지역을 집중지원하는 교육복지 우선지원 사업을 실시하고 있다. 교육복지 우선지원사업은 학교를 중심으로 교육공동체 구축을 통해 교육·문화·복지 등 총체적 지원을 학생에게 제공하며, 구체적인 프로그램으로는 일대일 학습, 대학생 멘토링, 방과후학교 프로그램, 축제, 동아리, 박물관 및 미술관 견학, 자원봉사활동, 학생상담 및 심리검사, 학습준비물 지원, 위기학생연계지원 등이 있다.

(6) 디딤씨앗통장(CDA)

우리나라는 취약계층 아동이 사회에 진출할 때 필요한 학자금, 창업, 취업, 주거 등 초기비용 마련을 지원하고자 2007년 4월부터 아동자산형성지원사업인 아동발달지원계좌(Child Development Account: CDA)를 운영하고 있다. 만 18세 미만의 취약계층 아동(보호자, 후원자)이 매월 일정 금액(월 5만원, 최대 50만원)을 적립 시 국가(지자체)가 월 10만원 내에서 1:2 매칭 지원을 하고 있다.

2. 한부모가족 아동

1) 한부모가족의 개념

우리 사회에서 사회경제적, 문화적 환경의 변화로 인해 가족은 형태와 관계에서 변화를 경험하고 있다. 부모의 이혼, 별거, 사망, 가출 등과 같은 다양한 이유로 부모 중 한 명의 부모와 18세 미만의 자녀로 구성된 한부모가족이 점차 증가하고 있다. 「한부모가족지원법」에서는 배우자와 사별 또는 이혼하거나 유기된 자, 정신이나 신체의 장애로 장기간 노동능력을 상실한 배우자를 가진 자, 교정시설·치료감호시설에 입소한 배우자 또는 병역 복무 중인 배우자를 가진 사람, 미혼자(사실혼 관계에 있는 자는 제외)에 해당하는 자로 아동을 양육하는 모자가족 또는 부자가족을 한부모가족으로 정의하고 있다.

2) 한부모가족의 현황

우리나라 한부모가족 가운데 18세 이하 아동이 있는 전체 가구 수는 2021년 기준 368,548가구이다. 이 가운데 부와 자녀로만 구성된 가구는 20.4%, 모와 자녀로만 구성된 가구는 53.3%로 모자가족이 부자가족에 비해 2.5배 이상 더 많았다. 가구 내에 다른 가구원이 있는 경우를 포함하면 모자가족이 전체 한부모가족의 67.9%를 차지하였다.

표 10-4 | **한부모가구 유형별 현황**

(단위: 가구, %)

유형	가구 수	백분율
한부모가구 전체	368,548	100.0
부+자녀	75,337	20.4
모+자녀	196,459	53.3
부+자녀+기타 가구원	43,042	11.7
모+자녀+기타 가구원	53,710	14.6

주: 한부모의 개념: 미혼자녀를 양육하는 법적으로 미혼, 이혼 및 사별인 모 또는 부(원거리 거주 부부 제외)
출처: 통계청 (2023.02.14). 인구총조사. 세대구성 및 자녀연령별 한부모가구(미혼모 · 부, 이혼, 사별 포함) – 시 · 도.

3) 한부모가족과 아동의 특성

한부모가족은 부 또는 모가 혼자서 생계유지를 위한 경제활동을 하면서 동시에 자녀를 양육해야 하는 이중부담을 안고 있다. 실제 한부모가족의 상당수가 사회적 안전망이 취약하고, 빈곤의 대물림 우려가 높은 것으로 알려져 있다. 다음에서는 한부모가족과 아동이 겪고 있는 다양한 어려움에 대해 살펴보고자 한다.

(1) 경제적 어려움

한부모가족은 한부모가족이 되기 전보다 소득이 줄어들거나 소득에 비해 돌봄과 관련된 지출이 커서 빈곤해질 가능성이 높다. 우리나라 한부모가족의 아동빈곤율은 2021년 기준 47.4%로 OECD 평균 31.9%보다 15.8%p 높았고, 이는 OECD 회원국 가운데 네 번째로 높은 것이었다. 국내 아동의 상대적 빈곤율이 10.6%(2019 기준)인 것에 비해 상당히 높은 수치다.

한부모가족실태조사 결과 한부모가족의 월평균소득은 219.6만원으로 전체 가구 평균소득 절반, 자산 규모도 전체 가구 대비 1/4 수준에 그쳤다. 주거 형태에 있어서는 한부모가족 형성 이후 자가에서 전세, 반월세, 월세로 전환되는 경우가 많고 미혼모의 경우 월세 비중이 월등히 높았다. 특히 미혼모를 포함한 모자가족은 부자가족에 비해 소득의 감소, 주거 문제 등에 있어 더욱 취약하다. 여성의 경우 남성에 비해 취업의 기회가 많지 않고, 취업을 하더라도 주로 저임금의 임시직이나 일용직에 종사할 가능성이 높기 때문이다.

(2) 한부모가족의 자녀양육

영유아기의 자녀를 둔 한부모가족은 자녀를 돌봐줄 사람을 구하거나 돌봄 시간이 부족하여 어려움을 겪고 있었다. 초중등 자녀를 둔 한부모가족은 양육 스트레스 외에 교육 관련 정보 부족, 자녀의 진로지도, 자녀와의 소통에 있어서 어려움이 있는 것으로 나타났다.

부자가족은 모자가족에 비해 경제적 어려움은 덜 하나 아버지 역할과 자녀와의 관계형성에서 어려움이 있었다. 부자가족은 자녀와의 관계에서 감정이나 애정표현,

정서적 지지가 부족하며 감정표현의 기회가 많지 않기 때문이다(고선강, 2015).

한부모가족은 양부모가족에 비해 아동학대 위험이 높은 것으로 알려져 있다. 그러나 사회적 지원이 많이 제공될 경우 빈곤층 한부모의 학대와 방임 위험은 감소하는 것으로 나타나(박진아, 2009), 한부모가족에 대한 지원의 중요성을 알 수 있다.

(3) 사회 · 정서적 특성

한부모가 되면서 배우자의 상실, 경제적 및 자녀양육 어려움으로 인해 한부모는 우울과 같은 심리적 어려움을 겪기 쉽다. 한부모의 우울은 자녀발달에도 영향을 미치는데, 우울 성향이 있는 어머니는 자녀와의 관계에서도 우울한 특성을 보이고, 이로 인해 영유아자녀의 언어발달(Paulson, Keefe, & Leiferman, 2009), 애착형성, 사회성 발달에 부정적인 영향을 줄 수 있다(Goodman, 2007).

한부모가족 내에서는 부 또는 모의 역할 부재로 인해 자녀는 동성 부모에 대한 역할모델 부재, 동일시 대상의 상실과 같은 어려움을 겪을 수 있다. 한부모는 부와 모의 역할을 혼자서 감당해야 하고 생계부양자와 자녀양육자로서의 역할 재구조화 등으로 인해 스트레스와 부담감이 크고, 이는 부모-자녀 관계에서 갈등을 유발할 수 있다.

그러나 모든 한부모가족이 부정적인 심리정서를 보이는 것은 아니다. 한부모의 교육수준이나 사회경제적 지위가 높은 경우 아동의 심리적 안정이 유지되고, 양부모가족 아동이 한부모가족 아동보다 경제 · 정서 · 사회적 적응이 모두 높은 것은 아니었다(권진숙 외, 2006). 따라서 한부모가족에 대한 부정적 시각은 지양해야 할 것이다.

4) 한부모가족 아동을 위한 정책

(1) 한부모가족을 위한 관련법

우리나라의 「한부모가족지원법」은 한부모가족이 안정적인 가족 기능을 유지하고 자립할 수 있도록 지원함으로써 한부모가족의 생활 안정과 복지증진에 이바지함을 목적으로 한다. 「한부모가족지원법」의 출발은 1989년에 제정된 「모자복지법」으로, 이 법률은 2002년에 「모 · 부자복지법」으로 개정되어 모자가정뿐만 아니라 부자가정을 지원할 수 있는 법률적 근거를 마련하였다. 이후 일부 개정을 통해 2007년 「한부모가족지원법」으로 개정되었다. 당시 개정을 통해 자녀가 취학 중인 경우 22세 미만까지 지원을 확대하였고, 65세 이상 고령자와 손자녀로 구성되어 있는 조손가족의 경우도 보호대상자에 포함하였다.

(2) 한부모가족을 위한 복지급여

저소득 한부모가족 및 조손가족은 「한부모가족지원법」에 따라 지원을 받을 수 있다. 2023년 기준 한부모가족 지원대상자는 소득인정액이 기준중위소득 60% 이하인 가족이다. 아동양육비(만 18세 미만 아동 1인당 월 20만원), 추가아동양육비(한부모의 연령 및 아동 연령에 따라 자녀 1명당 월 5~10만원), 아동교육지원비(학용품비, 중고등학생 자녀 1명당 연 8.3만원), 생계비(생활보조금, 한부모가족복지시설 입소 가구당 월 5만원)를 지원하고 있다.

(3) 한부모가족을 위한 서비스

한부모가족을 위한 사회복지서비스로는 저소득 한부모가족의 아동양육비 지원, 아이돌봄서비스, 임신, 출산, 진료비 지원 외에도 미혼모자시설, 한부모가족 복지시설, 공공주택 지원 등과 같은 주거지원서비스 등이 있다. 각 영역별 구체적인 서비스는 〈표 10-5〉와 같다.

표 10-5 | 한부모가족 복지서비스

구분	복지서비스
임신 · 출산	임신 · 출산 · 진료비 지원(국민행복카드), 산모건강관리, 고위험 임산부 의료비 지원, 산모 · 신생아 건강관리 지원, 출산비용 지원, 생애 초기 건강관리 시범사업, 미혼모자 시설(기본형) 등
양육 · 돌봄	저소득 한부모가족 아동양육비 등 지원, 청소년한부모 아동양육비 등 지원, 긴급복지지원, 사회취약계층 환경성질환 예방, 미혼모부자 초기지원(거점기관), 맞춤형 기초생활 보장, 가족역량강화 지원, 미숙아 및 선천성 이상아 의료비 지원, 선천성 대사이상 검사 및 환아관리, 선천성 난청검사 및 보청기 지원, 저소득층 기저귀, 조제분유 지원, 아동수당, 아이돌봄서비스, 지역아동센터 지원 등
시설 · 주거	한부모가족 복지시설, 공동생활가정형 매입임대주택 주거 지원, 공공주택 지원
교육 · 취업	학생 미혼모 대안교육 위탁교육기관, 여성새로일하기센터, 청소년 방과후 아카데미 운영지원, 자녀 교육비 지원, 청소년치료재활센터, 장학금 및 학자금 대출 지원, 국민취업지원제도, 한부모 노동자 육아휴직급여 등
금융 · 법률	양육비 이행지원 서비스, 한부모가족 무료법률구조, 근로장려금, 자녀장려금, 소액보험(저소득층아동보험2), 미소금융 등
기타	미혼부 자녀 출생신고 지원, 스포츠 강좌 이용권, 건강보험료 경감, 지역난방 · 전기 · 가스요금 감면, 이동통신요금 감면 등 요금 감면

출처: 여성가족부 (2022b). 일부 편집.

3. 조손가족 아동

1) 조손가족의 개념

조손가족은 65세 이상의 조부모가 부모 유무와 상관없이 18세 미만 아동에 대한 일차적인 양육 책임을 지고 생계와 주거를 함께 하는 가족을 의미한다. 「한부모가족

지원법」에서는 조손가족을 (외)조부 또는 (외)조모가 다음과 같은 사유로 만 18세 미만(취학 시 만 22세) 아동을 양육하는 경우를 말한다. 부모가 사망하거나 생사가 분명하지 않은 아동, 부모가 정신 또는 신체의 장애 · 질병으로 장기간 노동능력을 상실하여 부양을 받을 수 없는 아동, 부모의 6개월 이상 장기복역 등으로 인해 부양을 받을 수 없는 아동, 부모가 이혼하거나 유기하여 부양을 받을 수 없는 아동, 부모가 가정의 불화 등으로 가출하여 부모의 부양을 받을 수 없는 아동, 그 밖에 부모가 실직 등으로 장기간 경제적 능력을 상실하여 부양을 받을 수 없는 아동 등이 해당한다.

2) 조손가족 아동의 현황

우리나라에서 부모 없이 조부모가 18세 미만의 아동을 양육하는 가구는 2018년 기준 52,951가구이며, 총 가구원 수는 151,588명이다. 조손가구는 2018년 기준 전체 가구 대비 0.3% 수준으로 절대적인 규모는 크지 않다. 그러나 조부모는 노인으로 신체적 건강 문제와 경제적 어려움으로 인해 손자녀를 양육하는 것이 쉽지 않다. 따라서 다른 유형의 가족에 비해 상당히 취약성이 높아 특별히 주의를 기울이 필요가 있다.

표 10-6 | 조손가족 현황(2018)

구분	계		조부모+미성년 손자녀		조부 또는 조모+미성년 손자녀	
	가구	가구원	가구	가구원	가구	가구원
2015	52,131	148,907	27,777	91,570	24,354	57,337
2016	51,155	146,371	27,662	91,104	23,493	55,213
2017	53,297	152,480	29,080	95,803	24,217	56,677
2018	52,951	151,588	28,997	95,739	23,954	55,849

주: 인구총조사 2018년 11월 1일 기준, 미성년 손자녀란 18세 미만의 아동을 말함.
출처: 통계청 (2020.2.21). 국회입법조사처 제출자료, 허민숙 (2020)에서 재인용.

3) 조손가족과 아동의 특성

(1) 경제적 어려움

친부모의 이혼이나 재혼 등의 이유로 형성된 조손가족은 자녀가 손자녀양육 의사가 없는 경우가 많아 손자녀가 성인이 될 때까지 고령의 조부모가 장기간 손자녀양육을 해야 한다. 손자녀의 양육과 생활 전반에 대한 1차적인 책임을 조부모가 지게 되면서 경제적인 어려움과 열악한 생활환경, 빈곤의 위험이 크다. 경제적 어려움은 손자녀의 교육비, 학업과 장래에 대한 준비에도 영향을 미친다.

(2) 조손가족의 손자녀양육

조부모는 노화, 만성질환 등의 이유로 손자녀양육에 있어 신체적으로 어려움, 양육이나 교육 관련 정보 습득의 어려움, 세대 간 차이에서 보는 정서적 소통 문제, 양육 스트레스 등을 호소하는 경우도 많다. 조손가족 손자녀도 부모의 부재와 거부, 방임으로 인한 큰 상실감과 상처를 안고 있으며, 부모와 다른 양육방식의 차이로 조부모와의 생활을 힘들어하기도 한다(김미영, 2013).

(3) 사회 · 정서적 특성

조손가족 손자녀는 부모와 따로 사는 것 자체로 낙인감을 형성하게 된다. 조손가족은 원가정이 해체되는 시기와 새롭게 형성되는 조손가족 형성의 과정을 통해 우울감이 커지고 적응에 어려움을 경험하게 된다(서혜석, 2004; 최해경 · 김혜미, 2007; 이정이 · 최명선, 2007; 송은하 외, 2008; 권구영, 2012에서 재인용). 또한 손자녀는 조부모의 사망에 대한 불안감도 가지고 있다(김미영, 2013).

그러나 이러한 어려움에도 불구하고 조손가족 조부모는 손자녀의 성장을 보면서 보람을 느끼고, 과거 자녀에게 주지 못했던 애정과 정성을 손자녀에게 제공하면서 심리적 보상을 경험하기도 한다(박현식, 2010). 조손가족 손자녀들은 조부모와 안정된 애착을 형성하면서 학교생활에 잘 적응하고, 운동이나 예술, 친구관계에서 강점을 보이는 것으로 나타났다(천미영 · 김희정, 2011).

4) 조손가족 아동을 위한 지원

조손가족 아동은 「한부모가족지원법」에 따라 한부모가족 지원을 받을 수 있다. 부모의 사망, 이혼, 부모의 장기간 경제적 능력 상실 등으로 조부모(조부 또는 조모)가 만 18세(취학 시 만22세) 미만의 아동을 양육하는 가족 중 중위소득 52% 이하인 저소득 가족이 대상이 된다(여성가족부, 2023).

전국 가족센터에서는 중위소득 100% 이하의 손자녀를 양육하는 조손가족과 한부모가족 및 위기가족의 가족 기능 및 역량강화를 위한 지원사업을 수행하고 있다. 구체적으로 심리 · 경제적 자립, 역량 강화를 위한 사례관리, 정보제공 및 지역사회 자원 활용 · 연계, 부모교육, 가족관계, 자녀양육교육 등 프로그램 및 자조모임, (손)자녀 학습 · 정서지원(배움지도사 파견), 생활도움서비스(키움보듬이 파견), 긴급 위기지원(지지리더, 키움보듬이 파견) 등을 지원하고 있다.

4. 다문화가족 아동과 북한이탈주민가족 아동

우리나라가 단일민족으로 구성되어 있다는 고정관념과 달리 결혼이주민, 외국인 근로자나 북한이탈주민가족이 증가하면서 우리 사회도 다문화국가로 급속하게 변화하고 있다. 다문화가족의 증가에 따라 다문화가족 아동의 올바른 성장과 발달을 돕기 위한 사회적 관심이 증가하고 있다.

1) 다문화가족과 북한이탈주민가족의 개념

(1) 다문화가족의 개념

다문화가족의 범위에 대해서는 정부 각 부처별로, 전문가 집단마다 달리 정의하고 있으나, 「다문화가족지원법」에 따르면 다문화가족은 다음과 같다. 첫째, 재한외국인 처우 기본법의 결혼이민자와 국적법 규정에 따라 대한민국 국적을 취득한 자로 이루어진 가족, 둘째, 국적법에 따라 대한민국 국적을 취득한 자와 출생 시부터 대한민국 국적을 취득한 자로 이루어진 가족으로 정의하고 있다. 다문화가족 아동은 이들 결혼이민자나 귀화 허가를 받은 자와의 가족에서 출생하였거나 외국인 부 또는 모가 이전 결혼에서 출생하여 양육하고 있는 아동을 말한다.

이와 같이 「다문화가족지원법」에서는 다문화가족을 결혼이민자 가족이나 귀화자 가족만으로 제한하고 있어, 외국인근로자 가족, 난민인정자 가족이나 북한이탈주민 가족은 지원 대상에 포함되지 못하고 있다. 특히 이주배경 아동 · 청소년의 경우 관련 정책에서 배제되거나 차별받을 가능성이 있다(인재근 외, 2020).

(2) 북한이탈주민가족의 개념

북한이탈주민의 보호 및 정착지원에 관한 법률에 따르면 북한이탈주민은 북한에 주소, 직계가족, 배우자, 직장 등을 두고 있는 사람으로서 북한을 벗어난 후 외국 국적을 취득하지 않은 사람을 말한다. 관련 법률에 따라 북한이탈주민은 대한민국 국민으로서 인도주의에 입각하여 특별한 보호를 받을 수 있다. 북한이탈주민가족 아동은 부모 중 한 사람 이상이 북한이탈주민이고 북한뿐만 아니라 제3국에서 출생한 아동을 모두 포함한다.

2) 다문화가족과 북한이탈주민가족 아동 현황

(1) 다문화가족 아동 현황

우리나라에 거주하고 있는 다문화가족의 대부분은 결혼이민자로 이루어져 있다. 2021년 전국다문화가족실태조사에 따르면 다문화가구는 총 346,017가구이며, 이 중 82.4%는 결혼이민자 가구, 17.6%는 기타 귀화자 가구로 확인되었다(여성가족부, 2022a). 국적별 결혼이민자 및 국적취득자 현황을 살펴보면, 중국이 가장 많은 비중을 차지하고 있으며, 그다음으로는 베트남, 필리핀, 일본 등의 순으로 많았다.

다문화가족 아동 수는 2011년에는 151,154명이었고, 2020년에는 275,990명까지 증가하였다. 2020년 우리나라 전체 출생아 100명당 6명은 다문화가족의 아동인 것으로 나타났다. 다문화가족 출생아 수는 2012년에 2만2908명으로 정점을 찍은 뒤 지속적으로 감소추세를 보이고 있으나, 전체 출생아 가운데 다문화가족 출생아 수는 꾸준히 비중이 증가하고 있다.

다문화가족 아동의 연령별 현황을 살펴보면, 만 6세 이하가 115,579명, 만 7~12세가 107,286명, 만 13~15세가 34,445명, 만 16~18세가 18,680명이었다(행정안전부, 2021 외국인주민현황조사, 2020년 11월 기준). 초 · 중 · 고에 재학 중인 다문화가정 학생 수 또한 증가 추세를 보였다. 전체 학생 수 가운데 다문화가족 학생이 차지하는 비율은 2013년에는 0.9%였으나 2021년에는 처음으로 3.0%에 달하였다. 한국인 부(모)와 외국인 모(부) 사이에서 국내에서 출생한 자녀 외에 외국에서 출생 후 국내로 중도입국하였거나 외국인 가정에서 태어난 자녀가 초, 중, 고등학교로 갈수록 중도입국 다문화가정 학생의 비율이 높아지고 있는데, 이들은 특히 언어나 학교생활, 사회생활 적응에 어려움을 겪을 가능성이 높기 때문에 이들에 대한 적극적이 지원이 필요하다.

(2) 북한이탈주민가족 아동 현황

현재 북한에서 남한으로 이주한 북한이탈주민은 3만 명을 넘었다. 2021년 기준 전체 북한이탈주민 가운데 아동의 비율은 0~9세가 3.6%, 10~19세가 10.6%를 차지하였다(통일부, 2021). 2022년 기준 학교에 재학 중인 탈북학생 수는 2,061명이었다. 학교별로는 초등학교 522명, 중학교 659명, 고등학교 725명, 기타 학교 155명으로 나타났다. 2022년 기준 탈북학생의 출생국을 살펴보면 북한 출생이 30.8%, 중국 등 제3국 출생이 69.2%로 제3국 출생의 비율이 좀 더 높았다. 탈북학생의 60% 이상은 서울과 경기도, 인천광역시 등 수도권에 거주 중이었다(교육부, 2022).

3) 다문화가족과 북한이탈주민가족 아동의 특성

(1) 다문화가족 아동의 특성

① 경제적 어려움

다문화가족 중 국민기초생활보장 지원을 받는 가구 비율은 6.4%로, 이전에 비해 점차 증가하는 추세를 보이고 있다(여성가족부, 2022a). 즉 다문화가족은 전체 가구당 월평균소득에 비해서는 가구소득이 낮고, 상대적으로 기초생활보장 수급가구의 비율은 높은 것으로 나타나 경제적으로 취약함을 알 수 있다.

② 다문화가족 아동의 학교생활

우리나라 다문화가족의 대부분은 결혼이주여성들로 구성되어 있는데, 이주여성의 한국어 능력이 부족한 경우 자녀의 언어발달이 지연되기도 한다. 언어발달은 또래와의 관계뿐만 아니라 학습능력에도 영향을 미친다. 일상적인 의사소통에는 큰 어려움이 없더라도, 읽기, 글쓰기 능력이 떨어지고 학교 수업에 대한 이해도가 떨어지는 등 학습과정에서 어려움을 겪을 수 있다.

다문화가족 청소년은 최근 대학 진학률이 40%까지 떨어졌다. 초등학교, 중학교, 고등학교 진학률도 전체 국민보다 2~3%포인트 낮았다. 이는 경제적 문제와 입시 정보 부족, 상대적으로 낮은 사교육 수준 등과 같은 복합적인 요인이 작용한 것으로 보인다(여성가족부, 2022a). 특히 중도입국한 청소년은 한국어 능력 부족으로 인해 학교 입학이 지연되거나, 학교부적응, 중도탈락 등 상급학교 진학에 더 큰 어려움을 겪는 것으로 나타났다(유진이 · 김소형, 2018).

③ 사회 · 정서적 특성

우리 사회에 거주하는 다양한 유형의 외국인 출신자 가족과 아동의 증가에도 불구하고 아직까지 다문화가족과 아동에 대한 사회적 차별과 다문화에 대한 이해도가 낮다. 이국적인 외모의 결혼이민자가족 아동이나 외국인가족 아동은 놀림의 대상이 되거나 또래들로부터 따돌림을 경험하기도 한다. 여러 연구에서 다문화가족에 대한 낙인이나 배제, 소수자 위치 등은 다문화가족 아동을 위축시키고, 이중 문화에 적응해야 한다는 점은 우울, 사회적 위축과 같은 정신적 어려움을 야기하는 것으로 나타났다(장혜림 · 이래혁, 2021).

한편, 한국어와 어머니의 모국어를 자연스럽게 구사하는 다문화가족 아동은 어머니와 충분히 의사소통할 수 있고, 지능과 학습능력 발달(권순희, 2009)뿐만 아니라 정체성 확립에 있어서도 강점이 되는 것으로 보고되고 있다. 따라서 다문화가족 아동에게 부모 모두의 모국어와 문화를 가르치고 이해시키기 위해 노력하고 지원할 필요가 있다.

(2) 북한이탈주민가족 아동의 특성

① 경제적 어려움

북한이탈주민 가운데 임금근로자의 월평균임금은 238만원 정도였고, 직업 유형으로는 단순 노무종사자 비율이 21.2%로 가장 많았다(통일부, 2023). 여성 탈북민은 남성 탈북민에 비해 월평균임금도 적고, 경제활동 참여율도 더 낮았다. 북한이탈주민 집단 가운데 상당수가 여성 한부모가족인데, 이들은 '육아부담'으로 인해 취업이 어려워 경제적 어려움이 심각한 것으로 나타났다(육아정책연구소, 2020).

② 북한이탈주민가족 아동의 학교생활

북한이탈주민가족 아동은 북한과 남한이 학교 교육 제도가 다르고, 언어, 문화적 차이, 친구 관계, 학습부진 등으로 인해 학교적응에 어려움을 겪는다. 또한 북한에서 정규교육을 받았다 하더라도 북한에 거주하던 시절 경제적 · 가정적 환경으로 인한 학업 공백 등으로 학교 부적응 문제가 발생하고 있다. 실제 북한이탈주민가족 아동과 청소년은 학교를 중도탈락하는 비율이 2008년 10.8%에서 2019년 3.0%로 감소했지만, 이는 남한 학생에 비해 3배 이상 높은 수치이다(주승현, 2020).

③ 사회 · 정서적 특성

북한이탈주민가족 아동은 북한이나 제3국에서 남한으로 입국하는 과정, 그리고 국내 입국 후에도 여러 어려움을 겪으면서 트라우마와 우울과 같은 심리적 문제를 경험한다. 또한 남한에 정착하는 과정에서는 정체성 혼란을 경험하기도 한다. 북한이탈주민가족 아동은 남한으로 이주 시 같은 민족이라는 동질감을 갖지만, 적응 과정에서 한국이라는 낯선 문화에 적응하는 과정에서 가치관의 혼란을 경험한다. 남한 아동에 비해 왜소한 체격, 북한 억양이나 사투리가 드러나는 것에 대한 두려움, 북한이탈주민가족에 대한 편견은 북한이탈가족 아동의 긍정적인 자아개념 형성을 방해한다(정애리 · 유순화, 2014).

4) 다문화가족과 북한이탈주민가족 아동을 위한 지원

(1) 다문화가족 아동 지원을 위한 관련법

「다문화가족지원법」 제10조에는 국가와 지방자치단체가 ① 아동을 교육함에 있어 다문화가족 구성원인 아동을 차별해서는 안 되며, ② 다문화가족 구성원인 아동이 학교생활에 적응할 수 있도록 교육지원 대책을 마련하고 방과후 교육 프로그램을 지원할 수 있으며, ③ 초등학교 취학 전 보육 및 교육 지원을 위해 노력하고, 언어발달을 위해 한국어 및 결혼이민자 등인 부 또는 모의 모국어 교육을 위한 지원을 할 수 있고, ④ 어린이집, 유치원, 초중등 학교의 장은 보육과 교육에서 다문화가족 아동이 차별받지 않도록 필요한 조치를 해야 한다고 명시하고 있다.

「재한외국인처우기본법」 제12조에서도 '결혼이민자의 자녀에 대한 보육 및 교육 지원 등을 통해 결혼이민자 및 그 자녀가 대한민국 사회에 빨리 적응하도록 지원할 수 있다'고 명시하고 있다. 현행법에서 다문화가족 아동에 대한 지원 방향은 결혼이민자 자녀는 언어발달이나 학교 적응에 어려움이 있으므로, 결혼이민자가 자녀양육을 위해 한국어 교육과 한국문화교육이 필요하다는 문제 중심적 사고와 동화주의적 접근을 포함하고 있다(김성경 · 김혜영 · 최현미, 2019).

(2) 북한이탈주민가족 아동 지원을 위한 관련법

보통 외국인 난민은 「난민법」에 따라 정착을 하게 되나, 북한이탈주민은 난민법이 아니라 북한이탈주민의 보호 및 정착지원에 관한 법률에 따라 정부지원을 받는다. 해당 법 제4조의2에서는 보호대상자의 보호 · 교육 · 취업 · 주거 · 의료 및 생활보호 등의 지원을 지속적으로 추진하고, 아동과 청소년에 대해서는 지원시책 마련 시 특별히 배려 · 지원하도록 노력해야 한다고 명시되어 있다.

(3) 다문화가족 아동 지원정책

그동안 다문화가족 아동 관련 정책은 미취학아동의 양육 부담 완화, 중도입국 자녀의 공교육 진입을 중심으로 추진되었다. 그러나 다문화 학생의 증가에 따라 학령기 다문화가족 아동의 학교생활 적응과 사회 진출 지원에 대한 정책 수요가 높아지고 있다(여성가족부, 2022a). 이에 따라 2022년 여성가족부는 '학령기 다문화가족 자녀 포용적 지원방안'을 통해 아동이 동등한 출발선을 보장받을 수 있도록 다음과 같은 지원 방안을 제시하였다. 구체적으로 학력격차 해소 및 진로지도를 위한 상담서비스, 기초학습 지원, 중도입국 아동의 한국어 학습 지원, 학교 밖 중도입국 아동을 위한 레인보우스쿨 운영, 심리 정서 및 또래관계 형성 지원, 교원, 학생, 부모, 지역사회 주민을 대상으로 한 인식개선을 통한 다문화 수용성 증진 등이 있다.

다문화가족을 대상으로 서비스를 제공하는 대표적인 기관으로 다문화가족지원센터와 가족센터[03]가 있다. 다문화가족지원센터와 가족센터는 다문화가족의 안정적인 정착과 가족생활 지원을 위해 교육 · 상담 등 지원사업, 결혼이민자 등에 대한 한국어 교육, 일자리에 관한 정보 및 일자리 알선, 통역 · 번역 지원 사업 등의 업무를 수행한다.

(4) 북한이탈주민가족 아동 지원정책

북한이탈주민가족 아동에 대한 정부의 지원정책은 아동의 출생지별로 상이하다. 북한 출생 아동은 정착지원법에 근거하여 정착지원과 주거지원 및 교육지원, 그리

03 2021년 10월부터 건강가정 · 다문화가족지원센터의 명칭이 가족센터로 변경되었다. 건강가정 · 다문화가족지원센터는 건강가정지원센터와 다문화가족지원센터의 기능을 통합하여 운영하는 가족서비스 제공기관이다.

고 취업보호와 의료보호 등의 지원을 받을 수 있다. 그러나 제3국 출생 북한이탈주민가족 아동은 탈북민정착지원법에 근거한 지원에는 해당 사항이 없고 '비보호'로 분류된다(주승현, 2020). 즉, 남한과 제3국 출생 북한이탈주민가족 아동은 북한 출생 아동에 비해 다양한 지원을 받기 어려운 실정이다.

북한이탈주민가족은 한국으로 입국하면 정부의 합동조사와 보호결정과정을 거쳐 사회적응 교육시설인 하나원[04]에서 12주 동안 400여 시간의 사회적응 교육을 받는다. 북한이탈주민가족 아동은 하나원 내에 있는 '하나둘학교'에서 연령과 학력을 고려한 맞춤별 교육이 진행된다. 최근 제3국 출신 탈북아동 입국이 늘어남에 따라 한국어 향상을 위한 한국어특별반도 운영하고 있다. 현재 하나둘학교에서는 1개의 유치반, 2개의 초등반, 3개의 청소년반을 운영하고 있으며 이곳에서 3개월간의 교육을 마친 학생들은 하나원 퇴소 후 정착지에 위치한 일반 초중고나 탈북청소년 특성화 학교인 한겨레중고등학교 혹은 대안학교로 진학하고 있다(주승현, 2020).

5. 위기, 다양성 가족 아동을 위한 지원 문제점과 향후 과제

1) 문제점

첫째, 다양한 가족 유형의 아동에 대한 낙인과 사회적 인식의 변화가 미흡하다. 우리나라는 나와 다른 타인 또는 내가 속하지 않은 집단에 대한 배타성이 강하게 나타나는 경향이 있다. 다양한 가족 유형의 아동은 이들 가족의 자녀라는 이유만으로 차별과 낙인을 경험하게 된다. 이는 학교생활 적응에서 어려움이나 부정적인 자기개념

04 하나원의 정식명칭은 '북한이탈주민정착지원사무소'이다.

등을 야기한다.

둘째, 한부모가족, 조손가족, 다문화가족 등 가족 유형별로 지원이 이루어져 이들 가족 아동에 대한 정책의 사각지대와 사회적 낙인이 우려된다. 다양한 가족지원 정책을 확대해 왔으나, 가족 유형별 부분적 지원정책이 특정 가족에 대한 부정적 인식을 초래하거나, 지원이 필요한 다른 가족을 배제하여 정책의 사각지대 발생 우려가 있다(여성가족부, 2021).

셋째, 한부모가족, 조손가족, 다문화가족 등은 경제적 어려움에 더욱 취약하다. 그러나 정책적 지원 대상은 기초생활보장수급가구 또는 일부 저소득가구로 제한되어 있다. 이로 인해 실제 가구소득은 큰 차이가 없으나 제도적 지원을 받지 못하거나, 지원액이 충분하지 못한 어려움이 있다.

넷째, 위기, 다양성 가족 아동의 발달단계별로 필요한 프로그램과 지원을 통합적, 체계적으로 관리하는 시스템이 거의 존재하지 않는다. 드림스타트에서 통합사례관리를 시행하고 있기는 하나, 초등학교 단계까지 지역사회 차원에서 개입이 이루어질 뿐, 이후 중학교, 고등학교 단계와의 연결성, 학교, 가정, 의료체계 등과의 연계가 부족하다(여유진, 2018).

2) 향후 과제

(1) 가족 다양성 인식 확산과 차별 감수성 제고

우리 사회에서 가족의 유형이 점점 더 다양해지고 이들 가족이 차지하는 비중 또한 증가 추세에 있음을 인식할 필요가 있다. 일상생활에서 접할 수 있는 간행물, 교육자료 등에서 다양한 가족의 아동에 대한 차별적 요소가 없는지 모니터링하고, 장기적으로 관련법과 주요 정책에서 차별적 요소가 있는지 검토하여 이를 개선할 필요가 있을 것이다.

(2) 선별적 지원에서 모든 가족의 아동에 대한 지원정책으로 확대

가족 유형별 선별적 지원에서 사회 · 경제적 기반이 취약한 모든 가족과 가족구성원에 대한 지원 정책으로 확대할 필요가 있다. 한부모가족이나 다문화가족의 아동에 대한 지원은 지속하되, '욕구가 있는 모든 가족의 아동'이 가족 형태에 따른 낙인이나 차별 없이 기본적인 가족생활을 할 수 있도록 지원을 확대할 필요가 있다(여성가족부, 2021).

(3) 저소득 가구 아동의 정책 대상자 선정 기준 확대

국민기초보장수급제도의 지원을 받지 못하는 차상위계층 가족의 아동이 빈곤정책 사각지대에 놓이는 문제를 해결하기 위해 급여 기준을 확대할 필요가 있다. 가족이 수급 대상자인지 여부에 따라 받을 수 있는 급여와 정책에 상당한 차이가 있으므로, 차상위계층 가족 아동이 정책 대상자가 될 수 있도록 선정 기준을 확대할 필요가 있다.

(4) 발달단계별 예방적, 통합적 프로그램 확대

위기, 다양성 가족 아동의 발달단계별 예방적 및 통합적 프로그램 개발과 시행이 필요하다. 해외의 '할렘 어린이를 위한 지역(HCZ) 프로그램'의 경우 아동의 발달단계를 영유아, 초등학교, 중학교, 고등학교, 대학교 단계로 나누고, 전체적으로는 가족, 지역, 학교 그리고 건강지원을 결합하는 방식으로 단계마다 체계적인 프로그램을 지원하여 큰 성과를 거두고 있다. 위기, 다양성 가족 아동에 대한 통합적, 포괄적 지원이 강화될 수 있도록 이러한 해외 사례를 벤치마킹하는 것을 고려할 수 있을 것이다(여유진, 2018).

토론해 봅시다

01 우리 사회에는 한부모가족과 다문화가족 등 다양한 유형의 가족 아동에 대한 차별과 낙인이 여전히 존재한다. 이러한 차별과 낙인을 해결할 수 있는 방안에 대해 논의해 보시오.

02 옥탑방, 지하방과 같이 최저주거기준을 충족하지 못하는 주거환경에서 거주하는 아동이 여전히 존재한다. 주거빈곤의 개념과 주거빈곤이 아동에게 미치는 영향은 무엇인지 논의해 보시오.

03 다문화가족 아동의 이중언어 발달을 위한 정책과 서비스는 무엇이 있는지 논의해 보시오.

참고문헌

고선강 (2015). 부모의 성별에 따른 한부모가계의 경제자원 차이 및 영향 요인 분석. **가족자원경영과 정책, 19**(4), 95–120.

고용노동부 (www.work.go.kr)

교육부 (2022). 2022년 탈북학생 통계 현황.

국가재정운용계획 보건복지 분과위원회 (2013). 2013~2017 국가재정운용계획– 보건복지분야 보고서–.

권구영 (2012). 조손가정 아동의 우울감과 학교적응유연성간 관계. **GRI 연구논총, 14**(1), 205–230.

권순희 (2009). 다문화 사회와 국어교육; 이중언어교육의 필요성과 정책 제안. **국어교육학연구, 34**, 57–115.

권진숙 · 신혜령 · 김정진 · 김성경 · 박지영 (2006). **가족복지론**. 경기: 공동체.

김미영 (2013). 저소득 조손가족의 가족생활경험에 관한 현상학적 연구. 충북대학교 박사학위논문.

김성경 · 김혜영 · 최현미 (2019). **아동복지론(3판)**. 경기: 양서원.

김은주 (2013). 거버넌스가 빈곤에 미치는 영향에 관한 비판적 연구: 국가 발전수준에 따른 거버넌스의 역설을 중심으로. 서울대학교 박사학위논문.

김혜경 · 현성민 · 권은주 · 김희철 (2008). 취약지역 빈곤아동의 인구사회학적 특성별 건강행동변화단계의 분포. **보건교육 건강증진학회지, 25**(3), 59–75.

박보은 · 정선영 (2019). 지역아동센터 서비스 이용이 저소득가구 아동의 자기보호와 학교적응에 미치는 영향. **아동과 권리, 23**(3), 397–421.

박진아 (2009). 한부모 모자가정 유아와 어머니의 정신건강 및 모–자녀/관계 실태조사: 사회계층간 비교를 중심으로. **한국심리학회지: 여성, 14**(4), 759–778.

박현선 · 정익중 · 구인회 (2006). 빈곤과 아동의 사회정서적 발달간의 관계: 성인역 부담의 역할을 중심으로. **한국사회복지학, 58**(2), 303–330.

박현식 (2010). 조손가족의 특징과 손자녀 양육지속의사에 관한 질적연구: 충남지역을 중심으로. **한국노년학, 30**(3), 779–791.

보건복지부 (2023). 2023년 국민기초생활보장사업안내.

보건복지부 · 아동권리보장원 (2021). 2021년도 드림스타트 사업안내.

보건복지부 · 아동권리보장원 (2022). 2021년 12월 말 기준 전국 지역아동센터 통계조사보고서.

신명호 (2017). **빈곤을 바라보는 눈**. 고양: 개마고원.

신인순 (2010). 빈곤가구 아동 신체건강의 위험요인과 보호요인. **사회복지리뷰, 15**, 5–33.

아동권리보장원 아동통합서비스 지원(드림스타트) https://www.ncrc.or.kr/ncrc/cm/cntnts/cntntsView.do?mi=1027&cntntsId=1055

여성가족부 (2021). 2025 세상 모든 가족과 함께 제4차 건강가정기본계획(2021~2025).

여성가족부 (2022a). 2021년 전국다문화가족실태조사.

여성가족부 (2022b). 한부모가족 정책정보 안내서 2021.

여성가족부 (2023). 2023년 한부모가족지원 사업 안내.

여유진 (2018). 아동빈곤의 현황과 정책과제. 보건복지포럼(2018.5)

유민상 외 (2022). 한국 아동 · 청소년 삶의 질 지표 구축 방안 연구Ⅲ. 한국청소년정책연구원.

유진이 · 김소형 (2018). 중도입국청소년의 진로결정 요인에 대한 연구. **다문화아동청소년연구, 3**(1), 3–46.

육아정책연구소 (2020). 북한이탈주민 빈곤 한부모 가정의 자녀양육 실태와 지원방안.

인재근 · 소병훈 · 송갑석 · 기동민 · 김원이 · 최혜영 · 최종윤 · 강선우 · 양이원영 · 고영인 · 문진석 · 박상혁 (2020.9.24). 다문화가족지원법 전부개정법률안(인재근의원 대표발의).

임세희 (2019). 주거빈곤이 아동의 권리에 미치는 영향. **한국사회복지학, 71**(4), 7–30.

장혜림 · 이래혁 (2021). 다문화 청소년의 문화적응 스트레스가 우울에 미치는 영향 –사회적 위축을 통한 가족 지지의 조절된 매개효과를 중심으로. **한국아동복지학, 70**(1), 1–29.

장희선 · 김기현 (2014). 빈곤이 아동발달에 미치는 영향–누적적 위험요인의 효과분석–. **한국아동복지학, 47**, 185–216.

정애리 · 유순화 (2014). 북한이탈청소년이 남한사회 적응과정에서 경험하는 인식의 변화에 관한 현상학적 연구. **다문화교육연구, 7**(1), 51–75.

정익중 (2003). 빈곤아동의 문화생활과 박탈. 한국아동복지학회 제19회 학술대회 자료집.

조성은 · 이영민 (2021). 저소득층 구직촉진수당의 고용효과 분석. **인문사회과학연구, 22**(3), 213–234.

주승현 (2020). 탈북청소년의 사회적응과 효과적 지원방안 모색. **다문화와 평화, 14**(3), 1–24.

천미영 · 김희정 (2011). 조손가정 아동의 적응유연성에 관한 질적 연구. **한국가족치료학회지, 19**(3), 159–182.

통계청 (2017). 장래가구추계: 2015~2045.

통계청 (2019). KOSTAT 통계플러스 2019년 겨울호.

통계청 (2023). 인구총조사.

통일부 (2021). 북한이탈주민 정책실태조사.

통일부 (2023). 북한이탈주민 사회통합조사.

행정안전부 (2021). 외국인주민현황조사.

허민숙 (2020). 제134호 현안분석. 조손가정 지원을 위한 미국의 네비게이터 프로그램 운영사례 및 시사점. 서울: 국회입법조사처.

Gassman-Pines A., & Yoshikawa H. (2006). The effects of antipoverty programs on children's cumulative level of poverty-related risk. *Dev Psychol, 42*(6), 981–999.

Goodman, S. H. (2007). Depression in mothers. *Annual Review of Clinical Psychology, 3*, 107–135.

Hurt, H., & Betancourt, L. M. (2017). Turning one year of age in low socioeconomic environment: A portrait of disadvantage. Journal of Developmental and Behavioral Pediatrics.

Kuivalainen, S. (2014). Subjective poverty. In A. C. Michalos (Ed.), Encyclopedia of quality of life and well-being research. Dordrecht: Springer.

Paulson, J. F., Keefe, H. A., & Leiferman, J. A. (2009). Early parental depression and child language development. *Journal of Child Psychology and Psychiatry, 50*(3), 246–262.

Walker, R. (1987). Consensual approaches to the definition of poverty: Towards the alternative methodology. *Journal of Social Policy, 16*(2), 213 – 226.

CHILD WELFARE

11
CHAPTER

아동학대와 아동보호서비스

1. 아동학대의 개념과 유형
2. 아동학대의 발생 원인과 결과
3. 아동학대 현황
4. 아동학대와 아동보호체계
5. 아동학대 예방과 재발 방지를 위한 서비스 개선 방향

CHILD WELFARE

CHAPTER

11

아동학대와 아동보호서비스

아동학대가 사회적 문제로 인식된 것은 비교적 최근이다. 우리나라에서는 전통적인 유교사상과 가부장적인 문화로 인해 아동학대를 묵인하거나 허용하는 경우가 많았다. 특히 사회 전반적으로 폭력에 대해 허용적인 문화로 인해 부모가 훈육을 목적으로 아동을 때리거나 징계하는 것을 특별히 문제라고 생각하지 않았다. 아동학대가 심각한 사회문제라는 인식이 자리 잡아가고 있기는 하나, 여전히 아동에 대한 적절한 훈육과 아동학대행위를 명확하게 구분하지 못해 혼란스럽다. 이 장에서는 아동학대의 개념, 아동학대의 원인 및 결과를 살펴봄으로써 아동학대에 대한 전반적인 이해를 돕고자 한다. 또한 아동을 학대로부터 보호하기 위한 서비스 전달체계를 살펴보고, 아동보호서비스의 문제점과 개선방안에 대해 논의하고자 한다.

1. 아동학대의 개념과 유형

1) 아동학대의 개념

아동학대에 대한 정의는 시간과 사회 및 문화에 따라 다양하게 나타난다. 또한 학자와 법에 따라서도 다르게 정의되고 있다. 즉 아동학대는 일관된 하나의 정의가 없다는 것이 특징이다. 이로 인해 아동학대를 명확하게 이해하는 것은 쉽지 않다.

좁은 의미에서 아동학대의 정의는 신체적 학대만을 포함한다. 켐프 등(Kempe et al., 1962)은 아동학대를 "부모나 양육자의 행위 또는 태만에서 초래되는 비우발적인 신체적 상처"라고 정의하고 있다. 켐프는 이러한 신체학대의 결과로서 '매 맞는 아동 증후군(battered child syndrome)'이라는 용어를 사용하였다. 그 당시 신체적 학대로만 아동학대를 제한한 것은 판정기준의 명확성과 용이함 때문이었다(이세원, 2018). 최근에는 넓은 의미에서 아동학대를 신체적인 외상을 유발하는 학대뿐만 아니라 아동의 발달과 욕구를 충족시켜 주지 못하는 모든 행위와 환경을 포함하는 것으로 본다.

우리나라 「아동복지법」 제2조 제3항에는 아동학대를 "보호자를 포함한 성인이 아동의 건강 또는 복지를 해치거나 정상적 발달을 저해할 수 있는 신체적 · 정신적 · 성적 폭력이나 가혹행위를 하는 것과 아동의 보호자가 아동을 유기하거나 방임하는 것을 말한다"고 정의하고 있다. 즉, 적극적인 가해행위뿐만 아니라 소극적 의미의 단순 체벌 및 훈육까지 아동학대의 정의에 명확하게 포함하고 있다. 이는 "아동의 복지나 아동의 잠정적 발달을 위협하는 보다 넓은 범위의 행동"으로 확대하여, 신체적 학대뿐만 아니라 정서적 학대나 방임, 아동의 발달을 저해하는 행위나 환경, 더 나아가 아동의 권리보호에 이르는 매우 포괄적인 경우를 아동학대로 정의하고 있다(아동권리보장원, 2023).

2) 아동학대의 유형

아동학대 유형은 크게 신체적 학대, 정서적 학대, 성적 학대와 방임과 같이 4가지로 구분된다. 다음에서는 「아동복지법」 제3조 제7호에서 설명하고 있는 각 학대 유형별 정의 및 특성에 대해 살펴보고자 한다.

(1) 신체적 학대

신체적 학대는 보호자를 포함한 성인이 아동에게 우발적인 사고가 아닌 상황에서 신체적 손상을 입히거나 또는 신체손상을 입도록 허용한 모든 행위를 말한다. 발로 차는 행위나 심하게 흔들거나 주먹으로 치는 행위, 아동을 던지거나 목을 조르는 행위 등이 모두 포함된다.

민법상 징계권 폐지

민법상 자녀 징계권은 1958년 제정되어 2021년 63년만에 폐지되었다. 민법 제915조에는 '친권자는 아이를 보호 또는 교양하기 위하여 필요한 징계를 할 수 있고 법원의 허가를 얻어 감화 또는 교정기관에 위탁할 수 있다'고 명시되어 있다. 해당 조항은 부모들이 자녀에 대한 체벌을 정당화하는 근거로 오인되었다.

출처: 전민경 · 임예슬 (2022)

(2) 정서적 학대

정서적 학대는 보호자를 포함한 성인이 아동의 건강 또는 복지를 해치거나 정상적 발달을 저해할 수 있는 정신적 폭력이나 가혹행위를 하는 것을 말한다. 아동에게 정신적인 고통이나 손상을 야기하는 모든 행동이 정서적 학대에 포함된다. 아동을 직접 위협하는 말이나 행동을 보여주는 것, 아동이 배우자 폭력을 목격하는 것, 자주 소리치는 것, 아동에게 냉담한 태도를 유지하는 것, 가혹한 농담 등이 그 예이다(아동권리보장원, 2023).

정서적 학대 사례

유튜브 스타가 뭐길래? 아이에 도둑질 연기시킨 유튜버 '아동학대' 판단

유튜브 스타가 되기 위해 아이에게 해로운 장면을 연출한 부모에 보호처분이 내려졌다. 2017년 9월 세이브더칠드런 코리아는 유튜브 키즈 채널 운영자를 아동학대로 고발했다. 고발 이유에 대해서는 해당 채널 운영자가 "5살 아이가 아빠 지갑에서 돈을 훔쳐 뽑기를 하는 상황을 연출해 내보냈다"고 전했다. 또 "아이가 좋아하는 인형을 차로 깔아뭉갠 뒤 아이가 복수에 나서는 장면이나 아이가 실제 자동차를 운전하는 모습을 연출한 장면도 방영했다"고 설명했다.

이어 "현실과 허구의 차이를 인지하기 어려운 유아에게 절도와 복수 등 비도덕적 행동을 하게 하는 것은 '정서적 학대'이고 '아동착취'"라고 주장하며 "때리는 것만 학대가 아니다. 정신적 고통을 주는 것도 학대이고, 불법"이라고 지적했다.

고발된 채널 운영자는 아이와 놀아주면서 자연스럽게 찍은 것이라고 해명했지만, 서울가정법원은 아동에 대한 학대라고 판단하고 아동보호전문기관의 상담을 받으라는 보호처분을 내렸다.

출처: 세계일보 (2018.7.30).

(3) 성적 학대

성적 학대는 보호자를 포함한 성인이 자신의 성적 충족을 목적으로 18세 미만의 아동에게 행하는 모든 성적 행위를 말한다. 성인이 아동을 성적인 방식으로 만지거나 자신과 함께 성적인 행위를 하는 것, 지나친 신체 노출, 성적 행위 장면을 보여주는 것 등이 예이다. 성적 학대는 다른 유형의 학대와 달리 은밀하게 진행되어 외부에서 발견이 쉽지 않아 장기간 지속되는 경우가 종종 있다. 또한 사회적 통념과 달리 성적 학대의 피해자는 여자 아동에게만 국한되는 것이 아니라 남자 아동에게도 발생한다.

(4) 방임

방임은 특정 행위로 인해 아동학대가 발생하는 다른 학대 유형과 달리 보호자가 아동에게 적절한 보호를 제공하지 않거나 위험한 환경에 노출시키는 행위를 말한다. 방임은 물리적 방임, 의료적 방임, 교육적 방임, 정서적 방임, 아동 유기 등으로 세분화할 수 있다. 물리적 방임은 아동에게 기본적인 의식주를 제공하지 않거나 불결한 환경이나 위험한 상태에 아동을 방치하는 행위 등을 말한다. 교육적 방임은 보호자가 아동을 특별한 사유 없이 학교(의무교육)에 보내지 않거나 아동의 무단결석을 허용하는 행위 등을 포함한다. 의료적 방임은 아동에게 필요한 의료적 처치를 하지 않거나 필수예방접종을 실시하지 않는 행위 등이 해당한다. 아동 유기는 아동을 보호하지 않고 버리는 행위, 시설 근처에 버리고 가는 행위, 아동을 병원에 입원시키고 사라진 경우 등이 포함된다.

방임 사례

법원은 부모가 출생신고를 하지 않아 아동이 적절한 의료혜택을 받지 못하게 한 것과 아동을 유기한 채 가출한 행위를 방임으로 판결하였다. 구체적인 판결문 내용은 다음과 같다.

피고인은 피해자 서○○(여, 3세)의 친모로서 피해자를 보호 · 양육 · 교육하여야 할 의무가 있는 사람이다. 그럼에도 불구하고 피고인은 2012.1.12.경 피해자를 출산하였음에도 출생신고를 하지 않고 그 무렵부터 2014.9.경까지 OO시 OO구 OO로 XX에 거주하다가 피해자를 유기한 채 가출하고 피해자로 하여금 출생신고가 되지 않아 기본적인 의료혜택조차 받지 못하게 하는 등 보호자로서 피해자를 유기하고 피해자에 대한 의식주를 포함한 기본적 보호 · 양육 · 치료 및 교육을 소홀히 하여 피해자를 방임하였다(인천지방법원 2016.6.9. 2015고단6533 판결).

출처: 서울지방변호사회 (2018). 아동학대사건 법률지원 매뉴얼.

각 학대 유형별 구체적인 학대행위와 학대행위로 인한 징후는 〈표 11-1〉과 같다.

표 11-1 | 유형별 학대행위 및 징후

구분	구체적인 학대행위	학대행위 징후
신체적 학대	• 직접적으로 신체에 가해하는 행위 • 도구를 사용하여 신체에 가해하는 행위 • 신체에 유해한 물질로 신체에 가해하는 행위 • 완력을 사용하여 신체를 위협하는 행위 등	• 설명하기 어려운 신체적 상흔 • 시간차가 있는 상처, 골절 • 도구의 모양이 그대로 나타나는 상처 • 담뱃불 자국, 뜨거운 물에 덴 화상자국 • 겨드랑이, 팔뚝, 허벅지 안쪽 등 다치기 어려운 부위의 상처 • 어른과의 접촉회피 • 다른 아동이 울 때 공포를 보임 • 공격 또는 위축된 극단적 행동 • 부모에 대한 두려움 등
정서적 학대	• 언어적 폭력행위 • 정서적 위협 • 아동에 대한 비현실적인 기대나 강요 행위 • 보호자의 종교행위를 강요하는 행위 • 형제나 친구 등과 비교 · 차별 · 편애 · 왕따시키는 행위 • 아동이 가정폭력을 목격하도록 하는 행위 • 아동을 시설 등에 버리겠다고 반복적으로 위협하거나 짐을 싸서 내보내는 행위 • 벌거벗겨 내쫓는 행위 등	• 성장장애 • 신체발달 저하 • 언어장애 • 원형탈모 등 • 특정물건을 계속 빨거나 물어뜯음 • 반사회적, 파괴적 행동장애 • 히스테리, 강박, 공포 등 정신신경성 반응 • 극단적 행동, 과잉행동, 발달지연, 자살시도
성적 학대	• 자신의 성적 만족을 위해 아동을 관찰하거나 아동에게 성적 노출을 하는 행위 • 아동을 성적으로 추행하는 행위 • 아동에게 유사성행위를 하는 행위 • 성교를 하는 행위 • 성매매 업소에 아동을 데리고 가는 행위 • 성매매를 시키거나 성매매를 매개하는 행위 등	• 걷거나 앉는데 어려움 • 회음부의 통증과 가려움 • 찢기거나 손실된 처녀막 • 배뇨곤란, 요도염, 야뇨증 등 • 항문 주변의 멍이나 찰과상, 항문 괄약근 손상 • 나이에 맞지 않는 성적 행동 및 성지식 • 위축, 환상, 유아적 행동(퇴행 행동) • 충동성, 산만함 및 주의집중장애 • 수면장애, 섭식장애(폭식증, 거식증), 외상후 스트레스 장애 • 우울, 불안, 사회관계의 단절 • 자기 파괴적 행동(자살시도) • 방화, 동물에게 잔혹한 행동을 함

방임	• 기본적인 의식주를 제공하지 않는 행위 • 상해와 위험으로부터 아동을 보호하지 않는 행위 • 불결한 행동이나 위험한 상태에 아동을 방치하는 행위 • 아동의 출생신고를 하지 않는 행위 • 보호자가 아동을 가정 내에 두고 가출한 경우 • 보호자가 아동을 시설 근처에 두고 사라진 경우 • 보호자가 아동을 학교(의무교육)에 보내지 않거나 아동의 무단결석을 허용하는 행위 • 학교 준비물을 챙겨주지 않는 행위 • 특별한 교육적 욕구를 소홀히 하는 행위 • 아동에게 필요한 의료적 처치를 하지 않는 행위 • 장애아동에 대한 치료적 개입 거부 등	• 영양실조, 발달지연 및 성장장애 • 아동에게서 악취가 지속적으로 나는 경우 • 예방접종과 의학적 치료 불이행으로 인한 건강상태 불량 • 비위생적인 신체상태 • 계절에 맞지 않는 부적절한 옷차림 • 지속적인 피로 또는 불안정감 호소 • 비행행동 또는 도둑질 • 잦은 결석 • 학교에 일찍 등교하고 집에 늦게 귀가

출처: 아동권리보장원 홈페이지

2. 아동학대의 발생 원인과 결과

1) 아동학대 발생 원인

아동학대를 바라보는 관점에 따라 아동학대의 발생 원인은 다소 다르게 설명된다. 초기에는 정신병리학적 관점에서 아동학대 가해자가 정신적으로 심각한 질환이 있거나 심리적 문제가 있어 학대를 하게 됐다고 보았으나, 최근에는 아동과 부모, 가족뿐만 아니라 지역사회의 요인이 아동학대 발생에 영향을 미친다는 생태학적 관점에서 아동학대를 이해하고 있다.

(1) 정신병리학적 관점

정신병리학적 관점은 아동학대 가해자인 부모의 특별한 성격적 요인에 의해 아동학대가 발생한다고 보았다. 가해 부모의 특성은 심리적 특성과 병리적 특성으로 나누어 볼 수 있다. 가해 부모의 심리적 특성에는 자녀양육 문제 해결 능력 부족, 아동발달에 대한 잘못된 이해, 어릴 적 학대 경험으로 인한 부모 역할 스트레스 등이 포함된다. 병리적 특성으로는 정신질환 문제, 히스테리, 우울증, 분노장애, 통제력 부족, 낮은 자존감, 약물중독 등이 있다.

정신병리학적 관점은 아동학대를 할 가능성이 높은 부모를 파악하여 이들에 대해 적절한 개입을 할 수 있다는 측면에서 의미가 있다. 그러나 정신병리학적 관점은 가해자의 특성 외에 다른 환경적 요인들은 고려하지 않는다는 측면에서 제한점이 있다(Corby, 2000).

(2) 발달론적 관점

발달론적 관점에서는 아동이 가지고 있는 특성 때문에 학대가 발생하는 것으로 본다(김성경 · 김혜영, 2021). 예를 들어, 기질이 까다롭거나 신체 및 정신적으로 장애가 있는 아동은 그렇지 않은 아동에 비해 학대를 받을 가능성이 높다는 것이다. 장애아동은 양육에 있어 성인의 도움이 좀 더 필요하고, 아동 스스로 교육이나 정보의 부족으로 인해 학대 행위를 인식하지 못할 수도 있기 때문이다. 미숙아나 저체중아 또한 양육 시 더 많은 관심과 보호가 필요한데 이는 보호자에게 스트레스를 유발할 수 있다. 높은 양육 스트레스는 때로 학대로 이어질 수도 있다. 상대적으로 나이가 어린 아동은 집 안에서 생활하는 시간이 길어 외부에서 학대 사실을 발견하기 어렵고, 스스로 도움을 요청하기 어려워 신체적 학대나 방임과 같은 아동학대에 더욱 취약한 것으로 본다.

(3) 사회심리학적 관점

사회심리학적 관점은 가족 배경, 부모의 양육 태도, 경제적 수준, 가족관계 등과 같은 특성이 아동학대 발생에 영향을 미치는 것으로 본다. 구체적으로 부모가 자녀 양육에 대한 지식이 부족하거나 양육 능력이 부족한 경우, 학대 가해자가 어릴 적 학대받은 경험이 자신의 자녀에게 이어지는 학대의 세대 간 전수, 부부 간의 갈등, 부부의 별거나 이혼, 가족 갈등 등과 같이 가족과 관련된 특성이나 가족구성원들 간의 상호작용이 아동학대 원인이 되는 것으로 본다(한미현 외, 2016). 또한 빈곤이나 실직으로 인해 경제적 스트레스가 높거나 사회적 지지체계가 부족한 경우도 아동학대 발생, 특히 방임에 영향을 미치는 것으로 보고 있다(Corby, 2000).

(4) 사회문화적 관점

사회문화적 관점에서는 사회적으로 통제와 질서 유지를 위해 폭력 사용을 용인하는 문화가 아동학대 발생의 원인이 되는 것으로 본다(Straus & Gelles, 1986). 예를 들어, 사회가 학교에서 아동의 체벌을 승인하기 때문에 폭력 또한 사용되는 것으로 보았다. 이 관점에서 아동학대는 개별적인 병리학적 현상이라기보다는 사회적으로 용인된 폭력 형태라고 봐야 한다. 이러한 설명은 성적 학대에도 적용될 수 있는데, 광고나 매춘에서 여성에 대한 착취가 용인되고, 대중매체에서 아동이 성적인 대상으로 소비되는 것 등을 허용하는 분위기는 성적 학대로 이어질 수 있다(Gil, 1970).

사회문화적 관점에서는 아동학대를 예방하기 위해서는 사회적 수준에서 아동을 양육하고 통제하는 방법을 변화시킬 필요가 있다고 보았으며, 특히 친사회적 행동을 장려하기 위해 비폭력적인 수단을 사용할 것을 강조하였다(Corby, 2000).

(5) 생태학적 관점

생태학적 관점은 아동학대 발생이 하나의 원인에서 발생했다고 보지 않고 아동과 부모의 특성뿐만 아니라 가족요인, 가족환경, 사회환경과 더 나아가 사회의 문화적 및 정치적 요인과 같이 다양한 요인이 아동학대와 관련이 있는 것으로 본다. 생태학적 관점은 정신병리학적 관점, 발달론적 관점, 사회심리학적 및 사회문화적 관점 등과 같은 여러 관점들을 통합하여 아동학대를 둘러싼 다양하고 복잡한 원인을 반영하고 이러한 요인들 간의 상호작용을 고려하여 설명하는 것이 가능하다. 이러한 관점은 아동학대의 발생 원인을 아동이나 부모의 특성에 한정하는 것이 아니라 사회문화적 요인에 이르기까지 다양한 체계 수준에서 이해할 수 있게 한다.

아동학대를 이해하는 데 생태학적 관점을 처음 적용한 사람은 벨스키(Belsky, 1980)이다. 그는 개인 영역, 가족 영역, 지역사회 영역 그리고 문화적 영역의 요인들에 의해 아동학대가 발생한다고 보았다. 개인 영역은 아동을 학대하는 가해자의 성격과 과거 학대 경험, 가족 영역은 부부관계나 경제적 상태 등을 의미한다. 지역사회 영역은 지역사회의 폭력범죄 발생 정도, 빈곤 등을 포함하며, 문화적 영역은 사회의 범죄나 폭력에 대한 허용적 태도와 문화적 가치체계 등을 포함한다(김형모, 2002).

2) 아동학대의 결과

아동학대와 방임은 신체적 · 심리적 · 행동적 · 사회적 영역에 이르기까지 아동발달 전반에 부정적 영향을 미친다. 이러한 영향은 단지 아동기에만 한정되는 것이라 아니라 청소년기를 포함하여 성인기에까지 지속된다. 아동학대가 아동발달 영역에 미치는 구체적인 결과는 다음과 같다.

(1) 신체적 측면

아동학대가 신체적 건강에 미치는 영향은 멍이나 베인 상처, 신체 일부의 변형 및 절단, 장기파열, 화상 등이 있으며, 극단적인 경우 사망까지 이를 수 있다. 또한 방임으로 인해 적절한 영양 섭취를 하지 못한 경우 저체중, 성장 지연과 같은 문제가 있을 수 있다. 어린 아동을 심하게 여러 차례 흔들어 발생하는 학대성 두개관 내 출혈(Abusive head trauma)은 사지마비, 성장장애, 사망으로 이어질 수 있다.

지속적인 아동학대는 아동의 뇌 발달에 영향을 미친다. 뇌척수액이 흐르는 공간인 뇌실이 커지면 언어발달 지연이 나타나고, 뇌표면(피질)이 위축되면 기억력이 감퇴한다. 장기기억을 담당하는 해마가 손상되면 인지, 언어, 학업능력에 부정적인 영향을 미친다. 신체적 학대뿐만 아니라 정서적 학대 또한 뇌 발달에 심각한 영향을 미친다. 부모나 보호자로부터 지속적으로 욕이나 막말을 듣거나 무시당하는 아동은 뇌에서 언어처리 영역 간 연결을 담당하는 통로에 변화가 생길 수 있고, 가정폭력에 노출된 아동은 후두엽에 있는 시각피질의 부피가 감소되기도 한다.

(2) 심리적 측면

아동학대는 우울, 불안, 외상후 스트레스, 낮은 자존감, 타인과의 관계 형성에서의 어려움, 고립감, 신뢰감 상실 등과 같은 심리정서적 측면에 영향을 미친다. 학대를 경험한 아동은 정서 조절의 어려움을 겪거나 감정의 안정성이 취약하고, 사회적으로 부적절한 감정표현을 하기 쉬운 것으로 나타났다(법무부, 서울대학교 산학협력단, 2015).

영아기에 학대를 받은 아동 가운데 약 95%가 정상적인 애착관계 형성이 저해된 것으로 알려져 있다. 영아기에 적절한 애착관계를 형성하는 것은 이후의 정서적 발달에 중요한 영향을 미친다(Lyons-Ruth et al., 1990).

(3) 행동적 측면

학대를 받은 아동은 그렇지 않은 아동에 비해 행동문제가 나타날 가능성이 높다. 특히 학대받은 아동은 공격성이나 충동성이 높고 자학적이고 파괴적인 행동을 더 많이 하는 것으로 나타났다. 이러한 행동은 또래관계나 학교 적응에서 어려움으로 연결될 수 있다.

아동기에 학대받은 경험이 있는 청소년은 약물남용, 비행, 임신, 성과 관련된 문제를 겪을 가능성이 높은 것으로 알려져 있다. 청소년기의 비행은 성인기에 범죄행동으로 연결되기도 하였다. 더욱 심각한 문제는 아동기에 학대받은 경험이 있는 부모들이 자신의 자녀를 학대하는 학대의 세대 간 전수 문제가 나타나기도 하였다는 점이다(Child Welfare Information Gateway, 2013).

(4) 사회적 결과

아동학대는 대부분 가정 내에서 발생하지만, 그 영향은 가족을 넘어 사회까지 영향을 미친다. 높은 아동학대 사례 발생률이나 아동학대의 수많은 장단기적인 부정적 영향은 아동학대의 사회경제적 비용이 상당하다는 것을 의미한다. 아동학대로 인해 매년 건강 관련 비용, 범죄 비용, 특수교육 비용, 복지비용, 미취업/실직 등이 증가하고 생산성은 감소하는 등 우리 사회에 상당한 경제적 피해를 주게 된다(Berger & Waldfogel, 2011; Fang et al., 2012; Habetha et al., 2012; Wada & Igarahi, 2014; 김수정 · 정익중, 2016에서 재인용).

외국에서는 아동학대 피해로 인한 경제적 부담이 어느 정도인지 파악하기 위해 아동학대의 사회경제적 비용을 연구하였다. 미국의 경우 아동학대로 인한 사회경제적 비용을 연간 802억 달러로 추계하였다. 이는 미국의 2012년 GDP에 대비했을 때 0.5%를 차지한다(Gelles & Perlman, 2012; 김수정 · 정익중, 2016에서 재인용). 우리나라에서도 2014년 아동학대로 인한 사회경제적 비용을 추계한 결과, 최소 3,899

억원(GDP 대비 0.03%), 최대 76조원(GDP 대비 5.1%)에 이르는 것으로 나타났다(김수정 · 정익중, 2016).

3. 아동학대 현황

우리나라에서 아동학대를 경험하고 있는 아동의 수는 정확하게 알려져 있지 않다. 아동학대의 상당수는 겉으로 드러나지 않는다. 성인들이 학대받는 아동이 보내는 학대 징후를 잘 알아보지 못하는 경우도 있으며, 아동이 너무 어리거나 두려움을 느껴서 혹은 너무 수치스러운 나머지 자신에게 일어난 일을 다른 사람에게 얘기하지 않기 때문이다. 우리나라의 학대피해아동 발견율은 아동 인구 1,000명당 5명꼴인 5.02‰에 불과해, 미국의 아동학대 발견율 9.4‰, 호주의 8‰에 비해 상당히 낮은 것을 알 수 있다(보건복지부, 2022).

1) 연도별 아동학대 사례 건수

아동학대 사례 건수는 매년 증가하는 경향을 보이고 있다. 특히 2021년에는 37,605건으로 전년 대비 21.7%로 상당히 증가하였다.

표 11-2 | 연도별 아동학대 사례 건수

(단위: 건, %)

구분	2017	2018	2019	2020	2021
건수	22,367	24,604	30,045	30,905	37,605
증가율	19.6	10.0	22.1	2.9	21.7

출처: 보건복지부 (2022). 2021 아동학대 주요통계.

2) 재학대 사례 현황

재학대 사례는 이전에 발견된 아동학대 사례 가운데 다시 학대가 반복해서 일어난 것을 의미한다. 최근 5년간 아동학대로 판단된 사례 가운데 2021년에 다시 신고 접수되어 아동학대로 판단된 재학대 사례는 5,517건으로, 전체 아동학대 사례 가운데 14.7%였으며 매년 증가 추세를 보이고 있다. 이는 아동학대 사례에 대한 개입에도 불구하고 학대피해아동 100명 중 15명은 반복적인 학대 위험에 놓여 있는 것을 의미한다.

표 11-3 | 재학대 사례 발생 건수(3개년)

(단위: 건, 명, %)

연도	재학대 사례 건수	재학대 아동수	아동학대 사례 중 재학대 사례 비율
2019	3,431	2,776	11.4
2020	3,671	2,876	11.9
2021	5,517	4,176	14.7

출처: 보건복지부 (2022). 2021 아동학대 주요통계.

3) 아동학대 유형별 발생 현황

아동학대 사례 유형별 발생 현황을 살펴보면 중복학대가 16,026건(42.6%)으로 가장 많았다. 다음으로는 정서학대 12,351건(32.8%), 신체학대 5,780건(15.4%), 방임 2,793건(7.4%), 성학대 655건(1.7%) 순으로 나타났다. 실제 아동학대는 여러 유형의 학대가 복합적으로 발생하는 경우가 많았는데, 중복학대는 한 가지 유형의 학대가 발생했을 때보다 아동에게 미치는 부정적인 영향이 더 큰 것으로 알려져 있다.

중복학대를 제외하면, 단일학대 유형 가운데 가장 빈번하게 발생하는 학대 유형은 정서학대로 나타나, 부모가 자녀양육 시 막말이나 욕설, 위협 등과 같이 평소 학대라고 인식하고 있지 않은 행위를 하지 않도록 유의할 필요가 있을 것이다.

표 11-4 | 2021년 아동학대 사례 유형별 건수

(단위: 건, %)

유형	건수	비율
신체학대	5,780	15.4
정서학대	12,351	32.8
성학대	655	1.7
방임	2,793	7.4
중복학대	16,026	42.6
계	22,367	100.0

출처: 보건복지부 (2022). 2021 아동학대 주요 통계.

4) 신고자 유형

아동학대 신고자 유형은 신고의무자와 비신고의무자로 분류할 수 있다. 2021년 한 해 동안 아동학대의심사례로 신고접수된 52,083건 가운데 신고의무자에 의한 신고는 44.9%(23,372건)이었고, 비신고의무자에 의한 신고는 55.1%(28,711건)건이었다(보건복지부, 2022).

아동학대 신고의무자는 교사, 의료인, 아동복지시설종사자 등과 같이 직무 수행 과정에서 아동을 가까이에서 관찰할 수 있는 사람들이다. 이들은 아동학대범죄를 알게 된 경우나 의심이 있는 경우 수사기관 등에 즉시 신고해야 한다. 정당한 사유 없이 미신고시 500만 원 이하의 과태료가 부과될 수 있다. 아동학대범죄의 처벌 등에 관한 특례법 개정에 따라 2020년부터 사회복지전담공무원 및 아동보호전문기관장과 종사자가 신고의무자로 구분되어 신고의무자에 의한 신고 비율이 증가하였다(보건복지부, 2022). 그러나 아직까지 비신고의무자에 의한 신고가 좀더 많은 상황이다.

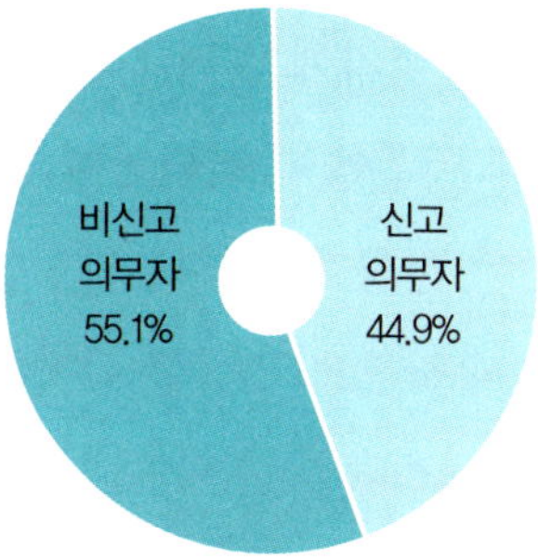

❙그림 11-1❙ 신고자 유형별 신고 현황

출처: 보건복지부 (2022). 2021 아동학대 주요 통계.

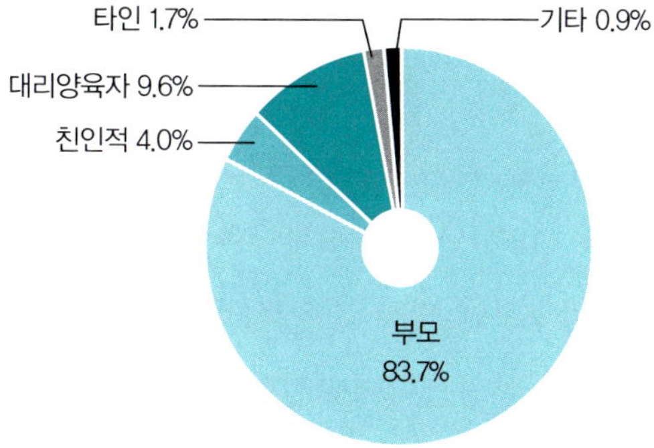

❙그림 11-2❙ 학대행위자와 학대피해아동과의 관계

출처: 보건복지부 (2022). 2021 아동학대 주요 통계.

5) 학대행위자와 학대피해아동 간 관계

학대행위자와 학대피해아동 간의 관계를 살펴보면, 2021년 발생한 아동학대 사례 37,605건 가운데 학대행위자가 부모인 경우가 83.7%로 가장 많았다. 그 외에 대리양육자 9.6%, 친인척 4.0%, 타인 1.7% 순으로 나타났다. 특히 친부모에 의한 학대가 80.7%를 차지하여 계부모나 양부모에 의해 학대가 발생한다는 통념과는 달리 대부분의 학대는 친부모에 의해 발생하는 것을 알 수 있었다(보건복지부, 2022).

4. 아동학대와 아동보호체계

1) 아동보호서비스의 제도화

아동보호체계란 보호를 필요로 하는 아동을 보호하고 지원하는 전달체계를 의미한다. 학대를 당한 학대피해아동을 위한 체계를 보통 보호체계(protection system)라고 부르는 것이 일반적이다(김미숙 외, 2016). 미국의 경우 국가에서 적극적으로 개입할 수 있는 공적인 아동보호사업체계는 20세기 중반 이후에 마련되었다(한미현 외, 2016). 1874년 당시 8세이던 마리 엘렌(Mary Ellen)이 신생아 때부터 자신을 양육한 위탁부모에 의해 지속적으로 학대를 받은 사실이 밝혀졌으나 이를 구제할 법이 없어 미국 동물학대방지협회(American Society for the Prevention of Cruelty to Animals)에 의해 보호를 받게 되었다(윤혜미 외, 2005). 이 사건을 계기로 같은 해 아동학대예방협회(Society for the Prevention of Cruelty to Children)가 설립되었다. 민간차원에서 시작된 아동보호사업은 1974년 「아동학대 예방 및 치료법(Child Abuse Prevention and Treatment Act: Public Law)」이 제정되면서 국가적인 개입이 시작되었다.

우리나라에서는 1981년 제정된 「아동복지법」에서 처음으로 아동학대 예방을 위한 법적인 근거가 마련되었다. 이후 아동학대로 인한 피해아동 사망사건이 잇따라 발생하면서 아동학대 문제의 심각성이 사회적으로 크게 이슈가 되었다. 이를 계기로 2000년 「아동복지법」 개정을 통해 아동학대에 대한 정의, 처벌 근거, 아동보호전문기관에 대한 법적 근거가 마련되어 아동학대예방사업에 대한 국가 공적 개입체계의 기틀이 갖추어졌다. 이후 2014년 「아동학대범죄의 처벌 등에 관한 특례법」 시행에 따라 아동학대범죄의 처벌 및 학대피해아동 보호절차가 대폭 강화되었다.

그러나 우리나라 아동보호체계는 민간 위탁 형태로 운영되어, 아동보호에 대한 공공의 역할이 부재하다는 문제가 지적되어 왔다. 이에 2019년 정부는 '포용국가 아동정책'을 통해 공공의 역할과 책임을 강화하기 위해 아동보호체계 개편안을 마련하였다. 새로운 보호체계에 따라 2020년 10월부터 전국 시군구에 아동보호팀을 신설하고 아동학대전담공무원과 아동보호전담요원을 배치하였다.

그간 아동보호전문기관에서 수행하던 아동학대 조사업무가 공공화되면서 아동학대전담공무원이 직접 아동학대 사례를 조사하고, 아동보호전문기관은 심층사례관리[05]에 집중하게 된 것이다. 구체적으로 아동학대전담공무원은 아동학대 신고접수, 현장조사 및 응급보호, 상담 및 조사, 아동학대 사례판단, 학대피해아동보호계획 수립 및 아동보호전문기관 연계, 사례관리 종결업무를 수행한다. 아동보호전문기관은 지자체의 아동학대 현장조사 등을 지원, 상담, 치료교육, 관련 기관 간 연계, 학대피해아동 및 가정의 기능 회복 서비스 제공, 사후관리 등을 담당한다.

2) 아동학대 사례 개입 과정

(1) 아동학대 조사

① 신고 발견 체계

우리나라에서 아동학대 신고접수는 긴급번호 1577-1391, 경찰청 긴급범죄신고 112 등 다양한 채널을 통해 이루어졌다. 2014년 아동학대처벌법이 시행되면서 기존의 1577-1391은 폐지되고 아동학대에 대한 신고는 112로 통일되었다. 아동학대범죄를 알게 된 경우나 의심이 되는 경우 누구든지 아동학대 신고를 할 수 있다. 전화 외에 모바일 앱 아이지킴콜을 이용하거나 관할 경찰서와 시 · 군 · 구를 직접 방문하여 신고할 수 있다. 신고자의 신분은 「아동학대범죄의 처벌 등에 관한 특례법」 제10조, 제62조에 의해 보장된다.

② 조사 및 응급조치 등

신고접수 단계에서 아동학대 발생이 의심되는 사례에 대해서는 신고를 접수한 경찰이나 아동학대전담공무원이 지체 없이 아동학대범죄의 현장에 출동해야 한다. 조사를 통해 학대피해가 확인되고 재학대 위험이 높은 경우, 학대피해아동과 학대피

05 2023년 10월 이후 아동보호전문기관은 심층사례관리기관으로 기능전환 전면시행을 앞두고 있다.

해아동의 형제자매 등의 보호를 위해 학대행위자를 학대피해아동으로부터 격리, 학대피해아동을 학대 관련 보호시설로 인도하는 등의 응급조치를 수행하게 된다.

응급조치 보호기간은 72시간으로 짧고 학대피해가 확인되지 않으면 분리보호가 어려웠다. 그 결과 가정으로 돌아간 아동이 더욱 심각한 학대피해를 당하는 사례가 잇따라 발생하면서, 이를 막기 위해 2021년 「아동복지법」을 개정하여 즉각분리제도를 도입하였다. 즉각분리제도는 재학대의 우려가 강해 조사가 필요한 경우 지자체의 보호조치 결정이 있을 때까지 학대피해아동을 곧장 분리해 일시보호하는 제도이다.

③ 사례판단과 피해아동 보호계획수립 및 조치

응급조치, 임시조치 후에는 아동학대 사례판단을 내리게 된다. 학대의 심각성 등을 고려하여 학대피해아동에 대한 보호계획을 수립한다. 보호계획은 아동을 자신이 생활하던 가정 내에서 보호하면서 서비스를 제공하는 원가정보호와 가정위탁, 시설보호와 같은 대리보호로 구분할 수 있다.

(2) 서비스 지원

① 서비스 제공

사례판단 결과에 따라 학대피해아동의 안전 및 회복과 학대행위자의 재학대 방지를 위해 학대피해아동 및 학대행위자에 대하여 조치결정이 취해지고 이에 따라 서비스가 제공된다(보건복지부 · 중앙아동보호전문기관, 2018). 가정 내에서 학대가 발생했다 하더라도 모든 학대피해아동을 가정과 분리하여 보호하는 것은 아니다. 아동이 성장 발달할 수 있는 가장 좋은 환경은 가정이며, 모든 아동은 가정 내에서 보호받을 권리가 있다. 따라서 아동학대 사례에 대한 개입 시 학대피해아동에 대한 상담치료뿐만 아니라 가정기능 회복에 중점을 두고 가족기능을 회복할 수 있는 가족기능강화서비스를 제공하게 된다.

이러한 원칙 아래 학대피해아동은 학대의 정도 및 심각성 등에 따라 주양육자가 아동을 보호하도록 하는 원가정보호, 주양육자로부터 분리하여 보호하는 격리보호, 아동 일시 보호시설이나 그룹홈에서 일시적으로 보호 · 양육하는 일시보호, 아동양육시설에 입소시키는 장기보호, 병원 입원 등의 기타 보호를 받게 된다(한미현 외, 2016). 가정과 분리된 후 가족기능이 회복되어 원가정의 학대 재발 위험이 낮아져 아동이 안전하게 보호될 수 있는 경우 원가정으로 복귀하게 된다.

원가정보호가 어려운 경우 학대피해아동은 학대피해아동쉼터에서 심리치료와 보호를 받을 수 있다. 쉼터에서는 숙식제공, 생필품 지원, 일상생활 훈련 및 생활지원, 상담 및 치료, 교육 및 정서지원 등과 같은 서비스를 제공한다. 학대피해아동을 위한 쉼터는 2023년 기준 전국에 141개소가 설치되어 있다. 아동학대 사례 발생 건수에 비해 학대피해아동을 위한 쉼터는 상당히 부족하다. 특히 영아와 장애아동의 경우 이들을 보호할 만한 쉼터나 시설이 거의 없어 서비스 제공에 어려움을 겪고 있다.

② 서비스 내용

학대피해아동, 학대행위자 및 가족에게 제공되는 구체적인 서비스는 다음과 같다. 첫째, 상담서비스, 입원치료 · 통원치료를 포함하는 의료서비스, 둘째, 심리검사 · 미술치료 · 놀이치료 등을 포함하는 심리치료서비스, 셋째, 가정지원서비스 · 사회복지서비스기관 연결 · 공적지원 연결을 포함하는 가족기능강화 서비스, 넷째, 일시보호시설 및 쉼터 입 · 퇴소 및 절차 지원, 다섯째, 분리보호 및 절차 지원, 출결 및 비밀전학 처리 지원 등을 포함하는 학습 및 보호 지원서비스, 여섯째, 법률자문과 아동에 대한 응급조치 및 학대피해아동보호명령 절차 진행과 행위자에 대한 임시조치 또는 고소 · 고발 등 사건 처리에 대한 서비스가 있다. 일곱째, 임시조치 또는 조건부기소유예, 보호처분 결정, 형벌과 수강명령 등의 병과를 통해 검찰 · 법원으로부터 상담 · 교육 위탁처분을 받은 학대행위자를 대상으로 하는 행위자수탁프로그램을 포함한다.

아동학대 재발을 방지하기 위해서는 아동뿐만 아니라 학대행위자와 가족을 대상으로 하는 서비스가 동시에 제공되는 것이 중요하다. 그러나 아직까지 아동과 비교하여 학대행위자 및 부모와 가족에 대한 서비스는 부족한 상황이다. 또한 학대행위자나 부모를 대상으로 하는 서비스는 강제성이 없어 이들이 거부할 경우 서비스를 적극적으로 제공하는 것이 어려운 측면이 있다.

(3) 종결 전 모니터링 및 사례관리 종결

사례개입 동안 학대피해아동, 학대행위자 및 가족을 대상으로 하는 서비스 개입의 목표가 달성되었다고 판단되면 사례종결을 할 수 있다. 즉 아동과 가족의 욕구가 충족되고, 아동양육 환경이 안정되었을 때, 아동학대 재발 가능성이 낮다면 사례관리를 종결한다. 아동학대전담공무원, 아동보호전문기관이 참여하는 사례종결평가회의를 통해 사례종결이 결정되면 종결 전 모니터링을 3개월 간 실시하며 아동의 안전 여부를 확인한다(그림 11-3 참조).

3) 아동학대 예방 서비스

(1) 1차적 예방 프로그램

1차적 예방 프로그램은 전체 지역사회를 대상으로 하며, 아동학대 문제에 대한 대중의 인식을 구축하고 잠재적인 예방 방법에 대해 소통하는 것이다(이인선 외, 2013).

정부는 온라인을 통해 보육료나 양육수당 신청 부모 대상 자녀양육관련 교육영상 필수시청, 초 · 중 · 고 교원연수자료 등에 부모교육 내용 포함, 건강가정지원센터

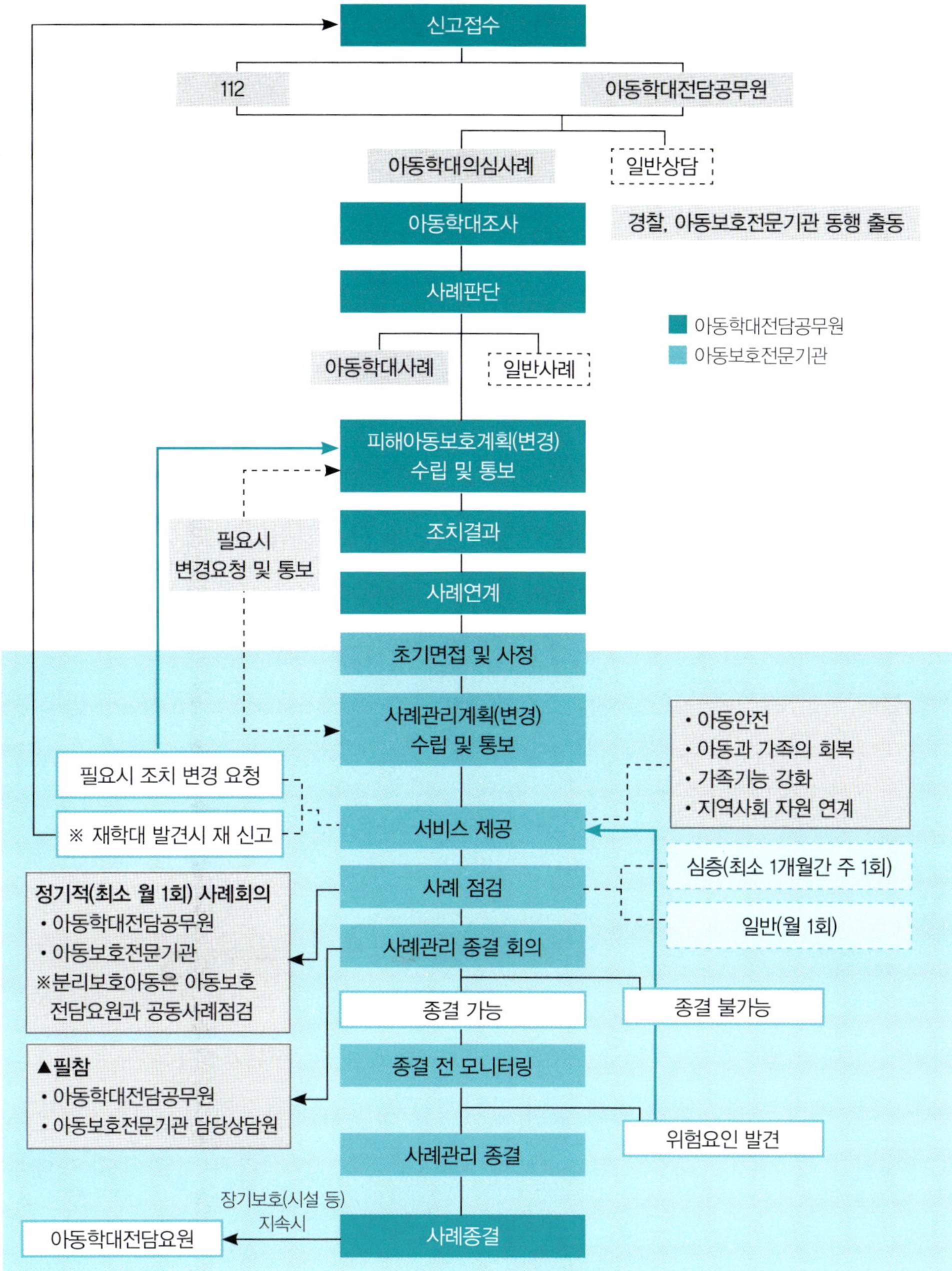

그림 11-3 아동학대 대응체계에 따른 업무처리 흐름도

출처: 아동권리보장원 (2022). 아동학대 대응 업무매뉴얼 2권, p.24.

등을 통한 예비부모 및 부모대상 교육, 아동 스스로 학대 인식을 갖도록 아동권리헌장 및 아동학대예방법 교육 프로그램 제작 및 활용, 어린이날(5.5) 및 아동학대 예방의 날(11.18)을 전후해 아동학대 신고전화를 홍보하는 등의 다양한 방법을 통해 일반인들을 대상으로 아동학대에 대한 인식을 높이고 신고의 중요성을 알리고 있다.

(2) 2차적 예방 프로그램

2차적 예방 프로그램은 아동학대 발생 가능성이 높은 집단을 대상으로 하여 위험요인을 감소시켜 아동학대가 발생하지 않도록 하는 데 목적이 있다(한미현 외, 2016). 구체적으로 나이가 어린 부모, 한부모, 신체적 · 정신적 어려움을 가진 부모와 같이 특별한 욕구가 있거나 많은 지원이 필요한 고위험집단을 대상으로 한다. 해당 가정에게 양육과 아동발달, 가족의 경제생활관리에 대한 이해를 증진하고, 자존감이나 의사소통, 사회적 기술을 개발하도록 서비스를 제공하는 '가정지원 프로그램', 십대 미혼모를 대상으로 하는 프로그램(The Good Beginnings Program) 등을 사례로 들고 있다(이인선 외, 2013).

(3) 3차적 예방 프로그램

3차적 예방 프로그램은 아동학대가 발생한 가정에 아동학대가 재발하지 않도록 하는 것을 목표로 하며, 다른 기관에서 의뢰되거나 본인들 스스로 자녀를 학대하는 위험이 있다고 인식하는 부모를 대상으로 한다(이인선 외, 2013). 3차적 예방 프로그램은 다른 예방 프로그램에 비해 좀더 장기적인 서비스가 필요하며, 학대피해아동, 학대행위자 및 가족을 대상으로 한 상담, 교육, 의료적 및 심리적 치료 등의 학대부모를 위한 분노관리 프로그램, 원가정 복귀를 위한 가정기능 강화 프로그램, 경제 및 가사지원 프로그램 등이 이에 해당한다.

5. 아동학대 예방과 재발 방지를 위한 서비스 개선 방향

아동은 위험으로부터 스스로를 보호하기 어려우며 성인에게 의존해서 생활을 유지하는 특성이 있기 때문에 아동학대에 무척 취약한 특성이 있다. 아동학대의 부정적 영향을 최소화하기 위해서는 아동학대를 조기에 발견하고 무엇보다 학대가 발생하지 않도록 예방하는 것이 중요하다. 다음에서는 아동학대 예방과 재발을 방지하기 위한 정책과 서비스 제공에 있어 개선 방향을 살펴보고자 한다.

1) 아동학대 신고체계 강화

학대피해아동과 가족에 대한 개입이 이루어지기 위해서는 우선 아동이 아동보호체계 내에 신고가 되어야 한다. 법률상 신고의무자가 규정되어 있기는 하나, 우리나라의 신고의무자 신고비율은 여전히 저조한 상황이다. 신고의무자들은 학대에 대한 정확한 판단이 어려운 상황이나 자신의 신고로 인해 아동이 가정과 분리되는 것에 대한 염려, 신고 시 자신의 신분노출 우려 등으로 인해 신고를 꺼리는 경우가 종종 있다.

따라서 신고의무자가 아동학대를 판단할 수 있는 기준에 대한 교육을 보다 강화하고, 아동학대 판단을 확정할 수 있는 상황만이 아니라 학대가 의심되는 상황에서도 반드시 신고를 하도록 인식을 개선해야 할 것이다. 모든 신고접수 사례에 대해 아동을 원가정과 분리하는 것은 아니기 때문에 신고접수 이후 아동보호체계 내에서 제공되는 서비스의 내용 및 개입 과정 등에 대해서도 상세하게 안내하여 신고에 대한 부담을 줄여야 할 것이다. 더불어 신고로 인해 불이익을 받지 않도록 신고의무자에 대한 신변 보호 등에 대해서도 대책을 마련해야 할 것이다.

2) 차등적 대응제도 도입

1980년대 후반 미국에서는 아동학대 신고가 되면 '조사, 조치, 서비스 제공' 등과 같은 단일한 방식으로는 아동의 개별 상황에 적절하게 대응하지 못한다는 비판이 있었다. 이러한 한계점을 해결하기 위해 '차등적 대응체계(Differential Response System)'가 도입되었다. 차등적 대응시스템에서는 아동학대 정도의 심각성과 위험성이 높은 경우와 상대적으로 아동학대 위험 수준이 낮거나 중간 정도인 경우를 구분하여 서비스 제공 절차를 다르게 진행한다(이주연, 2016).

현재 우리나라에서는 아동학대로 판정된 사례에 대해서만 단일한 방식으로 서비스가 제공되고 있다. 아동학대의 양적 증가에 비해 제한된 상담원 인력 및 자원 등으로 인해 상대적으로 학대위험이 낮거나 보통 이하인 경우 적극적인 개입이 어려운 상황이다. 따라서 고위험 아동학대 사례의 경우 아동보호전문기관에서 서비스를 제공하고, 학대위험이 높지 않은 경우 조사단계 없이 가족 문제를 해결하는 데 필요한 서비스를 제공받을 수 있도록 지역사회 내 아동복지기관이나 상담기관 등과 연계하는 차등적 대응이 필요하다.

3) 아동보호전문기관의 전문성 강화 및 종사자 지원체계 구축

아동보호전문기관의 상담원들은 적정 사례 수보다 약 3배 이상의 사례를 더 맡고 있는 것으로 나타났다(김형모 외, 2016). 상담원들의 높은 업무부담은 잦은 이직과 퇴직으로 이어지며, 이는 서비스 질과 인력의 전문성에도 부정적인 영향을 줄 수 있다. 또한 학대피해아동의 경우 학대로 인한 분노, 공격성 등과 같은 심리적 어려움이 많으며 이에 대해서는 반드시 전문적 치료가 필요하다. 현재는 임상심리치료 전문인력도 상당히 부족한 상황으로 상담원과 더불어 이에 대해서도 반드시 인력 확충되어야 할 것이다.

아동학대 사망 사례 등을 포함한 고위험 아동학대 사례를 담당하는 종사자 대상 심리치료제도, 안식월제도나 위험수당 제공, 전문성 강화를 위한 교육 및 훈련 등과 같은 종사자의 처우개선을 통해 가능한 인력의 전문성 및 안전성을 확보할 필요가 있다.

4) 아동학대 재발생 방지를 위한 학대행위자 및 가족지원서비스 강화

학대행위자의 대다수가 아동의 부모인 것으로 나타나, 아동학대의 재발생을 방지하기 위해서는 학대행위자에 대한 단순한 처벌보다는 치료나 양육태도의 교정 및 변화 등이 우선적으로 시행되어야 한다. 그러나 현재는 단순한 형사처분을 통한 처벌을 하고 있다. 아동학대가 반복적으로 발생하는 것을 방지하기 위해서는 법적 구속력이 있는 상담수강명령, 치료위탁, 사회봉사와 같은 보호처분제도 마련이 필요하다(한미현 외, 2016). 법적 처벌을 받지 않는 경우에도 아동학대 재발생 방지를 위해 필요한 학대행위자 및 부모 대상 치료나 교육 등에 대한 참여율을 높이기 위한 대책방안 마련이 있어야 할 것이다.

미시적인 상담 및 치료 외에도 가정환경의 개선과 가족기능을 강화할 수 있는 가족지원서비스를 강화할 필요가 있다. 경제적 지원 서비스, 직업훈련 및 취업연계서비스, 일상생활관리 및 가사일 지원을 위한 가정봉사원서비스 등과 같은 다양한 서비스 개발 및 연계가 이루어져야 한다.

5) 지역사회 유관 기관 간의 네트워크 강화

아동학대 문제를 발견하고 개입하는 과정에서는 아동보호전문기관뿐만 아니라 지자체, 검찰, 경찰, 법원, 학교, 교육청, 어린이집, 유치원, 병원, 드림스타트센터, 지역아동센터, 가정위탁지원센터, 아동양육시설 등 다양한 분야의 전문가 등이 유기적으로 협조하여 서비스를 제공하게 된다. 아동학대의 문제는 아동과 학대행위자 및 부모의 다양하고 복합적인 심리적 · 정서적 · 사회적 및 경제적 측면과 연관되어 있기 때문에 하나의 기관에서 필요한 모든 서비스를 제공하는 것은 불가능하다.

따라서 효과적으로 아동학대 문제를 해결하고 예방하기 위해서는 지역사회 내 유관 기관들 간의 네트워크를 강화하여 통합적으로 서비스를 제공하는 것이 필요하다. 이를 위해 사례 사정에서부터 종결 및 사후관리 단계에 이르기까지 각 기관들의 역할 및 업무분담의 명확화, 정보공유 범위 및 활성화 방안, 모니터링 체계, 서비스 연계 등과 같은 협력체계 구축에 대한 구체적인 절차와 내용 논의 및 매뉴얼 작성 등을 통해 지역사회 내 유관기관 간의 네트워크를 강화해야 할 것이다.

토론해 봅시다

01 부모와 교사 등이 일상생활 속에서 아동의 잘못된 행동을 사회적으로 바람직한 행위나 습관으로 바뀔 수 있도록 가르치는 것을 훈육이라고 한다. 아동학대는 아동의 건강과 발달을 저해하지만, 훈육은 아동발달을 돕는다는 점에서 차이가 있다. 그러나 때로 아동학대와 훈육 행동이 명확하게 구분되지 않는 경우가 있다. 아동학대와 훈육을 어떻게 구분할 수 있는지, 기준은 무엇인지 논의해 보시오.

02 최근 몇 년 간 아동학대로 인해 아동이 사망하는 사례들이 보고되면서 지난 2022년 6월부터 대법원은 아동학대 범죄에 대한 양형 기준을 강화했다. 학대행위자에 대한 법적 처벌 강화가 학대피해아동과 가족에게 미치는 영향에 대해 논의해 보시오.

03 아동학대의 정도가 심각하고 재학대의 위험이 높은 경우 학대피해아동은 원가정과 분리되어 보호를 받게 된다. 일부 아동은 학대행위자이긴 하지만 자신의 부모와 떨어져 살고 싶어 하지 않는다. 이런 상황에서 부모와 함께 살기를 원하는 아동의 의사는 어떻게 존중되어야 하는지, 현장 전문가들은 어떤 입장을 취해야 하는지 논의해 보시오.

참고문헌

김미숙 (2021). 공공 아동보호체계 개편실태와 과제. 초록우산어린이재단.

김미숙 · 배화옥 · 정익중 · 조성호 · 박명숙 · 김지민 (2016). 아동학대 피해아동 지원 체계 구축방안 연구. 한국보건사회연구원.

김성경 · 김혜영 (2021). **현대사회아동복지론**. 경기: 양서원.

김수정 · 정익중 (2016). 아동학대의 사회경제적 비용 추계. **한국아동복지학, 53**, 25–50.

김형모 (2002). 경기도 아동학대의 실태 및 아동보호체계의 현황 분석. **아동과 권리, 6**(2), 247–267.

김형모 · 안재진 · 정해린 · 최권호 (2016). 아동보호체계 개선방안 연구 II : 한국에서의 아동학대 차등적 대응시스템 적용가능성을 중심으로. 굿네이버스 · 한국아동복지학회.

보건복지부 (2022). 2021 아동학대 주요통계.

보건복지부 · 중앙아동보호전문기관 (2018). 아동학대 신고의무자 신고 설명서.

서울지방변호사회 (2018). 아동학대사건 법률지원 매뉴얼.

세계일보 (2018.7.30). 유튜브 스타가 뭐길래? 아이에 도둑질 연기시킨 유튜버 '아동학대' 판단.

아동권리보장원 (2022). 아동학대 대응 업무매뉴얼 2권.

아동권리보장원 홈페이지 (www.ncrc.or.kr/ncrc/main.do)

여진주 (2008). 아동학대 발생요인에 대한 생태학적 분석 – 경상북도 동부권 아동을 대상으로 –. **보건사회연구, 28**(1), 3–26.

오정수 · 정익중 (2008). **아동복지론**. 서울: 학지사.

윤혜미 · 김혜래 · 신영화 (2005). **아동복지론**. 서울: 청목출판사.

이세원 (2018). 정서학대와 방임에 대한 사법적 판단. **교정복지연구, 53**, 117–144.

이인선 외 (2013). 아동학대예방을 위한 부모교육 제도화 및 활성화 방안 연구. 보건복지부.

이재연 · 윤선화 (2004). 아동학대 예방을 위한 부모교육 탐색. **아동과 권리, 8**(2), 235–250.

이주연 (2016). 미국의 학대아동보호를 위한 차등적 대응체계와 시사점. **보건복지포럼, 통권 제241호**, pp.96–109.

전민경 · 임예슬 (2022). 경기도 아동학대 사례관리 현황분석 및 발전방안 연구. 경기도여성가족재단.

정익중 · 오정수 (2021). **아동복지론**. 서울: 학지사.

한미현 외 (2016). **아동권리와 복지**. 서울: 창지사.

Belsky, J. (1980). Child maltreatment: An ecological integration. *American Psychologist, 35*(4), 320 – 335.

Child Welfare Information Gateway (2013). Long–term consequences of child abuse and neglect. Washington, DC: U.S. Department of Health and Human Services, Children's Bureau.

Corby, B. (2000). Child Abuse: Towards a Knowledge Base. Open University.

Gibbons, J., Conroy, S., & Bell, C. (1995). *Operating the Child Protection System*. HMSO: London.

Gil, D. G. (1970). *Violence against children: Physical child abuse in the United States*. Harvard U. Press.

Kempe, C., Silverman, F. N., & Steele, B. F. et al. (1962) The battered child syndrome. *Journal of the American Medicinal Association, 181*, 105–112.

Lyons–Ruth, K., Connell, D. B., Grunebaum, H. U., & Botein, S. (1990). Infants at social risk:Maternal depression and family support services as mediators of infant development and security of attachment. *Child Development, 61*(1), 85–98.

Straus, M. A., & Gelles, R. J. (1986). Societal change and change in family violence from 1975 to 1985 as revealed by two national surveys. *Journal of Marriage and the Family, 48*(3), 465 – 479.

12

CHAPTER

가정보호

CHILD WELFARE

1. 가정위탁보호서비스
2. 입양

CHAPTER

12 가정보호

모든 아동은 자신의 부모에 의하여 양육될 권리가 있다(유엔아동권리협약 제7조). 따라서 아동은 자신이 태어난 원가정에서 보호받을 수 있도록 사회적으로 지원할 필요가 있다. 그러나 가정해체, 아동학대 등으로 인해 아동이 원가정에서 보호받는 것이 아동의 안전에 해가 되거나 부모가 자녀를 양육할 능력과 의지가 없을 때 아동은 사회적 서비스인 대리보호서비스체계 내에서 양육된다. 우리나라의 대표적인 대리보호서비스는 입양, 가정위탁, 시설보호가 있다. 대리보호서비스체계는 가정과 가장 유사한 환경을 제공하는 것을 목표로 한다. 우리나라의 경우, 전통적으로 시설보호가 대리보호서비스체계의 주를 이루고 있어, 현재 보호대상아동을 위한 대리보호서비스를 가정형 보호 중심으로 전환하려는 노력이 진행 중이다. 이 장에서는 가정 내에서 이루어지는 대표적인 대리양육서비스인 가정위탁보호와 입양에 대해서 살펴보도록 한다.

1. 가정위탁보호서비스

1) 가정위탁보호서비스의 정의

가정위탁보호(family foster care)는 원가정에서 적절히 양육될 수 없는 아동에게 계획에 따라, 정해진 기간 동안 대리가정(substitute family)에 의한 보호를 제공하는 동시에 위탁보호서비스를 필요하도록 만든 문제를 해결하도록 돕는 사회서비스를 아동 및 가족에게 제공하는 것을 의미한다(Pecora, Whittaker, Maluccio, & Barth, 2012). 이러한 가정위탁보호서비스의 개념에는 가정위탁의 주요한 원칙들이 포함되어 있는데, 첫째, 가정위탁보호는 미리 계획된 단기간의 시간제한적 서비스이며, 둘째, 원가정의 회복과 아동의 성장을 돕는 광범위한 가족지원서비스를 포함하고 있다는 점이다.

우리나라 「아동복지법」 제3조 제6호에 따르면 가정위탁이란 보호대상아동의 보호를 위하여 성범죄, 가정폭력, 아동학대, 정신질환 등의 전력이 없으며 보건복지부령[01]이 정하는 기준에 적합한 가정에 보호대상아동을 일정기간 위탁하는 것이다. 이러한 정의는 가정위탁보호의 주요한 기능 중 하나인 서비스 제공을 통한 가족 및 아동의 지원이라는 주요한 측면을 누락하고 있다.

가정위탁보호는 두 가지 측면에서 입양과 차이가 있는데 첫째, 입양은 친생부모가 친권을 포기해야 하고, 부모로서의 모든 권리가 입양부모에게 양도되는 반면, 가정위탁보호는 친생부모가 친권을 포기할 필요가 없고, 위탁부모는 동거인의 자격으로 아동을 돌보게 된다. 두 번째, 입양은 영구적인 보호의 형태이지만 가정위탁은 한정된 기간 동안 보호가 제공된다는 점에서 차이가 있다. 장기위탁보호라도 아동

01 아동복지법 시행규칙 [별표 1]에 해당하는 내용으로 전문가정위탁과 일반가정위탁 · 일시가정위탁으로 구분하고 있다.

이 만 18세가 되면 위탁보호는 종료된다.

우리나라에서 보호대상아동을 위한 가정보호서비스 중 입양대상아동은 90% 이상이 미혼모 출산자녀이거나 유기아동인 반면, 그 외 부모의 사망, 이혼, 수감, 아동학대나 방임, 가족해체 등 다양한 사유로 발생하는 보호대상아동들은 대부분 가정위탁보호 또는 시설보호의 대상이 된다. 보호대상아동이 발생하면 원가정보호를 위해 최대한 노력하되, 불가피하게 분리보호하는 경우 가정보호를 우선하도록 하고, 특히 2세 이하(36개월 미만) 영아의 경우 가정보호를 우선 실시하도록 한다(보건복지부, 2023a).

가정위탁보호는 이렇듯 부모가 친권을 가지고 있는 상태에서 보호가 제공되기 때문에 서비스의 최종 목표는 보호대상아동이 원가정으로 돌아가는 것이며, 원가정으로 돌아갈 때까지 위탁가정 내에서 적절한 보호와 양육을 제공하는 것이 서비스의 목표가 된다. 따라서 가정위탁보호는 단기간에 종료되어 아동이 원가정으로 돌아갈 수 있도록 하는 것이 최선이며, 장기간 여러 위탁가정을 전전하는 표류(drift)가 발생한다면 오히려 아동에게 더욱 해로운 결과를 초래할 수 있다. 이에 가정위탁보호는 신중한 계획하에 단기간 제공되어야 하며, 가정위탁보호서비스가 이루어지는 동안 원가정 복귀가 원활히 이루어지도록 친생부모와의 정기적인 만남, 집중적인 가족지원서비스 등 원가정의 회복 및 아동의 안전한 복귀를 위한 서비스를 필요로 한다.

2) 가정위탁보호서비스의 유형

가정위탁보호서비스의 유형은 기준에 따라 다양하게 분류할 수 있다. 우리나라에서는 2021년 이전에는 위탁가정을 대리양육 가정위탁, 친인척 가정위탁, 일반 가정위탁 세 가지로 구분하고, 각 지방자치단체에서 전문가정위탁, 일시가정위탁 등 추가 유형에 대한 예산을 편성하여 운영이 가능하도록 규정하였으나(보건복지부,

2020), 2021년 6월 29일 신설된 「아동복지법」 시행령 제14조 제1항에 따라 현재는 가정위탁의 유형을 일반가정위탁보호, 전문가정위탁보호, 일시가정위탁보호로 구분하고 있다(보건복지부, 2023a).

- **일반가정위탁보호:** 전문가정위탁보호에 해당하지 않는 보호대상아동을 보호·양육하는 것을 목적으로 하는 가정위탁보호 유형으로 기존(2021.6.30. 이전)의 대리양육(조부모에 의한 양육)과 친인척 위탁(조부모를 제외한 친인척에 의한 양육)으로 결정된 가정은 일반가정위탁으로 간주한다.
- **전문가정위탁보호:** 학대피해아동, 2세 이하(36개월 미만) 아동, 장애아동, 경계선 지능아동 등 특별한 보호가 필요한 보호대상아동을 전문적으로 보호·양육하는 것을 목적으로 하는 가정위탁보호 유형이다.
- **일시가정위탁보호:** 보호대상아동을 일시 위탁하여 보호·양육하는 것을 목적으로 하는 가정위탁보호 유형이다. 즉각분리제도에 따라 원가정에서 분리된 6세 미만(미취학) 학대피해아동인 위기아동도 일시가정위탁보호의 대상이 된다.

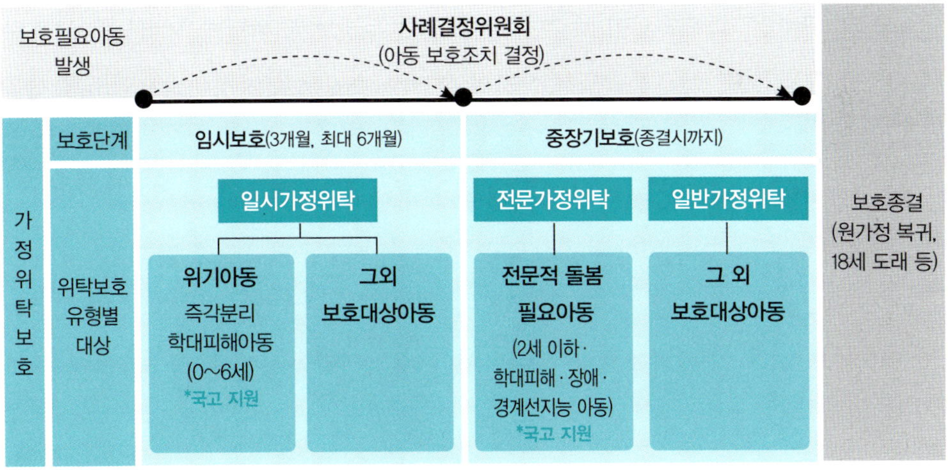

| 그림 12-1 | 가정위탁 유형

출처: 보건복지부 (2023a). 2023 아동분야 사업안내 1권.

이 밖에도 가정위탁보호서비스의 유형은 다양한 기준에 따라 구분할 수 있는데, 위탁보호자와 아동과의 친족 여부에 따라 비친족위탁보호(non relative foster care)와 친족위탁보호(kinship foster care)로 구분하며, 양육비 부담 여부에 따라 무료위탁보호(Free forster home)와 유료위탁보호(Boarding home)로 구분할 수 있다. 또한 위탁기간에 따라 단기위탁보호(short-term foster care)와 장기위탁보호(permanent foster care)로 분류하며, 가정위탁보호의 기능에 따라 응급위탁보호(emergency foster care), 치료위탁보호(treatment foster care), 고용위탁보호, 입양위탁보호, 집단위탁보호 등 다양한 형태의 위탁보호가 존재한다(Pecora et al., 2010; O'Loughlin & O'Loughlin, 2012; 오정수 · 정익중, 2017).

각 가정위탁보호서비스의 유형을 살펴보면 다음과 같다.

- **친족위탁**: 아동과 혈연관계에 있는 성인이 아동을 양육하는 것으로 오래 전부터 존재했던 형태의 위탁보호이다.
- **비친족(일반)위탁보호**: 일반위탁보호라고도 하며, 아동과 혈연관계가 없는 사람이 위탁부모가 되어 아동을 양육하는 것이다.
- **무료위탁보호**: 위탁가정이 보수를 받지 않고 무상으로 위탁받은 아동을 보호하는 것을 말한다. 양육부담을 수탁자가 부담하는 것으로 가정위탁사업의 효시를 이룬다.
- **유료위탁보호**: 위탁받은 가정이 아동을 보호하고 그 대가로 사회기관으로부터 양육에 따른 수고비를 받는 것으로 오늘날 가장 많이 활용되고 있다.
- **단기위탁보호**: 보통 몇 주에서 몇 달 정도 아동을 보호하는 것으로 일정기간이 지난 후 아동은 원가정으로 돌아가거나 장기위탁가정이나 입양가정에 배치된다.
- **장기위탁보호**: 영구위탁보호(permanent-foster care)라고도 하며, 어떤 이유로든 부모와 살 수 없거나 입양이 불가능한 아동에게 만 18세가 될 때까지 연속성 있

는 보호를 제공하는 것이다.

- **응급위탁보호**: 긴급 상황에서 며칠 이내의 위급한 보호를 필요로 하는 아동을 위탁하는 것이다.
- **치료위탁보호**: 특별한 보살핌을 필요로 하는 아동을 위한 전문화된 형태의 가정 밖 보호로, 위탁부모를 체계적으로 평가, 선정하고 보다 적절한 보상을 제공하며, 강도 높은 위탁부모 교육과 슈퍼비전, 담당자의 적은 사례수 등을 특징으로 한다. 위탁부모들은 기관 서비스팀의 일원으로 참여하며, 친부모들을 돕는 데 보다 적극적으로 관여한다.
- **고용위탁보호**: 위탁기간 중 아동이 노동을 하여 숙식비를 대신하는 것으로 고용 노동을 통해 양육에 필요한 비용을 부과함과 동시에 직업훈련을 통해 장차 자립생활을 할 수 있도록 준비한다.
- **입양위탁보호**: 입양 수속 중인 아동을 일시적으로 보호하는 형태의 입양이다. 이때 위탁부모는 아동을 입양하고자 하는 예비입양부모일 수 있다.
- **집단위탁보호**: 시설에서 운영하는 그룹홈(group home)으로 5~12명 정도가 공동으로 생활하는 소집단가정이다. 운영 목적에 따라 가정위탁보호가 아닌 소규모 시설로 분류하기도 한다.

3) 우리나라 가정위탁보호서비스의 역사

우리나라에서 현대적 의미의 가정위탁제도는 1950년대 이후 해외입양사업과 더불어 시작되었다. 당시의 가정위탁제도는 민간 입양기관을 중심으로 한 위탁보호로 해외입양대상 아동이 입양되기 전까지 보살피는 입양 전 위탁의 형태로 이루어졌다. 그 결과 1965년에 홀트아동복지회와 대한사회복지회, 1972년 동방아동복지회, 1990년 한국사회봉사회 등 4개 기관에서 가정위탁사업을 실시하였다.

정부차원에서의 가정위탁보호제도는 1985년 5월부터 인천과 광주에서 시범사업으로 시작되었으나, 위탁가정에 대한 지원 부족과 혈통 중시 가족제도 등으로 인해 소기의 목적을 달성하지 못하고 시범사업으로 끝을 맺고 더 이상 확산되지 못하였다. 그러나 민간기관인 한국복지재단(현 어린이재단)이 1990년부터 서울, 부산, 대전의 지역사회복지관에서 가정위탁보호사업을 시범사업으로 시작하였고, 1990년대 후반에 수양부모협회가 가정위탁사업을 민간차원에서 벌여나갔다(오정수 · 정익중, 2017).

1990년대 후반에 들어서 소년소녀가장제도와 시설보호사업에 대한 비판이 거세지고, 유엔아동권리위원회에서 1996년 소년소녀가장제도에 대한 폐지를 권고하면서, 정부에서는 시설보호 및 소년소녀가장세대를 그룹홈이나 가정위탁보호서비스로 전환하는 방향으로 정책을 추진하였다. 정부는 2000년부터 2002년까지 강원도에 가정위탁지원센터를 시범운영하였으며, 2003년부터 이를 전국에 확대하여, 16개 시 · 도에 총 17개의 가정위탁지원센터를 설립하고, 2004년 중앙가정위탁지원센터를 설치하여 지방의 가정위탁지원센터를 지원하고 각종 프로그램을 개발하여 보급하도록 하였다. 이후 2005년 7월, 「아동복지법」이 개정되면서 가정위탁보호아동에 대한 양육비용 보조와 가정위탁지원센터의 설치, 운영에 대한 근거가 규정되고, 2012년 8월 개정된 「아동복지법」에서는 시 · 군 · 구 가정위탁지원센터의 설치와 가정위탁보호아동 자립지원에 대한 근거규정을 마련하였다. 이후 2016년 3월에는 가정위탁지원센터를 아동복지시설에 포함하는 내용의 「아동복지법」 개정이 이루어졌다.

이후 2020년 1월 중앙가정위탁지원센터가 아동권리보장원으로 업무를 이관하면서 보호대상아동에 대한 공적 책임이 강화됨에 따라, 2020년 2월에 양육보조금 지원기준을 연령별로 차등화하고 금액을 월 20만원 이상에서 연령별 월 30~50만원 이상으로 인상하였으며, 아동용품구입비 지원기준을 신설하여 신규 책정 시 1회 100만원 지원하도록 하였으며, 전문아동보호비 지원기준을 월 40만원 이상에서 월

100만원 이상으로 확대하였다.

2020년 12월에는 「아동복지법」이 개정되면서 시행령에서 가정위탁보호 유형을 규정하였으며(2021.6.30. 시행) 2022년 1월부터 그간 지방이양사업으로 일부 지자체에서만 운영되었던 전문가정위탁사업을 국가에서 예산을 지원하는 전국 단위의 사업으로 확대실시하였다(보건복지부 · 아동권리보장원, 2022.1.12).

4) 우리나라의 가정위탁보호서비스

(1) 가정위탁보호서비스 현황

가정위탁보호서비스를 확대하고자 하는 정부의 노력에 힘입어 가정위탁보호의 대상자 수는 사업 초기에 비해 급격한 증가를 보였다. 2003년 가정위탁의 수는 총 5,313가정의 7,565명이었으나 2010년에는 12,120가정의 16,359명으로 두 배 이상 증가하였다(kosis.kr). 이후 보호대상아동 수의 감소로 인해 가정위탁보호 중인 아동도 점차 감소하고 있다.

한편, 연도별 가정위탁 유형별 보호아동 현황을 살펴보면(표 12-1 참조) 조부모가 양육하는 대리양육가정이 가장 높은 비율을 차지하며, 일반위탁가정에서 보호 중인 아동이 전체 위탁아동의 10% 이내로 낮은 비율을 차지하고 있다. 일반위탁가정에서 보호 중인 아동의 비율이 매년 조금씩 증가하고 있는 추세이기는 하나, 이는 일반위탁가정 수의 증가보다는 위탁대상아동의 감소로 인한 비율의 증가라고 볼 수 있다.

한편 대리양육가정의 경우, 아동양육에 관한 지식이 부족하거나 건강상태가 나쁜 고연령의 조부모가 아동을 양육하게 되면 적절한 돌봄이 이루어지지 못하고, 도리어 아동이 방임되는 결과를 초래할 수 있는 위험이 있다. 따라서 대리양육가정에 대한 적절한 관리감독이 필요하며, 더불어 양육에 대한 지원과 서비스가 함께 제공되어야 할 것이다. 아울러 부모의 양육을 대신해줄 조부모나 친인척이 없는 보호대상아동의 경우에도 시설이 아닌 위탁가정에서 생활할 수 있도록 일반위탁가정을 더욱 많이 확보하여 가정위탁을 활성화해야 할 필요성이 있다.

전문가정위탁사업의 경우, 특별한 보호가 필요한 보호대상아동을 전문적으로 보호·양육한다는 목적에도 불구하고, 그동안 지자체의 자체사업으로 운영되다 보니 사업운영 자체가 저조하였다. 2021년 기준, 전문가정위탁에서 보호된 아동은 99명(1.1%)에 불과했으나(보건복지부·아동권리보장원, 2022.5.20), 2022년 1월부터 전국 단위의 사업으로 확대하였으므로 향후 활성화가 기대된다.

표 12-1 | 연도별 가정위탁보호아동 현황

(단위: 명, %)

연도	계		대리양육		친인척		일반	
	위탁가정	위탁아동	위탁가정	위탁아동	위탁가정	위탁아동	위탁가정	위탁아동
2021	7,733 (100.0)	9,535 (100.0)	4,817 (62.3)	6,107 (64.0)	1,999 (25.9)	2,344 (24.6)	917 (11.9)	1,084 (11.4)
2020	8,001 (100.0)	9,923 (100.0)	5,155 (64.4)	6,542 (65.9)	2,069 (25.9)	2,447 (24.7)	777 (9.7)	934 (9.4)
2019	8,359 (100.0)	10,384 (100.0)	5,442 (65.1)	6,905 (66.5)	2,167 (25.9)	2,572 (24.8)	750 (9.0)	907 (8.7)
2018	8,955 (100.0)	11,141 (100.0)	5,831 (65.1)	7,426 (66.7)	2,357 (26.3)	2,801 (25.1)	767 (8.6)	914 (8.2)
2017	9,575 (100.0)	11,983 (100.0)	6,207 (64.8)	7,950 (66.3)	2,605 (27.2)	3,100 (25.9)	763 (8.0)	933 (7.8)
2016	10,197 (100.0)	12,896 (100.0)	6,642 (65.1)	8,578 (66.5)	2,773 (27.2)	3,348 (26.0)	782 (7.7)	970 (7.5)
2015	10,706 (100.0)	13,728 (100.0)	6,944 (64.9)	9,127 (66.5)	2,927 (27.3)	3,556 (26.0)	835 (7.8)	1,045 (7.5)
2014	11,077 (100.0)	14,385 (100.0)	7,162 (64.7)	9,550 (66.4)	3,089 (27.8)	3,816 (26.5)	826 (7.5)	1,019 (7.1)

출처: 국가통계포털(kosis.kr). 가정위탁국내입양소년소녀가정현황(각 연도)

(2) 가정위탁보호 선정기준

① 가정위탁 대상 아동

가정위탁의 보호대상아동은 18세 미만의 아동(18세 이상인 경우에도 고등학교 재학 중인 아동은 포함)으로서 보호자가 없거나 보호자로부터 이탈된 아동 또는 아동을 학대하는 경우 등 그 보호자가 아동을 양육하기에 적당하지 아니하거나 능력이 없는 경우의 아동이다. 특히 보호대상아동 발생 시 2세 미만 아동은 가정위탁으로 우선 배치하는 것을 원칙으로 한다. 또한 18세 이상 아동이라도 개정 아동복지법 시행일(2022.6.22) 이후 아동의 연장 의사가 있을 경우 별도의 사유 없이 25세 미만까지 지원가능하다. 또한 만 25세 이후라도 대학 진학 중이거나 직업 관련 교육, 훈련을 받고 있는 경우, 대학진학기간 또는 직업능력개발훈련기간 동안 보호기간의 추가연장이 가능하며, 이밖에 보호대상아동의 장애, 질병, 지적 능력(경계선 지능), 취업준비 등으로 보호기간 연장이 필요한 경우, 위탁보호기간을 26세 미만까지 연장할 수 있다(보건복지부, 2023a). 소년소녀가정에게는 위탁가정을 발굴하여 가정위탁보호로 전환을 추진한다.

② 위탁가정 선정기준

위탁가정 선정에 있어 중요한 것은 아동의 안전과 안정의 욕구를 잘 충족시켜줄 수 있는 가정을 선정하는 것이다. 따라서 적절한 가정을 위탁가정으로 선정하는 것은 무엇보다 중요하며, 세심한 주의와 전문성을 필요로 하는 일이다. 특히 위탁가정에 오는 아동들은 연장아동(나이 많은 아동)들이 많으므로 위탁부모는 아동양육 경험이 있어 아동발달과정에 대해 알고 아동의 수준에 맞게 아동을 다룰 수 있어야 한다. 또한 위탁아동들은 원가정에서의 분리경험에 따른 정서문제나 행동문제를 보이는 경우가 많으므로 위탁부모들은 아동의 정서문제나 행동문제를 다루는 데 있어 기관이나 전문가의 도움을 기꺼이 활용할 수 있어야 한다(오정수 · 정익중, 2017).

■ 일반가정위탁(공통기준)

우리나라 「아동복지법」 시행규칙 제2조에 따르면 위탁가정으로 선정되기 위해서는 다음과 같은 조건을 충족시켜야 한다. 첫째, 위탁아동을 양육하기에 적합한 수준의 소득이 있을 것, 둘째, 위탁아동에 대하여 종교의 자유를 인정하고 건전한 사회구성원으로 자랄 수 있도록 양육과 교육을 할 수 있을 것, 셋째, 위탁부모의 나이가 25세 이상(부부의 경우 부부 모두 해당)으로서 위탁아동과의 나이 차이가 60세 미만일 것(다만, 시·도지사, 시장·군수·구청장이 위탁아동을 건전하게 양육하기에 위탁가정의 환경이 적합하다고 인정하는 경우에는 예외도 가능), 넷째, 자녀가 없거나 자녀의 수가 위탁아동을 포함하여 4명 이내일 것(18세 이상 자녀 제외), 다섯째, 가정에 성범죄, 가정폭력, 아동학대, 마약, 알코올, 약물중독, 정신질환 등의 전력이 있는 사람이 없을 것 등이다. 이외에도 위탁아동을 친자녀처럼 양육하는 데 필요한 성품·경험·지식을 갖추었는지, 가정이 화목하고 정신적·신체적으로 위탁아동을 양육함에 현저한 장애가 없는지 등을 추가적으로 검토해야 하며, 위탁가정으로 적합한지 여부를 가정조사 시 이웃 등을 통해 확인해야 한다(보건복지부, 2023a).

한편, 아동복지 분야에서 위탁부모에게 전문적인 훈련이 필요하다는 사실은 널리 인식되고 있으며, 따라서 가정위탁을 희망하는 사람(위탁부모 중 1명 이상)은 반드시 기본 5시간 이상의 위탁부모 양성교육을 이수하여야 하며, 가정위탁을 하고 있는 위탁부모(1명 이상)는 반드시 매년 5시간 이상의 보수교육을 이수해야 한다. 보수교육의 내용은 위탁양육에 대한 이해, 위탁아동의 특성, 좋은 부모의 역할 등이 포함된다. 집합교육을 원칙으로 하되, 재해 등 집합교육 실시가 불가능한 경우에는 온라인 교육 또는 직접 가정을 방문하여 교육을 실시할 수 있다.

■ 전문가정위탁(추가선정기준)

전문가정위탁을 하기 위해서는 일반가정위탁(공통기준)의 각 기준을 충족하고, 위탁부모 중 1인 이상이 추가적인 요건(위탁부모 경험 3년 이상 또는 사회복지사, 교사,

의료인, 청소년상담사 등 관련 자격 소지자 등)을 하나 이상 충족하여야 한다. 또한 전문가정위탁 부모 중 1명 이상은 20시간 이상의 양성교육을 이수해야 하며, 배우자는 최소 5시간 교육을 이수해야 하고, 매년 최소 5시간 이상의 보수교육을 이수해야 한다. 전문가정위탁 교육은 집합교육을 원칙으로 한다.

전문위탁가정 내에는 위탁아동을 1명 배치하는 것을 우선 고려하며, 위탁부모의 역량 및 제반 환경을 고려하여 추가배치가 가능하다. 단, 위탁아동 및 양육 중인 자녀(18세 이상 자녀 제외)를 포함하여 위탁가정 내 아동이 3명을 초과하지 않아야 한다. 가정위탁지원센터에서는 전문가정위탁부모 추천 · 연계 시 심리검사를 진행하여 검사결과를 참고할 수 있다(보건복지부, 2023a).

■ 일시가정위탁

일반가정위탁(공통기준)의 각 기준을 충족하고, 시장 · 군수 · 구청장의 일시위탁부모 선정결과 통보일이 일시가정위탁 의뢰일로부터 1년 이내인 가정으로 긴급한 보호필요 사례에 대해 일시가정위탁보호를 우선 실시한다. 일시가정위탁 부모에 대한 교육은 일반가정위탁 부모와 동일하게 실시한다.

(3) 가정위탁보호 절차

보호대상아동 발생 시, 가정위탁보호의 추진절차 및 각 기관별 역할은 다음 [그림 12-2]와 같다. 가정위탁보호의 절차는 보호대상아동 발생 후 위탁보호 결정에 이르기까지 가정위탁 유형에 따라 일반가정위탁(친인척)과 일반가정위탁(친인척 외)/전문가정위탁, 일시가정위탁 간에 다소 차이가 있다. 아동 배치 이후 사례관리과정은 가정위탁의 유형과 관계없이 동일하게 진행된다.

① 일반가정위탁(친인척) 절차

일반가정위탁(친인척)은 기존(2021.6.29. 이전)의 대리양육 및 친인척 가정위탁을 포함한다.

■ 신청

아동의 가정위탁보호를 희망하는 아동의 친인척은 아동의 거주지(주민등록상 거주지)를 관할하는 시 · 군 · 구 또는 읍 · 면 · 동에 '가정위탁보호신청서' 및 '건강보험요양급여내역서(최근 3년)' 재산 및 소득증빙서류 등을 제출한다.

■ 아동 및 위탁 가정환경 조사

신청을 받은 시 · 군 · 구 또는 읍 · 면 · 동은 신청인의 가정과 대상아동에 관하여 조사한 후, 관련 서류 일체(가정위탁보호 신청인 가정조사서, 접수상담지, 욕구조사표, 친부모 상황 점검표, 아동 상황 점검표, 아동카드, 범죄경력조회동의서, 가정위탁보호동의서, 가정위탁가족동의서, 아동통합정보시스템 정보 조회 동의서)를 시 · 군 · 구에 제출한다. 시 · 군 · 구는 위탁부모에 대한 범죄경력 및 아동통합정보시스템의 아동학대 판단정보 조회를 실시한다.

■ 가정위탁보호 결정 · 통보

시 · 군 · 구는 읍 · 면 · 동, 가정위탁지원센터, 경찰관서, 보건복지부에서 제출받은 서류를 검토하여 아동복지심의위원회(사례결정위원회)의 심의를 통해 가정위탁보호를 결정한다. 시 · 군 · 구의 아동보호전담요원은 심의결과를 바탕으로 개별보호 · 관리계획을 확정하고, 시 · 군 · 구는 결정 사항을 위탁가정(신청인)과 해당 가정위탁지원센터에 통보하고 관련서류(접수상담지, 욕구조사표, 아동 건강검진 및 심리검사 결과, 친부모 상황점검표, 아동상황점검표, 아동심의위원회의 보호대상아동 보호조치 결정사항 및 이를 바탕으로 작성한 개별보호 · 관리계획서 등)를 7일 이내에 센터로 발송한다.

신청

보호필요아동 의뢰

(신청)
친권자, 후견인, 아동을 보호 · 양육 · 교육하거나 그러한 의무가 있는 자 또는 업무 · 고용 등의 관계로 사실상 아동을 보호 · 감독하는 자가 관할 아동거주지 시 · 군 · 구 또는 읍 · 면 · 동에 신청

위탁보호 희망자

(신청)
관할 아동거주지 시 · 군 · 구 또는 읍면동에 신청

아동 및 위탁 가정환경 조사

① 읍 · 면 · 동

(조사–상담)
아동, 친부모와 위탁보호 희망자에 대한 조사
아동심리검사 및 건강검진 실시
(서식작성)
- 접수상담지, 욕구조사표(아동보호서비스 업무 매뉴얼 서식 1호, 4호)
- 친부모 · 아동 상황 점검표(아동보호서비스 업무 매뉴얼 서식 8호, 9호)
- 가정위탁보호 신청서(시행규칙 별지 1호)
- 가정위탁보호 신청인 가정조사서(시행규칙 별지 2호)
- 아동카드(시행규칙 별지 4호)를 작성
- 가정위탁보호동의서(지침서식 2호)
- 가정위탁 가족동의서(지침서식 3호)
- 범죄경력 조회 동의서(시행규칙 별지 9호)
- 국가아동학대정보시스템 정보 조회 동의서(지침서식 3의1호)

(서류제출)
위 서식 및 건강보험요양급여내역(최근 3년)을 시 · 군 · 구에 제출
(교육)
위탁부모 양성교육 이수 의무 안내
(조사–상담)
아동, 친부모와 위탁보호 희망자에 대한 조사
아동심리검사 및 건강검진 실시
(서식작성)
- 접수상담지, 욕구조사표(아동보호서비스 업무 매뉴얼 서식 1호, 3호)
- 친부모 아동 상황 점검표(아동보호서비스 업무 매뉴얼 서식 5호, 6호)
- 가정위탁보호 신청서(시행규칙 별지 1호)
- 가정위탁보호 신청인 가정조사서(시행규칙 별지 2호)
- 아동카드(시행규칙 별지 4호)를 작성
- 가정위탁보호동의서(지침서식 2호)
- 가정위탁 가족동의서(지침서식 3호)
- 범죄경력 조회 동의서(시행규칙 별지 9호)
- 국가아동학대정보시스템 정보 조회 동의서(지침서식 3의1호)

(서류제출)
위 서식 및 건강보험요양급여내역(최근 3년)을 시 · 군 · 구에 제출
(교육)
위탁부모 양성교육 이수 의무 안내

② 시 · 군 · 구

(위탁부모 등 범죄경력 및 아동통합정보시스템 정보 조회)
- 위탁부모 등 거주 소재지 관할 경찰관서의 장에게 범죄경력 조회
- 보건복지부장관에게 국가 아동통합정보시스템 정보 조회

(서식작성)
- 범죄경력 조회 요청서(시행규칙 별지 8호)
- 범죄경력 조회 회신서(시행규칙 별지 10호)

(교육) 위탁부모 양성교육 이수 의무 안내

③ 가정위탁지원센터

(교육) 위탁부모 양성교육 시행 및 교육이수 여부 시 · 군 · 구에 통보

가정위탁보호 결정 · 통보

시 · 군 · 구

(위탁보호 결정)
조사결과 및 위탁부모 양성교육 이수 여부를 확인하여 사례결정위원회 심의를 통해 보호 결정
(결정통보 및 관련 서류 발송)
- 관할 가정위탁지원센터 통보
- 관할 센터에 관련 서류 7일 이내 발송

*본문에 나열된 서류 모두 첨부

사례관리

읍 · 면 · 동 & 시 · 군 · 구 & 가정위탁지원센터

(아동카드 관리)
아동카드 기재 · 관리
(상담 및 관리)
위탁아동, 위탁가정, 원가정 상담
(업무지원)
복지서비스 제공 등 업무지원
(교육)
위탁부모 보수교육, 공무원 및 종사자 교육

가정위탁보호 종결

시 · 군 · 구 & 가정위탁지원센터

(서식작성)
시 · 군 · 구에 아동보호조치의 종료(퇴소) 신청서(시행규칙 별지 10호3) 제출, 원가정 복귀 시는 아동가정복귀 신청서(시행규칙 별지 10호4) 제출
(종결 또는 연장)
시 · 군 · 구는 보호 종결 또는 보호기간 연장
(통보) 가정위탁지원센터에 통보
(사후관리)

| 그림 12-2 | 일반가정위탁(친인척) 절차

출처: 보건복지부 (2023a).

■ 위탁아동 소재 시 · 군 · 구와 위탁가정 소재 시 · 군 · 구가 다른 경우

위탁아동 소재 시 · 군 · 구는 보호 결정된 사항을 관련서류(책정공문, 가정위탁보호 신청서, 가정위탁보호 신청인 가정조사서, 아동카드 등)를 첨부하여 위탁가정 소재 시 · 군 · 구에 통보하여 양육보조금, 기초생활수급, 상해보험지원 등 사후관리가 이루어질 수 있도록 하고 위탁아동은 전입절차를 진행한다. 위탁가정 소재 시 · 군 · 구는 '가정위탁보호(변경) 사항 통보'를 작성하여 관련서류(가정위탁보호신청서, 가정위탁보호신청인 가정조사서, 아동카드, 가정위탁보호동의서, 가정위탁가족동의서)와 함께 7일 이내에 관할 가정위탁지원센터로 발송한다.

② 일반(친인척 외)/전문가정위탁 절차

■ 신청

위탁부모가 되고자 하는 자는 아동의 거주지(주민등록상 거주지)를 관할하는 시 · 군 · 구, 읍 · 면 · 동 또는 가정위탁지원센터에 '가정위탁보호신청서' 및 '건강보험요양급여내역서(최근 3년)' 등을 제출한다.

■ 아동 및 위탁 가정환경 조사

시 · 군 · 구 또는 읍 · 면 · 동은 보호대상아동과 가정을 조사 후 관련 서류(접수상담지, 욕구조사표, 친부모상황점검표, 아동상황점검표, 아동카드, 가정위탁보호동의서)를 시 · 군 · 구에 제출한다. 시 · 군 · 구(위탁아동거주지)가 가정위탁지원센터에 아동과 관계된 서류를 첨부하여 위탁가정(일반, 전문) 연계를 의뢰하면, 센터는 보호 의뢰된 아동에 적합한 위탁가정을 선정하고 관련 서류(가정위탁보호신청인 가정조사서, 위탁부모 추천서, 가정위탁가족동의서, 아동통합정보시스템 정보조회동의서, 범죄경력조회동의서)를 작성하여 시 · 군 · 구에 제출한다. 시 · 군 · 구는 가정위탁지원센터에서 요청한 일반/전문위탁부모(예비/일시위탁부모 포함)에 대한 범죄경력 조회 및 아동통합정

보시스템의 아동학대 판단정보 조회를 실시하고, 결격사유 조회, 가정환경조사 · 양성교육 이수 · 자격증(전문위탁가정 해당) 등 기타 관계서류를 확인하여 위탁가정에 대한 자격을 최종 인정하고 선정결과를 해당 센터에 통보한다.

신청

보호필요아동 의뢰

(신청)
친권자, 후견인, 아동을 보호 · 양육 · 교육하거나 그러한 의무가 있는 자 또는 업무 · 고용 등의 관계로 사실상 아동을 보호 · 감독하는 자가 관할 아동거주지 시 · 군 · 구 또는 읍 · 면 · 동에 신청

위탁보호 희망자

(신청)
관할 아동거주지 시 · 군 · 구 또는 읍면동 또는 가정위탁지원센터에 신청

아동 및 위탁 가정환경 조사

① 읍 · 면 · 동

(조사–상담)
아동, 친부모에 대한 조사, 아동심리검사 및 건강검진 실시
(서식작성)
- 접수상담지, 욕구조사표(아동보호서비스 업무 매뉴얼 서식 1호, 4호)
- 친부모 아동 상황 점검표(아동보호서비스 업무 매뉴얼 서식 8호, 9호)
- 아동카드(시행규칙 별지 4호)
- 가정위탁보호동의서(지침서식 2호)

(서식제출) 시 · 군 · 구에 제출

② 시 · 군 · 구

(위탁부모 의뢰)
센터에 관계서류 첨부하여 의뢰

① 가정위탁지원센터

(위탁부모 추천 · 연계)
시 · 군 · 구에서 의뢰된 아동에 맞는 위탁부모를 찾아 추천 · 연계
(교육)
위탁부모 양성교육 시행 및 교육이수 여부 시군구에 통보
(서식작성)
- 가정위탁보호신청서(시행규칙 별지 1호)
- 가정위탁보호 신청인 가정조사서(시행규칙 별지 2호)
- 위탁부모 추천서(지침서식 1호)
- 가정위탁 가족 동의서(지침서식 3호)
- 범죄경력 조회 동의서(시행규칙 별지 9호)
- 아동통합정보시스템 정보 조회 동의서(지침서식 3의1호)

(서류제출) 위 서식 및 건강보험 요양급여내역(최근 3년)을 시 · 군 · 구에 제출

② 시 · 군 · 구

(위탁부모 등 범죄경력 및 아동통합정보시스템 정보 조회)
- 위탁부모 등 거주 소재지 관할 경찰관서의 장에게 범죄경력 조회
- 보건복지부장관에게 국가 아동통합정보시스템 정보 조회

(서식작성)
- 범죄경력 조회 요청서(시행규칙 별지 8호)
- 범죄경력 조회 회신서(시행규칙 별지 10호)

가정위탁보호 결정 · 통보

시 · 군 · 구

(위탁보호 결정)
조사결과 및 위탁부모 양성교육 이수 여부를 확인하여 사례결정위원회 심의를 통해 보호 결정
(결정통보 및 관련 서류 발송)
- 관할 가정위탁지원센터 및 위탁가정 소재 시군구(또는 시도) 통보
- 관할 센터에 아동카드 등 관련 서류 7일이내 발송

*본문에 나열된 서류 모두 첨부

사례관리

읍 · 면 · 동 & 시 · 군 · 구 & 가정위탁지원센터

(아동카드 관리)
아동카드 기재 · 관리
(상담 및 관리)
위탁아동, 위탁가정, 원가정 상담
(업무지원)
복지서비스 제공 등 업무지원
(교육)
위탁부모 보수교육, 공무원 및 종사자 교육

가정위탁보호 종결

시 · 군 · 구 & 가정위탁지원센터

(서식작성)
시 · 군 · 구에 아동보호조치의 종료(퇴소) 신청서(시행규칙 별지 10호3) 제출, 원가정 복귀 시는 아동가정복귀 신청서(시행규칙 별지 10호4) 제출
(종결 또는 연장)
시 · 군 · 구는 보호종결 또는 보호기간 연장
(통보) 가정위탁지원센터에 통보
(사후관리)

| 그림 12-3 | 일반(친인척 외)/전문가정위탁 절차

출처: 보건복지부 (2023a).

■ 가정위탁보호 결정 · 통보

시 · 군 · 구는 읍 · 면 · 동, 가정위탁지원센터, 경찰관서, 보건복지부에서 제출받은 서류를 검토하여 아동복지심의위원회(사례결정위원회)의 심의를 통해 가정위탁보호를 결정한다. 시 · 군 · 구 아동보호전담요원은 심의결과를 바탕으로 개별보호 · 관리계획을 확정한다. 시 · 군 · 구는 결정사항을 위탁가정(신청인)과 해당 가정위탁지원센터에 통보하고 관련서류(접수상담지, 욕구조사표, 아동 건강검진 및 심리검사 결과, 친부모상황점검표, 아동상황점검표, 아동심의위원회의 보호대상아동 보호조치 결정사항 및 이를 바탕으로 작성한 개별보호 · 관리계획서 등)를 7일 이내에 센터로 발송한다.

③ 일시가정위탁 절차

■ 일시가정위탁 조치

시 · 군 · 구(아동학대전담공무원 또는 아동보호전담요원)가 가정위탁지원센터에 '일시보호의뢰서'를 발송하면, 가정위탁지원센터는 일시위탁가정에 보호대상아동을 배치하고 시 · 군 · 구에 보고한다. 일시가정위탁 보호기간은 3개월 이내로 하되, 1회에 한해 3개월 이내 연장 가능하다. 시 · 군 · 구는 일시가정위탁 보호기간 동안 보호대상아동에 대한 상담, 욕구조사 및 친부모 · 아동 상황 조사, 아동에 대한 건강검진, 심리검사를 실시하고 접수상담지, 욕구조사표, 친부모 · 아동상황점검표를 작성한다. 시 · 군 · 구는 아동보호팀 내 사례회의를 통해 아동의 보호조치 유형 및 기간, 서비스 계획 등에 대한 의견을 수렴하고 개별보호 · 관리계획(학대피해아동인 경우 학대피해아동보호계획)을 작성한다.

■ 일시가정위탁 종료

시 · 군 · 구가 일반가정위탁 절차에 준하여 필요한 서류를 검토하고, 아동복지심의위원회(사례결정위원회) 심의를 통해 원가정 복귀 또는 가정위탁보호 등 보호조치를 결정하면 일시가정위탁은 종료된다.

④ 위탁가정 사례관리

아동이 위탁가정에 배치되고 나면, 지방자치단체와 가정위탁지원센터가 협조하여 위탁가정에 대한 사례관리를 실시한다. 가정위탁지원센터는 시 · 군 · 구에서 확정한 개별보호 · 관리계획을 바탕으로 서비스계획 수립 후 시 · 군 · 구에 보고하고 서비스를 제공한다. 시 · 군 · 구의 아동보호전담요원은 읍 · 면 · 동, 가정위탁지원센터와 협력하여 보호조치 후 1개월 이내 위탁가정을 방문하여 아동의 적응상태 등을 점검하고, 이후 분기별 1회 이상 방문 또는 유선으로 양육상황 및 원가정 점검을 실시하고 양육상황점검표를 작성한다. 시 · 군 · 구는 양육상황 점검결과에 따라 보호조치를 변경할 수 있으며, 가정위탁지원센터는 필요한 경우 서비스계획을 재수립한다.

한편, 시 · 군 · 구는 위탁아동의 원가족 면접교섭 지원계획을 수립하고, 가정위탁지원센터의 면접교섭 이행 결과에 대하여 분기별 모니터링을 실시한다. 가정위탁지원센터는 원가정 지원 프로그램을 제공하는 한편, 위탁아동의 원가족 간 면접교섭 서비스 제공계획을 구체적으로 수립하여 이행하고, 그 결과를 지자체에 보고한다.

⑤ 가정위탁보호 종결

가정위탁보호의 종결은 원가정 복귀 또는 보호 종료의 형태로 이루어진다. 보호아동의 보호자가 직접 위탁아동을 양육(원가정 복귀)하려는 경우 시 · 도지사 또는 시 · 군 · 구청장에게 아동가정복귀 신청서를 제출하면, 시 · 도지사 또는 시 · 군 · 구청장은 해당 가정위탁지원센터장의 의견을 청취 후, 의뢰받은 날로부터 7일 이내 '가정복귀점검표'를 활용하여 부모의 문제(경제적 · 건강 문제 등)가 해결되었는지 확인한다. 또한 시 · 군 · 구는 가정위탁지원센터에 부모와 아동 간의 지속적인 만남 여부 등을 담은 '가정복귀의견서'를 요청하고, 센터는 의견서를 작성하여 시 · 군 ·

구에 제출한다. 가정위탁지원센터는 원가정 복귀 아동으로부터 보호 종료 후 '사후관리동의서'를 확보한다. 단, 아동학대로 인해 가정위탁보호 중인 아동을 귀가 조치할 경우, 시 · 도지사 또는 시장 · 군수 · 구청장은 아동보호전문기관으로부터 '가정환경조사서'를 제출받아 보호조치 종결 여부를 판단해야 한다. 시 · 도지사 또는 시 · 군 · 구청장이 아동복지심의위원회(사례결정위원회)의 심의를 거쳐 아동의 귀가 조치 여부를 결정한다. 원가정 복귀 시, 사례관리담당자(가정위탁지원센터, 시 · 군 · 구 및 읍 · 면 · 동)는 원가정에 대한 충분한 점검 및 준비시간을 확보해야 하며, 복귀 전, 위탁아동, 원가정, 위탁가정, 사례관리 담당자 간 만남을 통해 귀가에 대한 구체적인 계획을 수립한 후 귀가의 적합성을 파악해야 한다.

한편, 아동이 원가정으로 복귀하지 못하고 계속 위탁가정에 머무르는 경우, 보호대상아동이 18세 이상이 되면 시 · 군 · 구청장은 사례결정위원회의 심의를 통해 해당 아동의 보호조치를 종료하고, 그 사실을 7일 이내에 가정위탁보호자, 가정위탁지원센터의 장에게 통보하여야 한다. 단, 아동이 18세 이상이라도 보호대상아동의 보호연장 의사가 있는 경우 만 24세까지 보호기간 연장이 가능하며, 만 25세 이후라도 아동이 「고등교육법」 제2조에 따른 대학 이하의 학교에 재학 중인 경우, 또는 직업능력개발훈련시설에서 직업관련 교육 · 훈련을 받는 경우, 대학진학기간 또는 직업능력개발훈련기간 동안 추가연장이 가능하다. 이 밖에 장애 · 질병, 지적 능력의 부족, 취업준비 등의 이유로 보호기간 추가연장이 필요하다고 인정되는 경우 만 26세 미만까지 보호기간 연장이 가능하다. 가정위탁지원센터는 자립준비청년(보호종료아동)으로부터 보호 종료 후 '사후관리동의서'를 확보하여, 보호 종료 후에도 적절한 사후관리가 이루어지도록 한다.

(4) 가정위탁 아동 및 가족에 대한 지원

① 양육보조금

2023년 현재 위탁가정에 지원되는 아동양육에 대한 보조금은 아동연령에 따라 1인당 월 30만원~50만원 이상 차등지원하도록 권고되고 있다. 그러나 지방이양사업으로 지방자치단체에 따라 지원되는 양육보조금의 액수에는 차이가 있다. 위탁가정에 대한 양육보조금을 현실적인 수준으로 높이는 것이 필요하며, 지방정부에서는 최소한 권고수준의 양육보조금을 지급할 필요가 있다.

② 전문아동보호비

전문위탁부모에게 아동 1인당 월 100만원 이상의 전문아동보호비를 국가에서 지급한다.

③ 일시위탁보호비

일시위탁부모에게는 일 3만원 이상의 일시위탁보호비를 지급하도록 권고하고 있다.

④ 아동용품구입비

신규책정된 위탁가정에는 가정 당 100만원의 아동용품구입비를 지급하도록 권고하고 있다.

⑤ 국민기초생활보장법에 의한 생계비

위탁보호아동에 대해서는 「국민기초생활보장법」에 의한 수급자 선정기준에 따라 생계 · 의료 · 교육 등의 해당 급여를 별도가구로 보장하는 개인단위로 실시한다. 「국민기초생활보장법」 제8조의2 제3항에 의해 가정위탁아동은 부양의무자의 부양을 받을 수 없는 것으로 보고, 위탁가정 소재지 시 · 군 · 구는 가정위탁보호 및 국민기초생활수급을 동시에 책정한다. 만 18세 이상이지만 고등학교에 재학 중이거나 연장보호아동도 지원대상이 된다.

⑥ 가정위탁아동 상해보험 가입

위탁아동 및 부양자 1인의 후유장해, 위탁아동 입원 · 통원의료비 등을 지원하기 위하여 1인당 연 68,500원 이내의 상해보험료를 지원한다.

⑦ 가정위탁아동 심리검사 · 치료비

가정위탁아동(18세 이상 고등학교 재학 중인 아동, 일시보호아동, 연장보호아동 포함)을 위한 심리정서치료비 월 20만원 이내, 심리검사비 20만원(1회), 교통비 월 2만원 이내의 심리치료 관련 비용을 지원하며, 치료를 요하는 정도가 심한 아동의 위탁부모에 대해서도 월 20만원 이내의 양육상담비를 지원한다. 단, 종합심리검사(Full Battery)는 예산지원 가능범위 내에서 30만원 이내로 지원 가능하며, 시 · 군 · 구청장이 필요하다고 인정하는 경우 치료 · 검사 · 상담 지원금액을 각 10만원 이내에서 초과지급이 가능하다. 지원기간은 12개월 이내이나 필요시 연장 가능하며, 연장 시에는 관련 내용이 명시된 치료기관의 진단서 또는 소견서를 제출받아 시장 · 군수 · 구청장이 결정한다.

⑧ 위탁가정 전세주택(국토교통부)

양육자가 무주택세대구성원으로서 해당 가구의 월평균소득이 전년도 도시근로자 가구당 월평균소득 이하인 소년소녀가정 · 위탁가정, 가정위탁보호조치가 종료된 지 5년 이내인 무주택자 아동에게는 임차전용면적 85㎡ 이하인 일반주택 전세자금 및 공공임대주택 임대보증금을 지원한다. 지원기간은 계약기간 만료 또는 지원대상자의 연령이 만 20세를 초과한 경우 연장의 필요성 여부를 판단하여 2년 단위로 최대 3회까지 연장하여 재계약이 가능하며, 가구당 지원한도는 지역 유형(수도권, 광역시, 그 외 지역)과 보호대상아동 수에 따라 차등지원한다.

⑨ 자립정착금

18세 이상의 가정위탁 보호종료아동(연장보호종결아동 포함)에게 아동양육시설 및 공동생활가정 퇴소아동과 동일한 기준으로 1인당 1천만원 이상의 자립지원정착금을 지원하도록 규정하고 있다. 자립정착금 지급 시 사용계획을 필수로 확인하고 아동 명의의 계좌로 입금한다.

⑩ 자립수당

가정위탁 보호종료 5년 이내 아동 중 보호종료일을 기준으로 과거 2년 이상 연속하여 보호를 받고 만 18세 이후 만기 또는 연장보호 종료된 자(단, 2023년 기준으로 2018년 8월 이후 보호종료자에 한함)에게 매월 40만원의 자립수당을 본인 명의 계좌로 입금한다. 신청일이 속하는 달부터 지급하며, 최대 5년(60개월 한도) 내에서 지급 가능하다.

⑪ 대학진학자금

대학에 진학한 가정위탁아동에게 1인당 5,000천원 이상 대학진학자금을 지급하도록 권고하고 있다.

5) 가정위탁보호의 문제점과 향후 과제

아동들은 안정되고, 사랑이 넘치는 가정환경에서 양육되어야 한다는 아동복지의 원칙에 따라 가정위탁보호서비스는 시설보호의 대안으로 널리 권장되고 활용되어

왔다. 그러나 이러한 이념적, 정책적 원칙과 달리, 현실에서 가정위탁보호서비스는 많은 문제점을 나타냈다. 다음은 가정위탁서비스에 대한 주요한 비판들이다(Pecora et al., 2010).

첫째, 가정위탁보호는 원가정 복귀나 입양을 목적으로 이루어지는 일시적 서비스여야 하나, 현실에서는 가정위탁보호체계로 진입한 많은 아동들이 영구적으로 위탁가정에서 머무르는 문제가 발생했다.

둘째, 가정위탁보호 중인 많은 아동들이 여러 위탁가정을 전전하며 표류하고 있으며, 이로 인해 아동의 삶은 안정감이나 연속성이 결여된다.

셋째, 때로 아동들은 부적절하게 원가정으로부터 분리된다. 친부모는 아동들을 보살피는데 있어 도움을 제공받지 못하며, 오히려 가정위탁보호가 아동을 포기하도록 조정하는 경우도 있다는 점이다.

넷째, 가정위탁보호 대상아동들 중 대다수가 공공부조에 의존하여 살아가는 빈곤가정의 아동들이라는 점이다.

다섯째, 일부 아동들은 분명 가정위탁보호를 통해 효과적으로 도움을 받고 있지만, 어떤 아동들에게는 원가정으로부터의 분리 경험이 형제자매 및 다른 중요한 관계의 단절 등과 같은 부작용을 가져온다.

이와 같은 비판은 우리나라의 가정위탁보호서비스에도 동일하게 적용될 수 있다. 따라서 이와 같은 문제점을 고려하여 효과적인 가정위탁보호서비스가 이루어지도록 노력해야 할 것이다.

먼저, 보호대상아동들이 원가정에서 보호받을 수 있도록 원가정에 대한 지원을 강화하는 한편, 부득이하게 원가정에서 분리된 아동들이라도 빠른 시일 내 원가정에 복귀할 수 있도록 가정위탁보호 결정 이전과 이후에 원가정에 대한 지원을 강화할 필요가 있다.

원가정 복귀가 원활히 이루어지기 위해서는 가정위탁보호 초기부터 원가정 복귀 가능성을 염두에 두고 친부모와의 정기적 만남, 친부모의 역량강화 등 친부모와 아동의 재결합을 위한 프로그램에 보다 많은 노력을 기울여야 할 것이다. 또한 원가정 복귀가 어렵다고 판단되는 경우에는 비록 가족과 떨어져 살더라도 아동이 원가족과 긍정적 관계를 유지할 수 있도록 도와야 하며, 부모가 아니더라도 형제나 친척 등과의 관계를 유지하도록 돕는 것이 필요하다(노혜련 · 김미원 · 조소연, 2015).

둘째, 아동에게 적절한 가정위탁보호를 제공할 수 있도록 더 많은 일반/전문위탁가정을 발굴하기 위해 노력해야 할 것이다. 이를 위해서는 위탁가정에 대한 제도적 지원을 강화하고, 사회적 보호에 참여하는 위탁부모에 대한 긍정적 인식 등을 반영한 대국민 홍보가 이루어져야 한다. 특히 가정위탁보호의 확대와 질적 향상을 위해서는 가정위탁보호 기간 중 발생하는 어려움을 최소화하기 위한 맞춤형 지원이 필요하다. 위탁가정에 대한 지속적인 사례관리를 통해 아동 및 위탁가정이 필요로 하는 서비스를 연계하여 아동이 위탁가정 내에서 건강하게 성장할 수 있도록 도와야 한다.

마지막으로 보호연장제도의 활성화 등으로 가정위탁보호기간이 장기화되고 가정위탁보호 종결 연령이 상승하면서 보호대상아동의 건강한 성장과 자립지원의 필요성이 대두되고 있다.

원가정 복귀가 가능한 아동의 경우 원활한 복귀를 우선으로 지원해야겠으나 원가정 복귀가 어려운 경우 위탁종결 후 안정적 자립생활을 실현할 수 있도록 위탁기간 중 충분한 자립 준비 지원과 위탁종결 후 안정적 자립기반 조성을 위한 대책 마련이 필요하다.

현재 위탁종결아동을 위한 여러 지원제도가 있으나 주로 경제적 지원에 치우쳐 있으며, 아동의 진로탐색, 정서적 자립 및 일상생활기술 훈련 등 자립에 필요한 여러 가지 프로그램들이 미비한 것으로 보인다. 시설퇴소아동의 경우, 퇴소 전부터 시설 내에 자립전담요원이 상주하여 아동에게 퇴소 후 자립을 준비시키고 자립계획을 함께 수립하며, 퇴소 이후에도 사례관리를 통해 아동의 적응 여부를 확인하고 있다. 위탁종결아동도 시설퇴소아동과 동일한 수준의 혜택을 받을 수 있도록 자립지원서비스가 강화되어야 할 것이다.

2. 입양

1) 입양의 정의

입양은 생물학적 과정을 통해서가 아니라 법적 · 사회적 관계에 의해서 부모자녀 관계를 맺는 것이다. 다양한 원인으로 친생부모가 자녀의 양육을 포기하고 자녀의 복리를 위해 입양에 동의하거나 또는 친권상실의 선고 등으로 법적 친권관계가 해소되었을 때, 행정적 · 법적 절차를 거쳐 양부모와 입양아동 간의 입양이 성립된다. 입양이 성립되면 친생부모의 입양아동에 대한 모든 권리와 의무는 소멸되고, 입양부모에게 입양아동에 관한 모든 권리와 의무가 이양된다.

입양은 보호자가 없거나 보호자로부터 이탈된 아동 등에게 건전한 가정을 영구적으로 제공하여 신체적 · 정서적 · 사회적으로 건강하게 성장할 수 있도록 지원하는 것을 목적으로 한다. 위탁양육이나 시설보호가 만 18세까지 아동을 보호하는 것이라면, 입양은 평생 동안 지속되는 영구적인 가족관계를 맺는 것을 의미한다. 따라서 입양은 친생부모가 직접 양육할 수 없는 아동을 위한 가장 바람직한 대리보호제도이다.

우리나라에서 입양은 입양특례법에 의한 입양과 민법에 의한 일반양자 입양, 그리고 민법에 의한 친양자 입양으로 구분되는데, 그 중 보호대상아동에 대한 아동복지서비스로서의 입양은 주로 입양특례법에 의한 입양으로 이루어지므로, 이 절에서는 입양특례법에 의한 입양에 대해 살펴보기로 한다.

2) 입양의 유형

입양의 종류는 분류기준에 따라 다양하게 구분된다. 입양이 기관을 매개로 이루어지는지 여부에 따라 독립입양과 기관입양으로 구분되며, 입양대상아동이 어느 국가의 부모에 의해 입양되는가에 따라 국내입양과 국외입양으로 구분한다. 또한 입양대상아동의 연령에 따라 영아입양과 연장아입양으로 구분하며, 입양 사실을 주변에 공개하는지 여부에 따라 비밀입양과 공개입양으로 구분한다. 또한 입양 후에도 친생부모와 접촉을 유지하는지 여부에 따라 폐쇄입양과 공개입양으로 구분한다. 각각의 분류기준에 따른 입양의 유형을 살펴보면 다음과 같다.

(1) 독립입양(independent adoption)과 기관입양(agency adoption)

독립입양은 기관을 통하지 않고 친생부모가 직접 입양가정을 선정하여 그 가정에 맡기고 부모로서 친권을 포기하는 경우이다. 기관입양은 친생부모가 자발적 혹은 비자발적으로 아동에 대한 친권을 법적으로 포기하고, 공공 또는 민간 입양기관에 의해 입양의 과정이 감독되는 것이다. 독립입양의 경우 사전점검이나 사후관리를 할 수 없으므로 문제가 생길 수 있으며, 입양에 관한 전문적인 서비스를 받지 못한다는 단점이 있다.

(2) 국내입양(incounry adoption)과 국외입양(intercountry adoption)

국내입양은 아동이 태어난 국가 내에서 입양가정을 찾는 것을 말하며, 국외입양(해외입양)은 아동이 태어난 국가가 아닌 국적을 가진 입양부모에게 입양되어 다른 국가로 가는 경우이다. 입양의 기본적 원칙에 따르면 아동 자신이 태어난 국가에서 입양가정을 찾는 것이 우선되어야 하며, 이에 국내입양이 국외입양보다 바람직하다고 여겨진다.

(3) 영아입양(infant adoption)과 연장아입양(older child adoption)

영아입양은 만 1세 미만의 아동을 입양하는 것을 의미하고, 연장아입양은 만 1세 이상의 아동을 입양하는 것을 의미한다(Gulden & Bartels-Rabb, 1993). 입양부모들은 영아입양에 대한 선호가 높은 편이나, 이는 아동을 위한 입양이라기보다는 부모의 욕구에 기초한 입양일 수 있다는 점에서 논란의 여지가 있다

(4) 비밀입양(confidential adoption)과 공개입양(disclosed adoption)

비밀입양은 입양 사실을 입양아동은 물론 주변의 모든 사람들에게 비밀로 하며, 마치 입양아동을 출산한 것처럼 가장하며 비밀을 유지하는 것이다. 공개입양은 비밀입양의 전통을 오랫동안 지켜온 우리나라에서 비밀입양에 대한 반발로 나타난 개념으로 입양 사실을 입양아동은 물론이고 주변의 사람들에게 공개하는 것을 의미한다. 이는 아래에서 설명하는 서구의 개방입양(open adoption)과는 다른 것으로, 서구에서는 아동에게 입양 사실을 알려주는 것을 당연히 여기지만 국내에서는 1990년대 말에 이르러서야 공개입양 개념이 등장하기 시작했다.

(5) 폐쇄입양(closed adoption)과 개방입양(open adoption)

폐쇄입양은 입양과정에서 입양부모와 친생부모가 서로를 알지 못하며, 친생부모와 입양부모가 완전히 분리된 입양형태를 의미한다. 폐쇄입양에서 입양부모는 친생부모에 대해 매우 제한된 지식만을 가지고 있을 뿐이다. 반면 개방입양은 입양이 개방적으로 진행되어 친생부모와 입양부모가 관계를 맺는 것을 말하며, 입양 이후에도 편지, 사진 교환, 만남 등을 통해 친생부모와 관계를 유지한다. 개방입양의 형태와 개방의 수준은 다양하며, 입양과정에서 친생부모와 입양부모 간에 이에 대한 합의가 필요하다.

3) 우리나라 입양의 역사

현대사회에서 입양의 목적은 친생부모가 양육할 수 없는 아동에게 다른 영구적인 가정을 찾아주는 것으로, 궁극적으로 아동의 복지를 위한 제도이다. 그러나 입양제도의 오랜 역사에서 이렇듯 현대적인 의미에서의 입양이 시작된 것은 얼마 되지 않으며, 과거의 입양제도는 주로 가(家)를 위한 제도로서 기능해왔다. 즉, 가문의 승계를 위한 목적으로 입양이 이루어진 것이다.

우리나라에서도 입양의 역사는 오래되었으며, 양자제도의 역사는 삼국시대까지 거슬러 올라간다. 고려는 불교국가였으므로 가계승계가 목적이 아니라 불우한 아동을 거두어 은혜를 베풀려는 아동복지적 차원의 입양제도가 시행되기도 했으나, 조선시대로 넘어오면서 유교를 바탕으로 한 조선의 가족제도하에서 입양제도는 전적으로 가계를 잇기 위한 제도로서만 기능하였고, 특히 양반계층의 입양은 철저히 가계를 승계하기 위한 목적에서 이루어졌다.

우리나라에서 현대적 의미의 입양은 6 · 25전쟁 직후 전쟁고아와 혼혈아를 국외로 입양시키기 위한 목적으로 시작되었다. 당시 입양에 대한 법적 규정은 민법에 의한 양자제도 이외에는 없었는데, 민법에 의한 입양제도는 가의 계승을 위한 입양으로, 양자가 될 수 있는 자의 자격요건이 매우 제한되어 있었고, 특히 외국인이 우리의 아이를 양자로 입양할 수 있는 가능성을 배제하고 있었기 때문에, 정부는 한국전쟁으로 발생한 수많은 혼혈 전쟁고아들을 국외로 입양시키기 위한 법적 근거를 마련하기 위하여 1961년 「고아입양특례법」을 제정하였다.

「고아입양특례법」은 1966년 개정되었는데, 주요 개정 내용은 국가의 허가를 얻은 입양기관만이 고아의 입양 알선에 관한 업무를 취급할 수 있도록 하고 감독조항을 추가함으로써, 개인입양이나 사적입양에서 빚어지는 폐단으로부터 국외로 입양되는 아동을 보호하고자 규제하는 것이 주요 목적이었다(안재진, 2011). 1976년 「입양특례법」이 제정되면서 고아입양특례법은 폐지되었다. 고아입양특례법이 전쟁고아의 국외입양을 원활히 하기 위한 목적으로 제정된 것과 달리, 입양특례법은 국내입양을 활성화하기 위한 목적으로 제정되었다. 그러나 국외입양이 국내입양보다 월등히 많아짐에 따라 우리나라는 고아수출국이라는 비난을 받게 된다.

이에 정부는 1989년 '입양사업 개선지침'을 마련하여 입양정책을 다시 국내입양을 활성화하는 방향으로 전환하고, 1995년 「입양특례법」을 「입양촉진 및 절차에 관한 특례법」으로 전면 개정하여 양부모의 자격조건 강화, 사전교육 및 사후관리, 장애아동양육보조금 지급 등 입양아동의 권익보호를 위한 조치들을 시행하였다. 이 법은 2004년 개정되면서 입양아동에 대한 양육수당 · 수수료 · 기타 양육보조금 지급 근거를 마련하였으며, 2005년에는 입양의 날 지정 및 입양 알선 비용 보조 근거를 마련하였다. 「입양촉진 및 절차에 관한 특례법」은 이후 2011년 「입양특례법」으로 전면 개정되면서 몇 가지 중요한 변화가 있었다. 여기에는 법원의 입양허가제도 도입, 친생부모에게 양육에 관한 충분한 상담 및 양육정보 제공 등 부모의 직접 양육 지원, 입양숙려제도 도입, 입양인에게 자신에 대한 입양정보 접근권 부여, 국내입양 우선추진 의무화 등이 포함된다.

「입양특례법」 전면 개정을 계기로 우리나라는 2013년 5월 24일, 입양아동 안전 및 권익보호를 위해 '헤이그국제아동입양협약'에 서명하였다. 그로부터 10년 후인 2023년 7월 18일, 「입양특례법」은 「국내입양에 관한 특별법」으로 전부개정되었으며, 「국제입양에 관한 법률」이 새롭게 제정되어 헤이그국제아동입양협약 비준을 위한 이행법률을 마련하였다. 두 법은 경과기간을 거쳐 2025년 7월 19일부터 시행예정이다.

「국내입양에 관한 특별법」은 국가가 입양실태조사 결과를 토대로 5년마다 국내입양활성화 기본계획을 수립 · 시행할 것, 아동정책조정위원회의 특별위원회로 입양정책위원회를 두고, 입양 관련 사항을 심의 · 의결하고 결연업무 등을 수행할 것, 입양신청, 양부모 상담 및 가정환경 조사보고서 작성, 결연, 입양 후 1년간 아동적응보고서 작성 등 입양의 주요 절차를 보건복지부장관의 책임하에(위탁 등을 통해) 수행할 것 등의 내용을 담고 있다(법제처, 2023a). 또한「국제입양에 관한 법률」에서도 보건복지부를 중앙당국으로 하고, 국내입양과 마찬가지로 보건복지부장관이 국제입양의 주요 절차에 대한 책임을 갖도록 규정함으로써(법제처, 2023b), 그동안 민간입양기관을 중심으로 수행되어 온 국내 및 국외 입양절차의 공공성을 강화하였다.

이러한 변화는 '아동 최선의 이익'을 실현하기 위한 것, 즉 보호대상아동의 권익과 복지를 증진하기 위한 것이다. 모든 아동은 '원가정보호'가 이루어질 수 있도록 우선 지원하고, 원가정에서 양육될 수 없는 아동들에게는 최선의 대리보호서비스로서 입양이 고려되어야 한다. 또한 입양절차에서는 입양아동의 권익이 최우선으로 보호되어야 하며, 국가가 입양아동의 복지증진의 책임을 다해야 할 것이다.

4) 우리나라의 입양

(1) 입양현황

우리나라의 연도별 국내외 입양현황은 〈표 12-2〉와 같다. 1950년 한국전쟁 이후부터 2021년까지 입양된 아동의 수는 약 25만 명에 이르고 있다. 2006년 이전까지 국내입양보다 국외입양의 비율이 높았으나, 2007년 이후 국내입양의 비율이 국외입양의 비율보다 높아졌다. 국내입양 건수는 이후 2011년까지 꾸준히 증가하였으나, 2012년 7월 개정「입양특례법」발효되면서 국내입양은 물론 전체 입양건수가 급격히 감소한 것으로 나타난다. 이는 법원 입양허가제의 도입으로 입양절차가 복잡해지고 입양이 완료되기까지의 기간이 증가한 점, 입양부모의 자격기준이 사실상 강화된 점, 그리고 친생부모에 대한 상담 강화 및 입양숙려제 등의 도입으로 인한 입양대상아동의 감소 등에 기인한 것으로 보인다. 특히 2020년 이후에는 코로나19의 대유행으로 인해 전체 입양 수가 급감한 것으로 나타났다.

표 12-2 | 연도별 국내외 입양현황

(단위: 명, %)

구분	계	2010년 이전	2011	2012	2013	2014	2015	2016	2017	2018	2019	2020	2021
계	249,635	238,105	2,464	1,880	922	1,172	1,057	880	863	681	704	492	415
국내	81,350 (32.6)	74,409 (31.3)	1,548 (62.8)	1,125 (59.8)	686 (74.4)	637 (54.4)	683 (64.6)	546 (62.0)	465 (53.9)	378 (55.5)	387 (55.0)	260 (52.8)	226 (54.5)
국외	168,285 (67.4)	163,696 (68.7)	916 (37.2)	755 (40.2)	236 (25.6)	535 (45.6)	374 (35.4)	334 (38.0)	398 (46.1)	303 (44.5)	317 (45.0)	232 (47.2)	189 (45.5)

출처: 보건복지부 (2022). 2021년 국내외 입양현황(www.mohw.go.kr)

한편, 입양아동 발생 유형을 살펴보면 현재 국내외에서 입양되는 아동의 대다수가 미혼모가 출산한 아동들이며, 이외에 유기된 아동이 두 번째로 점차 그 비율이 증가하고 있다. 그 외 빈곤가정 아동, 한부모가정 아동, 해체가정 아동 등이 소수를 차지한다. 이들의 대다수는 입양 전 위탁가정에서 보호되며, 일부는 양육시설에서 보호를 받고 있다.

표 12-3 | 입양아동 발생 유형

(단위 : 명)

연도	국내입양				국외입양			
	계	미혼모아동	유기아동	기타*	계	미혼모아동	기아 등	기타*
2015	683	618 (90.5%)	54 (7.9%)	11 (1.6%)	374	358 (95.7%)	16 (4.3%)	–
2016	546	481 (88.1%)	18 (3.3%)	47 (8.6%)	334	327 (97.9%)	2 (0.6%)	5 (1.5%)
2017	465	417 (89.7%)	23 (4.9%)	25 (5.4%)	398	397 (99.7%)	–	1 (1.5%)
2018	378	315 (83.3%)	47 (12.5%)	16 (4.2%)	303	302 (99.7%)	1 (0.3%)	–
2019	387	329 (85.0%)	51 (13.2%)	7 (1.8%)	317	317 (100.0%)	–	–

2020	260	216 (83.1%)	38 (14.6%)	6 (2.3%)	232	231 (99.6%)	–	1 (0.4%)
2021	226	167 (73.9%)	48 (21.2%)	11 (4.9%)	189	188 (99.5%)	1 (0.5%)	-

* 빈곤가정, 가족해체, 한부모가정 등 포함
출처: 보건복지부 (2022). 2021년 국내외 입양현황(www.mohw.go.kr)

(2) 입양사업의 대상

전통적으로 입양사업의 대상은 입양 삼자(입양아동, 입양부모, 친생부모)로 여겨져 왔으며, 최근에는 친생부모와 입양부모의 확대가족까지 다양한 네트워크의 사람들을 포함하는 것으로 그 범위가 점차 확대되고 있다. 이 절에서는 주요 입양사업 대상인 입양 삼자의 특성 및 그들이 경험하는 심리적 어려움에 대해 살펴본다.

① 입양아동

현행 「입양특례법」에 따른 입양아동은 보호대상아동으로 법 제9조에 의한 입양대상아동은 다음과 같다.

- 보호자로부터 이탈된 사람으로서 특별시장 · 광역시장 · 특별자치시장 · 도지사 및 특별자치도지사 또는 시장 · 군수 · 구청장이 부양의무자를 확인할 수 없어 「국민기초생활 보장법」에 따른 보장시설에 보호의뢰한 사람
- 부모(부모가 사망이나 그 밖의 사유로 동의할 수 없는 경우에는 다른 직계존속을 말한다) 또는 후견인이 입양에 동의하여 보장시설 또는 입양기관에 보호의뢰한 사람
- 법원에 의하여 친권상실의 선고를 받은 사람의 자녀로서 시 · 도지사 또는 시장 · 군수 · 구청장이 보장시설에 보호의뢰한 사람
- 그 밖에 부양의무자를 알 수 없는 경우로서 시 · 도지사 또는 시장 · 군수 · 구청장이 보장시설에 보호의뢰한 사람

입양아동은 입양됨의 과정을 거쳐 입양인으로서의 정체감을 형성하게 된다. 아동은 입양되기 위해서 친생부모로부터 분리와 상실을 경험하게 되며, 성장과정에서 이러한 사실을 직면하고 자신에게 두 쌍의 부모(친생부모, 입양부모)가 있다는 사실을 받아들여야 한다. 많은 아동들은 입양 사실을 자신의 정체감으로 통합하는 과정에서 대개 심리적 갈등과 어려움을 경험하는데, 입양부모는 아동이 입양 사실을 충분히 애도할 수 있도록 허락하고, 아동이 어렸을 때부터 입양과 관련된 질문을 자유롭게 할 수 있도록 개방적인 의사소통을 지속함으로써 아동의 정체감 형성을 도울 수 있다. 또한 입양아동에게는 자신의 생물학적 배경, 출생, 가족력 등 뿌리찾기에 대한 욕구가 보편적으로 존재하나 이것이 입양부모가 아닌 다른 부모를 원한다는 의미는 아니며, 입양아동의 부적응을 의미하지도 않는다.

② 입양부모

입양부모는 난임, 아동복지적 동기 등으로 자녀의 입양을 원하는 사람이며, 「입양특례법」 제10조에 의한 입양부모의 자격은 아래와 같다.

- 양자를 부양하기에 충분한 재산이 있을 것
- 양자에 대하여 종교의 자유를 인정하고 사회의 구성원으로서 그에 상응하는 양육과 교육을 할 수 있을 것
- 양친이 될 사람이 아동학대 · 가정폭력 · 성폭력 · 마약 등의 범죄나 알코올 등 약물 중독의 경력이 없을 것
- 양친이 될 사람이 대한민국 국민이 아닌 경우 해당 국가의 법에 따라 양친이 될 수 있는 자격이 있을 것
- 25세 이상으로서 양자될 자와의 연령차이가 60세 미만인 자. 단, 양친될 자가 대한민국 국민이 아닌 경우에는 25세 이상 45세 미만인 자
- 양친이 될 사람은 양자가 될 아동이 복리에 반하는 직업이나 그 밖에 인권침해의 우려가 있는 직업에 종사하지 아니하도록 해야 함

• 양친이 되려는 사람은 입양 성립 전에 입양기관 등으로부터 소정의 교육을 마쳐야 함

입양부모의 자격기준은 그동안 국내입양 활성화를 목적으로 완화되어 왔다. 2007년 국내입양 활성화 대책의 일환으로 독신자 입양이 허용되었으며, 입양부모와 아동의 연령차이도 55세에서 60세로 완화되었고, 입양아동 포함 5명 이내로 제한되었던 자녀수 제한 규정도 삭제되었다. 그러나 2011년 법 개정과 더불어 '아동학대 · 가정폭력 · 성폭력 · 마약 등의 범죄나 알코올 등 약물 중독의 경력이 없을 것'이라는 조항이 신설되었고, 또한 법원의 입양허가제가 도입되면서, 가정조사 및 심리검사 등 엄격한 절차를 거쳐 입양허가가 이루어지고 있어, 사실상 입양부모의 자격기준이 강화되었다고 볼 수 있다. 양부모의 자격기준 강화는 보호대상아동의 복지라는 측면에서 바람직하다고 볼 수 있으나, 국내입양의 저변확대에는 장애가 될 수 있다.

입양부모는 입양부모로서의 정체감을 형성하여야 하며, 일반적으로 수행해야 하는 부모역할 외에 입양아동 및 입양가족의 특성과 욕구에 따라 직면할 수 있는 어려움 또는 문제 등을 잘 해결해야 할 추가적인 과업이 존재한다. 특히 불임으로 인해 입양을 선택한 부모들의 경우, 자존감의 손상, 생물학적 자녀의 상실 등과 같은 심리적 어려움을 경험하게 된다. 불임을 둘러싼 상실의 이슈는 입양부모에게 영향을 미치며, 입양과정에서 이러한 주제를 다루어줄 필요가 있다. 불임의 이슈는 친생부모에 대한 질투나 분노로 이어질 수 있으며, 이들은 자녀의 입양됨을 부인하고 자신들만의 자녀이기를 원하기 때문에 친생부모를 인정하지 않으려고 하거나, 친생부모를 찾을 수 없는 유기아동을 원하기도 한다. 그러나 아동의 뿌리를 인정하지 않는 것은 건강하지 못한 태도이며, 아동의 친생부모에 대한 부정적인 감정은 아동에게 고스란히 전달되어 아동의 자존감에 해로운 영향을 미치거나, 아동이 입양에 대한 질문을 하지 못하도록 막음으로써 아동의 건강한 정체감 형성을 방해할 수 있다

(Groza & Rosenberg, 2001).

또한 입양부모는 아동에게 완벽한 부모가 되어야 한다는 부담을 느낄 수 있고, 입양에 대한 사회적 시선으로 인해 부모역할에 대해 불안감을 느낄 수 있다. 입양부모는 입양아동이 친생부모를 찾아 나서고 친생부모를 더 좋아하게 될 것이라는 두려움을 가질 수 있으며, 아동이 친생부모에 대해서 호기심을 갖는 것을 자신들이 부모로서 실패하였거나 아동이 자신들을 사랑하지 않는 증거라고 생각한다(Kadushin & Martin, 1988). 입양부모가 입양부모로서의 정체성을 형성하기 위해서는 다른 입양부모와의 만남을 통해 적절한 역할모델을 찾고, 입양에 대한 현실적인 기대를 갖는 한편, 사회적 지지체계를 형성하는 것이 필요하다. 입양부모들의 자조모임 활성화 등을 통해 입양부모의 정체감 형성을 지원해야 할 것이다.

③ 친생부모

친생부모는 자녀에 대한 친권을 포기하고 입양에 동의한 입양대상 아동의 생물학적 부모로, 경제적 빈곤, 이혼 및 별거로 야기된 가족해체, 미혼출산, 사망, 아동학대 및 유기 등의 이유로 친권을 포기하게 된다. 우리나라 입양대상 아동의 경우, 미혼모 출산 아동이 대다수를 차지하는 것으로 나타난다.

친권을 포기하고 입양을 선택하는 여성들은 독특한 행동을 보이는 경향이 있는데 이를 존스(Jones, 1993)는 친모증후군(birth mother syndrome)이라고 명명하고 있다. 친모증후군에는 외상 후 스트레스 장애(PTSD), 손상된 자존감과 피동적 자세, 겉으로는 완벽하고 정상인 것처럼 행동하면서 내적으로는 수치심, 자기 저주 또는 고립감을 느끼는 정체감의 이분화 현상, 친권 포기의 순간에 고착되어 있는 것 같은 자기학대, 삶 전반에 걸쳐 감정과 행동이 극단을 오가는 생활 등의 증상들이 포함된다(Kadushin & Martin, 1988). 이처럼 친생부모도 많은 심리적 어려움을 경험하지만 아이를 버렸다는 죄책감 때문에 적절한 서비스를 받지 못하는 경우가 많다. 입양을 결정하기 전 친생부모에 대한 충분한 상담과 정보를 제공할 필요가 있으며, 친권포기 후 상실감과 심리적 고통을 경험하는 친생부모들에게도 회복을 위한 서비스와 지지를 제공할 필요가 있다.

(3) 입양절차[02]

「국내입양에 관한 특별법」과 「국제입양에 관한 법률」이 시행되는 2025년 7월 이후에는 입양절차가 크게 변화할 예정이다. 다음은 새롭게 제 · 개정된 입양법 시행 이전의 입양절차에 대한 설명이다.

① 친생부모 입양동의 및 입양대상아동 확인(국내 · 국외입양 공통)

■ 입양의뢰 친생부모 상담 및 보호대상아동 발생

아동의 입양을 원하는 친생부모는 입양동의 전 지자체로부터 입양숙려기간(1주일) 및 모자지원사업에 대한 안내와 경제적 지원, 양육지원, 아동 일시보호 등 직접 양육 시 지원받을 수 있는 정보 및 입양에 관한 충분한 상담서비스 등을 제공받는다. 2021년 6월 30일 전에는 입양기관에서 친생부모에 대한 상담이 이루어졌으나 「아동복지법」 개정에 따라 7월부터 아동 입양의뢰 및 입양동의 전 상담을 시 · 군 · 구 아동보호전담요원이 실시하도록 의무화되었다. 아동보호전담요원은 친생부모와 대면상담하여 아동보호서비스 업무매뉴얼상 욕구조사표, 친부모상황점검표, 아동상황점검표를 작성한다.

■ 입양동의 및 아동일시보호

친생부모가 아동보호전담요원과 상담 후 입양을 선택하는 경우, 친생부모는 친생부모상담기록지, 입양동의서, 친생부모 상담확인서를 작성하고, 아동보호전담요원

02 보건복지부(2023). 「2023 입양실무매뉴얼」의 내용을 토대로 작성한 것임

이 아동을 인수한다. 유기아동으로서 친권자가 없는 경우, 친생부모의 친권 상실이나 소재불명 등으로 인해 친생부모의 직접적인 입양동의가 어려운 경우에는 후견인의 동의를 받아야 하며, 친생부모가 미성년자인 경우에는 친생부모의 법정 대리인의 동의를 받아야 하고, 입양대상아동이 13세 이상인 경우에는 아동에게 상담을 제공하고 입양동의를 받아야 한다. 입양동의서는 가정법원에 입양허가 신청 시 제출해야 하며, 보호자 및 아동은 입양에 동의했더라도 가정법원의 입양허가가 있기 전까지는 언제든지 입양동의를 철회할 수 있다. 또한 입양동의 후 친생부모의 건강한 자립 및 적응을 위해 친생부모 상담 및 사례관리를 제공한다.

아동의 보호조치 결정 이전까지 실거주지 시 · 군 · 구에서 입양기관 또는 아동양육시설, 일시보호시설 등에 아동을 일시보호 · 관리한다.

■ 아동보호조치

아동 주소지 시 · 군 · 구는 친생부모 상담 내용 및 관련 서류를 토대로 사례결정위원회를 통해 보호조치를 결정한다. 아동주소지 시 · 군 · 구는 보호조치(입양) 결정 후 아동의 입양절차 진행을 위해 아동을 입양기관 또는 양육시설 등에 보호의뢰하고, 입양대상아동확인서를 발급한다. 입양대상아동은 입양기관에 보호의뢰하는 것을 우선 원칙으로 하며, 아동이 일시보호시설에 있을 경우 입양기관으로 보호조치를 변경한다.

아동보호를 의뢰받은 입양기관은 아동배경보고서를 작성하고, 입양대상아동확인서 발급일로부터 2주 이내에 입양정보통합관리시스템(ACMS)에 아동 정보를 등록한다. 입양기관 외 양육시설 등에 보호의뢰할 경우 양육시설에서 아동배경보고서를 작성하고, 시 · 군 · 구 아동보호전담요원이 해당 아동의 입양서류를 아동권리보장원에 송부하면 아동권리보장원에서 아동을 ACMS에 등록하고 입양기관을 배정한다.

입양기관이 선정한 위탁가정에서 입양대상아동을 보호하는 경우 입양기관은 다음과 같은 기준을 충족하는 위탁가정을 선정하여야 한다. 다만, 2018년 7월 18일 이전에 선정된 위탁가정으로 2018년 7월 18일 당시 아동을 위탁보호 중인 위탁가정은 해당 아동을 위탁보호 종료 시까지 계속 보호할 수 있다(보건복지부, 2023b).

- 위탁아동을 양육하기에 적합한 수준의 소득이 있을 것
- 위탁아동에 대하여 종교의 자유를 인정하고 건전한 사회 구성원으로 자랄 수 있도록 양육과 교육을 할 수 있을 것
- 위탁가정 내 만 6세 이하의 아동이 없을 것
- 정신질환 등의 전력이 있는 사람이 없을 것
- 위탁가정으로 적합한지 여부를 확인하기 위해 가정조사를 실시하여야 하며, 가정조사 시 이웃 등을 통해 확인할 수 있음
- 그 밖에 입양기관이 아동의 권익을 위해 필요하다고 판단하는 사항

아동 주소지 시 · 군 · 구의 아동보호전담요원은 입양기관을 통해 아동양육상황보고서를 분기별로 제출받아 아동의 양육상황을 점검하고, 양육시설에서 보호 중인 아동에 대하여는 아동양육상황을 점검하고 보고서를 작성한다.

■ 국내입양 우선추진

입양대상아동은 국내입양우선추진 원칙에 따라 입양동의일(단, 친권자가 없는 아동 또는 기아 · 미아의 경우는 입양대상 아동확인서를 발급받은 시점)로부터 마지막 상담일까지 5개월 간 국내에서 가정을 찾기 위한 노력을 해야 하며, 이 기간 동안 3명 이상의 예비 양부모와 상담을 진행하고, 예비 양부모별로 3회 이상의 상담을 진행하여야 한다. 입양기관의 장은 입양의뢰된 아동의 양친을 국내에서 찾기 위하여 입양정보통합관리시스템(ACMS)을 활용한 관련 기관과의 정보공유를 통하여 국내입양을 추진하여야 하며, ACMS를 활용하여도 국내입양이 어려운 아동의 경우, 입양기관에서 해당 아동의 국내입양이 어려운 원인 분석과 향후 국내입양 결연 가능성 등을

주제로 한 사례회의를 거쳐서 신중히 논의 후 국외입양을 추진하도록 한다(보건복지부, 2023b).

② 국내입양 절차

■ 예비입양부모 입양신청

입양을 고려하고 있는 예비입양부모들은 입양기관에 전화, 내방 등을 통해 개별 및 부부상담을 진행하고, 입양특례법에 따른 입양부모의 자격기준을 충족하는지 여부를 확인한다.

「입양특례법」 제10조에 따른 양친이 될 자격은 다음과 같다.

- 양자를 양육하기에 충분한 재산이 있을 것
- 양자의 종교의 자유를 인정하고 사회의 구성원으로서 그에 상응하는 양육과 교육을 할 수 있어야 함
- 아동학대, 가정폭력, 성폭력, 마약 등의 범죄나 알코올 등 약물 중독의 경력이 없어야 함
- 양자가 될 아동의 복리에 반하는 직업이나 그 밖에 인권침해의 우려가 있는 직업에 종사하지 아니하도록 하여야 함
- 대한민국 국민의 경우, 양친이 될 사람의 나이 범위는 25세 이상으로서 양자가 될 사람과의 나이 차이가 60세 이내여야 함. 대한민국 국민이 아닌 경우에는 25세 이상 45세 미만인 자이어야 함
  - 다만, 보건복지부장관이 양친이 될 사람의 가정환경이 양자를 양육하기에 적합하다고 인정하는 경우, 상기 양친 나이의 범위가 달리 적용될 수 있음
- 양친이 되려는 사람은 입양의 성립 전에 입양기관 등으로부터 보건복지부령으로 정하는 소정의 교육을 마쳐야 함

■ 양친 가정조사

입양진행을 결정하고 나면, 예비양부모는 입양기관에 양친가정조사신청서를 비롯한 구비서류를 제출한다. 여기에는 가족관계증명서, 혼인관계증명서, 주민등록등

본, 건강진단서 등 기본적인 서류와 범죄수사경력조회 및 아동학대사례판단 이력조회 관련 서류들도 포함된다.

입양기관의 장 또는 양친이 될 자의 거주지를 관할하는 지자체 장은 경찰관서에 요청하여 예비입양부모의 범죄경력 및 아동학대사례 판단 이력을 조회하고 예비입양부모의 가정을 조사한다. 조사기관은 예비입양부모의 가정, 직장, 이웃 등을 2회 이상 방문 · 조사하여야 하며, 이 중 1회 이상은 사전통보 없이 방문 · 조사하여야 한다. 양친가정조사서의 내용은 입양에 대한 태도와 동기, 양친될 자의 혼인생활 및 기타 가족상황, 양친될 자의 현재 수입 및 재산상태, 양친될 자의 인격 · 품성 및 종교관, 기타 입양부모로서의 자질과 자격을 검증하는 데 도움이 되는 사항을 중심으로 작성되며 부부상담과 개별상담 외에 자녀나 동거가족이 있는 경우 자녀상담이나 동거가족상담의 내용이 기록된다.

■ 입양부모 교육

예비입양부모들은 입양의 성립 전에 입양기관에서 제공하는 필수교육을 받아야 하며, 소정의 교육을 이수하고 나면, 양친교육이수증명서가 발급된다. 양친교육이수증명서는 법원에 입양허가 신청 시 제출하는 서류 중 하나이다. 모든 예비입양부모들을 대상으로 하는 기본교육 10시간(입양기관 주관)은 필수로 이수해야 하고, 심화교육 10시간(아동권리보장원 주관)은 선택이수한다. 심화교육은 만 1세 이상의 아동(연장아)이나 장애아를 입양하는 경우, 기존 자녀가 있거나 재입양하는 경우, 한부모가정 등 입양가정 및 입양아동의 특성별로 진행된다.

예비입양부모교육의 목적은 예비입양부모에게 입양과 관련된 정보를 전달하고, 입양부모가 자녀를 효과적으로 양육하기 위해 요구되는 기술들을 익힐 수 있는 기회를 제공하는 것이다. 기본교육의 내용에는 입양절차에 대한 이해와 더불어 자녀양육방법, 입양아동의 심리 및 정서에 관한 정보, 입양가정 지원 및 사후서비스에 대한 정보 등이 포함된다.

■ 양친 가정조사서 발급

조사기관은 신청인이 「입양특례법」 제10조의 자격을 갖추었다고 인정되는 경우 양친가정조사서를 발급한다.

■ 결연

입양기관은 입양대상 아동이 의뢰되면, 결연위원회를 통해 입양대상 아동과 입양부모로서의 적합성을 인정받은 예비입양부모를 결연한다. 결연위원회의 위원 중 2인은 입양기관의 외부인으로 위촉해야 하며, 2인 중 1인은 아동권리보장원의 입양업무 담당자나 시 · 도의 담당공무원, 1인은 입양기관과 관계없는 외부인으로 아동복지 분야에 관한 학식과 경험이 풍부한 사람으로 위촉해야 한다. 결연위원회에서는 아동 최선의 이익 추구를 원칙으로 예비입양부모 가정이 자격을 갖추었는지를 심사하고 입양대상아동들이 각각의 욕구와 상황에 맞도록 가장 바람직하고 건전한 예비입양부모 가정에 결연될 수 있도록 한다.

■ 가정법원의 입양허가

입양대상아동의 등록기준지 또는 주소지의 가정법원에 입양허가신청서와 각종 구비서류를 제출하면, 가정법원의 인용심판 확정으로 입양허가가 이루어진다. 입양허가와 동시에 입양의 효력이 발생한다. 즉, 입양아동의 입양 전 친족관계는 종료되며, 입양아동은 민법상 친양자와 동일한 지위를 갖게 된다.

■ 아동의 인도와 보고

가정법원의 입양허가가 이루어지면 아동을 보호하고 있는 기관에서 아동을 입양부모에게 인도하는 절차가 이루어진다. 아동 인도 시에는 아동관련 기록(입양아동 배경보고서, 소유물품 리스트) 및 아동의 소유물품이 함께 전달된다. 입양아동 배경보고서에는 친생부모 상담내용 및 출생배경, 장애(질환) 관련 사항, 식습관, 신체발달

상황 등이 포함된다. 이 밖에 아동의 수면습관, 기질 등 아동의 특성을 최대한 자세히 기록하여 전달하는 것이 양육자 변경에 따른 아동의 혼동을 최소화하고, 환경 변화에 따른 아동의 적응을 손쉽게 할 수 있다. 입양아동을 인도한 보장시설 또는 입양기관의 장은 지체 없이 그 소재지를 관할하는 시장 · 군수 · 구청장에게 입양아동의 인도 결과를 보고하여야 한다.

■ 입양신고 및 보호조치 종결

입양신고는 「가족관계등록 등에 관한 법률」이 정하는 바에 따라 친양자입양신고서를 작성하여 가정법원 허가서와 함께 구청에 제출한다. 기관에서 필요한 서류 제출 후 '입양사실확인서'를 발급받는다. 입양신고일을 ACMS에 입력하고, 입양대상아동 주소지의 사례결정위원회에서 보호조치 종결심의가 이루어진다.

■ 사후서비스

입양 후 서비스는 아동의 성장과정에서 지속적으로 이루어져야 하나, 입양 성립 후 1년 간 입양기관은 양친과 양자의 상호적응을 위하여 사후관리를 제공할 의무가 있으며, 입양부모도 이에 협조하여야 한다. 입양가정은 이 기간 동안 이사나 연락처 변동, 가족관계 변화 등의 사항이 있을 경우 입양기관에 고지해야 하며, 입양기관으로부터 사후관리서비스를 제공받았음을 확인하는 '사후서비스 제공확인서'를 제출해야 한다. 입양기관에서는 1년 내 6회 이상 '사후관리보고서'를 작성해야 하며 6회 중 최소 3회는 가정방문 후 보고서를 작성하여야 한다. 첫 번째 가정방문은 초기적응 여부를 확인하기 위하여 친양자 입양신고일로부터 한 달 이내에 시행하고, 6개월 이내에 총 4회의 사후관리가 이루어지도록 한다.

아동의 소재지 관할 아동보호전담요원은 입양기관이 제출한 '사후서비스 제공확인서'를 통해 입양기관의 사후관리 이행상황을 모니터링하고, 입양가정이 희망하는 경우 또는 입양아동에 대한 학대(의심) 상황을 보고받은 경우 입양기관과 동행하여 해당 입양가정에 대한 가정방문 또는 대면상담을 실시하여 복지 급여 및 서비스 연계 등을 지원하거나 학대(의심) 상황을 모니터링할 수 있다.

한편, 1년 간의 의무적인 사후관리 이후에도 입양기관은 부모교육, 자조모임, 입양아동 집단프로그램, 친생부모 찾기 등 다양한 사후서비스를 제공하여 입양아동 및 가족의 건강한 발달과 적응을 지원한다.

③ 국외입양 절차

■ 국내에서의 국외입양

국내에서 아동을 입양하려는 양친이 될 자 중 적어도 한 명이 외국인인 경우 해당되며, 국내에서 아동을 입양하려는 외국인은 후견인과 함께 양자가 될 사람의 등록기준지 또는 주소지를 관할하는 가정법원으로부터 입양허가를 받아야 한다. 이 경우 입양부모가 본국법에 의해 양친될 자격이 있음을 증명하는 서류를 법원에 제출해야 하며, 양친가정조사서는 해당 국가의 협력기관 사회복지사가 우리나라에 와서 양친가정조사서를 작성하거나 또는 우리나라 입양기관에서 작성된 가정조사서를 협력기관에서 인정받는 방식 중 가능한 방식으로 구비할 수 있다. 입양이 성립된 후 1년간의 의무 사후관리는 국내입양 사후관리에 준하여 시행하되, 입양이 성립된 후 1년 이내에 국외 거주를 위한 출국 시 아동의 국적취득 확인, 가정방문이 어려울 경우 사후관리방법 등을 명시한 계획을 입양부모와 함께 수립하여 사후관리를 시행한다.

■ 외국에서의 국내입양

국외에 거주하는 외국인이 국내에 거주하는 아동을 입양하기 위해서는 입양기관을 통하여 입양절차를 진행해야 한다. 외국에서 국외입양을 하려면, 입양기관의 장은 보건복지부로부터 입양대상아동의 해외이주허가를 받은 후에 해외이주허가서를

입양 의뢰 친생부모 상담 및 보호대상 아동 발생

- 친생부모: 입양숙려기간(일주일) 준수
  - 원가정 양육을 위한 양육지원 상담 등 정보 우선 제공
  - 입양절차 및 입양준비(입양의 효과 및 파양), 입양정보공개청구, 입양 후 사후관리, 입양기관 정보 등 입양 정보 제공
  - 양육에 관한 정보, 사회적응서비스, 정부지원정보 제공
  - 기아의 경우: 기아발견신고 및 조서 작성, 부양의무자 공고, 후견인 지정, 가족관계등록창설(가정법원 성 · 본 창설허가재판) 진행

▼

입양동의 및 아동일시보호

- (지자체) 친생부모의 입양 동의 및 아동보호전담요원의 아동 인수
  *친생부모가 미성년인 경우, 친생부모의 법정대리인의 동의를 모두 받아야 함 (법정대리인인 친권자가 이혼했을 경우, 법원지정 친권자 1인의 동의를 받아야 함)
  *아동이 13세 이상인 경우 아동의 입양동의를 받아야 함
- 보호조치 결정 이전까지 실거주지 시 · 군 · 구에서 아동 일시보호 · 관리(입양기관 또는 아동양육시설, 일시보호시설 등에 보호 의뢰)

▼

아동보호 조치

- (지자체) 주소지 시 · 군 · 구 아동보호전담요원이 아동카드, 개별보호 · 관리계획 작성 → 사례결정위원회를 통해 개별보호 · 관리계획 확정 및 보호조치 결정 → 입양대상아동 확인서 발급
- (입양기관) 아동배경보고서 및 아동카드 작성, 아동 인수일로부터 2주 이내 입양정보통합관리시스템에 아동정보 등록
- (지자체, 입양기관) 입양대상아동 양육상황 점검

▼

예비입양부모 입양신청

- 전화, 내방 등 개별 및 부부상담 진행(입양기관)
- 법 제10조(양친이 될 자격 등) 충족

▼

양친 가정조사

- 양친가정조사신청서 제출
  - 구비서류 : 양친가정조사신청서(별지 제6호 서식), 가족관계증명서, 혼인관계증명서, 주민등록등본
- 가정조사 실시
  (입양특례법 제10조, 동법 시행규칙 제8조 제2항)
- 범죄경력 및 아동학대사례 판단이력 조회
- 예비입양부모 교육: 보건복지부령으로 정하는 소정의 교육 이수(별지 제1호 양친교육이수증명서 발급)

▼

양친 가정조사서 발급

- 입양특례법 시행규칙 제8조 제2항에 따른 양친 가정조사서(별지 7호) 발급

▼

결연

- 양친될 자와 입양대상아동 결연 ※ 법 제11조 제1항에 따른 서류 구비
- 국내입양 우선추진(5개월/ACMS활용)

법원허가제

- 양자가 될 사람의 등록기준지 또는 소재지(주소지) 관할 가정법원에 신청
  - 구비서류: 입양허가신청서, 입양동의서, 사건본인서류(기본증명서, 가족관계증명서, 주민등록등본), 입양대상아동 확인서, 청구인서류(기본증명서, 혼인관계증명서, 가족관계증명서, 주민등록등본), 양친교육이수증명서, 범죄경력조회 회신서, 양친가정조사서
- 가정법원의 인용심판 확정으로 입양효력 발생
- ACMS 정보 입력: (입양조치일자) 심판확정문 확정일, 그 외 조치구분에 따른 일자

▼

국내입양

- 친양자입양신고(가정법원의 허가서 첨부)
- ACMS 정보 입력 : (입양신고일) 친양자입양신고서상 신고일
- 입양대상아동 주소지 사례결정위원회 보호조치 종결 심의

▼

사후서비스 제공

- (입양기관)입양 성립 후, 1년 동안 사후관리 제공
  - 가정방문, 아동발달상태 등 관찰, 아동–부모 관계 관찰, 가정환경 확인 등
  - 아동 주소지(입양부모 주소지) 관할 아동보호전담요원은 입양기관으로부터 사후서비스 제공확인서를 제출받아 사후관리 이행상황 모니터링 진행
- 입양정보공개청구 등

그림 12-4 국내입양절차

출처: 보건복지부 (2023). 2023 입양실무매뉴얼을 토대로 재구성.

첨부하여 가정법원에 입양허가를 신청해야 한다. 이때 입양대상아동이 친권자가 확인되지 않은 보호대상아동으로서 보장시설 또는 입양기관에서 보호된 기간이 6개월 이내인 기아이거나 미아인 경우에는 해외이주허가를 제한한다. 국외입양 양부모의 자격은 입양특례법 제10조에서 제시하고 있는 양친될 자의 자격조건을 동일하게 적용하며, 대한민국 국민이 아닌 경우 해당 국가의 법에 따라 양친이 될 수 있는 자격이 있어야 한다.

입양기관의 장은 입양을 원하는 국가나 그 국가의 공인받은 입양기관과 입양업무에 관한 협약을 체결하고, 입양 알선 업무를 수행한다. 입양기관은 외국의 협력기관과 협약을 체결한 날부터 1개월 이내에 보건복지부장관에게 보고하여야 하며, 이를 변경, 갱신하는 경우에도 보건복지부장관에게 보고해야 한다. 양자될 자가 해외이주허가를 받고 출국하여 그 국가의 국적을 취득한 경우, 입양기관의 장은 외국국적 취득 사실을 안 날부터 1개월 이내에 법무부장관에게 국적취득 사실을 보고하며 법무부장관은 직권으로 그의 대한민국 국적을 말소할 것을 등록기준지 관할 가족관계 등록관서에 통지한다. 또한 입양기관의 장은 법무부장관에게 제출한 보고문서 및 첨부서류의 사본을 아동권리보장원을 통하여 보건복지부장관에게 제출하여야 한다.

국외 협약기관은 아동 입국 후 1년 간 6회 이상(3회 이상 가정방문 필수)의 사후관리보고 의무를 가지며, 특히 한국 입양아동에 특화된 사후관리를 할 수 있어야 한다. 또한 국내 입양관련 기관 및 아동권리보장원은 모국방문사업, 모국어 연수지원, 모국에 관한 자료 제공, 친생부모 찾기 사업과 입양정보 공개제도에 관한 홍보, 국적 회복 지원, 국외입양인 상담 등의 사후관리사업을 실시하여야 하며, 입양인이 친생부모를 찾기 위하여 입양관련 정보의 전부 또는 일부의 공개를 청구하면 입양정보공개제도 원칙에 따라 가족 찾기 서비스를 제공한다.

입양동의 및 입양대상아동 확인은 국내입양과 같음

예비양부모 입양신청
- 25세 이상 45세 미만
- 해외협력기관에 입양신청(해당 본국법과 입양특례법상 양친될 자의 자격 조건이 상이할 경우, 우리나라 입양특례법이 우선함)

▼

결연
- 국내입양우선추진 기간엄수(5개월/ACMS 활용)
- 양친될 자와 입양대상아동 결연

양친 가정조사
- 양친가정조사서는 입양을 원하는 국가 또는 그 국가의 공인받은 헤이그 인증기관이 작성한 양친가정조사에 관한 서류로 갈음함

▼

해외이주허가(국외입양)
- 해외이주허가신청서(별지 제11호) 및 해외이주허가신청 제출서류 구비하여 보건복지부 장관에게 허가신청

해외이주허가신청제출서류(보건복지부)
- 친생부모 : 입양동의서(별지 제8호 서식), 친생부모상담확인서 사본(참고서식 8)
- 입양대상아동 : 가족관계의 등록 등의 증명서, 입양대상아동확인서(별지 제5호)
- 입양부모 : 양친가정조사서류(아동의 종교자유를 인정하는 내용 포함), 범죄경력조회 회신서(별지 제4호 서식 및 본국정부의 공인받은 문서), 양친될 자의 입양서약서 및 재정보증서(별지 제10호 서식 및 본국 정부로부터 공인받은 자가 공증한 문서), 자국법에 따라 양친이 될 자격이 있음을 증명하는 서류, 양친교육 이수증명서(별지 제1호 서식), 예비입양부모교육 수료증(참고서식18), 추천서 3부
- 입양기관 : 해외이주허가신청서(별지 제11호)

첨부자료
- 친생부모 : 미성년(기본증명서, 가족관계증명서), 성년(가족관계증명서, 혼인관계증명서)
- 입양대상아동 : 출생증명서(필요시), 아동카드, 병원진단서(의료적 문제 있을 시)
- 입양기관 : 국내입양진행기록지

▼

법원의 추가보정 요청 있을 시
- 구비서류 재정비 등

법원허가제
- 양자가 될 사람의 등록기준지 또는 주소지 관할 가정법원에 신청
- 가정법원의 인용심판 확정

구비서류(입양허가신청서, 신청관련사항목록 외)
- 입양대상아동 : 기본증명서, 가족관계증명서, 주민등록등본, 입양대상아동확인서
- 친생부모 : 입양동의서
- 입양부모 : 혼인 및 가족관계, 주소를 증명할 수 있는 본국 정부의 공인문서, 본국 정부의 공인받은 범죄경력조회 회신서, 양친가정조사서, 교육이수증명서, 본국법에 의해 양친이 될 자격이 있음을 증명하는 서류, 본국 정부로부터 공인받은 자가 공증한 입양서약서 및 재정보증서
- 입양기관 : 법인등기부등본, 해외이주허가서⇒'외국에서의 국외입양'신청 시
  ※법원허가와 관련하여 추가자료(건강진단서, 범죄(수사)경력조회, 신용조회 등) 요청할 수 있음

▼

국외입양
- (입양아동)여권 및 비자 신청 · 발급
- 입양아동의 인도와 보고

구비서류(입양허가신청서, 신청관련사항목록 외)
- 입양대상아동 : 기본증명서, 가족관계증명서, 주민등록등본, 입양대상아동확인서
- 친생부모 : 입양동의서
- 입양부모 : 혼인 및 가족관계, 주소를 증명할 수 있는 본국 정부의 공인문서, 본국 정부의 공인받은 범죄경력조회 회신서, 양친가정조사서, 교육이수증명서, 본국법에 의해 양친이 될 자격이 있음을 증명하는 서류, 본국 정부로부터 공인받은 자가 공증한 입양서약서 및 재정보증서
- 입양기관 : 법인등기부등본, 해외이주허가서→'외국에서의 국외입양'신청 시
  ※법원허가와 관련하여 추가자료(건강진단서, 범죄(수사)경력조회, 신용조회 등) 요청할 수 있음

▼

해당국가입양허가
- 입양아동의 적응보고 및 입양종결
- 해당국 가정법원 입양허가신청 및 판결
  ※미국, 호주 등 국가에 따라서는 해당국 가정법원 입양허가 진행 없이 국적취득 됨
- 국적취득(시민권)

▼

사후서비스 제공
- 국적취득보고
- 입양정보공개청구
- 모국방문사업, 모국어연수지원, 모국에 관한 자료 제공, 친생부모 찾기 사업, 입양정보공개제도에 관한 홍보, 국적회복 지원, 국외로 입양된 자를 위한 상담 등

국적취득보고
- 입양된 사람의 성명, 성별, 생년월일 및 등록기준지, 양친의 국적, 국적취득일의 내용이 포함된 문서에 외국 국적을 취득한 원인 및 날짜를 증명하는 서류 첨부하여 외국 국적취득사실을 안 날부터 1개월 이내에 법무부 장관에게 제출
- 보고 문서 및 첨부서류의 사본을 지체 없이 아동권리보장원의 원장을 통하여 보건복지부장관에게 제출하여야 함
- 입양정보공개청구, 법 제26조 제3항 및 시행령 제5호(사후서비스제공)에 따른 서비스를 제공하여야 함

그림 12-5 국외입양절차

출처: 보건복지부 (2023). 2023 입양실무매뉴얼.

④ 입양동의 철회, 입양 취소, 파양

■ 입양동의의 철회

친생부모 또는 후견인이 입양기관에 아동을 인계한 후라도 가정법원의 인용심판 확정이 있기 전에는 입양동의의 철회가 가능하다. 입양동의를 철회하기 원하는 친생부모(후견인)는 입양 의뢰할 당시 상담을 진행한 지자체에 문의하여 입양동의 철회서를 제출하고, 해당 지자체는 현재 아동의 주소지 지자체에 친생부모의 입양동의 철회서를 전달한다. 현재 아동의 주소지 아동보호전담요원은 '가정복귀점검표'를 작성하고 원가정 복귀 조치 이후 사례결정위원회에서 사후심의가 가능하다. 입양동의 철회 후 원가정 양육을 결정한 경우, 친생부모에게 안정적인 양육 지원을 위한 추가 방문 계획을 설명하고, 원가정 양육 결정일 이후 1개월 이내에 친생부모를 상담한 아동보호전담요원이 직접 방문하여 방문결과보고서를 제출한다. 또한 추가 모니터링이 필요한 경우, 정기적인 모니터링을 실시한다.

■ 입양 취소

친생부모가 자신에게 책임이 없는 사유로 인하여 적법한 절차를 거쳐 입양동의를 할 수 없었던 경우에는 입양 사실을 안 날부터 6개월 이내에 가정법원에 입양의 취소를 청구할 수 있다. 가정법원은 취소청구에 대한 판결이 확정되거나 심판의 효력이 발생할 때에 지방자치단체에 통보함으로써 입양의 취소가 이루어진다.

■ 파양

양친, 양자, 검사는 「입양특례법」 제17조 제1항에 규정된 파양 사유에 해당하는 경우 가정법원에 파양을 청구할 수 있다. 입양된 아동은 민법상의 친생자와 동일한 지위를 가지므로, 파양의 사유는 양친이 양자를 학대 또는 유기하거나 그밖에 아동의 복리를 현저히 행하는 경우와 양자의 양친에 대한 패륜행위로 인하여 양자관계를 유지시킬 수 없게 되는 경우로 매우 제한적이다. 파양이 청구된 아동이 13세 이상인 경우에는 아동의 의견을 청취하고 그 의견을 존중해야 한다. 파양이 청구되면 가정법원은 파양 청구에 대한 판결 확정 또는 심판 효력 발생 시 지방자치단체에 파양을 통보함으로써 파양이 이루어진다. 입양부모는 파양심판 확정일로부터 1개월 이내 '친양자파양신고서'를 시 · 군 · 구에 제출하여야 한다. 시 · 군 · 구 입양업무 담당부서(아동보호 담당부서)는 가정법원으로부터 통보받은 파양청구심판 확정 내용에 대한 세부 파양 현황(입양허가일자, 아동 성별, 파양 사유, 파양확정판결일자, 파양 후 조치현황, 특이사항)을 파악하여 매월(익월 10일까지) 보건복지부에 보고하여야 한다.

(4) 입양아동 및 가정에 대한 지원

정부에서는 국내입양 활성화를 위하여 「입양특례법」의 요건과 절차를 갖춰 아동을 입양한 국내입양가정을 제도적으로 지원한다. 국내입양가정에 대한 정부의 지원은 다음과 같다.

① 입양아동양육수당

입양아동의 주민등록지인 지자체의 시 · 군 · 구청장은 입양아동이 만 18세가 될 때까지 아동 1인당 월 20만원의 양육수당을 신청자(입양부모)의 계좌로 지급한다(보건복지부, 2021.12.30). 장애아동의 경우 장애아동양육보조금과 동시지급이 가능하다.

② 장애아동양육보조금 및 의료비 지원

장애아동을 입양한 국내입양가정은 아동이 만 18세가 될 때까지(학교에 재학 중인 경우에는 졸업 시까지 지원) 장애아동양육보조금과 의료비를 지원한다. 장애아동의 유형은 첫째, 입양 당시 「장애인복지법」에 따라 장애인 등록을 한 아동, 둘째, 분만

시 조산 · 체중미달 · 분만장애 또는 유전 등으로 질환을 앓고 있는 아동, 셋째, 입양 당시에는 장애 또는 의료적 문제가 없었으나 입양 후 선천적 요인 등으로 인해 장애 또는 질환이 발생한 아동이다.

양육보조금은 중증장애아동은 월 627천원, 경증장애인 등 그 외 지원대상은 월 551천원이며, 의료비는 연간 260만원 한도 내에서 본인이 부담한 진료 · 상담 · 재활 및 치료에 소용되는 비용을 지원하며, 장애아동이 생활시설 등에 입소하게 될 경우에는 지급을 정지한다.

③ 입양아동 의료급여

만 18세 미만 입양아동(20세 미만의 중고교 재학생 포함)에게 1종 의료급여를 실시한다(입양가족은 제외). 지원방식은 2가지 중 한 가지를 선택할 수 있는데, 사전지원방식은 건강보험증에 의료급여수급권자임을 표시하여 의료 이용 시 본인부담금을 면제하는 방식이며, 사후지원방식은 입양아동을 건강보험과 통합관리하고, 의료 이용 시 납부한 본인부담금을 사후환급하는 방식이다.

④ 입양비용 지원

「입양특례법」상 허가를 받은 입양기관에 의해 국내입양한 가정에 입양 알선비용을 지원한다. 지원 내용은 입양 알선에 소요되는 인건비, 아동양육비(위탁모비용 포함), 입양 알선 절차에 소요되는 비용, 입양기관의 운영비 및 홍보비 등 입양 알선에 실제로 드는 비용으로 기관 유형에 따라 정액지원한다.

한편, 입양 철회가 발생한 경우, 입양기관이 속한 시 · 군 · 구청은 입양기관에 입양대상아동 인수부터 철회 시까지 아동을 보호하는 동안 소요된 비용을 지급한다.

⑤ 입양아동 심리치료비 지원

입양아동 중 과잉행동장애(ADHD), 정서불안장애 등으로 인해 상담 · 치료가 필요한 국내입양아동에게 심리정서검사비와 치료비를 지원한다. 입양아동을 위한 심리정서치료비는 가정위탁아동과 동일하게 월 20만원 이내, 심리검사비 20만원(1회), 교통비 월 2만원 이내의 심리치료 관련 비용을 지원한다. 지원기간은 12개월 이내이나 필요 시 12개월에 한해 연장 가능하며, 연장 시 관련 내용이 명시된 치료기관의 진단서 또는 소견서를 제출받아 시장 · 군수 · 구청장이 결정한다.

⑥ 입양축하금

2022년 1월 1일 이후 「입양특례법」에 의해 국내입양이 확정된 입양아동에게 200만원의 입양축하금을 지급한다. 거주지 시 · 군 · 구에 입양아동양육수당을 신청하면서 함께 신청할 수 있으며, '입양=출산'이라는 인식 확산 및 아동양육 초기부담 완화를 위한 것이다(보건복지부, 2021.12.30).

⑦ 입양인 사후서비스

보건복지부에서 기존에 수행해오던 국외입양인 사후서비스사업을 2012년부터 국내입양인까지 확대하였으며, 2014년부터 아동권리보장원 위탁사업으로 전환하여 수행하고 있다.

아동권리보장원에서는 공모를 통해 사업수행단체를 선정하고, 평가, 관리하며, 선정된 사업수행단체에서는 공모사업을 수행하고, 추진실적보고서 및 증빙서류를 제출한다. 국내입양인을 위한 지원사업으로는 입양가족 교육 및 심리상담지원, 연장아 등 특수욕구 입양가족 지원, 입양가족 자조모임 지원, 고위험 위기입양가정 지원, 기타 행사지원 등이 있다.

⑧ 가족찾기서비스

입양인이 친생부모를 찾기 위하여 입양관련 정보의 전부 또는 일부의 공개를 청구하면, 입양정보공개제도 원칙에 따라 가족찾기서비스를 제공한다.

5) 입양서비스의 문제점과 향후 과제

입양은 아동에게 영구적인 가정환경을 제공한다는 점에서 가장 바람직한 대리보호서비스로 알려져 있다. 그러나 우리나라에서 입양서비스는 시설보호 및 위탁보호서비스에 비해 활성화되고 있지 못하다. 특히 최근 몇 년 새 국내입양의 감소는 우려할 만한 수준이다. 2020년 이후 보호대상아동의 수가 감소 추세이기는 하나, 보호대상아동 중 대다수가 여전히 시설에서 보호되고 있다(보건복지부, 2022). 이에 보호대상아동의 국내입양 활성화를 위한 노력이 필요하다.

또한 입양대상 아동 수에 비해 입양을 원하는 국내입양부모가 부족하다 보니 아동에게 적합한 가정을 찾아서 결연하기보다는 입양부모가 선호하는 아동을 찾아서 결연하는 방식으로 입양서비스가 이루어지고 있다. 따라서 영아와 여아의 입양은 원활히 이루어지는 반면, 연장아동 및 남아의 입양은 저조한 실정이다. 이는 보호대상아동을 위한 대리보호서비스로서 입양의 취지를 무색하게 한다. 아동 중심의 결연이 이루어지도록 국내입양부모를 적극적으로 발굴, 교육할 필요가 있다.

한편, 뿌리 깊은 혈연주의로 인한 비밀입양이 여전히 만연하여, 입양에 대한 편견을 강화하고 국내입양의 활성화에도 장애가 되고 있다. 비밀입양은 아동의 입양인으로서의 정체성 형성을 가로막고, 성장과정에서 입양 사실을 알게 될 때 아동에게 혼란을 야기하며, 입양의 좋은 점이나 성공 경험을 사회에 확산하는 데 장애가 됨으로써 국내입양의 활성화를 가로막고 있다. 또한 입양아동이 문제를 일으키거나 입양가정에 문제가 생겼을 때에만 입양 사실이 공개됨으로써 입양의 편견을 강화하는 데 일조한다. 국내입양 활성화를 위해서는 무엇보다 입양에 대한 사회적 편견 등을 해소하기 위한 대대적 노력이 필요하다. 입양에 대한 사회적 인식이 개선되고 입양을 자연스럽게 받아들이는 것이 하나의 문화로 정착되면 국내입양의 증가에 상당히 기여할 수 있을 것이다. 현재 교육기관을 통해 이루어지고 있는 반편견 입양교육의 확대 등을 통해 이러한 사회적 인식 개선을 위한 노력이 강화되어야 할 것이다.

마지막으로 입양사후서비스가 충분치 못하다. 현재 입양특례법에는 국내 및 국외 입양인 모두에 대해 입양 후 1년간의 사후관리 의무가 규정되어 있으나, 이후에도 아동의 발달단계에 따라 지속적인 사후관리가 필요하다. 현재 제공되는 입양사후서비스는 아동권리보장원을 통한 공모사업의 형태로 진행되며, 사후서비스 지원사업 담당인력 및 입양사후서비스 전문가의 부족, 기관별 서비스 제공으로 인한 서비스 접근성의 제한, 서비스 효과성에 대한 평가 미흡 등의 측면에서 문제점을 지니고 있는 것으로 나타났다(안재진 외, 2016). 발달주기별로 전 생애적 서비스 제공을 위해 입양사후서비스 지원사업의 예산을 확대할 필요가 있다.

토론해 봅시다

01 원가정보호의 원칙에도 불구하고 아동에 대한 대리보호서비스가 필요한 이유를 생각해 보시오.

02 친권이 어느 정도까지 보호되어야 할지 토의해 보시오.

03 대리보호서비스의 유형별 장단점에 대해 생각해 보고 이와 관련된 본인의 경험이 있다면 이야기해 보시오.

참고문헌

국가통계포털 (2014–2021). 가정위탁국내입양소년소녀가정현황(각 연도).

노혜련 · 김미원 · 조소연 (2015). **예방과 통합의 관점에서 본 아동복지론**. 서울: 학지사.

법제처 (2023). 국내입양에 관한 특별법 개정 이유서.

법제처 (2023). 국제입양에 관한 법률 제정 이유서.

보건복지부 (2020). 아동분야 사업안내 1. 세종: 보건복지부.

보건복지부 (2022). 2021년 국내외 입양현황

보건복지부 (2022). 보호대상아동 현황보고.

보건복지부 (2023). 아동분야 사업안내 1. 세종: 보건복지부.

보건복지부 (2023). 입양실무매뉴얼. 세종: 보건복지부.

보건복지부 (2021.12.30). 보도자료– 2022년부터 입양축하금 지급, 입양아동 양육수당 인상.

보건복지부 · 아동권리보장원 (2022.1.12). 보도자료– 학대피해아동 등에게 전문적 가정형 보호서비스 제공.

보건복지부 · 아동권리보장원 (2022.5.20). 보도자료– "365일 함께 키우는 가정위탁"– 제19회 가정위탁의 날(5.22.) 기념식 개최.

안재진 (2011). 국내법에 나타난 입양제도의 변천과정 분석: 아동권리의 관점에서. **한국가족복지학**, **16**(4), 71–95.

안재진 · 변미희 · 이미선 · 김선숙 (2016). 입양인 사후서비스 사업 평가 및 개선방안. 세종: 보건복지부.

오정수 · 정익중 (2017). **아동복지론**. 서울: 학지사.

Groza, V., & Rosenberg, K. F. (2001). *Clinical and Practice Issues in Adoption*. Westport, CT: Praeger Publisher

Kadushin, A., & Martin, J. A. (1988). *Child Welfare Services*. New York: McMillan.

Pecora, P. J., Kessler, R. C., Williams, J., Downs, A. C., English, D. J., White, J., & O'Brien, K. (2010). *What works in foster care? Key components of success from the Northwest Foster Care Alumni Study*. New York, NY: Oxford University Press.

Pecora, P. J., Whittaker, J. L., Maluccio, A. N., & Barth, R. P. (2012). *The Child Welfare Challenge: Policy, Practice, and Research. New Brunswick*, CT: Aldine Transaction.

Van Gulden, H., & Bartels-Rabb, L. (1995). *Real Parent, Real Children: Parenting the Adopted Child*. Spring Valley, NY: Crossroad Publishing Company.

O'Loughlin M., & O'Loughlin S. (2012). *Social Work with Children and Families,* 3rd edition. London: Sage/Learning Matters.

13

CHAPTER

시설보호

CHILD WELFARE

1. 시설보호의 개념
2. 시설보호가 필요한 아동
3. 시설보호의 역사
4. 아동복지시설의 종류
5. 보호아동의 시설 입 · 퇴소 및 지원
6. 보호대상아동과 탈시설
7. 해결방안과 전망

CHAPTER

13 시설보호

인간은 출생 후부터 상당기간 사회화를 필요로 하는 존재이다. 일반적으로 이러한 발달 초기의 사회화는 가정이라는 테두리 내에서 이루어진다고 생각하지만 실제로 그렇지 않은 사례가 상당히 많은 것이 현실이다. 「유엔아동권리협약」 제20조에서는 "일시적 또는 항구적으로 가족환경을 박탈당하거나 가족환경에 있는 것이 자신의 최상의 이익에 해당하지 않는 아동은 국가로부터 특별한 보호와 지원을 받을 권리가 있다"고 명시하고 있다. 또한 '당사국은 국내법에 따라 이러한 아동을 위한 대체 보호조치를 마련해야 한다'고 하면서 이러한 보호조치에 위탁양육, 입양 또는 공동생활가정이나 아동양육시설과 같은 시설보호를 명시하고 있다.

우리나라에서 아동양육시설은 여러 가지 이유로 「유엔아동권리협약」이나 「아동복지법」에서 명시하고 있는 원가정에서의 보호가 어려운 아동들을 국가가 대리양육하는 가장 대표적인 형태로 운영되어 왔다. 가정보호를 우선한다는 원칙에 따라 보호가 필요한 아동은 되도록 입양이나 가정위탁 등 최대한 가정과 유사한 방식으로 보호되어야 하지만, 대부분의 가정 외 보호아동들이 시설보호에 의존해 온 것이 사실이다.

가정이 아동에게 보호의 장이 되지 못하는 원인 역시 매우 다양하고, 그 원인을 해결하는 방안의 마련과 실행이 쉬운 것은 아니지만 어떻든 아동이 태어난 원가정이 항상 보호의 장이 되는 것이 아니라는 사실이 아동에게 대안양육이 필요한 중요한 배경이 된다. 이런 점에서 아동에게 제공되는 시설보호는 캐머만과 칸(Kammerman & Kahn, 1978)이 이야기한 '가족기능을 대체'하기 위한 개입이라 할 수 있다. 시설보호를 가족기능의 대체라고 볼 때 시설보호의 일차적인 목적은 보호대상아동에게 '가정'을 제공하는 것이 된다. 물론 아동이 원가정으로 복귀할 수 있도록 하는 것이 보호대상아동을 위한 우선적인 목적이 되어야 하겠으나 이것은 그 원가정이 보호의 장으로서 준비를 갖추게 하는 제반정책을 종합적으로 추진하면서 동시에 추구해야 할 목표라 할 수 있다.

이런 점을 염두에 두고 이 장에서는 시설보호의 개념과 이론, 시설보호의 유형, 시설보호를 바라보는 관점, 시설보호의 역사적 전개과정에 대해 살펴본다. 그리고 우리나라의 시설보호 현황과 제도 및 문제점과 쟁점들에 대해 살펴보며 이어 시설보호의 문제점을 개선하기 위한 방안들에 대해 살펴본다.

1. 시설보호의 개념

시설보호는 가정 밖 보호체계의 하나로 가정 밖 보호의 형태 중 매우 오래된 것이다. 중세시대에는 아동이 노동력으로 간주되었기 때문에 5~6세에 이미 농사에 투입되기도 했지만 자본주의사회가 되면서 아동은 보호의 대상으로 간주되기 시작하였다. 그리고 이와 함께 핵가족제도가 발전하면서 이 핵가족이 아동에게 보호를 제공하는 일차적인 장으로 중요시되기 시작하였다. 하지만 이는 어떤 면에서는 모순적이다. 핵가족은 성인 남녀와 그들 사이에서 출생한 자녀라는 두 세대로 구성된 가족형태여서 자본주의 사회에서 요구하는 이동에는 유리하지만 자녀에게 보호를 제공할 인적자원이 사실상 부모 두 사람으로 제한되므로 자녀를 보호하는 장으로서는 확대가족보다 결코 유리하지 않다. 아동을 보호할 인력이 훨씬 많았던 확대가족이 보다 보편적이던 시기에 오히려 아동이 노동력으로 간주되었던 반면, 아동을 보호할 인력을 더 적게 가진 핵가족이 보다 보편화된 자본주의 시대에 아동을 보호의 대상으로 간주하는 것은 어떤 면으로는 아이러니하다고도 할 수 있다.

자본주의사회에서 핵가족 형태가 '정상가족'으로 간주되면서 아동이 보호의 대상으로 설정되고, 그에 따라 아동에 대해 보호의 기능을 적절히 수행치 못하는 경우 그에 대한 대책이 필요해졌다. 이것이 시설보호가 등장하게 된 중요한 한 배경이다. 유럽에서 자본주의로의 이행기에 아동들이 구빈원에 수용되었다거나 도시의 수공업자에게 도제로 팔려갔던 사례를 통해 확대가족이 핵가족으로 전환되는 과정에서 가정의 보호를 받지 못한 아동들이 어떻게 처우되었는가를 볼 수 있다. 이런 점에서 시설보호는 핵가족을 정상가족으로 설정한 자본주의사회가 만들어낸 보호형태라 할 수 있다. 자본주의가 정상가족으로 제도화한 핵가족은 그 내부에 아동을 보호할 인적구성이 매우 적기 때문에 기본적으로 취약한데다 핵가족의 보편화는 '가족 간의 만남'이라기보다 '두 사람 간의 만남'을 기반으로 가족을 형성하게 됨으로써 그 결합의 강도 면에서도 확대가족에 비해 취약한 경우가 많다. 이러한 것들은 아동에게 보호를 제공하는 가족의 기능을 취약하게 만드는 요인이 되며, 이로부터 자본주의 사회는 가정 밖 보호를 제도화해야 할 필연적인 이유를 갖게 된 것이다. 따라서 시설보호는 가정이 보호의 장이 되지 못하는 아동에 대해 국가 또는 민간이 가정을 대체하여 아동에게 제공하는 대체가정의 형태라 할 수 있다.

현재 아동복지법 제3조에 따르면 '아동복지시설'이란 아동복지법 제50조에 따라 설치된 시설을 말한다고 정의하고 있다. 즉, 보호대상아동은 국가가 책임지고 양육해야 한다는 법적 근거의 내용 중의 일부라 할 수 있으며, 국가는 이를 위해 아동복지시설을 설치할 수 있음을 보여준다.

[아동복지법]

제50조 (아동복지시설의 설치)

① 국가 또는 지방자치단체는 아동복지시설을 설치할 수 있다.

② 국가 또는 지방자치단체 외의 자는 관할 시장 · 군수 · 구청장에게 신고하고 아동복지시설을 설치할 수 있다.

2. 시설보호가 필요한 아동

유엔아동권리위원회에 제출한 제5차, 6차 국가보고서에 대해 2019년 유엔아동권리위원회의로부터 전달된 최종견해 중 가정 외 보호아동을 위한 내용의 주요 골자는 가정기반 양육지원의 확대, 대안양육배치를 위한 기준의 마련, 보호자의 보호역량강화 및 가족재결합 지원강화 등을 핵심으로 하고 있다. 즉, 유엔아동권리협약에서는 아동의 원가정보호를 최우선 원칙으로 하되, 불가피하게 아동이 가정 외 분리보호가 필요한 상황에서 그 보호의 유형은 원가정과 유사한 가정형 보호가 바람직하며 보호의 기간은 일시적이어야 함을 명확히 제시하고 있다. 이러한 내용은 「아동복지법」 제4조에도 동일하게 제시되어 있다. 즉, 아동이 태어난 가정에서 성장할 수 없을 때는 가정과 유사한 환경에서 성장할 수 있게 조치하도록 규정하고 있으며, 「입양특례법」 제3조와 제9조에 따르면 태어난 가정에서 성장하기 곤란한 아동에게는 다른 가정을 제공하기 위한 조치와 지원을 하도록 되어 있다. 이러한 법적 근거뿐 아니라 보호아동의 아동양육시설 중심의 보호가 가지는 다양한 부정적 아동발달의 영향에 대한 문제의식은 사회적으로 확대되었으며, 정부는 가정형 보호를 확대해 나갈 계획을 지속적으로 발표하고 있다.

그럼에도 불구하고, 현재 우리나라에서 보호대상아동을 위한 보호체계 중 가장 많은 아동이 머물고 있는 곳이 양육시설이다. 특히 베이비박스를 통해 유기된 아동의 다수가 아동양육시설로 연계되는 등 양육시설 중심의 보호관행은 계속되고 있다. 이에, 아동양육시설의 소규모화, 전문화(장애아동 전문양육시설, 아동분리 필요시 일시보호시설, 부모와 함께 생활할 수 있는 가족생활형 그룹홈 등) 방안을 포함하는 아동양육시설 기능전환을 위한 구체적인 마스터플랜과 실행력을 담보한 적극적인 정책추진이 필요한 상황이다(류정희, 2021).

아동은 가능한 한 출생한 가정에서 자신의 부모와 함께 성장해야 하는 것이 아동복지의 기본원리이지만 가정이 해체되거나 기타 다양한 이유로 가정환경에서 양육될 수 없는 아동들이 발생하는 경우 가정 외 보호를 해야 하는 경우가 발생한다. 영국의 바그너보고서(NISW, 1988)에 따르면 아동을 위해 불가피하게 시설보호가 요청되는 경우로 다음의 다섯 가지를 들어 설명하고 있다(오정수 · 정익중, 2018).

① 단기보호(respite care): 단기간의 계획된 보호제공
② 영구적 배치를 위한 준비: 아동이 안정적으로 성장할 수 있는 환경으로의 배치를 위한 준비과정
③ 가족관계의 유지: 형제 · 자매의 경우 같이 보호될 수 있도록 하고, 부모 또는 가족과의 연계를 유지
④ 보호와 통제: 안전한 수용보호가 요구되는 상황
⑤ 치료의 제공: 사회적 · 정서적으로 손상을 입었거나, 장애로 인한 특별한 치료가 필요한 아동

이를 토대로 어쩔수 없이 단기적으로 시설보호가 필요한 아동의 경우를 요약하면 다음과 같다. 첫째, 부모가 심한 질병 또는 다른 이유로 잠시 가정을 떠나야 하지만 부모와의 정서적인 관계가 매우 친밀하여 아동이나 부모가 위탁보호를 받아들이기 어려운 경우 일시적으로 시설보호가 필요한 아동, 둘째, 아동이 부모를 비롯하여 사

랑하는 어른들에게 실망하여 다른 성인들과 관계를 맺으려 하지 않아 위탁부모와도 좋은 관계를 기대하기 어려운 아동, 셋째, 아동이 심각한 행동문제가 있어 집중적 치료가 필요한 경우, 넷째, 장애 등 특수욕구가 있는 아동으로 일정기간 특별한 훈련이 필요한 경우이다. 이러한 경우도 단기간에 한하여 시설보호를 진행하고 가정형 보호로 전환하거나, 가급적 가족재결합이나 입양 등 영구적으로 안정적인 환경에서 성장할 수 있는 방안을 적극적으로 강구하여야 한다.

3. 시설보호의 역사

1) 외국의 시설보호

시설보호의 역사가 비교적 긴 서구의 경우, 아동을 시설에 배치하는 이유는 학교생활에서의 어려움이 있거나, 비행 혹은 폭력과 관련된 문제가 있거나 또는 가정폭력이나 아동학대의 문제가 있는 경우로 구분된다(Kendrick, 1995; Triseliotis et al., 1995). 심각한 장애가 있는 경우도 여기에 포함된다(Sinclair et al., 2007). 시설보호 역사의 초기에는 시설이 억압과 격리를 기본원칙으로 운영되었다. 이 시기에는 입소자가 시설에 있는 것을 혐오스럽게 생각하도록 열악한 서비스를 제공하여 수용보호 서비스를 제공받으려는 요보호자를 줄이려는 의도에서 시설이 운영되었다. 그 이후 시설 내 수용보호는 사회보장적 단계에 이른다. 즉, 보호대상아동 중 원가정의 여러 가지 사정으로 인해 아동양육이 불가한 경우 시설보호를 통해 국가의 책임하에 아동을 양육하게 되었다. 그러나 보호대상아동의 보호 유형 중 아동발달의 측면에서 가정보호가 시설보호보다 우월하다는 영국의 커티스보고서가 출간된 이후 시설보호보다는 가정위탁보호를 증가시키기 위한 노력이 진행되었으며, 시설의 기능과 형태도 다양하게 변화하였다(오정수 · 정익중, 2018). 바로 이러한 이유로 영미국가들에서 탈시설화를 통한 아동보호체계 내의 양육환경을 가정형 보호의 강화로 변화를 시도하였고, 기존의 아동양육시설은 특수한 목적을 가진 시설들로 기능을 전환하는 형태로 변화되었다.

2) 우리나라의 시설보호

우리나라에서 아동양육시설은 해방 이후 전쟁을 겪으면서 대표적인 사회복지시설로 자리매김해왔다. 해방 이후 수많은 전재민이 발생하였으며, 이들 중 상당수의 아동은 부모가 있음에도 불구하고 일반적으로 생각하는 가정 내 보호를 받지 못하였다. 국내 아동양육시설은 1888년 명동 천주교회에 처음 생겼으며, 이후 한국전쟁을 거치며 급속히 그 수가 증가하였다. 아동양육시설은 1970년대까지는 '고아원'이라는 용어를 사용하였으나 차별적 용어라는 지적이 있어 1980년대부터는 '육아시설'로 바뀌었고, 최근에는 '아동양육시설'이라고 한다. 1953년부터 본격적으로 구호사업을 전개한 외국 원조단체들은 아동양육시설 운영을 위해 정부보다 더 많은 재정을 부담하였다. 전체 재원 중 외국 원조단체의 비중은 36.5%(58년)에서 52.5%(68년)까지 커졌다(중앙일보, 2014.4.7). 이후 1970년 「사회복지사업법」의 제정과 함께 아동양육시설은 운영의 자율성을 포기하는 대신 국가 보조를 받으면서 법인화되었다. 2020년 기준 전국에 264개 아동양육시설에 10,352명의 아동들이 국가의 책임하에 보호 · 양육되고 있으며, 매년 발생되는 보호대상아동 중 2021년 기준 약 63.5%가 공동생활가정을 포함한 양육시설에 배치되고 있다. 보호대상아동이 원가정으로부터 분리배치되는 이유는 학대, 빈곤, 부모의 실직 등이 가장 큰 비중을 차지하고 있으며, 이것이 전체 보호대상아동 발생원인의 약 77.4%를 차지한다는 사실과 함께 생각해 볼 때 아동양육시설에 배치되는 아동의 상당수가 학대 등의 이유로 원가정으로부터 분리되었다는 것을 알 수 있다.

4. 아동복지시설의 종류

「아동복지법」 제15조에 따르면 시 · 도지사 또는 시장 · 군수 · 구청장은 그 관할 구역에서 보호대상아동을 발견하거나 보호자의 의뢰를 받은 때에는 아동의 최상의 이익을 위하여 대통령령으로 정하는 바에 따라 다음 각 호에 해당하는 보호조치를 해야 한다고 명시하였다. 보호조치 내용으로 첫 번째, 원가정의 보호자, 두 번째, 친족에 해당하는 사람의 가정, 세 번째, 적합한 유형의 가정에 위탁, 마지막으로 적합한 아동복지시설에 입소시키는 방법을 통해 보호조치하도록 하고 있다.

표 13-1 | 아동복지시설의 종류

종류	역할
아동양육시설	보호대상아동을 입소시켜 보호, 양육 및 취업훈련, 자립지원서비스 등을 제공하는 것을 목적으로 하는 시설
아동일시보호시설	보호대상아동을 일시보호하고 아동에 대한 향후의 양육대책수립 및 보호조치를 행하는 것을 목적으로 하는 시설
아동보호치료시설	아동에게 보호 및 치료 서비스를 제공하는 다음 각 목의 시설 – 불량행위를 하거나 불량행위를 할 우려가 있는 아동으로서 보호자가 없거나 친권자나 후견인이 입소를 신청한 아동 또는 가정법원, 지방법원소년부지원에서 보호위탁된 19세 미만인 사람을 입소시켜 치료와 선도를 통하여 건전한 사회인으로 육성하는 것을 목적으로 하는 시설 – 정서적 · 행동적 장애로 인하여 어려움을 겪고 있는 아동 또는 학대로 인하여 부모로부터 일시격리되어 치료받을 필요가 있는 아동을 보호 · 치료하는 시설
공동생활가정	보호대상아동에게 가정과 같은 주거여건과 보호, 양육, 자립지원서비스를 제공하는 것을 목적으로 하는 시설
자립지원시설	아동복지시설에서 퇴소한 사람에게 취업준비기간 또는 취업 후 일정 기간 동안 보호함으로써 자립을 지원하는 것을 목적으로 하는 시설
아동상담소	아동과 그 가족의 문제에 관한 상담, 치료, 예방 및 연구 등을 목적으로 하는 시설

출처: 보건복지부 (2022). 2022 아동분야 사업안내 1권.

우리나라의 아동복지시설의 종류는 「아동복지법」 제52조에 〈표 13-1〉과 같이 정의하고 있다.

아동복지시설 중 가정환경을 박탈당한 아동을 보호하는 가정 밖 보호체계로서의 기능을 담당하고 있는 시설은 아동양육시설, 보호치료시설, 일시보호시설, 공동생활가정 등이다. 일단 보호필요아동이 발생하게 되면 귀가하거나 연고자에게 인도되지 못한 아동은 가정위탁이나 입양 등과 같은 가정보호나 양육시설이나 일시보호시설, 공동생활가정 등의 시설로 입소하게 된다. 보호조치 내용은 여전히 시설입소 비율이 높지만, 최근 들어 점차 가정보호와 시설입소 비율의 격차가 감소하고 있다.

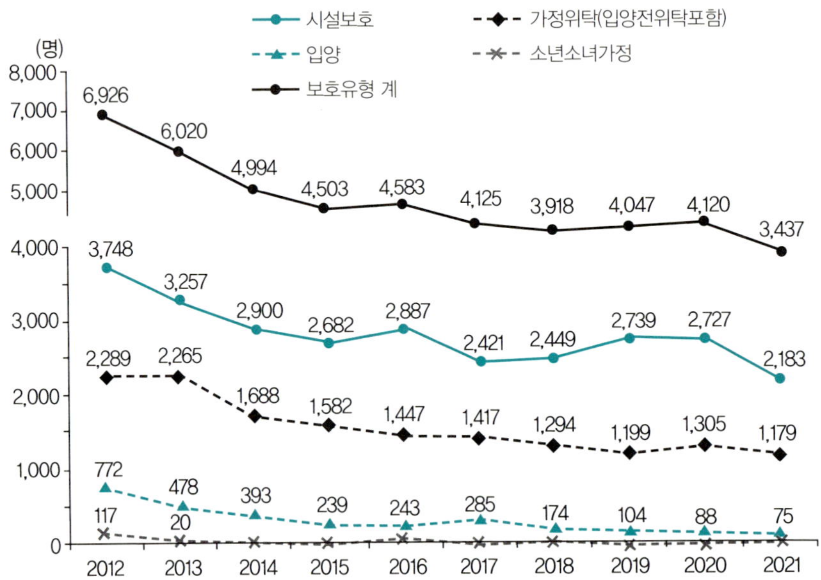

그림 13-1 보호필요아동의 보호조치 현황

5. 보호아동의 시설 입 · 퇴소 및 지원

1) 입소대상

(1) 아동양육시설 및 아동일시보호시설

아동양육시설 및 아동일시보호시설의 입소대상자는 보호자가 없거나 보호자로부터 이탈된 아동, 보호자로부터 학대받은 아동, 보호자의 학대로 아동보호전문기관에 신고되어 해당 기관이 시 · 도지사 또는 시 · 군 · 구청장에게 보호조치를 의뢰한 아동이 입소대상이 된다. 특히, 아동에게 문제행동이 있어 상담 · 치료가 필요한 경우, 아동보호전문기관에서 아동의 시설 입소를 의뢰하면 시 · 도 또는 시 · 군 · 구에서는 반드시 입소될 수 있도록 하여야 함을 원칙으로 하고 있다. 또한 보호자의 질병이나 가출 등으로 가정 내에서 실제로 아동을 보호하지 못하는 경우에 처한 아동이나 그 밖에 시 · 도지사 또는 시장 · 군수 · 구청장이 특별히 보호가 필요하다고 인정하는 아동이 시설의 입소대상이 된다.

(2) 아동보호치료시설

아동보호치료시설은 아동에게 보호 및 치료서비스를 제공하는 시설로, 보건복지부의 2022년 아동분야 사업안내에 따르면 불량행위를 하거나 불량행위를 할 우려가 있는 아동으로서 보호자가 없거나 친권자나 후견인이 입소를 신청한 아동, 가정법원, 지방법원소년부지원에서 보호위탁된 19세 미만인 아동 · 청소년[01], 또는 정서적 · 행동적 장애로 인해 어려움을 겪고 있는 아동이나 학대로 인하여 부모로부터

01 「소년법」 제32조 제1항 제6호 처분

일시 격리되어 치료받을 필요가 있는 아동의 경우 입소가 가능하다.

2) 입소절차

보호자가 불명확한 아동이 발견되었을 경우 지체 없이 경찰에 신고하도록 되어 있으며, 이후 보호대상아동에 대한 상담, 건강검진, 심리검사 및 가정환경에 대한 조사를 실시하고[02] 아동에게 최상의 이익이 달성될 수 있도록 사례결정위원회의 심의를 거쳐 보호조치를 결정하게 된다. 보호조치를 결정하는 데 있어서는 입양 및 가정위탁 등 가정형태의 보호를 우선적으로 추진하고, 다음이 공동생활가정, 마지막으로 양육시설의 순으로 배치하도록 한다. 지방자치단체를 거치지 않고 시설에서 아동의 입소를 직접 결정하는 것은 현행 아동복지법령을 위반하는 것이다. 또한 장애인 등록 아동의 경우는 아동복지전달체계가 아닌 장애인복지전달체계에서 보호하도록 조치하고, 다만 장애인복지전달체계에서 보호되기 전까지는 임시보호가 가능하다.

보호아동이 발생한 지역에 아동을 배치할 만한 적절한 대안양육체계가 없는 경우 시 · 도지사 또는 시장 · 군수 · 구청장은 아동의 특성과 여건을 고려하여 타 시 · 도지사 또는 시장 · 군수 · 구청장에게 아동보호양육 의뢰(전출 · 입 등)를 하게 되며, 의뢰를 받은 지자체의 경우 이를 적극 검토 · 수용하여 아동의 이익이 최우선적으로 고려될 수 있도록 조치를 취한다.

아동양육시설, 일시보호시설, 보호치료시설과 같은 아동생활시설의 경우 입소 이후 아동의 성별에 따라 숙소를 배정하게 된다. 다만 초등학교 미만의 남매가 함께

02 「실종아동 등의 보호 및 지원에 관한 법률」 제6조에 따라 사회복지시설을 포함한 보호시설의 장 또는 그 종사자, 사회복지전담공무원, 업무 · 고용 등의 관계로 사실상 아동을 보호 · 감독하는 사람 등은 그 직무를 수행하면서 실종아동 등임을 알게 되었을 때에는 경찰(실종아동찾기센터 182번)에 지체 없이 신고 등 조치하여야 한다.

입소하는 경우 같은 숙소 배치가 가능하지만 초등학교 입학 연령에 도달하게 되면 분리하여 보호하도록 한다. 공동생활가정에서도 성별에 따라 분리하여 아동을 배치하고 있으며, 만 6세 전 아동에 한하여 남녀혼합형태의 공동생활가정에서 보호가 가능하다. 다만, 불가피한 사유로 분리 연장이 필요한 경우 아동보호전문기관장 및 그룹홈 시설장이 분리 연장을 건의할 수 있으며, 지자체장의 결정에 따라 연장이 가능하다.

3) 보호 중 아동의 양육상황 점검

보호대상아동의 양육자는 사실상 국가이며, 국가는 대리양육자를 통해 아동을 일정기간 양육하도록 하는 것이다. 다시 말해 시설은 양육자인 국가를 대신하여 아동을 보호하는 곳이라 할 수 있다. 따라서 국가는 보호대상아동이 적절히 보호되고 있는지 양육상황을 점검할 의무가 있다(아동복지법 제15조의3). 지자체가 현재의 양육상황이 보호대상아동의 최상의 이익에 적합하지 않다고 판단되는 경우 보호조치를 변경하여야 하며, 보호조치 변경은 원가정 복귀를 원칙으로 하고, 원가정 복귀가 아동에게 최선의 방법이 아닌 경우 가정위탁, 공동생활가정, 시설의 순으로 조치하도록 한다.

4) 퇴소 및 보호기간 연장

시설의 장은 보호 중인 아동이 만 18세가 되었거나, 보호의 목적이 달성되었다고 인정되는 아동의 경우에는 지자체의 장에게 퇴소신청서를 제출한다. 그러나 퇴소하여 자립하기에 교육, 질병, 장애, 취업준비 등으로 아동의 보호기간 연장이 필요한 경우 지자체에 보호기간 연장을 신청할 수 있다. 보호기간 연장을 신청할 수 있는 경우는 다음과 같다.

① 대학 이하의 학교(대학원 제외)에 재학 중인 자
② 아동양육시설 또는 직업능력개발훈련시설에서 직업 관련 교육 · 훈련 중인 자
③ 학원에서 교육 중인 20세 미만의 자
④ 질병, 장애 등을 이유로 시 · 도지사 또는 시장 · 군수 · 구청장이 보호기간의 연장을 요청하는 자 등
⑤ 25세 미만이고 지능지수가 71 이상 84 이하인 사람으로서 자립 능력이 부족한 경우
⑥ 취업이나 취업 준비 등 그 밖의 사유를 이유로 보호대상아동이 보호기간 연장을 요청하여 1년 이내의 범위에서 보호기간을 연장하는 경우

또한 19세 미만 아동이 보호 종료를 신청한 경우 지자체는 당사자인 아동의 시설 퇴소 의지를 반드시 확인하고 보호 종료 조치를 할 수 있도록 하고 있다. 이러한 절차를 통해 보호 종료 기간이 종료되었다고 준비 없이 사회로 내몰리는 경우가 발생하지 않도록 최대한 방지하고자 노력하고 있다.

5) 자립지원시설

자립지원대상은 보호 종료 아동 중 취업을 하였거나, 취업 준비 중에 있는 24세 이하 기초생활보장 수급자이며, 시장 · 군수 · 구청장은 자립준비청년(보호 종료 아동)의 자립 시까지의 주거공간 제공을 위해 공공임대주택 지원을 위해 노력해야 한다. 자립을 위한 지원 내용은 이용 아동 생계비 지원 대상 파악 및 지원과 관련된 내용으로 기초지자체의 장은 이용 아동 실태를 파악하여 국민기초생활 보장 지원이 가능한 대상자에게는 수급 지원이 되도록 적극 안내하고 지역 내 시설 퇴소 아동에

대한 홍보를 강화하여 이용 확대를 유도하여야 한다.

6. 보호대상아동과 탈시설

보호대상아동이 발생하였을 때 보호조치 되는 아동복지시설 중 아동양육시설이 가장 큰 비중을 차지하고 있다. 2021년 기준으로 약 50%의 보호대상아동이 장기보호시설인 아동양육시설에 배치되었다(보건복지부, 2021). 일단 아동양육시설에 배치된 경우 아동이 원가정으로 돌아가는 비율이 매우 낮으며, 성인이 될 때까지 평균 약 11년의 시간을 양육시설에서 생활하고 있다(이상정, 2020). 즉, 일단 원가정으로부터 가정 외 보호체계로 들어가게 된 경우 대부분의 아동기를 아동양육시설에서 성장하게 된다는 의미이다. 아동의 발달을 연구하는 많은 학자들이 아동의 건강한 발달을 위해서는 시설환경이 아닌 가정환경에서 생활하는 것이 중요하며, 특히 원가정에서 부모와 분리되지 않고 성장할 수 있는 것이 중요하다고 다양한 근거를 보여주고 있다. 이에 따라 아동의 권리적 측면에서 탈시설의 당위성이 제기되며 아동탈시설의 움직임이 본격화되고 있다.

탈시설화는 서구에서는 이미 19세기 후반에 아동에 대한 가정 내 보호의 중요성이 대두되면서 시작되었다. 특히 집단보호의 문제점이 제기되면서 탈시설화의 경향이 대두되었고, 이것은 점차 가정과 지역사회 중심의 아동보호서비스 강화에 초점을 두는 방식으로 발전되었다. 다양한 형태의 시설보호가 보호대상아동을 건강하고 안전하게 보호하기 위한 최선의 방법으로 간주되었던 과거의 관점에서 벗어나, 아동발달 및 아동권리의 측면에서 시설보호보다는 가정형 보호체계가 효과적이고 자연스러운 선택이라는 인식이 확산되었다. 이러한 변화의 핵심에는 무엇보다 아동보호가 공공부문의 주요 책임으로 인식되기 시작한 것이 원인 중의 하나로 인식되었다(박세경 외, 2005).

탈시설화란 대형시설에 의존적인 지위로 살아가던 상태에서 지역사회에서 자립적이고 의미 있는 삶을 살아가는 것으로의 변화를 의미하는 것으로(Seattle Regional Office of United States General Accounting Office, 1976; 김용득, 2018 재인용), 전형적인 시설이 가지는 특징인 입주자의 정체성 상실, 기본적인 자유의 제한, 재활 목표에 반하는 전문적인 위계 구조, 일상화되고 규제된 집단생활, 입주자와 거리를 두는 직원 등으로부터의 탈피를 추구하는 것이라고 할 수 있다(Goffman, 1961; 이태헌 · 김정석 · 정하영, 2020). 특히 아동탈시설은 아동, 가족, 지역사회에 적절한 자원을 제공하여 아동이 부모로부터 분리되는 것을 방지하고 이를 통해 사회적 통합을 보장하는 것을 의미한다. 따라서 아동을 위한 탈시설은 삶의 공간을 가정환경으로 옮기고, 입양부모나 위탁가정부모의 적절한 보호를 받는 것을 목표로 하는 것이 일반적이고, 아동 최상의 이익에 기반한 대안양육체계를 제공하는 것이라 할 수 있다. 이를 위해서는 학대, 방임, 유기 등 보호대상아동이 발생하는 근본적인 원인을 해결하고 가족과 불필요하게 아동을 분리시키는 일이 발생하지 않도록 하는 것이 우선되어야 한다. 그러나 하루아침에 현재의 모든 아동양육시설에 거주하는 아동을 가정형으로 보호하는 것은 불가능하다. 따라서 아동의 탈시설은 아동의 가정형 보호로의 전환에서부터 아동친화적 시설을 향한 개혁에 이르기까지 광범위한 스펙트럼을 포함해야 할 것이다.

현실적으로 2022년 현재 지난 10년간 보호대상아동은 연간 10%씩 감소하고 있으며, 이에 따라 양육시설에 거주하는 아동 역시 빠른 속도로 감소하고 있음을 고려할 때 시설에서 아동을 보호해야만 하는 이유는 점차 사라질 것으로 보인다.

7. 해결방안과 전망

아동이 보호의 대상이 아니라 권리의 주체라는 관점을 강조하는 '유엔아동권리협약'에 따르면, 원가정으로부터의 분리가 아동의 최상의 이익을 위하여 필요하다고 결정된 경우를 제외하고는 아동이 그의 의사에 반하여 부모로부터 분리되지 아니하도록 보장하여야 함을 명시하고 있다(제9조 제1항). 나아가 원가정으로부터 분리된 아동이 정기적으로 부모와 개인적 관계 및 직접적인 면접 교섭을 유지할 권리를 가지고 있다는 사실을 중요한 권리로 간주하고 있으며(제9조 제3항), 부모가 아동의 양육책임을 이행할 수 있도록 적절한 지원을 제공하고, 아동보호를 위한 기관과 시설, 서비스의 개발을 보장해야 할 책무가 국가에 있음을 명시하고 있다(제18조 제2항).

'유엔 아동의 대안양육을 위한 지침'에 따르면, 가정에서 아동을 분리하는 것은 가장 최후의 수단이어야 하고 가능한 일시적이고 단기적으로 이루어져야 하며(제14조), 시설 양육은 규모가 작고 아동의 권리와 욕구에 기반하여 설립되고 가족 또는 소집단에 가장 가까워야 하며 양육시설의 목표는 일시 보호 제공과 아동-가족의 재결합에 적극적으로 기여하는 것임을 확인할 수 있다(제123조). 또한 양육시설은 가정형 양육체계를 구축하기 전까지 일시적인 수단으로만 이용하는 것(제154조)을 강조하고 있다는 점을 기억할 때, 반드시 필요한 경우를 제외하고 아동-가족 분리 시 양육시설 선택 및 이용을 제한해야 한다(제156조). 그러나 장애아동과 같이 특수한 욕구가 있는 아동은 필요에 따라 적절한 지원 시스템을 통해 혜택을 받을 수 있으나, 그럼에도 불구하고 불필요하게 시설에 배치되는 상황을 피하도록 보장해야 함(제132조)을 분명하게 명시하고 있다.

국내 「아동복지법」 제4조에서도 '국가와 지방자치단체는 아동이 태어난 가정에서 성장할 수 있도록 지원하고, 아동이 태어난 가정에서 성장할 수 없을 때는 가정과 유사한 환경에서 성장할 수 있도록 조치하며, 아동을 가정에서 분리하여 보호할 시

신속히 가정으로 복귀할 수 있도록 지원하여야 한다'며 가정형 보호 우선 원칙을 제시하고 있다. 특히 2019년에 발표된 '제2차 아동정책 기본계획'에서도 국가의 보호가 필요한 아동의 경우, 시설보호 중심에서 가정위탁이나 입양 등과 같은 가정형 보호 중심으로의 적극적인 전환의 필요성을 강조하고 있다. 이를 위해 보호대상아동에 대한 정부의 책임을 강화할 필요성이 있으며, 보호대상아동의 원가정 복귀와 가정형 보호를 위한 지원을 강화하기 위한 노력이 집중적으로 이루어져야 할 것이다.

토론해 봅시다

01 유엔아동권리협약에서는 아동의 원가정보호를 최우선 원칙으로 하되, 불가피하게 아동이 가정 외 분리보호가 필요한 상황에서 그 보호의 유형은 원가정과 유사한 가정형 보호가 바람직하며 보호의 기간은 일시적이어야 함을 명확히 제시하고 있다. 아동이 가정으로부터 분리되어 보호가 필요한 상황이란 어떤 상황일지 이야기해 보시오.

02 만약 어떤 가정의 만 3세(남동생), 만 5세(누나) 연령의 남매가 시설에 입소하는 경우, 같은 양육시설이나 공동생활가정에 배치될 수는 있으나, 누나가 만 6세가 되어 학교에 입학하게 되면 남매는 함께 거주하기가 어려워진다. 아동 최상의 이익 관점에서 이 두 아동이 원가정과 빠른 시간 안에 재결합하지 못한다면 어떠한 대안을 고려해 볼 수 있을지 생각해 보시오.

참고문헌

김용득 (2018). 탈시설과 지역사회중심 복지서비스 구축, 어떻게 할 것인가?: 자립과 상호의존을 융합하는 커뮤니티케어. **보건사회연구, 38**(3), 492–520.

류정희 (2021). UN아동권리협약 정부이행 추진경과와 과제: 제5~6차 최종견해를 중심으로UN아동권리협약 정부이행 추진경과와 과제: 제5~6차 최종견해를 중심으로. 통권 116호. 동광.

박세경 · 서문희 · 서영숙 · 진미정 · 노성향 · 강주희 (2005). OECD 국가와 한국의 아동보호체계 비교연구. 한국보건사회연구원, 1–376.

보건복지부 (2022). 2022 보호대상아동 현황보고.

오정수 · 정익중 (2018). **아동복지론(3판)**. 서울: 학지사.

이상정 · 김지민 · 류정희 · 허은영 · 박세경 · 임성은 · 김지연 · 황정하 · 김무현 (2020). 보호종료아동 자립실태 및 욕구조사. 보건복지부, 한국보건사회연구원. 정책보고서 2020-114.

이태헌 · 김정석 · 정하영 (2020). 한국사회의 '탈시설화' 담론과 사회적 실천으로써 '커뮤니티케어' 정책에 대한 고찰. **한국지방정부학회 2020년도 학술대회 자료집** (pp.433–441). 한국지방정부학회.

Goffman, E. (1961). *Asylums: Essays on the Social situation of mental patients and other inmates.* New Brunswick & London: Aldine Transaction.

Kammerman, Sheila B., & Kahn, Alfred J. (1978). *Family policy: Goverment and families in fourteen countries*. NY: Columbia University press.

Kendrick, A. (1995). The integration of child care services in Scotland, *Children and Youth Services Review, 17*(5–6), 619–635.

Seattle Regional Office of United States General Accounting Office (1976). Deinstitutionalization of the mentally disabled in Oregon.

Sinclair, E., Salmon, K., & Bryant, R. A. (2007). The Role of Panic Acute Stress Disorder in Children. *Journal of Traumatic Stress, 20*(6), 1069–1073.

Triseliotis, J., Borland, M., Hill, M. & Lambert, L. (1995). *Teenagers and the Social Work Services*. HMSO, London.

14
CHAPTER

소년사법과 아동복지

1. 아동비행
2. 소년법
3. 보호처분
4. 소년보호관찰
5. 소년법 관련 시설

CHAPTER 14

소년사법과 아동복지

1. 아동비행

1) 아동비행의 의미

아동비행은 아동과 비행의 두 가지 개념이 포함되어 있다. 아동이란 일반적으로 만 18세 미만의 모든 사람을 말한다. 비행은 사회규범에서 벗어난 일탈행동으로 범죄보다 넓은 개념이다. 따라서 아동비행이란 만 18세 미만의 자가 사회구성원이 따라야 할 행동기준을 위반하는 행동을 총칭하는 개념이다. 아동비행은 성인이라면 허용되지만 아동이라는 사회적 지위 때문에 일탈행동으로 간주되는 '지위비행(음주, 흡연, 무단결석 등)'부터 절도, 폭력 등의 법령을 위반하는 '범죄행위'까지 포함될 수 있다(서봉언 · 김경식, 2015; 윤홍주, 2021).

2) 아동비행과 성인범죄의 차이

사회적으로 아동비행을 성인범죄와 구분하고 비행아동을 성인범죄자와 다르게 처우하고 있다. 아동은 정서적 불균형과 공격성이 증가하는 시기가 있으며, 판단력과 자기통제력이 성인에 비해 낮고, 또래집단의 압력에 쉽게 굴복하는 특성이 있음을 인정하는 것이다. 실제로 시간의 흐름에 따라 비행아동 중 대부분이 성인 범죄자가 되지 않는다. 볼프강(Wolfgang, 1972)에 따르면 6%의 만성범죄자를 제외한 94%의 비행아동은 청소년기 이후에는 범죄를 저지르지 않는 청소년기 한정형 범죄자였다. 이런 이유로 비행아동은 처벌보다는 보호와 지원을 강조한다.

급격한 신체적 · 성적 변화 과정에서 심리적 · 정서적 혼란을 경험하고, 권위에 대한 반항, 충동성과 공격성이 증가하는 아동이 가족의 문제나 학교 적응상의 어려움을 겪는 경우 문제행동이나 비행을 저지를 가능성이 증가한다(김민서 외, 2018). 청소년기는 전두엽 발달이 덜 되어 있어 사회적 자극을 인지적으로 조절하기 어렵고 '자극추구 성향'이 다른 어떤 시기보다도 강한 시기로 알려져 있다(박재홍 · 김성환, 2011). 게다가 아동은 경험의 부족으로 성인과 달리 자신의 행동이 잘못된 것인지, 어떤 피해를 입힐 것인지 잘 모를 수 있으며, 아동의 비행행위는 부적절한 가정환경이나 잘못된 사회제도가 원인일 수 있는데, 아동이 전적으로 책임지게 하고 처벌하는 것이 마땅한지에 대한 논란이 가능하다.

이상의 이유로 아동비행에 적용하는 특별법인 「소년법」을 제정하고 법원 소년부를 만들어 처벌보다는 보호처분을 통한 교정을 강조하고 있다.

3) 아동비행의 원인

아동비행에 영향을 미치는 요인은 크게 개인적 요인, 가족적 요인과 사회적 요인으로 나눌 수 있다.

(1) 개인적 요인

아동의 개인적 요인인 연령, 성별, 우울, 공격성, 자아존중감, 사회적 위축, 자기통제력, 언어지능, 충동성 등 개인의 심리 및 성격특성이 비행에 영향을 미칠 수 있다(박진희 · 김현주, 2012; 장혜림 · 정익중, 2013; 박시하, 2015; 이래혁, 2021; 윤홍주, 2021). 일반적으로 아동이 나이가 들수록 비행이 증가하지만 일정 연령에 다다르면 비행 확률이 다시 낮아지며, 남성이 여성보다 비행 가능성이 더 높다고 알려져 있다(이윤호, 2019). 그러나 정서 · 심리의 발현은 무조건적인 것이 아니라 사회화 과정에 따라 달라질 수 있다. 요컨대 비행과 관련된 정서 · 심리의 발현은 가족적 요인과 사회적 요인에 따라 달라질 수 있다.

(2) 가족적 요인

아동비행에 영향을 미치는 대표적인 가족적 요인으로 부모의 양육행동이 강조된다. 긍정적 양육 행동, 즉 애정, 관심, 모니터링은 아동의 약물남용, 규칙위반, 폭행, 절도, 성폭력 등의 비행을 낮춘다(김경, 2010; Cook & Gordon, 2012; Udell et al., 2017; 유진경 · 한윤선, 2019; 정진성 외, 2020). 반면에 양육자의 자율성 제한, 애정 철회, 죄책감 유도 등의 심리적 통제, 가정폭력, 학대와 방임은 외현화 문제행동, 음주, 위험 성행동, 학교폭력 및 비행을 증가시킬 수 있다(Luk, King, McCarty, McCauley, & Stoep, 2017; Pinquart, 2017; Baglivio, & Piquero, 2017; 신선인, 2008; 박진희 · 김현주, 2012; 장혜림 · 정익중, 2013; 선관수 · 나동석, 2016; 박연재 외, 2018; 윤홍주, 2021). 부모가 범죄를 저지른 경우 아동의 비행이 증가할 수 있는데, 이는 자녀의 범죄 학습, 범죄로 인한 가족 갈등과 분열에의 노출, 혹은 부정적 낙인의 영향 때문일 수 있다(이윤호, 2019).

(3) 사회적 요인

아동비행의 사회적 요인으로 또래집단과 학교 요인, 지역사회 변인을 살펴볼 수 있다. 청소년기는 또래 동조성이 높은 시기이다. 비행 하위문화에 노출될수록 비행 또래집단의 사회적 압력에 동조하여 음주, 약물남용, 위험 성행동 발생이 높아질 수 있다(Eiden et al., 2016; Neppl et al., 2016; 박연재 등, 2018; 유진경 · 한윤선, 2019; 윤홍주, 2021). 반면에 교사와 학교의 사회적 지지는 아동의 비행을 감소시킨다(서미정 · 김정연, 2005; 전대성 · 김동욱, 2020). 학업성취가 낮고 학교 적응이 어려우면, 아동의 자아존중감이 낮아지며, 관습적 수단으로 성공할 수 없다고 믿고, 반사회적 행동이 증가될 수 있다. 아동이 편견과 무시 등의 사회적 낙인을 많이 경험할수록 비행의 발생, 지속 및 재발 가능성이 높아진다(박진희 · 김현주, 2012; 박시하, 2015; 이래혁, 2021). 대중문화 속의 폭력과 범죄가 어떻게 평가되느냐에 따라 모방범죄가 발생할 수 있다(이윤호, 2019). 지역사회도 영향을 미쳐 빈곤 수준이 높거나 유해환경이 많을수록 아동의 폭력, 갈취, 절도의 위험이 증가할 수 있다(주영선 · 정익중, 2019).

4) 비행이론

(1) 긴장이론

긴장이론은 일상생활 속 긴장이나 스트레스가 우울, 불안, 분노, 좌절 등의 부정적 감정을 일으키고, 이러한 감정을 해소하는 과정에서 비행이 발생한다고 본다(Agnew, 2001). 애그뉴(Agnew, 1992)는 주요한 긴장으로 다음의 3가지를 유형화하였다. 첫째는 원하는 학업성취를 이루지 못하는 것과 같은 긍정적 목표 성취의 실패나 실패의 예견이다. 둘째는 학교폭력, 따돌림, 차별, 학대와 같은 부정적 자극의 등장이다. 셋째는 부모나 친구와 같은 중요한 관계의 상실 등 긍정적 자극의 상실이다. 긴장이 크고 빈도가 많을수록 긴장이 정의롭지 않다고 느끼고, 긴장이 삶의 핵심영역에서 발생하였을 때, 긴장극복능력이 낮은 상태에서 범죄적인 방식으로 긴장을 해소하려는 압박이나 유인이 있을 때 비행이 증가할 수 있다.

(2) 사회유대이론

사회유대이론은 청소년의 비행을 통제하는 보호요인을 강조한다(박지수 외, 2021). 비행은 사회와의 연계와 유대가 약화되어 발생한다고 본다. 사회유대이론은 모든 청소년을 잠재적인 비행행위자로 보면서 "어떤 사람들이 왜 범죄를 저지르는가?"가 아니라 "왜 우리가 범죄를 저지르지 않는가?"라는 문제에 초점을 두어야 한다고 본다. 잠재적 범법자인 우리가 사회의 통제 때문에 범죄를 저지르지 않는다고 본다는 점에서 사회유대이론은 사회통제이론에 속한다(Hirschi, 1969).

히르시(Hirschi, 1969, 2002)는 주요한 사회유대로 애착(attachment), 관여(commitment), 참여(involvement), 신념(belief)을 제시하였다. 애착은 중요한 타자(significant others)와의 애착으로, 부모, 친구, 교사와의 애착이 강할수록 그들의 기대에 부응하기 위하여 비행에의 가담이 줄어든다. 애착이 높은 사람들은 비행으로 얻는 보상보다는 주변인과의 관계상실이라는 비행으로 인한 손실이 커서 비행을 저지르지 않게 된다. 관여는 아동이 자신의 미래를 위해 교육, 취업과 같은 관습적인 행동에 투자하는 노력(시간, 에너지)을 말한다. 관여가 클수록 그동안의 노력과 시간을 위협할 비행을 할 가능성이 낮아진다. 반면에 관습적인 가치에 대한 관여가 적으면 비행이라는 위험행동이 대안으로 작용할 가능성이 높아지게 된다. 참여는 교육이나 방과후활동 등 관습적인 활동에의 참여 자체가 비행행동을 할 시간이나 기회를 갖기 어렵게 한다는 점을 강조한다. 개인에게 주어진 시간 중 관습적인 활동 시간이 많을수록 비행을 할 시간 자체가 줄어든다. 신념은 일반적이고 관습적인 가치와 규범에 대한 인정, 법과 사회규칙을 지켜야 한다는 믿음을 의미한다. 관습적인 규범과 법에 대한 신념이 약하면 비행을 저지르기 쉬워진다(민수홍, 2018).

(3) 사회학습이론

사회학습이론은 비행을 학습된 행위로 본다. 비행또래와 교류를 통해 비행의 태도와 기술을 학습할 수 있다. 서덜랜드(Sutherland, 1940)의 차별적 접촉이론(Differential Association Theory)은 주요 사회학습이론 중 하나이다. 서덜랜드는 비행의 학습은 친근한 사적 집단에서 일어나며, 비행을 할 것인가 여부, 무엇을 학습할 것인가 여부는 사회적 상호작용의 질에 따라 달라진다고 본다. 사회적 상호작용의 기간이 오래되고, 접촉의 빈도가 높고, 생의 초기에 접촉할수록, 차별적 접촉집단이 중요할수록, 사회적 상호작용은 아동에게 큰 영향을 미칠 수 있다.

중화이론(Neutralization Theory)도 사회학습이론의 하나이다. 중화이론은 비행아동이 자신들의 비행행동에 대한 도덕적 제재를 중화하기 위해 정당화를 학습한다고 한다. '책임 부정하기', '손상 부정하기', '피해자 부정하기', '자신의 행위를 비난하는 사람 비난하기', '더 높은 충성에 호소하기'의 중화기술을 사용하여 자신의 비행을 중화한다(Sykes & Matza, 1957).

(4) 낙인이론

낙인이론에 따르면 낙인은 하나의 기질이나 특성을 규정하는 데 그치지 않고 사회적 기회를 뺏거나 새로운 기회를 줄 수 있다. 부정적 낙인이 붙여지면 아동은 그 낙인을 자아상에 통합하여 손상된 정체성에 따라 비행을 지속할 수 있다. 비행아동이라는 낙인이 가해지면 유사한 낙인이 붙여진 아동들과 합류하게 되고, 자신들을 거부하는 사람들을 거부하고 거리를 두는 행동이 증가하고, 관습적 가치에의 관여가 약해질 수 있다(Kaplan & Johnson, 1987). 특히 중요한 타자들로부터 부정적 환류를 지속적으로 받아 자아상이 손상되면 자기실현적 예언(self-fulfilling prophecy)

에 따라 비행의 가능성이 더욱 높아진다.

(5) 발달이론

발달이론에 따르면 비행 관련 위험요인과 보호요인은 개인이 성장함에 따라 변화한다. 비행을 증가시킬 수 있는 개인의 특성, 환경, 사건의 위험요인과 비행을 감소시키는 개인의 특성, 환경, 사건은 시간의 흐름에 따라 달라진다. 비행아동 간에 이질성이 있으며, 비행은 손상된 뇌와 같은 개인적 병리가 원인이라기보다는 각자의 삶의 궤적에 따른 생애 경험에 기인한다고 본다(이윤호, 2019). 발달범죄학자들은 범죄행동이 사춘기에 증가하다가 성인으로서 사회적 역할, 자아정체성, 사회심리적 영역이 성숙하면 감소한다고 본다(Rocque et al., 2015). 생의 궤적에서 위험요인이 비행의 원인이 되지만, 비행 자체도 위험요인에 영향을 미칠 수 있다. 예를 들면 학교부적응이 비행의 원인이 되지만, 비행으로 학교중퇴가 발생하고 이는 후속 비행의 위험요인이 될 수 있다는 점에 주목한다(Wright et al., 2005). 또래관계, 취업 등의 생애사건의 성공적 전환 여부, 전환점(turning point)을 만들어 줄 사회적 자본의 존재에 따라 비행이력이 변화할 수 있다는 것이다.

2. 소년법

1) 한국의 소년사법의 역사

1958년 이전까지 한국은 일본 소년법을 근간으로 한 조선소년령을 통해 20세 미만의 소년을 대상으로 소년법을 운영하였다. 1963년, 1977년, 1988년 「소년법」 개정 이후 20여년 가까이 개정되지 않다가, 2007년 「소년법」을 개정하면서 청소년의 성숙 정도와 「청소년보호법」과의 통일성을 이유로 「소년법」상 적용 연령을 20세 미만에서 19세 미만으로 낮추고, 우범소년의 연령을 12세 이상에서 10세 이상으로 낮추었다. 「소년법」상 국선보조인제도를 도입하고, 대안교육의 방법을 다양화하고, 사회봉사 · 수강명령을 독립된 보호처분으로 전환하며, 단기보호관찰기간을 확대하였다(이승현 · 박성훈, 2017).

2) 소년법의 특징

한국의 「소년법」은 보호처분과 형사처분으로 이원화된 구조이다. 소년사건을 소년보호사건과 소년형사사건으로 구분하고 범죄소년에 대하여 소년보호사건은 소년법을 따르고, 소년형사사건은 소년법에 특별한 규정이 없는 한 「형사소송법」상의 일반 형사사건을 따르도록 하고 있다. 범죄소년의 처리가 보호절차를 따를지 형사절차를 따를지의 절차 선택권은 1차적으로 검사에게 부여하는 '검사선의주의'를 채택하고 있다. 한국은 별도의 소년법원은 존재하지 않고, 지방법원 또는 가정법원에 소년부를 설치하고 있는데, 편의상 이를 소년법원이라고 부르고 있다.

3) 검사선의주의

'검사선의주의'란 피의자가 소년인 사건에 대하여 형사절차에 따른 재판을 할지, 보호절차에 따른 재판을 할지의 선택을 1차적으로 검사에게 행사하게 하는 제도이다. 반면에 '법원선의주의'는 모든 소년 사건은 소년법원에 담당하고 이후 소년법원에서 피의자인 소년에게 보호처분을 내릴지 형벌에 처하게 할지를 결정하는 것을 말한다.

4) 소년법의 원칙

한영선 외(2020)는 '소년이 건전하게 성장하도록 돕는 것'(소년법 제1조)이 「소년법」의 목적이라는 점과 법원행정처 및 한국소년법학회의 원칙 그리고 보호사건의 특징을 중심으로 다음의 5가지 소년법의 원칙을 제시하였다.

(1) 비행소년 이익 최우선의 원칙

1991년에 비준한 '아동권리협약'은 국내법과 동등한 효력이 있다. 아동권리협약 제3조는 "공공 · 민간 사회복지기관, 법원, 행정당국, 입법기관 등은 아동에 관한 모든 활동에 있어, 아동 최상의 이익을 최우선적으로 고려해야 한다"라는 아동 최상의 이익을 천명하고 있다. 따라서 비행소년 역시 비행소년의 이익을 최우선으로 고려하여야 한다.

(2) 회복적 정의 원칙

회복적 정의(restorative justice)란 잘못된 행동이 발생했을 때 그 영향과 피해를 입은 대상이 누구인지 확인하고, 최대한 원 상태로 회복되도록 당사자의 자발적 책임과 피해자와 공동체의 역할을 강조하는 일련의 과정과 결과를 의미한다(Zehr, 2005; 윤지원 외, 2020 재인용). 회복적 정의는 회복적 사법이라고도 한다. 김성돈(2008)에 따르면 회복적 사법은 다음의 세 가지 특징을 가지고 있다. 첫째, 회복적 사법은 피해의 회복 절차 속에 국가와 가해자만이 아니라 모든 이해관계자들을 참여시키고 그들에게 일정한 권한을 부여한다. 둘째, 회복적 사법은 가해자에게 범죄의 결과를 직면시켜 책임을 부정하는 기류가 흐르는 기존의 형사사법절차와 달리 자신의 잘못(책임)을 시인하는 과정을 거치도록 한다. 셋째, 회복적 사법은 잘못에 대해 또 다른 해악을 부과하는 형벌만이 아닌, 잘못을 바로 잡을 수 있는 결과물(치유 또는 회복,

재통합)이 나오도록 해야 한다. 즉 회복적 사법은 피해자와 가해자 그리고 공동체의 '요구'와 그들의 달라져야 할 '역할'에 보다 초점을 맞추어야 한다(김성돈, 2008: 15).

「소년법」은 2007년 '화해권고제도'를 통하여 회복적 정의 프로그램을 도입하였다. '피해자'를 소년사법절차에 포함하고 가해소년 스스로 개선 및 성장의 기회를 얻도록 해야 한다. 이때 회복적 정의 과정에서 피해자와 가해자가 상호간에 미칠 영향, 2차 가해자화 등 여러 요소를 복합적으로 신중하게 고려하여 피해자와 가해소년에게 모두 기회가 되는 과정이 되어야 한다.

(3) 타 기관과의 협력주의

소년을 효과적으로 보호하기 위해 국가, 소년의 보호자, 학교, 지역사회, 기타 관련단체의 협력이 요구된다. 「소년법」 제67조의2(비행예방정책)는 법무부장관은 비행소년의 선도 · 교육과 관련된 중앙행정기관 · 공공기관 및 사회단체와의 협조체계의 구축 및 운영에 필요한 조치를 취하여야 한다고 규정하고 있다. 소년보호를 강제할 수 있는 국가의 권위와 국가의 힘이 미칠 수 없는 부분까지 보호할 수 있는 민간이 협력하여 소년보호의 효과성을 높여야 한다(이수현, 2008).

(4) 소년과의 대등한 파트너십

법원 소년부 판사, 조사관, 분류심사관, 보호관찰관 등 관련 기관은 권위적인 태도로 소년을 대하는 것이 아니라 수평적 위치에서 소년과 협력해야 한다.

(5) 과학주의 및 개별처우원칙

「소년법」은 소년사건을 조사하고 심리할 때 관련 전문지식과 전문가의 진단을 활용할 것을 규정하고 있다. 소년의 성장과 발달을 위해 법률적 지식뿐만 아니라 여러 분야의 전문가의 지식을 활용하여 소년에게 어떤 처분을 하는 것이 적절한지 과학적으로 판단하고 집행해야 한다.

소년보호조치를 취할 때는 소년 개개인을 개별적 · 독립적으로 보고 그에 알맞은 처우를 해야 한다. 소년의 개별적 성향을 파악하고 개별적 보호처분을 통해 사회에 적응할 수 있도록 해야 한다(이수현, 2008).

5) 소년법의 대상

반사회성 있는 소년의 환경조성과 품행 교정을 위한 보호처분, 형사처분을 위한 특별조치를 하는 소년법 제4조(보호의 대상과 송치 및 통고)는 소년보호사건의 대상을 다음의 〈표 14-1〉과 같이 우범소년, 촉법소년, 범죄소년의 3분류로 나누고 있다.

소년이 10세 미만인 경우, 즉 아동비행으로 소년부 판사의 심리를 받는 소년이 10세 미만인 것이 밝혀지면 심리 개시 결정을 취소하고 심리 불개시 결정을 하여야 한다(소년심판규칙, 제42조). 요컨대 소년보호사건의 대상은 아동비행의 정도와 아동의 연령에 따라 처벌 여부와 처벌의 정도가 다르다.

표 14-1 | 소년보호 사건 대상

	연령	특성
우범소년	10~18세 (10세 이상 19세 미만)	그 성격 또는 환경에 비추어 형벌법령에 저촉되는 행위를 할 우려가 있는 소년 중 집단으로 몰려다니며 주위에 불안감을 조성하는 성벽이 있거나, 정당한 이유 없이 가출하거나, 술을 마시고 소란을 피우거나 유해 환경에 접하는 성벽이 있는 소년
촉법소년	10~13세 (10세 이상 14세 미만)	형벌법령에 저촉되는 행위를 한 소년
범죄소년	14~18세 (14세 이상 19세 미만)	죄를 범한 소년 중 벌금형 이하 또는 보호처분 대상 소년

6) 소년법원

(1) 각국의 소년법원

비행아동 혹은 범죄소년에 대한 소년법제는 국가에 따라 다르다. 미국은 모든 주에 소년사건을 담당하는 별도의 법원을 설치하고 있다. 범죄소년이 체포되면 경찰은 해당 사건이 법원의 개입을 필요로 하는지 다이버전(Diversion)과 같은 대체적 프로그램으로 전환할지를 결정한다. 다이버전이란 공식적 사법절차보다는 덜 강제적이고 교육적인 방법으로 소년범을 처우하는 제도를 말한다. 사건이 정식으로 소년법원에 이송되면 법원은 범죄소년에 대해 보호관찰, 집중지도감독, 자택구금, 전자감독, 보호소, 대리가정 위탁, 그룹홈, 중간처우시설(halfway house), 소년원(training center), 피해보상명령, 사회봉사명령 등의 처분을 한다. 소년중대사건은 소년법원이 재판권을 포기하고 형사법원으로 이송하기도 한다(이승현 · 박성훈, 2017).

영국은 소년범죄 중 경미범죄는 경찰이 비공식적 경고로 사건을 종결할 수 있다. 경찰이 필요하다고 판단하면 검찰청으로 사건이 송치된다. 영국의 소년법원은 형사법원의 성격이 강하지만, 성인 절차보다는 단순하고 비공개심리로 이루어진다. 소년법원은 사회 내 처우, 사회 내 처우의 부가처분, 구금처분(시설내처우)을 할 수 있다. 살인, 과실치사, 강제추행 등 일부 사건은 성인 형사법원을 심리하는 형사법원에서 심리한다(이승현 · 박성훈, 2017).

독일은 영미형 혹은 한국과 달리 소년보호처분과 형사처분이 분리되지 않고, 모두 소년법원에서 이루어진다(이승현 · 박성훈, 2017). 청소년청(Jugendamt)이 '소년법원법'에 따라 진행되는 절차에 소년을 돕고 있다. '소년법원보조인'이 소년의 인성과 배경을 조사해 법원이 소년에게 적절한 조치(교육처분, 징계처분, 소년형 등)를 취할 수 있도록 지원하고, 형사절차가 진행되는 내내 소년을 돌보면서, 소년에게 악영향을 줄 요인을 줄여나간다(안수길, 2021). 또 독일은 아동의 연령을 넘긴 18세 이상 21세 미만의 청년이 범행 당시 소년의 발달단계에 있으며, 행위 역시 전형적인 소년 범죄행위와 같다고 판단되는 때에는 소년법원법을 우선 적용한다는 특징도 있다(한영선 외, 2020).

노르웨이는 15세 이하는 형사책임이 없다고 보고 전적으로 아동복지체계에서 이루어지고 15세에서 18세 미만의 범죄소년에 대해서는 아동복지체계와 사법체계의 개입을 함께 하고 있다. 소년사건이 발생하면 경찰은 수사결과를 아동복지위원회에 회부하며 아동복지위원회는 경찰이 수집한 증거를 소년을 위한 적절한 처우를 위해 사용한다. 수사가 완료되면 검사에게 사건이 송치된다. 노르웨이는 소년법원이 없어 검사의 기소재량이 크다. 검사는 소년사건을 아동복지부서(barnevern)로 직접 보낸다. 그렇지 않으면 판사가 재판 이후 소년을 아동복지부서로 보낼 수 있다. 아동복지위원회는 심리 이전에 사건의 사실관계를 아동복지부서를 통해 확인하며, 긴급한 상황이 있으면 소년은 청소년의 집(youth home)이나 정신치료시설에 위탁할 수 있다. 이때 아동보호에 대한 부모의 권리는 박탈된다. 대부분은 범죄소년에게 집행유예, 보호관찰, 개방형 교도소에서의 단기간 구금이 처분되고 있다(이승현 · 박성훈, 2017).

스웨덴도 노르웨이와 마찬가지로 15세 이하는 형사책임을 면제하고 있으며, 15세 이상 18세 미만의 범죄소년은 사회복지제도와 형사법 사이의 관할권 중복을 인정한다. 소년사건이 발생하면 사회복지위원회는 청문을 실시한다. 검찰은 경찰로부터 소년사건을 송치받은 후 소년이 거주하는 지방자치단체의 사회복지위원회로부터 받은 조사결과를 토대로 소년을 형사법원에 기소할 것인지, 사회복지위원회 심판에 위임할 것인지를 결정한다. 대다수의 소년사건은 검사가 공소를 포기하고 사회복지위원회에 위임되고 있다. 반면 검찰이 기소를 하면 소년사건은 일반법원에서 심판이 개시된다. 법원은 심리결과에 따라 소년에게 형의 선고 또는 집행유예의 조치를 하거나 소년보호위원회에 송치하여 심판을 위임할 수 있다(한영선 외, 2020).

(2) 한국의 소년법원

한국은 소년법원은 형사법원으로 일원화되는 영미형과 달리 소년보호의 목적에 보다 충실하다(한영선 외, 2020: 55). 한국은 소년사건을 소년보호사건과 소년형사사건으로 구분하고 소년형사사건은 일반 형사법원에서 관할하고 소년보호사건은 소년법원(지방법원 또는 가정법원의 소년부)에서 관할한다. 소년법원은 유무죄를 다툴 수 없는 구조로 소년부 판사의 주된 관심사는 범죄 사실의 진위가 아닌 소년의 보호 필요성에 있다(한영선 외, 2020: 167).

[소년법]

제3조(관할 및 직능)

② 소년 보호사건은 가정법원소년부 또는 지방법원소년부[이하 "소년부(少年部)"라 한다]에 속한다.

③ 소년 보호사건의 심리(審理)와 처분 결정은 소년부 단독판사가 한다.

제7조(형사처분 등을 위한 관할 검찰청으로의 송치) ① 소년부는 조사 또는 심리한 결과 금고 이상의 형에 해당하는 범죄 사실이 발견된 경우 그 동기와 죄질이 형사처분을 할 필요가 있다고 인정하면 결정으로써 사건을 관할 지방법원에 대응한 검찰청 검사에게 송치하여야 한다.

제48조(준거법례) 소년에 대한 형사사건에 관하여는 이 법에 특별한 규정이 없으면 일반 형사사건의 예에 따른다.

한국의 소년법원은 소년사건의 조사와 심리, 처분결정 및 집행에 대한 감독을 담당한다. 조사는 소년의 보호 필요성에 대한 자료를 수집, 분석하는 생활환경조사를 말하며, 반사회적 행위 자체에 대한 증거조사는 거의 이루어지지 않는다. 가사조사관의 조사, 전문가의 진단, 심리상담조사로 구성된 소년법원의 조사는 일반 형사법원에는 없는 소년법원의 특징이다.

[소년법]

제9조(조사 방침) 조사는 의학 · 심리학 · 교육학 · 사회학이나 그 밖의 전문적인 지식을 활용하여 소년과 보호자 또는 참고인의 품행, 경력, 가정 상황, 그 밖의 환경 등을 밝히도록 노력하여야 한다.

> 제12조(전문가의 진단) 소년부는 조사 또는 심리를 할 때에 정신건강의학과의사 · 심리학자 · 사회사업가 · 교육자나 그 밖의 전문가의 진단, 소년 분류심사원의 분류심사 결과와 의견, 보호관찰소의 조사결과와 의견 등을 고려하여야 한다.

심리는 소년부 판사가 심리기일에 소년과 보호자, 참고인 등을 직접 면접하여 조사하는 절차이다(한영선 외, 2020: 68). 소년법원의 심리는 비공개로 온화한 분위기 속에서 진행되는 것을 원칙으로 하며, 비행 사실보다는 보호의 필요성을 주요 대상으로 한다.

> **[소년법]**
>
> 제24조(심리의 방식) ① 심리는 친절하고 온화하게 하여야 한다.
> ② 심리는 공개하지 아니한다. 다만, 소년부 판사는 적당하다고 인정하는 자에게 참석을 허가할 수 있다.

소년법원(법원 소년부)는 보호사건의 조사 또는 심리를 위해 소년분류심사를 소년분류심사원 또는 소년원에 위탁하여 실시한다. 소년법의 조사의 대상은 사건이 아니라 사람이다. 「소년법」 제11조(조사명령)은 사건 본인, 보호자 또는 참고인의 심문이나 그 밖에 필요한 사항을 조사하도록 명하고 있다.

> **[소년법]**
>
> 제11조(조사명령) ① 소년부 판사는 조사관에게 사건 본인, 보호자 또는 참고인의 심문이나 그 밖에 필요한 사항을 조사하도록 명할 수 있다.

소년분류심사는 「보호소년 등의 처우에 관한 법률」 제24조 1항에 근거하여 [그림

14-1]과 같이 진행된다.

[보호소년 등의 처우에 관한 법률]

제24조(분류심사) ① 분류심사는 제3조 제2항에 해당하는 소년의 신체, 성격, 소질, 환경, 학력 및 경력 등에 대한 조사를 통하여 비행 또는 범죄의 원인을 규명하여 심사대상인 소년의 처우에 관하여 최선의 지침을 제시함을 목적으로 한다.

② 분류심사를 할 때에는 심리학 · 교육학 · 사회학 · 사회복지학 · 범죄학 · 의학 등의 전문적인 지식과 기술에 근거하여 보호소년 등의 신체적 · 심리적 · 환경적 측면 등을 조사 · 판정하여야 한다.

※ 보호소년 등의 처우에 관한 법률 제3조 제2항은 소년분류심사원의 분류심사해야 하는 소년을 규정하고 있다.

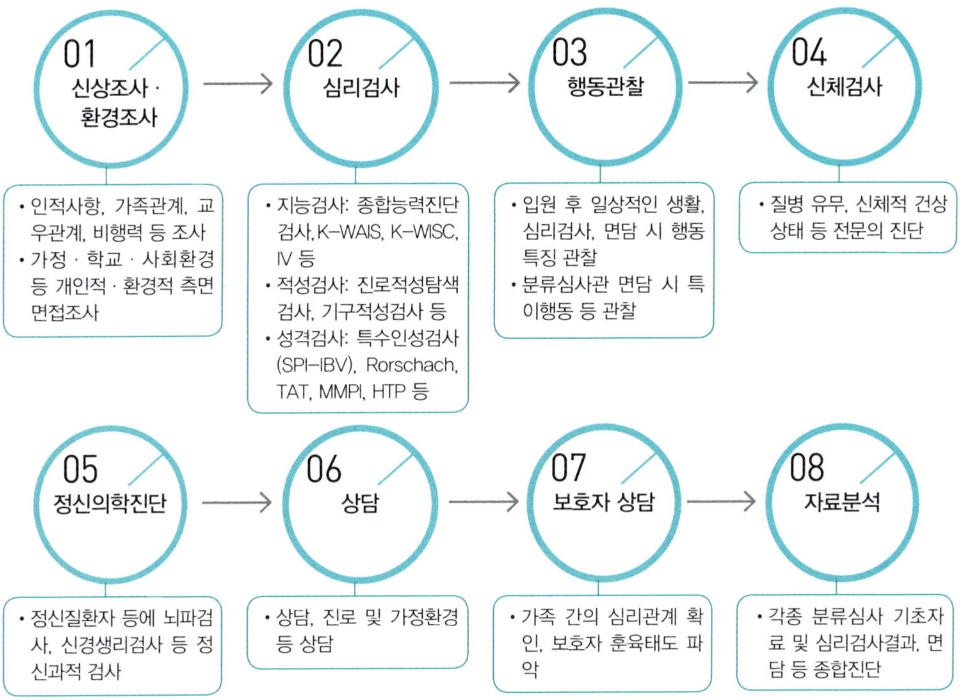

▌그림 14-1▐ 소년분류심사

출처: 법무부 범죄예방정책국(https://www.cppb.go.kr, 2023.8.1. 검색)

소년법원은 보호처분의 집행에 대한 감독권한도 가진다. 소년부 판사는 1호 처분의 위탁보호 위원을 위촉 혹은 해촉할 수 있으며, 2호, 3호, 6호, 7호 처분의 집행기관과 「소년법」 제32조의2에 따른 대안교육, 상담교육, 보호자 특별교육기관을 지정 혹은 지정 취소할 수 있다. 보호처분 1호, 6호, 7호는 민간기관이 담당하는데 이들은 매 1개월마다 소년부 판사에게 보고하여야 한다. 법원장이 지정한 수강명령(2호), 사회봉사명령(3호)을 담당하는 기관은 보호처분을 집행한 10일 이내에 그 상황을 보고하여야 한다.

[소년법]

제35조(결정의 집행) 소년부 판사는 제32조 제1항 또는 제32조의2에 따른 처분 결정을 하였을 때에는 조사관, 소년부 법원서기관 · 법원사무관 · 법원주사 · 법원주사보, 보호관찰관, 소년원 또는 소년분류심사원 소속 공무원, 그 밖에 위탁 또는 송치받을 기관 소속의 직원에게 그 결정을 집행하게 할 수 있다.

제36조(보고와 의견 제출) ① 소년부 판사는 제32조 제1항 제1호 · 제6호 · 제7호의 처분을 한 경우에는 위탁받은 자에게 소년에 관한 보고서나 의견서를 제출하도록 요구할 수 있다.

② 소년부 판사는 조사관에게 제32조 제1항 제1호 · 제6호 · 제7호의 처분에 관한 집행상황을 보고하게 할 수 있고, 필요하다고 인정되면 위탁받은 자에게 그 집행과 관련된 사항을 지시할 수 있다.

※ 소년법 제32조 제1항은 보호처분의 결정에 대한 내용이며, 제32조의2는 보호관찰처분에 따른 부가처분 등을 규정하고 있다.

소년법원은 조사와 심리과정에서 소년의 복지를 우선시하고, 형벌이 아닌 의무를 부과하는 결정을 하며, 보호관찰 등의 집행과 감독에 관한 권한이 있다는 점에서 행정적 성격을 강하게 가지고 있다(한영선 외, 2020: 69)

3. 보호처분

1) 보호처분의 의미

보호처분은 형벌을 대체 또는 보완하기 위한 제도로, 법원 소년부 판사가 소년보호사건을 심리한 결과, 소년의 성행 및 환경개선을 위하여 국가가 적극적으로 보호할 필요가 있다고 인정될 때 내리는 처분이다.

형벌은 범죄의 억제, 사회방위, 범죄자의 교정, 응보(사회적 복수)를 목적으로 범죄자에게 가해지는 해악으로 법익의 박탈, 고통의 부과를 의미한다(한영선 외, 2020).

반면에 보호처분은 비행아동의 개선을 주목적으로 하며 일반예방이나 응보적 내용이 포함되지 않는다. 보호처분은 개별화된 처우를 위한 재량과 집행의 융통성이 허용된다. 보호처분의 법적 성격은 작위 또는 부작위 등의 의무를 부과하는 행정행위이며 사법적으로는 형사적 조치가 아니라 민사적 조치이다. 보호처분은 소년의 장래 신상에 어떠한 영향도 미치지 않는다(소년법 제32조 제6항).

표 14-2 | 형벌과 보호처분의 차이

	형벌	보호처분
목적	범죄의 억제 사회방위 범죄자의 교정 응보(사회적 복수)	비행아동의 건전한 육성, 개선
원칙	책임주의 형평성 비례성	개별화된 처우 재량과 집행의 융통성

법적 성격	형사법적 조치	행정처분 민사적 조치
전과 여부	전과 기록 남음	전과 해당하지 않음 장래 신상에 영향을 미치지 않음

출처: 한영선 외 (2020). p.67, p.93 재구성.

2) 보호처분의 절차

소년사건이 발생하였을 때 보호처분의 절차는 [그림 14-2]와 같다.

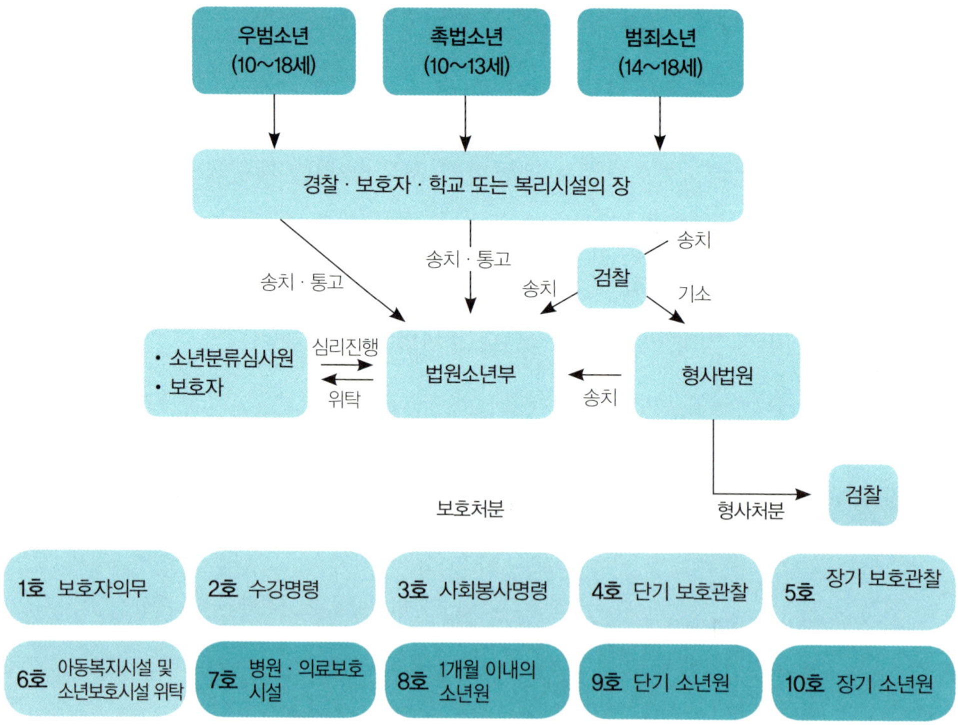

그림 14-2 소년보호사건 처리절차

출처: 법무부 범죄예방정책국(https://www.cppb.go.kr, 2023.8.1. 검색)

비행소년이 발견되면 검찰을 거치지 않고 경찰 · 보호자 · 학교 또는 복리시설의 장이 대상소년을 법원소년부에 송치 또는 통고할 수 있다. 일반인에게 법원에 통고할 수 있는 권한을 부여한 것은 소년법의 주요한 특징이다. 통고제도는 경찰과 검찰의 수사 및 기소과정에서 겪을 수 있는 심리적 고통과 사회적 낙인을 최소화하고 신속하게 절차를 마무리할 수 있다(한영선 외, 2020: 156, 160). 10세 이상 14세 미만의 '촉법소년'과 10세 이상 19세 미만의 '우범소년'은 경찰서장이 법원소년부에 송치하여야 한다. 14세 이상 19세 미만의 범죄소년은 경찰의 수사단계를 거쳐 검사에게 송치되고 검사가 해당 소년을 법원 소년부에 송치한다(소년법 제49조). 범죄소년이 금고 이상의 형사처분을 할 필요가 있다고 판단되면 검사는 형사법원에 비행소년을 기소한다. 범죄소년이 형사법원으로 기소되었지만 형사법원이 소년을 심리한 결과 보호처분에 해당하는 사유가 있다고 인정한 때에는 사건을 소년부에 송치하여야 한다(소년법 제50조).

3) 보호처분의 종류

소년법상의 보호처분은 비행아동에 대한 사후적 치료 및 교육에 중점을 두고 있는 교육적 · 복지적 조치로 실체적 비범죄화 조치이다(한영선 외, 2020: 99, 107). 비록 아동에 대한 강제적 요소가 있지만 이는 보호목적상 불가피하다고 보고 있다. 소년부 판사는 심리결과 보호처분을 할 필요가 있다고 인정하면 결정으로써 「소년법」 제32호(보호처분의 결정) 중 어느 하나에 해당하는 처분을 하여야 한다(소년법 제32조 제1항).

보호처분을 처분의 기간과 처분 연령으로 구분하면 〈표 14-3〉과 같다.

표 14-3 | 보호처분의 종류

		내용	기간	적용연령
사회 내 처분	1호	보호자 또는 보호자를 대신하여 소년을 보호할 수 있는 자에게 감호 위탁 (약칭 '보호자 등 위탁')	6월+6월	10세 이상
	2호	수강명령(약물 · 성폭력 · 심리치료 등 전문교육)	최대 100시간	12세 이상
	3호	사회봉사명령(무보수의 봉사활동)	최대 200시간	14세 이상
	4호	보호관찰관의 단기(1년) 보호관찰	1년	10세 이상
	5호	보호관찰관의 장기(2년, 추가 1년 연장 가능) 보호관찰	2년 (추가 1년 연장)	10세 이상
주거 제한 처분	6호	「아동복지법」에 따른 아동복지시설이나 그 밖의 소년보호시설에 감호 위탁(약칭 '복지시설 등 위탁')	6월+6월	10세 이상
	7호	병원, 요양소 또는 「보호소년 등의 처우에 관한 법률」에 따른 의료재활소년원에 위탁(약칭 '병원 등 위탁')	6월+6월	10세 이상
	8호	1개월 이내의 소년원 송치	최대 1월	10세 이상
	9호	단기 소년원 송치	최대 6월	10세 이상
	10호	장기 소년원 송치	최대 2년	12세 이상

출처: 한영선 외 (2020). p .229. 법무부 범죄예방정책국 홈페이지 참조.

보호처분 상호간에는 그 전부 또는 일부를 병합할 수 있다(소년법 제32조의2항). 1호 처분과 2호, 3호, 4호, 5호 처분이 각각 병과될 수 있다. 또 6호 처분은 4호와 5호가 병과 처분될 수 있다. 8호 처분은 5호 처분과 병합되어 처분되고 있다.

4. 소년보호관찰

1) 소년보호관찰제도의 의미

소년보호관찰제도는 대부분 소년법상 보호처분 제4호 또는 제5호 처분을 받은 소년을 대상으로 한다. 그 밖에 「보호관찰 등에 관한 법률」(제25조)에 의하여 보호관찰을 조건으로 소년원에서 임시 퇴원된 자, 법무부 훈령(제1182호)에 의거 선도조건부 기소유예 처분자도 소년보호관찰대상이 될 수 있다. 소년보호관찰제도는 비행 또는 죄를 저지른 소년을 교도소, 소년원 등 수용시설에 구금하지 않고 가정과 학교, 직장에서 정상적인 생활을 하도록 하되, 보호관찰관의 지도 · 감독을 통해 준수사항을 지키도록 하고 사회봉사명령이나 수강명령을 통해 범죄성을 개선하는 제도를 말한다(법무부 범죄예방정책국, www.cppb.go.kr, 2023.8.1. 검색).

2) 소년보호관찰대상자의 의무

소년보호관찰대상자는 선행을 유지할 의무, 보호관찰관의 지도감독에 순응할 의무, 주거지 이전 또는 1월 이상 국내외 여행 시 사전신고 의무가 있다. 또 법원 또는 보호관찰심사위원회가 개별적으로 부과한 야간 등 특정시간대 외출 제한, 대안 교육 또는 소년의 상담 · 선도 · 교화와 관련된 단체나 시설에서의 상담 · 교육을 받아야 하는 의무를 이행해야 한다(소년법 제32조의2).

3) 소년보호관찰관

소년보호관찰관은 대상자와 수시 면담, 주거지 방문 등 긴밀한 접촉을 가지고 대상자의 행동 및 환경 등을 항상 관찰하는 임무를 담당하고 있다. 보호관찰대상자로 하여금 보호관찰소로 출석하게 하여 지도감독할 수 있으며, 대상자의 주거지, 직장, 학교 등에 출장하여 지도감독할 수도 있다. 그 밖의 전화, 우편, 이메일을 이용한 비대면 지도감독도 가능하다. 소년보호관찰관은 보호관찰대상자를 원활한 사회복귀를 위해 숙소 및 취업을 알선하고, 복학 및 검정고시, 직업훈련의 기회를 제공해야 한다. 또 환경개선, 부상 · 질병의 사유가 발생한 경우 응급구호 등을 실시해야 한다. 이상의 보호관찰의 결과에 따라 보호관찰의 성적이 우수한 경우 보호관찰을 임시해제하거나 분류등급 완화 등을 조치할 수 있다. 반면 보호관찰의 성적이 불량한 경우 경고, 구인 · 유치 또는 보호처분 변경 등을 조치할 수 있다(법무부 범죄예방정책국, www.cppb.go.kr, 2023.8.1. 검색).

5. 소년법 관련 시설

「소년법」 관련 시설로는 6호 처분(복지시설 등 위탁)을 받은 소년을 보호하는 아동복지시설, 7호처분(병원 등 위탁) 소년을 위한 의료처우시설과 법무부 범죄예방정책국 산하의 '청소년꿈키움센터', '소년분류심사원', '소년원'이 있다.

1) 아동복지지설(6호 처분기관)

6호 처분을 받은 소년을 보호할 수 있는 아동복지시설로 아동보호치료시설이 있다(아동복지법 제52조). 2021년 12월 기준 전국 12개 아동보호치료시설에 404명의 아동이 거주하고 있다(보건복지부, 2022: 1). 2018년 국가인권위원회는 시설별 아동들과 자치회의, 욕구조사, 만족도조사를 통해 의복 및 생활용품지급 공통 기준 마련, 아동보호치료시설의 임상심리상담원 및 외부 의료기관을 통한 충분한 의료 및 심리상담서비스 제공, 권위적인 통제방법의 지양, 기본권 박탈 중심 징계제도 개선 및 외부소통 기준 마련, 법정인원 배치 등의 제도 권고를 한 바 있다(보건복지부, 2023: 224).

2) 의료처우시설(7호 처분기관)

10세 이상의 의료적 처우가 필요한 소년은 7호 처분에 의해 병원이나 요양원 혹은 소년의료보호시설에 위탁할 수 있다. 2002년 안산의료소년원이 처음 설립되고, 2003년 동 기능 수행기관을 대전소년분류심사원으로 이전하였다. 2014년 국가기관으로 소년의료보호시설은 대전소년원(대산학교)이 유일하다(강경래 외, 2014; 한영선 외, 2020). 대전소년원의 대산학교는 정신장애, 발달장애 등 보호소년에게 의료재활교육을 실시하고 있다(로이슈, 2021).

3) 청소년꿈키움센터

청소년꿈키움센터는 법무부 소속 청소년비행예방 기능을 담당하는 국가기관이다. 2007년 '학교폭력근절 종합대책'의 일환으로 전국 5개가 최초 설치된 이후(법무부, 2017), 2023년 현재 전국 18개 청소년꿈키움센터가 설치되어 있다. 청소년꿈키움센터는 학교 · 검찰 · 법원소년부에서 의뢰한 위기청소년에 대한 대안교육을 실시하고 있다. 소년부 판사가 의뢰한 비행청소년의 상담조사, 청소년 심리검사 및 상담, 학교폭력가해학생 · 대안교육생 보호자 교육, 학교폭력예방교육 및 진로체험 등도 실시한다(법무부 범죄예방정책국, www.cppb.go.kr, 2022.1.1. 검색).

4) 소년분류심사원

소년부 판사가 의뢰한 소년의 행동 · 심리적 특성과 환경을 조사하고 비행원인 및 재비행 가능성을 예측하여 소년에게 적합한 개별화된 처우를 제시하는 소년분류심사원은 2023년 현재 전국 한 곳(서울)에 설치되고 있다. 2023년 전국 6개 소년원(부산, 대구, 광주, 대전, 춘천, 제주)에서 소년분류심사 업무를 위탁받고 있다. 2018년 전국 7개의 소년분류심사원을 방문 조사한 국가인권위원회는 2019년 7월 소년분류심사원의 전문인력 부족, 과밀수용, 시설의 노후화에 대한 제도개선을 권고하였다(국가인권위원회, 2019).

5) 소년원

소년원은 8호(1개월 이내의 소년원 송치), 9호(6개월 이내의 소년원 송치), 10호(2년 이내의 소년원 송치)의 처분을 받은 소년을 대상으로 한다. 「보호소년 등의 처우에 관한 법률」 제2조에 따르면 보호소년 등을 처우할 때에는 인권보호를 우선적으로 고려하여야 하며, 심신 발달과정에 알맞은 환경을 조성하고 안정되고 규율 있는 생활 속에서 보호소년 등의 성장 가능성을 최대한으로 신장시킴으로써 사회적응력을 길러 건전한 청소년으로서 사회에 복귀할 수 있도록 하여야 한다. 보호소년에게는 품행의 개선과 진보의 정도에 따라 점차 향상된 처우를 하여야 한다. 2023년 현재 전국 10개의 소년원(여자소년원 2개, 안양, 청주)이 운영되고 있다(법무부 범죄예방정책국, www.cppb.go.kr, 2023.8.1. 검색). 소년원의 과밀수용은 오랜 문제로 안양소년원(여자)은 정원대비 129%, 대전소년원은 정원대비 121%를 수용하고 있는 것으로 보고되고 있다(한겨레, 2020).

토론해 봅시다

01 지위비행은 아동이 하기에 사회적으로 바람직하지 않은 행동을 하는 것이 범죄로 이어질 가능성이 있기 때문에 지도와 개입을 해야 한다는 시각이 반영되어 있다. 근래에는 지위비행의 경우 소년법정에 송치하기보다는 사회복지기관의 위탁, 위임을 강조하고 있다. 이에 대한 생각을 서로 토론해 보시오.

02 소년범의 흉포화, 심각화에 따라 소년 범죄자에 대한 '강경한 대응'을 요구하는 목소리가 증가하고 있다. 이에 대한 의견을 토론해 보시오.

참고문헌

강경래 · 류병관 · 박찬걸 · 정의철 (2014). 소년의료보호시설 실태 분석 및 선진운영모형 연구. 법무부 범죄예방정책국 소년과.

국가인권위원회 (2019). 190731 인권위, 소년분류심사원 방문조사 후 제도 개선 권고.

김경 (2010). 청소년 비행행동에 있어서 부모요인과 친구요인의 상호작용 효과에 관한 연구. **청소년복지연구, 12**(4), 1–21.

김민서 · 전수영 · 조연수 · 전훈정 (2018). 비행경험 초기 청소년의 자아존중감과 사회적 위축이 공격성에 미치는 영향. **한국학교보건학회지, 31**(1), 1–9.

김성돈 (2008). 범죄피해자보호 · 지원을 위한 회복적 패러다임의 실천방안. **피해자학연구, 16**(1), 5–35.

로이슈 (2021.10.26). 대전소년원(대산학교), '나비 찾아 떠나는 숲 속 여행' 프로그램 진행.

민수홍 (2018). 사회통제이론의 관점에서 본 수형자의 가족관계: 가족접견, 서신교환, 구급 후 가족관계 변화. **교정연구, 28**(2), 131–157.

박시하 (2015). 낙인이 자기통제력을 매개로 비행에 미치는 영향. 이화여자대학교 사회복지학과 석사학위논문.

박연재 · 김현경 · 이주영 (2018). 양육환경이 보호관찰 청소년의 문제행동에 미치는 영향: 비행또래의 매개효과 검증. **청소년학 연구, 25**(10), 225–251.

박재홍 · 김성환 (2011). 청소년의 뇌 발달과 인지, 행동 특성. **생물치료정신의학, 17**(1), 11–20.

박지수 · 김하영 · 한윤선 (2021). 다문화 청소년의 비행유형별 예측요인: 긴장이론, 사회유대이론 및 사회학습이론의 적용. **청소년복지연구, 23**(1), 27–53.

박진희 · 김현주 (2012). 청소년의 비행지속에 미치는 요인과 성차. **청소년복지연구, 14**(3), 75–96.

법무부 범죄예방정책국 (https://www.cppb.go.kr)

법무부 (2017.4.7). 대전청소년꿈키움센터 개청.

보건복지부 (2022). 2022년도 아동복지시설현황.

보건복지부 (2023). 2023 아동분야 사업안내 I.

서미정 · 김정연(2005). 아동의 개인적 변인이 또래괴롭힘에 미치는 영향: 모 의 애정 및 교사지지의 상효작용 효과. **대한가정학회지, 43**(4), 187–201.

서봉언 · 김경식(2015). 남녀 집단에서 살펴본 청소년 비행과 부모감독의 종단관계 연구. **청소년문화포럼, 41**, 87–108.

선관수 · 나동석 (2016). 청소년의 가정폭력 피해경험과 학교생활적응의 관계:또래애착의 매개효과를 중심으로. **청소년학연구, 23**(1), 29–52.

신선인 (2008). 가정폭력 노출경험이 아동 · 청소년 비행에 미치는 영향에 대한 메타분석. **한국가족복지학, 23**, 153–182.

안수길 (2021). 독일소년사법제도의 최신동향 분석–소년법원보조제도의 강화에 주목하며–. **소년보호연구, 34**(1), 215–239.

유진경 · 한윤선 (2019). 청소년의 성별과 온 · 오프라인 비행발달궤적에 따른 잠재집단 분류 및 사회유대요인의 예측력 탐색–잠재계층성장분석을 이용한 종단연구. **청소년학연구, 26**(8), 1–29.

윤지원 · 이혜경 · 최중진 (2020). 청소년대상 회복적 정의(restorative justice)연구에 대한 체계적 문헌고찰: 2000년~2018년. **청소년학연구, 27**(4), 119–139.

윤홍주 (2021). 비연속시간 생존분석을 활용한 청소년의 최초 지위비행에 대한 영향요인 분석. **한국산학기술학회 논문지, 22**(2), 459–467.

이래혁 (2021). 학교 밖 청소년의 사회적 낙인감이 비행에 미치는 영향: 충동성을 통한 학업중단 기간의 조절된 매개효과. 한국보건복지학회. **보건과 복지, 23**(2), 165–190.

이수현 (2009). 소년보호처분에 관한 연구. **법학연구, 35**, 337–356.

이승현 · 박성훈 (2017). 소년강력범죄에 대한 외국의 대응동향 및 정책 시사점 연구. 한국형사정책연구원.

이윤호 (2019). **청소년 비행론**. 서울: 박영사.

장혜림 · 정익중 (2013). 부모의 양육태도가 자아존중감을 매개로 청소년의 친사회적 행동과 공격성에 미치는 영향. **한국가족복지학, 40**, 33–61.

전대성 · 김동욱 (2020). 가정폭력 피해경험이 청소년의 비행실태에 미치는 영향: 일반가정과 다문화 가정 청소년 비교를 중심으로. **아시아 연구, 23**(1), 203–234.

정진성 · 정하보 · 김정미 (2020). 청소년 비행을 설명하는 사회유대이론 검증: 비행의 경중에 따른 유대요소별 영향력 비교. **경찰학연구, 20**(4), 137–168.

주영선 · 정익중 (2019). 지역사회 빈곤, 범죄, 유해환경 수준이 청소년 비행에 영향을 미치는가? **한국청소년연구, 30**(4), 33–62.

한겨레 (2020.1.24). 과물수용 소년원생들의 '잠 못 이루는 밤'.

한영선 · 현지현 · 이영면 (2020). **소년법강의**. 서울: 솔과학.

Agnew, R. (1992). Foundation for a general strain theory of crime and delinquency. *Criminology, 30*(1), 47–88.

Agnew, R. (2001). Building on the foundation of general strain theory: Specifying the types of strain most likely to lead to crime and delinquency. *Journal of Research in Crime and Delinquency, 38*(4), 319–361.

Baglivio, M. T., Wolff, K. T., Piquero, A. R., & Epps, N. (2015). The relationship between adverse childhood experiences (ACE) and juvenile offending trajectories in a juvenile offender sample. *Journal of Criminal Justice, 43*(3), 229–241.

Cook, A. K., & Gordon, J. A. (2012). Get him out of my house: Parental competencies of juvenile probationers. Youth violence and juvenile justice, 10(2), 205–223.

Eiden, R. D., Lessard, J., Colder, C. R., Livingston, J., Casey, M., & Leonard, K. E. (2016). Developmental cascade model for adolescent substance use from infancy to late adolescence. *Developmental psychology, 52*(10), 1619.

Hirschi, T. (1969). *A control theory of delinquency*. Berkeley: University of California Press.

Hirschi, T. (2002). *Causes of delinquency*. US: Transaction Publishers.

Kaplan, H., & Johnson, R. (1987). Negative social sanctions and juvenile delinquency: Effects of labeling in a model of deviant behavior. *Social Science Quarterly, 72*, 98–122.

Luk, J. W., King, K. M., McCarty, C. A., McCauley, E., Stoep, A. V. (2017).

Neppl, T. K., Dhalewadikar, J., & Lohman, B. J. (2016). Harsh parenting, deviant peers, adolescent risky behavior: Understanding the meditational effect of attitudes and intentions. *Journal of research on adolescence, 26*(3), 538–551.

Pinquart, M. (2017). Associations of parenting dimensions and styles with externalizing problems of children and adolescents: An updated meta–analysis. *Developmental psychology, 53*(5), 873.

Prospective effects of parenting on substance use and problems across Asian/Pacific Islander and European American youth: tests of moderated mediation. *Journal of studies on alcohol and drugs, 78*(4), 521–530.

Rosque, M., Posick, C., & White, H. R. (2015). Growing Up is hard to do:An Empirical Evaluation of Maturation and Desistance. *Journal of Developmental and Life–Course Criminology, 1*(4), 350–384.

Suntherland, E. H. (1940). White–collar criminality. *American sociological review, 5*, 2–10.

Sykes, G., & Matza, D. (1957). Techniques of neutralizaion: A theory of deliquency. *American Sociological Review, 22*, 664–670.

Udell, W., Hotton, A. L., Emerson, E., & Donenberg, G. R. (2017). Does Parental Monitoring Moderate the Impact of Community Violence Exposure on Probation Youth's Substance Use and Sexual Risk Behavior?. *Journal of child and family studies, 26*(9), 2556–2563.

Wolfgang, M. E. Figlo, R. M., & Sellin, J. T. (1972). *Delinquency in a Birth Cohort*. Chicago: University of Chicago Press.

Wright, J. P., Carter, D., & F. Cullen (2005). A life–course anlaysis of military service in Vietnam. *Journal of Research in Crime and Delinquency, 42*, 55–83.

Zehr, H. (2005). *Changing lenses : A new focus for crime and justice*. Scottdale, PA: Herald Press.

CHILD WELFARE

15
CHAPTER

아동복지의 과제와 전망

1. 한국 아동복지정책 유형의 분석
2. 아동복지의 주요 쟁점
3. 한국 아동복지의 발전 방향

CHAPTER

15

아동복지의 과제와 전망

이 장에서는 한국 아동복지의 현재 상황을 사회복지서비스 분석틀을 이용하여 살펴보고 그 발전방향을 제시한다. 한국 아동복지의 발달은 2000년대 들어서 기존의 보호대상아동을 대상으로 한 잔여적인 시설보호 위주의 정책에서 가정 내 아동을 포함한 모든 아동의 보호와 발달을 지원하는 보편주의적인 정책으로의 발전으로 특징지을 수 있다. 최근에 한국 아동복지정책이 많이 발전하는 모습을 보이지만 여전히 아동복지 분야에 대한 국가의 지원은 절대적이나 상대적 기준 모두에서 미흡한 편이다. 이러한 점들을 고려하여 이 장에서는 아동복지정책이 고려해야 하는 주요 쟁점을 살펴보고 한국 아동복지의 발전 방향을 제시한다.

1. 한국 아동복지정책 유형의 분석

1) 분석의 체계

아동복지정책 유형의 분석을 위하여 이곳에서는 서비스의 목적과 유형의 분류에 따른 분석체계를 제시하고자 한다. 사회복지서비스정책의 구도는 크게 제공하고자 하는 서비스의 목적과 유형으로 파악될 수 있다. 하센펠드(Hasenfeld)는 사회복지조직이 사용하는 기술에 따라 사회복지서비스의 목적을 인간식별서비스(people-processing), 인간유지서비스(people-sustaining), 인간변화서비스(people-changing)로 나누어 제시하고 있다(Hasenfeld, 1983).

인간식별서비스는 서비스 체계에서 사정(assessment) 기능에 해당하는 서비스로 이용자를 분류하고 사회적 명칭을 부여하는 기능을 담당하여 실질적인 서비스는 다른 서비스 체계에서 제공되도록 유도하는 서비스를 지칭한다. 예를 들면, 학교에서 결식아동으로 선정되면 지자체에서 급식비를 제공하고 사회복지관에서 도시락 배달 서비스 등을 제공하게 되는데, 이때 학교에서 결식아동으로 선정하는 그 자체를 인간식별을 목적으로 한 서비스의 한 유형으로 파악할 수 있다.

인간유지서비스는 이용자의 저하된 복지상태가 더 나빠지지 않도록 예방하고 일정 수준에서 유지하는 것을 주목적으로 하는 서비스로 아동복지시설을 통한 아동양육서비스의 제공과 기초생활보장제도를 통하여 일정 수준의 경제상태를 유지하고자 하는 공적부조서비스가 대표적인 예이다.

인간변화서비스는 서비스의 유형 중 가장 적극적인 개념으로 이용자의 변화를 통해 복지상태의 개선을 추구하고 사회적 기능을 향상시키는 것을 목적으로 하는 서비스 유형이다. 빈곤의 대물림을 차단하기 위하여 저소득층 아동들에 대하여 제공되는 교육복지서비스의 제공 등이 그 대표적인 예이다.

서비스 유형에 따른 구분은 크게 문제해결 중심의 사후치료적 서비스와 문제발생의 원인에 대한 개입인 예방적 서비스로 나누어 볼 수 있다(Mrazrek & Haggerty, 1994). 이때, 서비스의 유형이 더 예방적으로 될수록 서비스의 형태는 전 국민을 대상으로 한 보편적 서비스의 형태를 띠게 되고 그 유형이 사후치료적일수록 서비스의 형태가 선별적으로 제공되게 된다. 가령 전체 영유아 가족에 대한 가정방문서비스를 제공하여 아동학대를 예방하는 서비스는 아동학대에 대한 보편적인 예방서비스 유형이며, 아동학대신고와 신고된 아동에 대한 치료서비스는 문제해결 중심의 사후치료적 서비스 유형으로 파악될 수 있다.

이곳에서는 위의 서비스 목적에 의한 서비스정책 구도의 파악을 한 축으로 하고 또 다른 한 축으로 서비스 유형에 따른 분류를 설정하여 분석의 틀을 제시하고자 한다. 하센펠드의 분류법을 이용하여 서비스의 목적을 크게 인간유지서비스와 인간변화서비스로 나눈다. 서비스의 유형에 따른 분류는 크게 보편적 예방적 서비스와 선별적 사후치료적 서비스로 분류한다. 이 두 가지 축에 기초한 아동복지정책 유형 모형의 분류체계는 [그림 15-1]로 제시할 수 있다.

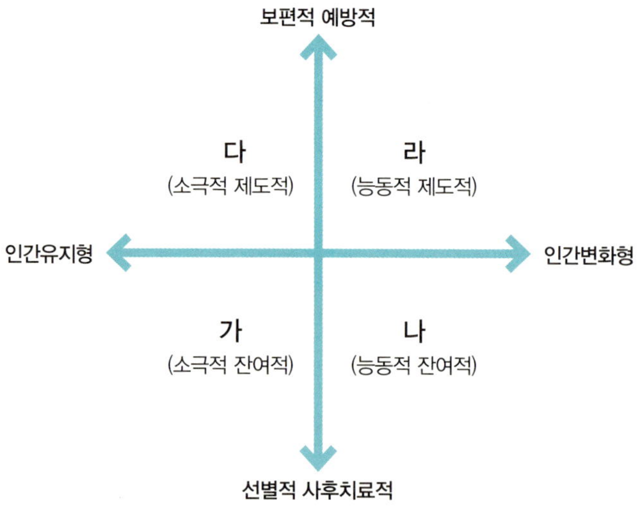

그림 15-1 아동복지정책의 분석틀

[그림 15-1]에 나타난 바와 같이 서비스의 목적이 일정한 복지 상태의 유지라는 소극적인 대책과 그러한 서비스가 문제 발생 후 문제집단만을 대상으로 선별적으로 제공되는 아동복지정책의 구도는 "가"형으로 소극적, 잔여적(passive and residual)인 모형으로 파악될 수 있다. 그에 대치되는 모형은 "라"형으로 인간 변화를 통한 증진된 복지 상태를 목적으로 하며 그 서비스의 유형도 보편적이고 예방적인 성격을 띠게 된다. 이러한 모형은 능동적, 제도적(active and institutional) 서비스 모형으로 파악할 수 있다.

즉, 문제가 발생하기 전에 아동의 역량을 키우는 투자형 아동복지체제가 전체 아동을 대상으로 짜여진 체계가 능동적이고 제도적인 모형이다. "나"형과 "다"형은 소극적, 잔여적 서비스 모형에서 능동적, 제도적 모형으로 발전하는 단계에서 보편적, 예방적 서비스가 강조되거나 인간변화 목적이 우선적으로 강조됨으로써 나타나는 과도기적 형태로 파악될 수 있다.

현재 우리나라 아동복지정책의 유형을 살펴보면 과거의 소극적, 잔여적 모형에서 능동적, 제도적 모형으로 변화해 나가고 있는 과정으로 파악할 수 있다.

2) 능동적, 제도적 아동복지체계의 수립

아동발달 목표에 기반을 둔 능동적이고 제도적인 아동복지정책을 구체화하기 위한 아동복지체계는 어떻게 구성되어야 하는가? 전체 아동을 대상으로 발달단계별 목표에 기반한 통합적 아동복지체계의 모형을 도표로 나타내면 [그림 15-2]와 같다. [그림 15-2]에서 가로축은 연령대별(발달단계별) 목표를 나타내고 세로축은 아동복지를 예방적 서비스에서 치료적 서비스로 구분하여 보여준다. 아동발달단계별 구분은 크게 출산에서 초기 발달이 완성되는 만 3세, 그리고 초등학교에 취학하는 만 7세, 초등학교 졸업 시점인 만 12세, 아동기를 마치게 되는 만 18세까지로 이루어져 있다. 각 발달단계별로의 발달 목표는 건강한 출산, 학교준비 완료, 학교에서의 성공, 그리고 건전하고 생산적인 성인으로 설정한다. 아동복지체계는 그러한 발달단계별 목표의 달성을 지원하기 위하여 더 예방적이고 보편적인 영유아 가정방문서비스와 학교보건서비스를 바탕에 깔고 보다 치료적인 서비스들을 체계적으로 지역사회에서 제공하는 형태로 구성되어야 한다.

[그림 15-2]에서 위의 예방서비스에서 치료서비스로 내려갈수록 폭이 좁아지는 이유는 예방 서비스는 대부분 보편적 서비스이고, 치료서비스는 선별적 서비스이기 때문에 보편에서 선별로 가면 이용자의 규모가 작아진다는 것을 표현한다. 또 다른 해석으로는 예방 서비스가 잘 작동하면 후에 치료서비스의 필요성이 줄어든다는 점을 의미한다.

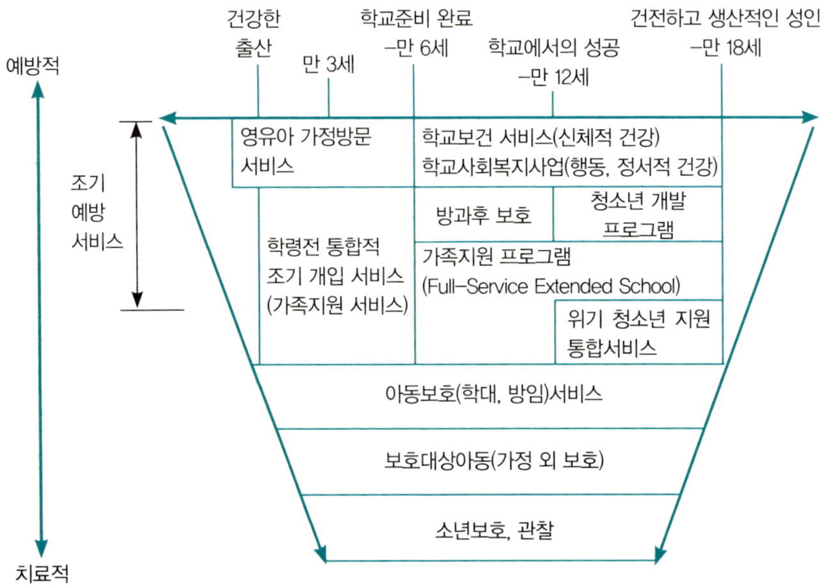

그림 15-2 능동적, 제도적 아동복지체계

통합적 서비스체계는 [그림 15-2]에 나타난 바와 같이 예방적인 체계와 치료적 체계로 설정될 수 있으며 그러한 체계들 간의 상호연계성이 확보되어야 한다. 또한,

아동복지체계의 각 부분이 아동발달단계별로 그 역할과 기능이 설정되어야 하며 발달단계 간의 상호연계, 조정관계가 성립되어야 한다.

2. 아동복지의 주요 쟁점

이곳에서는 아동복지의 발전 방향을 모색할 때 고려해야 할 중요한 쟁점들에 대해 살펴본다.

1) 서비스의 지향점에 대한 고려: 치료 대 발달지원

아동복지가 궁극적으로 지향하는 서비스의 모형은 크게 치료적 서비스와 발달지원 서비스로 나눌 수 있다. 아동복지 분야에서는 개입의 지향점에 대한 고려가 매우 중요하다. 아동복지의 발전 방향을 모색하는 데 있어 해당 사업의 지향점을 명확히 할 필요가 있다. 예방적 발달지원 서비스체계가 미흡한 경우는 치료적 개입 프로그램의 도입 효과가 제한적일 수 있다는 점도 고려되어야 한다. 전체 아동복지체계에서 발달지원 서비스와 치료적 서비스의 관계와 비중에 주목할 필요가 있다.

2) 발달단계별 목표 설정의 중요성

아동기가 다른 생애주기와 구별되는 대표적인 이유는 아동기는 발달하고 성장하는 시기라는 점이다. 아동복지의 발전 방향 모색에서는 아동의 발달단계를 고려한 것인가에 대한 검토가 중요하다.

아동발달에 관한 이론과 실증연구들에 따르면 아동발달주기의 단계마다 그 단계에서 형성되어야 할 발달과제가 다르며, 각기 다른 능력마다 가장 원활히 발달할 수 있는 단계가 있다. 즉, 주요 능력이 형성되어야 할 단계를 놓치게 되면 그 후에 개입을 통하여 능력을 제고시키기가 힘들며 그러한 개입에는 더욱 많은 비용이 든다(이봉주 외, 2009). 예를 들면, 유아기 언어발달의 지체는 그 후 발달단계에서 인지능력과 사회성 발달 등에 부정적 영향을 미치는 것으로 보고되고 있다.

아동복지의 발전 방향 모색에서 주목해야 할 발달단계에 관련된 사항들에 대한 예는 다음과 같다.

- 연령대별 발달 목표를 적절한 수준에서 명확히 제시하고 있는가?
- 목표로 하는 연령대의 전후 연령대의 발달과제와의 관계를 고려하고 있는가?
- 발달영역 간의 상호연계성에 주목하고 있는가?

3) 아동보호방식에 대한 고려: 가족 내 보호 대 가족 외 보호

아동복지의 원칙은 가능하면 부모에 의한 가족 보호를 우선시하는 것이다. 꼭 필요한 경우만 가족 외 보호를 하되 그 경우에도 될 수 있는 대로 빠른 시일 내에 가족보호(혹은 가족과 같은 보호)로 전환하는 것이 아동복지의 원칙이다(least restrictive environment principle). 이러한 원칙이 가족 외에서 보호돼야 하는 아동도 시설보호보다는 그룹홈, 그룹홈보다는 가정위탁, 가정위탁보다는 입양이 우선시되어야 하는 이유이다.

이 원칙에 따르면 가족 외 보호보다는 가족지원 프로그램을 통한 아동보호를 우선시할 필요가 있다. 아동을 가족 외에서 보호하기보다는 가족이 아동을 보호할 수 있도록 가족을 지원하는 것이 더 효과적일 수 있다. 가령, 아동양육시설 보호와 가족에 대한 소득지원을 통한 아동보호방법과의 효과성과 효율성을 비교할 필요가 있다. 우리나라의 경우 현재 아동양육시설에 보호된 아동의 절대다수가 부모가 있는 아동이고, 대부분이 이혼 등의 사유로 가계가 곤란해진 가족임을 고려하면 아동양육시설 보호보다는 가족지원정책을 고려할 필요가 있다.

4) 지원 수단에 대한 고려: 현금 대 현물

아동에 대한 직접 현금지원은 불가능하다는 측면에서 지원방식을 현금으로 할 것인가 현물로 할 것인가의 선택은 아동복지 분야에서 중요한 문제이다. 가족에 대한 현금지원(예: 아동수당)은 가족의 관점에서는 효율적이고 정부의 관점에서도 행정비용 절감이라는 측면에서 효과적이다. 하지만 현금지원은 가족 내에서 아동에게 거의 전부가 전달된다는 가정이 필요하다. 아동이 다수인 경우는 지원이 아동들 간에 형평성 있게 전달된다는 가정도 필요하다. 현금지원방식에 대해서는 이러한 가정에 대한 실증적인 검토가 필요하다. 반대로, 현물지원은 대상효율성은 높으나 전달체계에의 행정비용이 높고, 이용자의 선택권을 제한한다는 단점이 있다.

5) 서비스의 연속성에 대한 고려

아동기의 발달은 연속적이기 때문에 서비스의 연속성(continuum of care)에 대한 고려가 특히 아동복지의 검토에서 중요하다. 서비스 연속성은 크게 수평적 차원과 수직적 차원으로 나누어 볼 수 있다.

수평적 차원의 연속성은 지역사회 내에서 다른 욕구들(발달과제)을 다루는 서비스 체계와의 연계 · 조정의 필요성을 강조한다. 아동발달은 각 영역이 다른 영역의 발달에 영향을 미치므로 각 서비스 영역 간의 관계성에 주목할 필요가 있다. 예를 들면 신체적으로 건강하지 않은 아동은 활발한 활동을 할 수 없으므로 사회성 발달에 문제가 있을 수 있고, 사회성 발달이 지체된 아동은 후에 비행 등의 문제를 나타낼 수 있다. 아동복지사업이 특정 발달영역에 초점을 맞춘 경우에도 그 사업과 다른 사업들과의 연계·조정체계에 대한 고려가 있는지를 확인해야 한다.

수직적 차원에서의 서비스의 연속성은 문제의 정도와 연령대에 따라 고려될 수 있다. 문제의 정도에 따른 방식은 예방서비스에서 치료 서비스체계로의 연결이 적절히 이루어지고 있는가를 확인하는 방식이다. 학교사회복지의 상담서비스와 지역정신건강센터의 연계체계의 구축에 대한 계획이 있는가를 살펴보는 것이 수직적인 서비스의 연속성을 확인하는 예이다. 또 다른 예는 아동보호전문기관(아동학대신고 접수, 개입)과 아동양육시설, 그룹홈, 가정위탁, 입양기관 등과의 연계체계를 확립하는 것이다.

연령대에 따른 수직적 서비스의 연속성은 연령대별로 이루어지는 서비스체계 간에 연계체계가 마련되어 있는가에 대한 문제다. 현재 드림스타트 사업은 12세까지 아동을 대상으로 하고 있는데 12세 이후에는 위기청소년지원사업, 지역아동센터, 청소년 방과후 아카데미 사업 등과의 연계가 중요하다.

6) 통합적 전달체계에 대한 고려

아동복지 분야의 발전 방향 모색에서 또 하나 중요하게 고려해야 할 점은 부처 간 사업의 연계협력체제와 중복성의 정도다. 현재 복지사업은 보건복지부가 교육과 학교와 관련된 사항들은 교육부가 그리고 가족과 청소년 사업은 여성가족부가 관할하는 형태로 아동과 관련한 사업이 여러 부처로 나누어져 있다. 문제가 되는 것은 아동을 중심으로 이러한 부처 간의 사업을 조정할 수 있는 체제가 부실하다는 것이다. 그런 이유로 실제 지역사회에서 부처 간 사업의 연계·협력이 힘들고, 때로는 사업이 중복적으로 부처별로 전개되기도 한다. 예를 들면, 방과후돌봄사업으로 보건복지부는 지역아동센터, 여성가족부는 청소년방과후 아카데미, 교육과학부는 방과후학교 사업을 진행하고 있으나 이러한 사업 간의 연계협력체계는 상당히 미약하다(KDI 재정성과평가실, 2009). 그런 이유로 때로는 이런 사업들이 중복적으로 진행될 위험도 있다. 아동복지 분야의 발전방향 모색에서는 부처별 사업에 대한 지역 내의 연계협력 혹은 사업 조정체제가 적절한지가 중요하게 고려돼야 한다.

7) 중앙정부와 지방정부와의 관계

중앙정부와 지방정부를 잇는 전달체계에 대한 고려가 없는 중앙정부 차원에서의 아동복지사업의 기획은 실행에서 많은 문제가 있을 수 있다. 지방정부에서 그 사업을 수행할 인력, 행정체제, 의지가 있는지를 평가할 필요가 있다. 중앙정부 차원에서도 사업의 관리, 모니터링, 평가체제를 갖추고 있는지에 대한 검토가 필요하다.

8) 장기적 관점에서의 평가의 중요성

아동복지 분야는 대부분 최종 결과를 성취하는 데 시간이 오래 걸린다. 아동복지에서 다루는 발달의 장기결과는 대부분 성인기가 되어서야 평가될 수 있는 것들이다. 가령 인지능력 향상 프로그램과 정서지원 프로그램의 장기결과는 청년기의 취업률로 나타날 수 있다. 그런 이유로 결과에 대한 평가에서 장기적인 관점이 특별히 요구되는 분야가 아동복지 분야이다.

대부분의 정부사업이 연도별로 평가되고 예산배정이 되는 구조는 아동복지 분야에서 장기결과에 관한 관심을 적게 만들 수 있다. 아동복지 분야에서는 장기적인 평가체제를 포함하고 있는지, 그리고 그러한 장기적인 평가체제가 실효성이 있는지에 대한 검토가 필요하다.

아동복지 분야에서는 장기적인 최종결과 목표의 제시와 그에 따른 단기, 중기결과 목표를 제시하고 있는지에 대한 검토가 중요하다. 또, 단기-중기-장기 목표들 사이의 연관성이 이론이나 기존 연구를 바탕으로 신빙성 있게 제시됐는지에 대한 검토도 필수적이다.

9) 비용편익분석: 당사자 외의 사회적 편익에 대한 고려 필요

사회정책으로서의 아동복지 분야의 중요한 관점 중에 하나는 인적자본에의 투자라는 관점이다. 인적자본에 대한 투자는 어리면 어릴수록 유리하다는 사실은 이론적으로나 실증적으로 잘 알려진 사실이다(이봉주 외, 2009). 그러한 투자에 대한 편익의 계상에는 장기적인 관점이 필요하다. 이때 아동 개인이나 투자를 한 주체(가령 정부)에 대한 편익만 고려된다면 사회적 투자라는 관점이 흐려질 수 있다. 아동복지의 사회적 투자라는 관점이 성립되기 위해서는 당사자뿐만이 아니라 사회적 편익(social benefit)에 대한 고려가 필수적이다. 아동에 대한 조기개입은 공공교육과 마찬가지로 공공재로 보아야 하며, 그 개입의 결과는 직접적인 대상이 되는 아동과 가족에 대한 편익을 넘어서는 외부효과(externality)를 가진다(이봉주 외, 2009). 아동복지 분야에서는 이러한 사회적 편익에 대한 근거를 명확하게 제시하고 있는지를 평가할 필요가 있다.

10) 발달격차의 해소: 보편 대 선별적 서비스의 타당성 고려

아동복지의 검토에서는 전체 아동발달(혹은 보호)의 증진을 목표로 하는 것인지 아니면 소득계층, 지역 등의 요인에 따라 발생하는 격차의 해소에 중점을 두는 것인지에 대한 고려가 필요하다. 정책 목표가 전체 아동의 복지수준 향상이라면 보편적 서비스가 더 효율적이지만, 격차의 해소라는 관점에서는 선별적 서비스가 대상효율성이 높을 수 있다는 점이 고려되어야 한다. 예를 들면 어린 시기의 발달격차의 주요 원인이 빈곤의 문제라면 그러한 격차를 해소하기 위한 개입은 빈곤아동을 주요 대상으로 하는 것이 정책 목표에 더욱 적합할 수 있다.

정책 목표에 따라 보편적 혹은 선별적 서비스의 타당성을 고려하는 접근법은 단순히 보편적 혹은 선별적이라는 정치적 차원의 정책 선택이 아니라 정책 목표에 근거를 둔 선택을 가능하게 한다.

11) 전체 사회복지에서의 아동복지의 비중에 대한 고려

지속 가능한 복지체제를 위해서는 사회구성원의 역량을 키우는 예방적인 관점의 능동적인 복지의 역할이 중요하다(Esping-Anderson 외, 2002). 아동복지는 능동적 복지의 핵심 분야다. 하지만 아동은 민주정치 체제에서 투표권이 없는 집단이기 때문에 정치적인 예산분배과정에서 아동복지 분야는 우선순위를 확보하기가 힘들다. 우리나라도 최근의 경향을 보면 노인과 장애인 분야에 비해서는 아동복지 분야의 예산 증가율이 현저히 낮은 편이다.

2015년 기준으로 한국의 중앙정부 및 지방자치단체가 사회복지와 보건 분야에 투입하고 있는 예산액은 약 44조원이었다. 그 투자액을 영역별로 살펴보면 노인 부문이 약 30%, 장애인 부문이 9%인데 비교해서 아동복지 분야(보육서비스는 제외)는 약 5%에 머무르고 있다(이봉주 외, 2017). 국제적인 비교에서도 아동복지 예산의 비중은 매우 낮은 편이다. 최근 자료를 보면, GDP 대비 아동복지 예산 규모는 OECD 평균의 절반 수준인 것으로 나타난다(OECD 평균: 2.2%, 한국: 1.1%).

아동복지 분야의 발전 방향의 모색에서는 아동복지체재 내에서 사업이 차지하는 비중과 위상에 대한 검토와 아울러 전체 사회복지체제 내에서 아동복지가 차지하는 비중에 대한 검토도 함께 이루어질 필요가 있다.

3. 한국 아동복지의 발전 방향

이상의 논의를 바탕으로 한국 아동복지의 발전 방향을 제시해 보면 다음과 같다.

첫째, 아동복지 공급주체로서의 국가의 역할이 대폭 강화될 필요가 있다. 그러기 위해서는 먼저 다른 복지 선진국에 비해 현격한 차이를 보이는 아동정책 관련 예산을 지속 확충해야 한다. 아동복지정책이 지속 가능한 복지로 기능하기 위해서는 국가의 아동복지정책에 대한 투자가 증가해야 한다.

둘째, 지역사회에 기반을 둔 수요자 중심적인 아동복지서비스체계의 확립이다. 시설보호 위주의 서비스에서 가족지원서비스로의 변화가 필요하다. 기존의 보호대상아동 중심에서 지역사회 내 아동보호 중심으로 정책이 변화할 필요가 있으며, 시설에서 아동을 보호하는 복지정책이 아니라 가정 내에서 아동을 보호하는 정책으로 전환해야 한다. 또한 단순한 양적 확대 차원을 넘어서 부모들의 아동양육 욕구를 충족시켜줄 수 있는 보육정책의 질적 제고가 필요하다.

셋째, 아동복지정책의 궁극적인 목적을 '보호'의 개념에서 '인적자본의 개발'을 통한 잠재적 역량 강화로 설정할 필요가 있다. 즉, 현재 대부분인 사후대처적, 소극적 정책 기제에서 탈피해 아동에 대한 인적자본개발 서비스의 개발과 확대가 시급하다. 그러기 위해서는 어린 시기에 보다 투자를 집중하는 '조기개입형' 예방형 아동복지정책을 집중적으로 펴나갈 필요가 있다.

넷째, 현재의 부처별로 범주화된 아동복지 대책(보건복지부, 여성가족부, 교육부, 문화부, 고용노동부 등)을 통합적으로 수행할 수 있는 구체적인 부처 간 조정 협력체계의 구축이 필요하다. 한 가지 방법은 국무총리 산하의 아동정책조정위원회의 기능을 활성화하고 대통령 직속 위원회로 그 위상을 격상하는 방법이다.

토론해 봅시다

01 능동적, 제도적 아동복지체계의 특성은 무엇인가?

02 아동복지체계에서 수평적 차원과 수직적 차원의 서비스 연속성은 어떻게 다르며 각각을 활성화하기 위해서는 어떤 노력이 필요한가?

03 아동복지의 외부효과에 대해 논의해 보시오.

참고문헌

이봉주 · 구인회 · 정익중 · 홍경준 · 김낭희 · 서정민 (2009). **역량개발 중심의 복지정책 기초연구**. 보건복지가족부 · 한국사회서비스연구원.

이봉주 · 신창환 · 조주희 (2017). **공공 · 민간복지자원 현황 분석과 모금회의 발전방향: 전략적 배분을 통한 복지자원의 확대 방안을 중심으로**. 사회복지공동모금회.

Esping-Anderson, G., Galie, D., Hemerijck, A., & Myles, J. (2002). *Why we need a new welfare state*. Oxford University Press.

Hasenfeld, Y. (1983). *Human service organizations*. Prentice-Hall.

Mrazrek, P. J., & Haggerty, R. J. (1994). *Reducing risk for mental disorders: frontiers for preventive intervention research*. Naitonal Academy of Medicine Pres

| 찾아보기 |

[기타]

저자소개

이봉주

서울대학교 사회복지학과 졸업
미국 University of Chicago 사회복지학 박사
현 서울대학교 사회복지학과 교수

김선숙

서울여자대학교 사회사업학과 졸업
서울대학교 대학원 사회복지학 박사
현 한국교통대학교 사회복지학과 교수

김세원

중앙대학교 사회복지학과 졸업
서울대학교 대학원 사회복지학 박사
현 가톨릭관동대학교 사회복지학과 교수

안재진

서울대학교 영어영문학과 졸업
서울대학교 대학원 사회복지학 박사
현 가천대학교 사회복지학과 교수

임세희

서울대학교 인류학과 졸업
서울대학교 대학원 사회복지학 박사
현 서울사이버대학교 사회복지대학 교수

아동복지론

초판발행 2024년 3월 5일 **1판 1쇄 발행** | 2024년 9월 10일 **1판 2쇄 발행**

지은이 이봉주 김선숙 김세원 안재진 임세희
펴낸이 최용구 | **펴낸곳** 도서출판 **신정**
주소 (04316) 서울시 용산구 원효로 89길 19 (원효로1가)
전화 02)3211-4782, 0266(영업부), 3211-4783(편집부), 3211-4784(팩스)
이메일 sjbook2002@naver.com | **홈페이지** www.sjbook.co.kr
등록 2001년 5월 11일 제13-702호
기획마케팅 최용구 장만동 최충구 송대용 | **책임편집** 석기은 황가연

ISBN 978-89-5912-871-6 93330
정가 28,000원